KB245730

C++ 스크립트를 활용한 언리얼 엔진 5 게임 개발

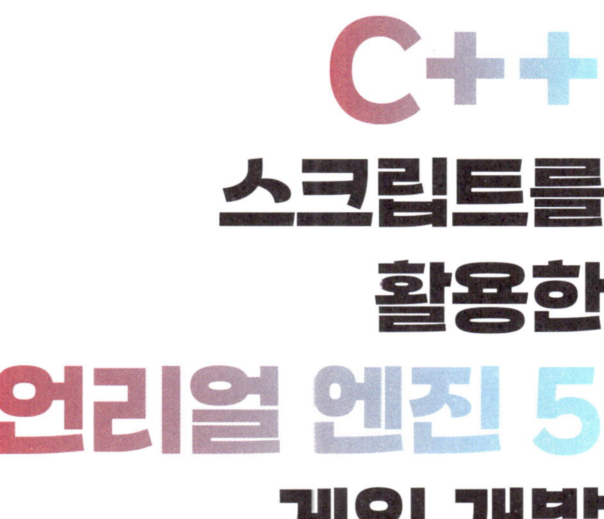

C++ 스크립트를 활용한 언리얼 엔진 5 게임 개발

C++ 기초부터
실제 게임 개발까지,
언리얼 게임 개발의 모든 것

젠유 조지 리 지음   진석준 옮김

에이콘

 에이콘출판의 기틀을 마련하신 故 정완재 선생님 (1935-2004)

내가 조지 리(George Lee)와 함께 일하면서 알고 지낸 지도 20년이 넘었다.

우리는 인터랙티브 아트를 가르치는 캐나다 밴쿠버 시내의 한 사립 대학에서 처음 만났다. 나는 당시 언어학 교수로 대학에서 인지 과학 프로그램을 개발하고 있었다. 이런 종류의 프로그램 커리큘럼을 만들려면 내 전공 분야뿐만 아니라 다양한 다른 분야에 익숙해지고 그 분야의 동료들과 긴밀히 협력해야 했다. 특히 컴퓨팅 과학, 심리학, 철학과 같은 분야들이 더욱 그러했다. 이런 상황에서 나는 언어학 공부와 강의에 매진함과 동시에, 학생들에게는 3D 컴퓨터 애플리케이션을 다루게 하고 영화와 TV, 게임에서 사용하는 애니메이션을 만드는 법을 가르쳤다.

조지 리는 대학에서 기술적인 요구 사항을 책임졌다. 나는 그가 유능하고 진취적일 뿐만 아니라 전산과 관련해 유능하고 혁신적인 사람이라는 사실을 빠르게 알 수 있었다. 특히 게임 엔진 개발에 관심이 많았던 그는 자체 제작한 텍스트와 게임을 활용한 실용서인 『XNA PC & Xbox360 C# Game Programming』을 이미 동료인 찰스 예와 공동 집필하고 있었다.

조지와 나는 같은 대학의 동료로서 서로 통하는 부분이 있었으며, 또한 서로가 흥미로워하는 부분을 메꿔줄 수 있었다. 그 결과 우리는 2년 과정의 인터랙티브 아트 프로그램 커리큘럼을 만들어 학생들에게 이 과정을 가르칠 수 있었다.

나는 영국과 캐나다의 대학에서, 그리고 학술 저널을 비롯한 다양한 매체에서 편집위원으로 일하는 동안 사람들의 지적 수준과 업무 역량을 평가하는 일을 수행했다. 조지 리의 타고난 재능은 그의 업무 전반에 걸쳐 분명하게 빛나고 있으며 앞으로도 계속 그럴 것이라 생각한다. 그가 만들어내는 모든 산출물과 성과를 통해 그의 탁월한 지식과 능력을 알 수 있을 것이다.

이 책은 앞서 조지가 예와 공동 집필했던 책과 마찬가지로 독립 개발자 및 사내 교육 등에 참고할 수 있는 용도로 만들어졌으며, 명확하고 효과적으로 작성돼 책의 내용을 기반으로 높은 품질의 게임을 만들어낼 수 있다.

아울러 이 책은 게임 분야에 광범위하게 기여할 수 있는 훌륭한 도서가 될 것이다. 조지가 앞으로도 이 주제와 관련해 더 많은 중요한 역할을 수행하리라 믿어 의심치 않는다.

이 책이 여러분의 이후 활동과 생산물에 많은 도움을 주길 기대한다.

— **E. 윈 로버츠** E. Wyn Roberts **박사** (M.A. Ph.D(Cantab)),
사이먼프레이저 대학교 언어학 명예 교수

젠유 조지 리 Zhenyu George Li

20년이 넘는 현장 경험을 쌓아온 열성적인 게임 개발자다. 노련한 소프트웨어 엔지니어로서 자신의 경력 내내 다양한 게임 개발에서 중요한 역할을 해왔으며, 현재는 유니티의 시니어 개발 컨설턴트로 일하고 있다.

대학 시절부터 비디오 게임에 매료됐고, 이로써 자신의 직업 여정을 결정하는 데 필요한 기반을 마련했다. 게임 개발 경력 초기에 비주얼 베이직, C/C++, 다이렉트XDirectX, OpenGL, 윈도우 GUIWindows GUI와 같은 기술에 몰두했고, 이러한 기초적인 경험은 이후 업계에서 성공할 수 있는 토대가 됐다.

경력을 이어오는 동안 다양한 상용 게임에 공헌해왔다. 포트폴리오 중에서도 특히 〈헤일로 인피니트〉, 〈매직 더 개더링 아레나〉, 〈스텔라〉, 〈데드 라이징 2〉, 〈빅스 2〉와 같은 게임들이 눈에 띈다. 이들 프로젝트에 참여하면서 프로그래밍, 게임 엔진, 게임플레이 및 AI, 그래픽, 애니메이션, 멀티플레이어 게임, 멀티플랫폼 게임, 게임 물리 등의 다양한 영역에 걸쳐 폭넓은 지식과 실무 경험을 쌓을 수 있었다. 실제 게임 프로젝트 개발에서는 언리얼 엔진과 유니티 엔진을 모두 사용했다.

게임 개발자로서의 업적 외에 8년 동안 대학에서 학생들을 가르치면서 강의 능력도 연마했다. 밴쿠버 필름 스쿨VFS, Vancouver Film School, 인터랙티브 아트 대학College of Interactive Arts, 허페이 유니온 대학교Hefei Union University에서 강사로 활동하며 자신의 지식과 전문 기술을 개발자를 꿈꾸는 학생들에게 공유해왔다. VFS에서 강의하는 동안 학생들에게 언리얼 엔진의 복잡한 기능을 가르치기도 했다.

가족을 책임질 수 있도록 지원해주고 이 책을 완성하는 데 시간을 할애할 수 있게 도와준 아내 앨리슨 구오Alison Guo에게 감사한다. 또한 집필 과정 내내 격려와 지원을 아끼지 않은 사라 벡Sarah Beck과 윌리 캄포스Willy Campos에게도 감사의 마음을 전한다.

아디트야 두타

험버 대학에서 게임 프로그래밍 학위를 받았으며, 아키액트 인터랙티브의 수석 소프트웨어 엔지니어로서 언리얼 엔진과 C++ 시스템 설계 및 구현에 대한 전문 지식을 보유하고 있다.

탁월한 협업 능력을 바탕으로 다양한 기능 개발뿐만 아니라 팀 프로세스를 능동적으로 개선하는 과정에서 툴의 도입 등을 이끌었다. 험버 대학에서 수석 프로그래머로 재직하는 동안 프로그래머 팀을 성공적으로 이끌고 멘토링을 수행했으며, 가상 프로덕션 및 건축 업계의 중요한 프로젝트에서 기술적 측면을 감독하는 과정에서도 이런 리더십을 잘 보여줬다.

UP360에서 훈련용 VR 시뮬레이션 배포, 툴 개발, 언리얼 엔진을 활용한 게임 메카닉스 구현 등의 업무에 프로그래머로서 기여하고 있다.

마이클 옥스

유니티의 시니어 소프트웨어 컨설턴트로, IT 업계에서 27년이 넘는 경력을 갖고 있다. 리얼타임 3D와 게임 업계에 8년 동안 재직 중이며, 특히 가상 현실 디자인 및 개발, 셰이더 프로그래밍, AI 및 멀티플레이어 시스템에 특화돼 있다.

팩트출판사에서 출간한 마이클 랜험의 『Learn ML-Agents - Fundamentals of Unity Machine Learning』의 기술 감수도 맡았다.

| 옮긴이 소개 |

진석준 (bbjcony@gmail.com)

데브시스터즈 기술본부에 재직하고 있으며 다양한 게임 관련 기술 서적을 번역해왔다. 끊임없이 변화하는 기술 트렌드에 맞춰 몸담고 있는 조직과 스스로가 어떻게 진화할 수 있는지를 늘 고민하고 있다. 『게임 물리 엔진 개발』(지앤선, 2016), 『언리얼 엔진 4로 나만의 게임 만들기』(에이콘, 2016), 『봇을 이용한 게임 해킹』(에이콘, 2018), 『게임 테스팅 3/e』(에이콘, 2019), 『시스템으로 풀어 보는 게임 디자인』(에이콘, 2022), 『로블록스 루아 프로그래밍 첫 발자국 떼기』(에이콘, 2022) 등을 번역했다.

| 옮긴이의 말 |

게임 개발의 트렌드는 빠르게 변화하고 있습니다. 언리얼과 유니티 같은 게임 엔진을 활용해 다양한 플랫폼에서 구동되는 게임을 개발하는 것이 업계의 표준으로 자리 잡은 와중에 게임 엔진의 발전도 눈이 부십니다. 그중에서도 언리얼 엔진은 탁월한 성능을 기반으로 좀 더 현실에 가까운 산출물을 제공하면서 게임 시장에서의 명성을 확고하게 유지하고 있습니다.

이 책은 C++ 스크립트를 활용해 언리얼 게임을 만드는 방법을 소개합니다. 입문자들이 어려움을 느끼는 툴의 설치를 비롯해 기본적인 프로그래밍의 문법과 객체지향 프로그래밍의 개념 등, 게임 개발을 시작하는 데 필요한 다양한 지식을 실무적인 관점에서 자세히 설명해주고 있습니다. 게임 개발을 둘러싼 모든 영역을 책 한 권으로 소개하기에는 어려움이 있지만, 이 책의 내용을 따라가다 보면 언리얼 블루프린트와 같이 자세히 다루지 않는 분야에 대해서도 자연스럽게 공부가 될 것입니다.

번역을 진행하면서 최대한 책의 내용이 정상적으로 실행될 수 있도록 필요한 내용을 추가하고 본문 내용을 수정했습니다. 모쪼록 책에서 전달하고자 하는 게임 개발 관련 지식들이 독자 여러분에게 효과적으로 전달될 수 있길 바랍니다.

번역 과정 내내 작업에 집중할 수 있도록 도와주신 편집 팀의 김진아 대리님을 비롯한 에이콘출판사의 모든 분께 감사드립니다. 남편과 아빠로서 보내야 할 시간을 번역 작업에 할애할 수 있도록 배려해준 아내와 아들에게도 진심으로 감사의 마음을 전합니다.

마지막으로, 이 책을 통해 C++ 언리얼 게임 개발에 입문하게 될 독자 여러분께도 감사의 말씀을 전합니다.

감사합니다.

— 2024년 가을

진석준

차례

1부 — 언리얼 C++ 스크립트 시작하기

1장　첫 언리얼 C++ 게임 만들기　031

2부 — 언리얼 엔진 C++ 스크립팅

5장　언리얼 엔진 게임플레이 프레임워크 기본 클래스 활용하기　165

6장 게임 액터 생성하기

205

| 들어가며 |

먼저 이 책을 선택한 독자 여러분을 환영하고 감사의 마음을 전한다. 이 책은 언리얼 엔진으로 게임을 개발하기 위해 C++ 프로그래밍 스킬을 전문적인 수준으로 발전시키려는 개발자와 학생을 대상으로 만들어졌다.

언리얼 엔진은 게임과 영화 산업에서 널리 사용되고 있는 강력하고 다재다능한 툴이다. 언리얼 엔진을 전문가 수준으로 다룰 수 있게 된다면 게임 개발뿐만 아니라 더 다양한 도메인에서 스킬을 활용할 수 있을 것이다.

언리얼 엔진으로 개발할 때는 일반적으로 아래 방법 중 하나 혹은 둘 모두를 선택하게 된다.

- 블루프린트는 사용자 친화적인 인터페이스를 제공하므로 프로그래머가 아닌 직군들도 유용하게 사용할 수 있다.
- C++는 대부분의 소프트웨어 엔지니어가 사용하는 언어로, 게임 개발에서 좀 더 신뢰할 수 있고 강건한 방법론을 제공한다.

언리얼 개발자라면 C++에 대한 풍부한 지식을 갖고 있어야 하며, 이 언어가 어떻게 언리얼 엔진과 통합되는지도 이해하고 있어야 한다.

이 책은 게임 개발에 필요한 핵심적인 원리와 함께 개발의 전 단계에 대한 가이드를 제공함으로써 독자 여러분의 지식과 스킬을 확장시킨다. 또한 내용을 쉽게 접하고 이해할 수 있도록 구성해 책에서 제시된 개념을 좀 더 원활하고 효과적으로 습득하는 것을 목표로 한다. 세심하게 구성된 주제들은 불필요한 검색을 수행하거나 관련 없는 주제의 문서를 읽는 데 들어가는 시간을 줄여주고, 필요한 정보만 집중적으로 획득할 수 있게 해줄 것이다. 여기에 더해 이 책은 이후에도 여러 번 다시 찾아보고 활용할 수 있는 매뉴얼로도 충분한 가치를 제공한다.

이 책의 대상 독자

언리얼을 처음 접하는 초보자에게는 적합하지 않은 책이다. 책의 내용을 둘러보기에 앞서 언리얼 엔진과 블루프린트에 대한 기초적인 이해가 필요하며 이들을 다뤄본 경험이 있어야 한다. 즉, 기초 지식과 경험이 있어야 이 책의 내용을 지렛대 삼아 기존 지식을 충실히 다지고 학습 효과를 극대화할 수 있을 것이다.

이 책은 다음과 같은 독자들을 대상으로 한다.

- 게임 디자이너, 아티스트와 같이 엔지니어가 아닌 게임 개발자들 중 언리얼 엔진을 활용한 게임 개발이라는 측면에서 C++를 공부하려는 사람들

- 언리얼 엔진 C++ 프로그래밍에 대한 경험이 부족하지만 다음 프로젝트나 구직을 위해 필요한 스킬을 빠르게 습득해야 하는 소프트웨어 엔지니어들

- 학습이나 개인 프로젝트를 위해 언리얼 C++ 프로그래밍을 배우고 습득하려는 학생들

- 언리얼 엔진을 사용한 게임 개발에 흥미를 느끼면서 책을 통해 포괄적인 지식을 얻으려는 사람들

이 책에서 다루는 내용

1장. 첫 언리얼 C++ 게임 만들기 언리얼이 제공하는 일인칭 템플릿을 사용해 새로운 C++ 게임 프로젝트를 생성하는 법을 빠르게 살펴본다. 이 장에서는 블루프린트 게임 프로젝트를 C++ 게임 프로젝트로 변환하는 방법에 대해서도 알아본다.

2장. 비주얼 스튜디오에서 C++ 코드 편집하기 강력한 IDE인 마이크로소프트 비주얼 스튜디오에서 C++ 코드를 편집하는 법을 배운다. 기본적인 스킬을 다룰 뿐만 아니라 C++를 사용해 간단한 계산기 애플리케이션도 만들어본다.

3장. C++와 객체지향 프로그래밍 배우기 앞 장에서 작성한 계산기 프로젝트를 기반으로 C++ 프로그래밍을 좀 더 심도 있게 살펴본다. C++ 기본 문법, 데이터 유형, 흐름 제어도 함께 알

아보고, C++ 객체지향 프로그래밍도 간단히 소개한다.

4장. FPS 게임 프로젝트와 C++ 코드 살펴보기 파일의 구조와 소스 파일을 포함해, 생성된 일인칭 게임 프로젝트를 좀 더 자세히 살펴본다. C++ 코드를 각 줄별로 간단히 설명하면서 C++ 코드가 동작하는 법을 더 잘 이해하도록 도와줄 것이다.

5장. 언리얼 엔진 게임플레이 프레임워크 기본 클래스 활용하기 새로운 내려보기 형식의 게임 프로젝트인 Pangaea를 생성하는 법을 배워본다. 게임 액터인 DefenseTower를 만드는 법, 게임 캐릭터인 PlayerAvatar 클래스를 만드는 법, C++에서 액터 프로퍼티와 함수를 정의하는 법도 함께 살펴본다.

6장. 게임 액터 생성하기 게임 Pangaea의 메인 캐릭터를 만들고 설정하는 법을 설명한다. 이 장에는 캐릭터 설정, 애니메이션 인스턴스 만들기, 스테이트 머신 정의, 애니메이션과의 동기화 같은 내용도 포함된다.

7장. 캐릭터 제어하기 게임 캐릭터를 제어하는 법을 알아본다. 여기에는 입력 맵, 플레이어 입력 처리, 플레이어 캐릭터의 리액션을 효과적으로 프로세싱하기 등이 포함된다. 여기에 더해 NPC를 제어하는 AI 컨트롤러와 내비게이션 시스템에 대해서도 배워볼 것이다.

8장. 충돌 처리하기 엔진의 충돌 시스템과 게임 상호작용을 설정하는 법을 알아본다. 타격을 수행하거나 탄환에 맞는 것과 같은 충돌 이벤트를 처리하기 위해 액터 콜라이더와 트리거를 설정하는 법을 배우게 될 것이다.

9장. C++ 코드 품질 향상하기 코드 리팩터링과 리파이닝을 통해 소프트웨어 엔지니어링을 직접 체험해본다. 아울러 게임 코드의 품질과 성능을 높이기 위해 클래스 일반화, 캐싱, 풀링 등의 방법도 함께 알아볼 것이다.

10장. 네트워크 멀티플레이어 게임 만들기 서버, 클라이언트, 멀티플레이어 모드를 포함한 기본적인 멀티플레이어 게임의 개념을 소개하는 것부터 시작한다. 이후 단계별로 싱글플레이어 게임을 멀티플레이어 게임으로 변환하는 작업을 수행해볼 것이다.

11장. 게임 플로 제어하기 게임 Pangaea를 완전한 멀티플레이어 게임으로 바꿔본다. 메인 메뉴와 로비를 만들고, 플레이어가 호스트로 게임을 시작하거나 혹은 클라이언트로 게임 세션에 조인하도록 만들어준다. 아울러 C++와 블루프린트 스크립트 스킬을 사용해 사용자 인터페이스 동작을 제어하는 것도 함께 살펴본다.

12장. 게임 폴리싱과 패키징　시각적인 사용자 경험과 제품의 성능을 높이는 측면에서 게임을 폴리싱하는 법을 알아본다. 새로운 리소스와 메서드 그리고 저자의 경험에 기반한 제안 등이 소개될 것이다. 또한 실행 가능한 스탠드얼론 형태로 배포할 수 있는 Pangaea 프로젝트를 설정하고 패키징하는 방법도 단계별로 알아본다.

이 책을 최대한 활용하는 방법

이 책에서 다루는 내용을 충분히 활용하려면 먼저 언리얼 엔진에 대한 기본 지식과 경험을 갖춰야 한다. 또한 이 책의 내용을 제대로 소화하려면 기본적인 블루프린트 스크립트 지식도 필요하다.

이 책에서 다루는 소프트웨어와 하드웨어	운영체제 요구 사항
언리얼 엔진 5.0 혹은 그 이상	마이크로소프트 윈도우 10 혹은 그 이상
마이크로소프트 비주얼 스튜디오 2002(C++ 컴파일러)	

마이크로소프트 윈도우가 아닌 운영체제, 즉 맥OS와 같은 운영체제에서는 책에서 설명하는 것과 다른 설정이나 사용자 인터페이스가 보일 수도 있다.

이 책의 디지털 버전을 갖고 있다면, 코드를 직접 입력하거나 책의 깃허브 리포지터리를 통해 코드에 접근하는 것을 권장한다. 이를 통해 코드를 복사하고 붙이는 과정에서 발생할 수 있는 잠재적인 오류를 줄일 수 있다.

예제 코드 다운로드

이 책의 깃허브　　　　　　　　　　　　　　　　　　　　　　　　에서 예제 코드를 다운로드할 수 있다. 만일 코드가 업데이트된다면, 깃허브 리포지터리도 업데이트

될 것이다.

또한 에이콘출판사의 도서정보 페이지   에서도 동
일한 파일을 다운로드할 수 있다.

편집 규약

이해를 돕고자 다루는 정보에 따라 글꼴 스타일을 다르게 적용했다. 이러한 스타일의 예와
의미는 다음과 같다.

텍스트 내 코드: 텍스트에서 코드 단어는 다음과 같이 표기한다. "AProjectile 클래스를 상속
해 AFireBall, AMissile, ABomb과 같이 발사 가능한 다양한 자식 클래스를 만들 수 있다."

코드 블록은 다음과 같이 표기한다.

```
#pragma once
#include "CoreMinimal.h"
#include "GameFramework/Actor.h"
#include "DefenseTower.generated.h
```

코드 블록에서 유의해야 할 부분이 있다면 다음과 같이 굵은 글꼴로 표기한다.

```
void APangaeaCharacter::BeginPlay()
{
…
_AnimInstance = Cast<UPangaeaAnimInstance>(
GetMesh()->GetAnimInstance());
…
}
```

명령줄 입력 혹은 출력은 다음과 같이 표기했다.

```
$ mkdir css
$ cd css
```

고딕: 화면상에 표시되는 메뉴나 버튼은 다음과 같이 표기한다. "**언리얼 프로젝트 브라우저** 창에서 왼쪽에 위치한 **게임** 탭을 선택한다. 그다음에는 **일인칭** 템플릿을 선택한다."

이 책에서 제공되는 C++ 샘플 코드는 독자들의 혼돈을 최소화하고 일관성을 유지하기 위해 언리얼 엔진의 코딩 표준을 따른다. 공식적인 코딩 표준은 웹 사이트(https://dev.epicgames.com/documentation/ko-kr/unreal-engine/epic-cplusplus-coding-standard-for-unreal-engine?application_version=5.0)에서 확인할 수 있다.

텍스트를 페이지 인쇄 레이아웃에 맞게 작성하다 보면, 때로는 명확하고 이해하기 쉬운 간결한 표현식임에도 불구하고 예외가 발생할 수 있다. 예를 들어 다음 코드는 코딩 표준을 따르면서도 할당된 GameInst 변수의 유형을 명시적으로 선언하고 있다.

```
UPlayerAvatarAnimationInstance* GameInst = Cast
  <UPlayerAvatarAnimationInstance>(GetMesh()->GetAnimInstance()).
```

대신 다음과 같이 수정된 버전이 사용될 수도 있다.

```
auto GameInst = Cast<UPlayerAvatarAnimationInstance>(
  GetMesh()->GetAnimInstance())
```

⁘ 독자 의견

문의: 이 책과 관련해 문의 사항이 있다면 메일 제목에 책명을 적어서 customercare@packtpub.com으로 이메일을 보내주길 바란다. 한국어판에 관한 질문은 이 책의 옮긴이나 에이콘출판사 편집 팀(editor@acornpub.co.kr)으로 문의할 수 있다.

정오표: 내용을 정확하게 전달하고자 최선을 다했지만, 그럼에도 실수가 있을 수 있다. 이

책에서 문제점을 발견했다면 팩트출판사 웹 사이트(www.packtpub.com/support/errata)에서 해당 양식을 작성해 알려주길 바란다. 한국어판의 정오표는 에이콘출판사의 도서정보 페이지(http://www.acornpub.co.kr/book/unit-game-development)에서 찾아볼 수 있다.

저작권 침해: 인터넷에서 어떤 형태로든 팩트출판사 서적의 불법 복제물을 발견하면 해당 주소나 웹 사이트의 이름을 알려주길 바란다. 의심되는 불법 복지물의 링크를 copyright@packtpub.com으로 보내주면 된다.

1부

언리얼 C++ 스크립트 시작하기

1부에서는 언리얼 엔진을 사용한 게임 개발, 그중에서도 특히 C++ 프로그래밍의 기본적인 내용을 살펴본다. 언리얼에서 C++ 게임 프로젝트를 생성하는 법, 마이크로소프트 비주얼 스튜디오를 사용해 게임 소스 코드를 작성하고 편집하는 법에 대해 알아본다. 프로그래밍 문법을 살펴보면서 C++와 객체지향 프로그래밍_{OOP, Object-Oriented Programming}의 핵심적인 개념도 함께 파악해볼 것이다. 이렇게 기초를 다짐으로써 게임 프로젝트어서 실행되는 코드를 직접 작성하고 이에 대한 검토도 수행할 수 있다.

1부는 다음과 같은 장들로 구성된다.

- 1장. 첫 언리얼 C++ 게임 만들기
- 2장. 비주얼 스튜디오에서 C++ 코드 편집하기
- 3장. C++와 객체지향 프로그래밍 배우기
- 4장. FPS 게임 프로젝트와 C++ 코드 살펴보기

01

첫 언리얼 C++ 게임 만들기

에픽게임즈가 만든 언리얼 엔진UE, Unreal Engine은 가장 인기 있는 3D 컴퓨터 그래픽 게임 엔진 중 하나로, 높은 품질의 시뮬레이션을 만들 수 있는 다양한 툴과 기능을 제공한다. 또한 스킬 레벨에 상관없이 모든 개발자가 쉽게 활용할 수 있는 직관적인 비주얼 스크립팅 시스템인 블루프린트와 신뢰할 수 있는 C++ 프로그래밍 프레임워크를 동시에 제공하고 있다. 이 책은 C++ 프로그래밍에 대한 간단한 소개와 더불어, 언리얼 엔진에서 게임 개발에 필요한 C++ 스크립트를 어떻게 작성하는지 보여줄 것이다.

1장은 아주 기본적인 단계부터 시작한다. 따라서 게임 개발의 기본 스킬인 언리얼 C++ 프로젝트를 생성하는 법, 이미 존재하는 언리얼 블루프린트 프로젝트를 언리얼 C++ 프로젝트로 변환하는 법을 알아볼 것이다. 이 과정에 익숙해진다면 게임 개발에 필요한 능력을 한 단계 더 향상시킬 수 있다.

이 장에서는 다음 주제들을 다룬다.

- 언리얼 C++ 스크립팅 살펴보기

- 템플릿을 활용해 C++ 슈팅 게임 프로젝트 생성하기

- 블루프린트 프로젝트를 C++ 프로젝트로 변환하기

⠿ 기술적인 요구 사항

우선 독자가 컴퓨터를 평균적인 수준으로 다룰 수 있다고 가정하고 내용을 기술한다. 또한 언리얼 엔진 5^{UE5, Unreal Engine 5} 에디터에 대한 기본적인 지식과 경험을 보유하고 있으며 간단한 블루프린트 스크립트를 작성할 수 있을 정도의 스킬도 갖춘 것으로 가정한다.

이 장을 원활하게 진행하려면, 우선 컴퓨터에 에픽 게임 허브를 설치하고 5.03 이상의 최신 버전 언리얼 엔진을 설치해야 한다. 언리얼 엔진이 설치돼 있지 않다면 에픽의 공식 웹 사이트https://www.unrealengine.com/ko/에서 계정을 등록하고 에픽게임즈 런처를 다운로드한다.

필요한 최소한의 개발 환경은 다음과 같다.

- **운영체제**: 윈도우 10

- **프로세서**: 인텔 7세대 혹은 그와 동등한 성능의 CPU

- **메모리**: 16GB RAM

- **GPU**: GTX 1080 혹은 동등한 성능의 AMD

- **다이렉트X**: 12

- **스토리지**: 25GB

- **기타**: 8GB 이상의 VRAM 추천

공식적인 시스템 요구 사항은 웹 사이트https://docs.unrealengine.com/5.0/en/hardware-and-software-specifications-for-unreal-engine/에서 확인할 수 있다. 좀 더 원활하게 언리얼 엔진 5 작업을 수행하려면 i9혹은 동등한 성능의 AMD CPU, 64GB RAM, GeForce RTX 3600 비디오 카드 이상의 사양이 필요하다.

언리얼 C++ 스크립팅 살펴보기

본격적으로 시작하기에 앞서, C++ 스크립팅에 관한 몇 가지 사항을 먼저 살펴보자. 이를 통해 C++를 사용할 때의 장점과 단점, C++를 사용해야 하는 이유, 언리얼 엔진 C++ 스크립팅과 C++ 프로그래밍의 차이 등을 이해할 수 있다.

C++와 블루프린트의 차이

C++와 블루프린트는 스크립트 언어로, 어떤 언어를 사용해도 동일한 태스크를 수행할 수 있다. 다만 상황에 따라 한 언어가 다른 언어에 비해 더 효과적으로 사용될 수 있다. 이 둘 사이의 가장 큰 차이점은, C++가 범용적인 목적에 사용되는 텍스트 기반의 코드인 반면에 블루프린트는 언리얼 엔진 기반의 비주얼 스크립팅 시스템이라는 점이다.

일반적인 상용 게임을 만드는 언리얼 엔진 프로젝트에서는 C++와 블루프린트를 모두 사용한다. 일반적으로 C++는 상대적으로 복잡한 로직과 알고리듬이 필요한 곳에 사용된다. 따라서 C++로 스크립트를 작성할 수 있는 역량을 보유하고 있다면, 전문적인 개발 조직에서 일할 수 있는 기회가 더 많아질 것이다.

C++를 사용해야 하는 가장 큰 이유는 다름 아닌 퍼포먼스다. C++를 사용해 로우 레벨의 코드도 작성할 수 있으며, 블루프린트로는 접근이 어려운 코어 시스템에 대한 제어도 가능하다. 또한 C++ 코드는 상대적으로 높은 수준까지 최적화될 수 있고, 바이너리 네이티브 코드로 컴파일도 가능하다. 반면 블루프린트 스크립트는 미들 레이어에서 이를 해석하고 실행하므로 더 많은 시간이 소요된다.

C++ 코드와 파일은 프로젝트의 구조와 연동돼 효과적으로 관리될 수 있다. 즉, 편집하려는 코드를 쉽게 검색하고 이에 접근할 수 있으며, 이를 통해 코드를 효과적으로 유지보수하고 트러블슈팅할 수 있다. 복잡한 알고리듬과 로직에 기반한 대규모 코드도 쉽게 읽고 이해할 수 있다. 반면, 블루프린트는 콘텍스트에 민감하다. 블루프린트 그래프는 C++에 비해 상대적으로 독립적이다. 블루프린트 그래프를 사용해 복잡한 로직을 구현해야 한다면, 수많은 노드와 이를 연결하는 라인들이 스파게티처럼 엉켜버릴 것이다. 당연히 이를 이해하고 유

지보수하는 것도 쉽지 않을 것이다.

물론 C++에도 단점은 존재한다. 전체 시스템의 크래시를 유발할 수 있는 심각한 에러가 더러 발생한다. 하지만 이런 경우도 대부분은 개발자의 실수가 직접적인 원인이다. 블루프린트는 레이어가 보호하는 좀 더 안전한 구조를 갖고 있으며, 따라서 시스템 크래시를 유발하는 경우도 상대적으로 드물다.

이런 각 언어의 장단점과 필요한 요구 사항 및 개발 조건 등을 고려해 C++와 블루프린트 중 하나를 선택하면 되는 것이다.

언제 C++를 사용하는가?

C++와 블루프린트 모두 문제없이 게임 개발에 활용될 수 있다. 언제 C++를 써야 하고 언제 블루프린트를 써야 한다고 정해진 규칙은 없다. 개발자의 경험과 게임의 니즈에 따라 매번 달라지기 마련이다. 각각의 스크립팅 시스템에 대해 얼마나 많이 알고 있느냐에 따라 결정이 달라질 수도 있다.

어떤 작업을 시작하기 전에 스스로에게 이런 질문을 던져봐야 한다. "C++를 사용하는 것이 합리적일까? 아니면 블루프린트를 사용하는 것이 합리적일까?" 이 질문에 답하기 위해 다음과 같은 항목들을 고려하되, 각 항목은 트레이드오프될 수 있다.

- 퍼포먼스
- 로직과 알고리듬의 복잡도
- 시스템 핵심 기능에 대한 접근성
- 개발자의 경험

좀 더 복잡한 게임 로직에 대응하면서 높은 퍼포먼스를 구현해야 한다거나 복잡한 문제를 해결하는 코드를 작성하고 거기서 발생하는 문제를 해결할 능력이 있다면 C++를 사용하기를 권장한다.

C++ 프로그래밍과 C++ 스크립팅의 차이

C++ 프로그래밍과 C++ 스크립팅이 어떻게 다른 것인지 다소 헷갈릴 수 있다. 이 두 용어가 어떻게 다른지 한번 알아보자.

C++ 프로그래밍은 범용적인 목적의 코드를 작성하기 위해 C++ 프로그래밍 언어를 사용하는 것을 의미한다. 언리얼 엔진 프로젝트에 한정돼 적용되는 의미가 아닌 것이다. 반면 이 책에서 다루는 C++ 스크립팅은 언리얼 엔진에서 지원하는 C++ 프로그래밍 언어의 일부를 의미한다. C++ 문법이 갖고 있는 다양한 장점을 제공하며 언리얼 엔진의 API^{Application Programming Interface}와도 원활하게 연동된다. 개발자들은 API를 활용해 오브젝트, 그래픽, 오디오, 네트워크 통신과 같은 게임 엔진의 핵심 기능을 자신들이 만드는 게임에 구현하거나 확장해 적용할 수 있게 된다.

지금까지 C++에 대한 기본적인 내용과 언리얼 게임 개발에서 언제 C++를 활용할 수 있을지 살펴봤다. 이제 샘플 프로젝트를 만들어 본격적으로 C++ 스크립팅을 살펴볼 때다.

템플릿을 활용해 C++ 슈팅 게임 프로젝트 생성하기

이제 언리얼 엔진 5 C++ 프로젝트를 생성하고 본격적인 작업을 시작할 때다. 일인칭 템플릿을 활용해 새로운 C++ 프로젝트를 만드는 법을 차근차근 살펴보자.

일인칭 템플릿은 언리얼 엔진이 제공하는 기본 게임 템플릿이다. **언리얼 프로젝트 브라우저** 창에서 **일인칭**을 선택해 새로운 프로젝트를 생성한다. 우리가 만들 MyShooter 게임은 템플릿의 기능을 최대한 활용하며, 기능이나 콘텐츠를 추가하지 않을 것이다.

아울러 C++ 스크립팅을 수행하려면 적합한 IDE를 설치해야 한다. 이 책에서는 마이크로소프트 비주얼 스튜디오 2002를 사용한다.

비주얼 스튜디오 2022 설치하기

비주얼 스튜디오^{VS, Visual Studio}는 마이크로소프트가 제공하는 IDE^{Integrated Development Environment}

로, 코드를 작성한 다음 이를 수정하고 디버깅, 컴파일하는 데 활용된다. C++ 스크립팅을 수행하려면 우선 공식 사이트(https://visualstudio.microsoft.com/ko/vs/)를 방문해 커뮤니티 2022^{Community 2022} 버전 설치 패키지를 다운로드한다(그림 1.1 참조).

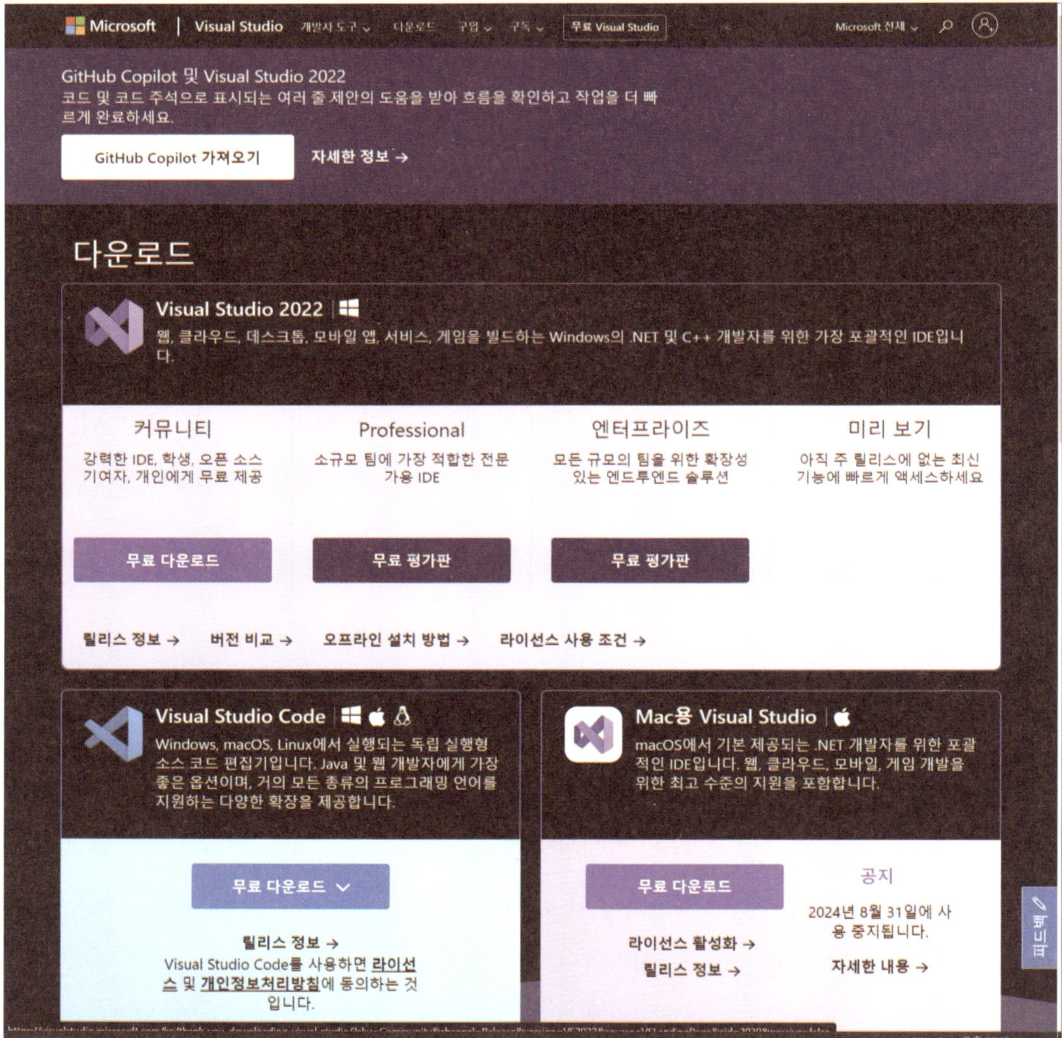

그림 1.1 비주얼 스튜디오 2022 다운로드

파일을 다운로드한 폴더　　　　　　에서 VisualStudioSetup.exe를 클릭해 설치를 시작하자.

C++를 사용한 데스크톱 개발과 **C++를 사용한 게임 개발** 항목을 체크한다. 이 두 옵션을 활성화해 C++ 컴파일러를 설치하고 언리얼 엔진 게임 개발에 필요한 전문적인 지원 기능을 사용할 수 있게 된다　　　　　　.

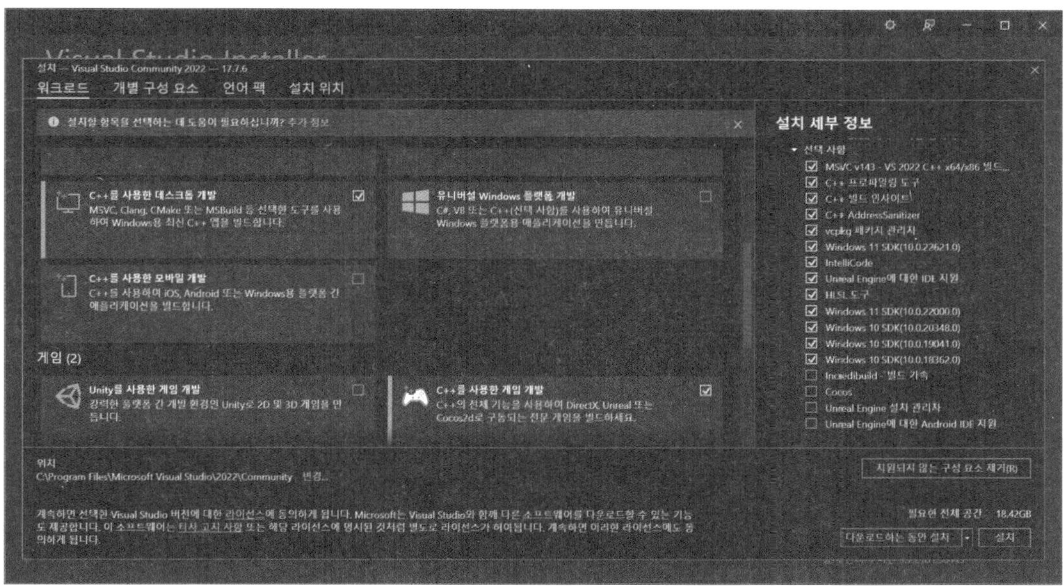

그림 1.2 비주얼 스튜디오 설치창에서 워크로드 선택하기

C++를 사용한 데스크톱 개발을 선택한 다음, **설치 세부 정보** 패널에서 아래 항목들이 체크됐는지 다시 한번 확인한다.

* **C++ 프로파일링 도구**

- C++ AddressSanitizer

- Windows 10 SDK

- IntelliCode

- Unreal Engine에 대한 IDE 지원

모든 확인이 완료됐다면 **설치** 버튼을 눌러 워크로드를 설치한다. 설치 작업이 완료되면 다음과 같은 대화상자를 확인할 수 있다^{그림 1.3 참조}.

그림 1.3 비주얼 스튜디오 설치 완료 대화상자

그다음 해야 할 일은 언리얼 엔진 5 에디터와 함께 엔진 소스 코드가 설치됐는지 확인하는 것이다. 새로운 프로젝트를 생성하면 엔진 소스 코드 역시 통합돼 생성된다. 게임의 특성에 맞게 엔진 소스 코드 역시 수정하거나 커스터마이징할 수 있다.

언리얼 엔진에 소스 코드가 설치됐는지 확인하기

언리얼 엔진 5 에디터를 실행하기 전에 에디터에서 사용할 엔진 소스가 설치됐는지 확인해야 한다. 이를 통해 우리가 만들 C++ 프로젝트에 언리얼 엔진 5 소스 코드가 통합될 수 있다.

다음과 같은 세 단계를 거쳐 엔진 소스 코드의 설치 여부를 확인할 수 있다.

1. 에픽게임즈 런처를 실행한 다음, 상단 **라이브러리** 탭에 있는 설치된 언리얼 엔진 버전
   아이콘의 드롭다운 메뉴에서 **옵션**을 선택한다.

2. **엔진 소스** 항목이 체크돼 있는 것을 확인한다.

3. **적용** 버튼을 클릭한다.

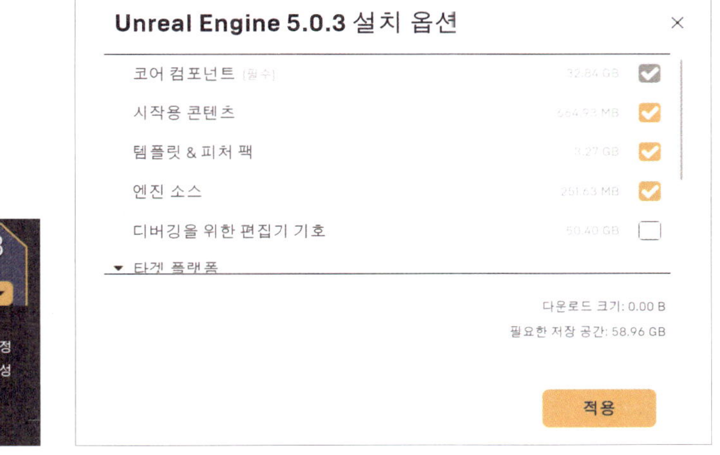
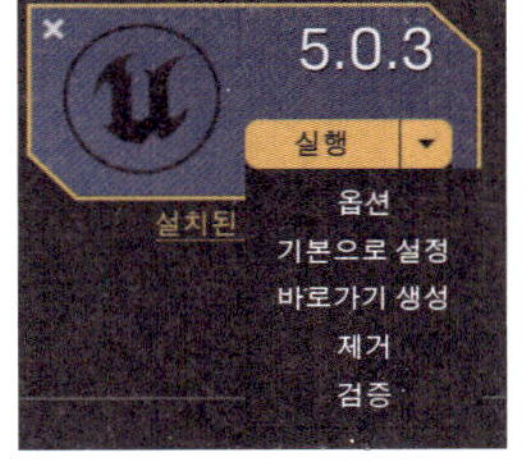

그림 1.4 언리얼 엔진 5 옵션 메뉴

언리얼 엔진은 버그와 결함을 수정한 새로운 버전이 끊임없이 출시되는 제품이다. 전문적
인 개발자들은 특정한 니즈에 맞춰 엔진 소스 코드를 직접 수정하기도 한다. 예를 들어, 게
임 개발 빌드에서만 지오메트리 인스턴싱geometry instancing 인스턴스 렌더링instanced rendering이 정
상적으로 동작하고 배포 빌드에서는 정상적으로 동작하지 않는 이슈가 발생할 수 있다. 이
런 이슈는 엔지니어가 엔진 소스 코드를 직접 수정해 해결할 수 있다.

NOTE

지오메트리 인스턴싱은 싱글 드로 콜(Single draw call)로 오브젝트의 여러 인스턴스를 렌더링하는 기법을
의미한다. 이를 통해 각각의 인스턴스는 고유한 속성을 가질 수 있다.

위키피디아(https://en.wikipedia.org/wiki/Geometry_instancing)를 참조하자.

이제 에픽게임즈 런처를 통해 언리얼 엔진 에디터를 실행할 준비가 끝났다.

에픽게임즈 런처를 통해 언리얼 엔진 5 에디터 실행하기

언리얼 엔진 5 에디터를 실행하는 방법은 너무 직관적이어서 설명을 덧붙일 필요도 없다.
5.0.3 엔진 카드의 **실행** 버튼을 클릭해 에디터를 시작한다 그림 1.5 참조.

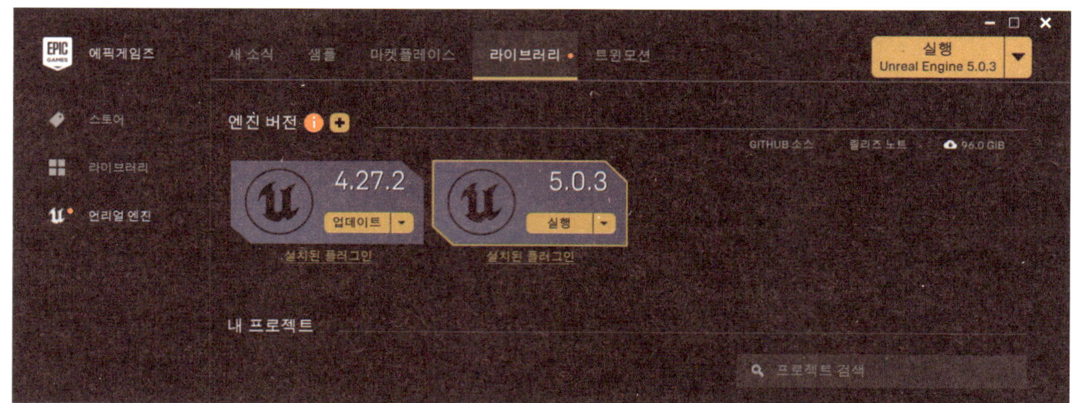

그림 1.5 에픽게임즈 런처에서 언리얼 엔진 5 에디터 실행하기

그다음 할 일은 새로운 게임 프로젝트를 생성하는 것이다. 새로운 프로젝트의 이름은
MyShooter로 정하자.

MyShooter C++ 프로젝트 생성하기

프로젝트를 생성하려면 다음과 같은 단계를 따른다 그림 1.6 참조.

1. **언리얼 프로젝트 브라우저**를 실행한 다음, 왼쪽 탭에서 **게임**을 선택한다.

2. **일인칭** 템플릿을 선택한다.

3. **C++** 버튼을 선택한다.

4. 프로젝트 위치를 정하고 기본 폴더는 C:\\Users\\Projects다 **프로젝트 이름**을 MyShooter로 설정한다.

5. **생성** 버튼을 클릭한다.[1]

그림 1.6 MyShooter 프로젝트 생성하기

새로 게임 프로젝트를 생성할 때 프로토타이핑에 활용될 수 있는 에셋과 리소스가 패키징 돼 있는 '시작용 콘텐츠'를 포함할 수 있다.

엔진이 초기화된 다음, 에디터가 열리면 모든 준비가 완료된 것이다. 콘텐츠 브라우저의 왼쪽에 위치한 프로젝트 트리 패널의 **MyShooter** 탭에서 **콘텐츠** 노드와 동일한 위상에 위치한 **C++ 클래스** 노드를 확인할 수 있다.

---

1 역자의 경우 이 단계에서 프로젝트를 생성했을 때 오류가 발생했다. 이 오류는 Visual Studio Installer에서 '.NET 데스크톱 개발' 워크로드를 추가 설치해 수정할 수 있었다. – 옮긴이

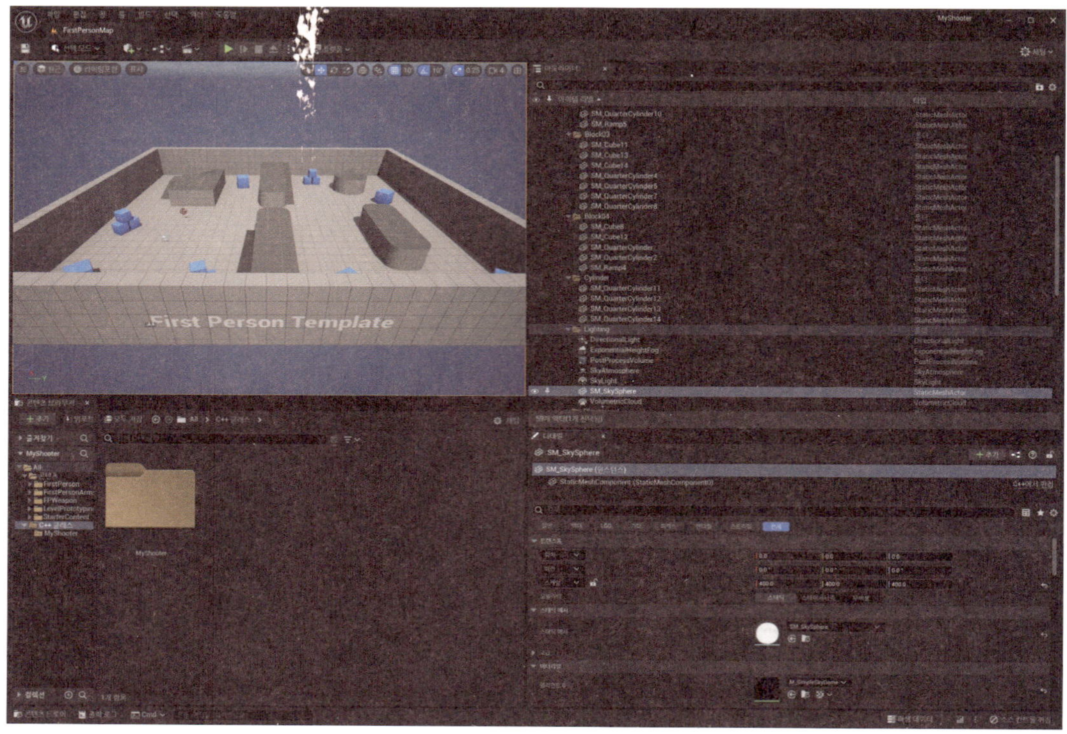

그림 1.7 언리얼 엔진 5 에디터에서 MyShooter C++ 프로젝트 열어보기

기본 소스 코드 에디터로 언리얼 엔진 5에 비주얼 스튜디오 연결하기

C++ 프로젝트를 생성했으므로 게임에 필요한 C++ 소스 코드 역시 이미 생성된 상태다. 언리얼 엔진 5 에디터에서 소스 파일을 바로 열려면 비주얼 스튜디오를 엔진 에디터의 기본 IDE로 설정해야 한다.

우선 언리얼 엔진 5 에디터의 메인 메뉴에서 **편집 ➤ 에디터 개인 설정**을 클릭해 설정창을 연다. 그다음에는 설정창의 왼쪽 패널에서 **일반 ➤ 소스 코드**를 선택하고, **소스 코드 에디터** 드롭다운 메뉴에서 **Visual Studio 2022**를 선택한다(그림 1.8 참조).[2]

---

2 변경 사항을 제대로 적용하려면 이 과정 이후 엔진을 재시작해야 한다. - 옮긴이

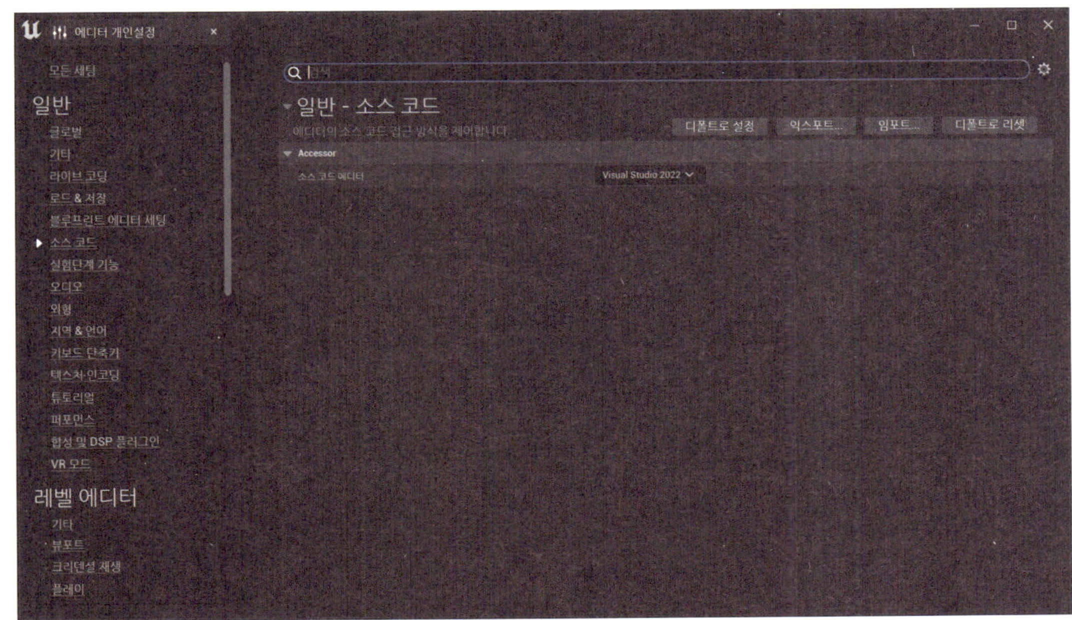

그림 1.8 비주얼 스튜디오를 기본 소스 코드 에디터로 설정하기

이제 비주얼 스튜디오를 사용해 소스 코드 파일을 열어볼 수 있게 됐다.

비주얼 스튜디오에서 C++ 소스 코드 열어보기

비주얼 스튜디오에서 C++ 소스 코드를 시험 삼아 열어보고 싶다면, 프로젝트에서 임의의
소스 코드 파일을 찾아 더블 클릭하면 된다.

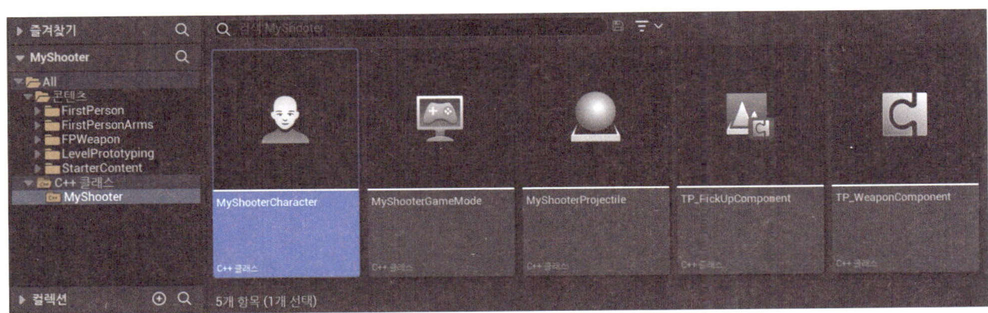

그림 1.9 비주얼 스튜디오에서 MyShooterCharacter.cpp 소스 코드 열기

시스템이 자동으로 비주얼 스튜디오를 실행하고, 비주얼 스튜디오 에디터가 MyShooterCh
aracter.cpp 파일을 열 것이다(그림 1.10 참조).

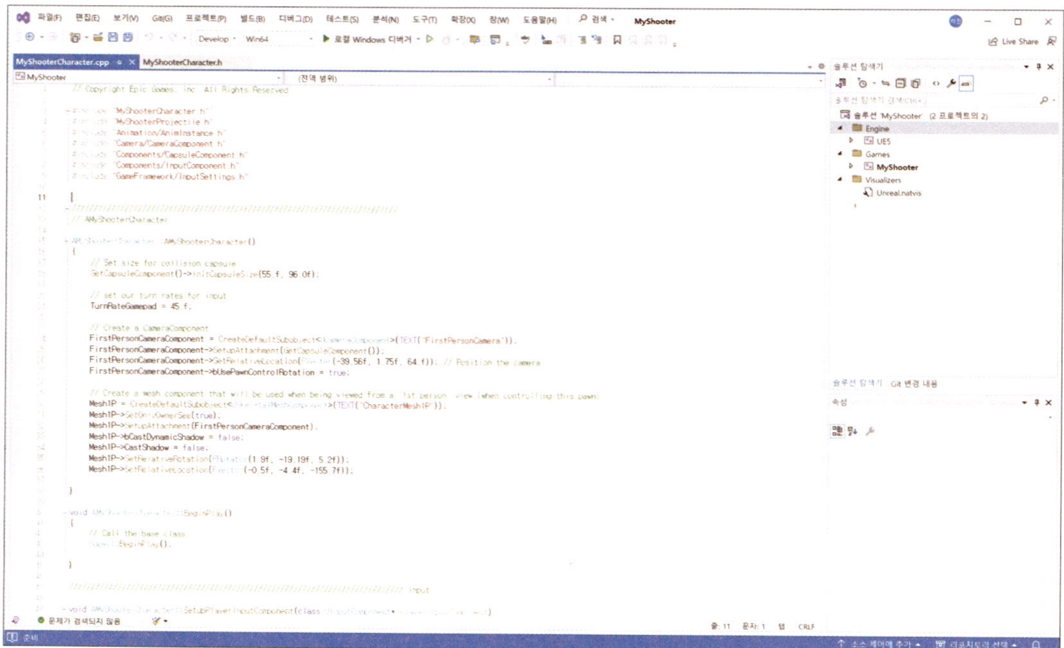

그림 1.10 비주얼 스튜디오에서 MyShooterCharacter.cpp 소스 코드 보기

다시 언리얼 에디터로 돌아와, 에디터 상단의 녹색 플레이 버튼을 클릭해 게임을 시작해보
자. 게임플레이가 시작되면 캐릭터를 움직이고, 맵을 돌아다니고, 무기를 획득할 수 있을
것이다(그림 1.11 참조).

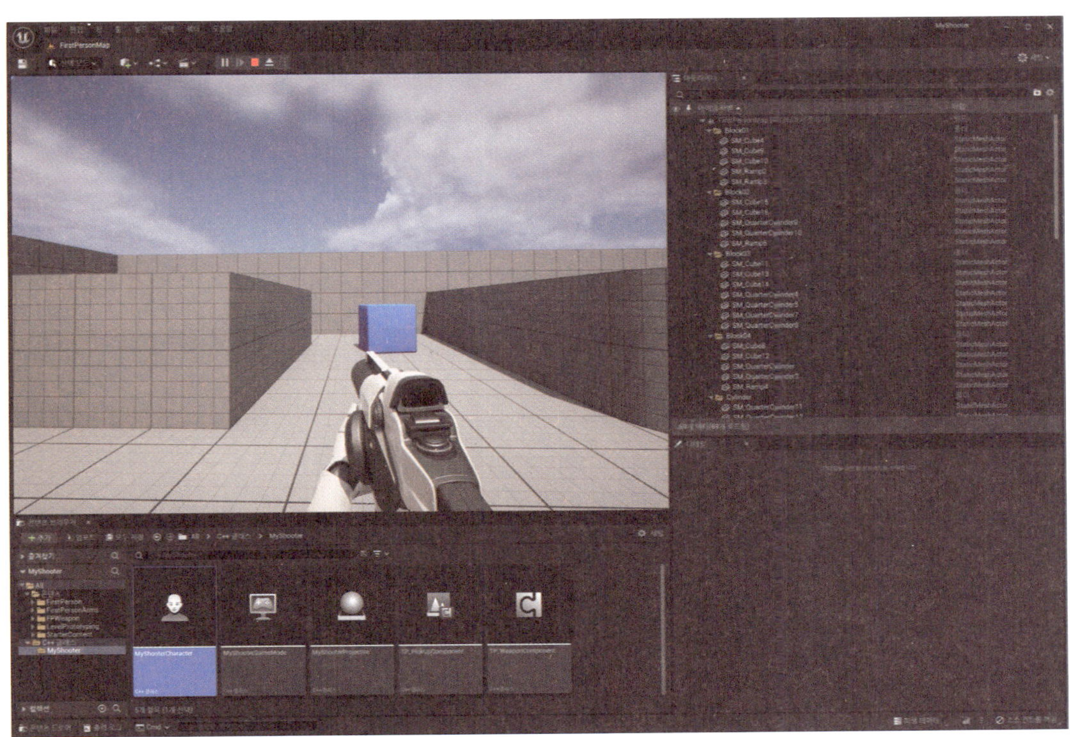

그림 1.11 MyShooter 플레이하기

지금까지 언리얼 엔진에서 C++ 프로젝트를 생성하는 법을 알아봤다. 그럼 우리가 이미 블루프린트 프로젝트를 진행하고 있다고 가정하고, 이를 C++ 프로젝트로 변환하려면 어떻게 해야 할까? 언리얼 엔진에서는 기존 프로젝트에 C++ 클래스를 추가해 이런 변환이 가능하도록 만들어준다. MyBPShooter 블루프린트 프로젝트를 진행하고 있다고 가정하고, 이를 C++ 프로젝트로 변환하는 작업을 수행해보자.

블루프린트 프로젝트를 C++ 프로젝트로 변환하기

언리얼 엔진은 아주 직관적인 방법으로 기존의 블루프린트 프로젝트를 C++ 프로젝트로 변환하도록 도와준다. 개발자는 기존 프로젝트에 C++ 클래스만 추가하면 되고, 나머지 변환 과정과 필요한 파일의 추가는 언리얼 엔진이 알아서 진행할 것이다.

1. 우선 D:\UEProjects(물론 다른 경로를 사용해도 무방하다)에 MyBPShooter라는 블루프린트 프로 젝트를 생성해야 한다. 앞서 MyShooter라는 C++ 프로젝트를 생성했을 때와 동일한 과정으로 진행하되, **C++** 대신 **블루프린트** 탭을 선택해 MyBPShooter 프로젝트를 생 성한다.

그림 1.12 언리얼 엔진 5에서 MyBPShooter 프로젝트 생성하기

2. 언리얼 엔진 5에서 새로운 프로젝트를 연다. 프로젝트 트리를 유심히 살펴보자. **C++** 클래스 폴더를 찾을 수 없을 것이다.

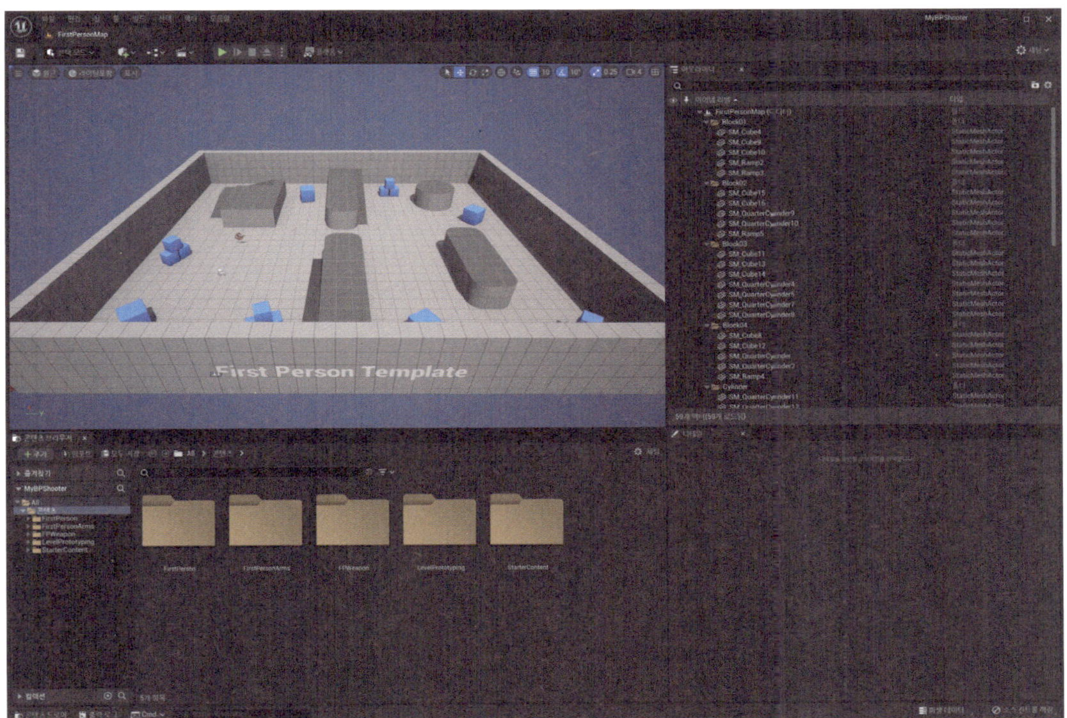

그림 1.13 언리얼 엔진 5에서 MyBPShooter 열기

3. 에디터의 메인 메뉴에서 **툴 ≫ 새로운 C++ 클래스**를 선택한다. **C++ 클래스 추가** 창이 열리면(그림 1.14 참조), **캐릭터**를 기본 클래스(파생된 클래스에서 요구하는 것이 속성과 메서드가 포함된 클래스)로 선택하고 MyShooterCharacter 클래스를 생성한다.

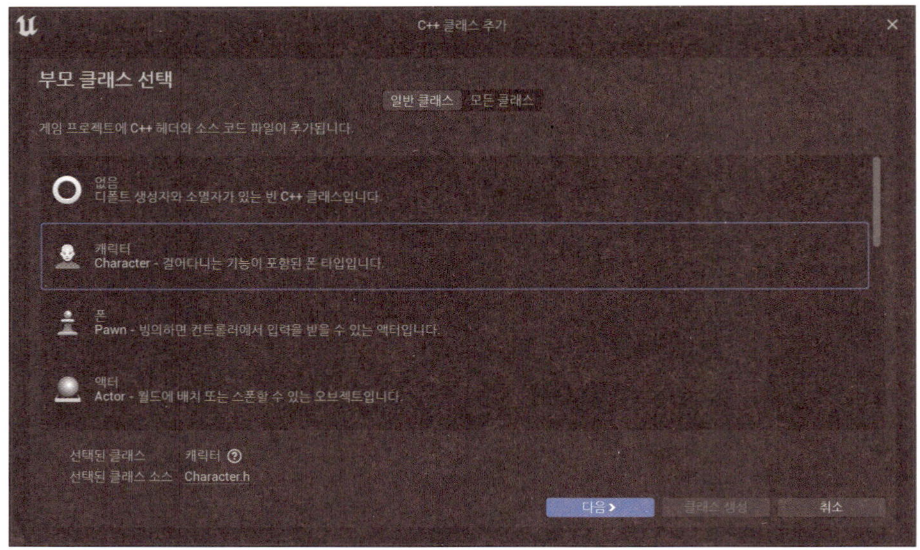

그림 1.14 새로운 C++ 클래스로 캐릭터 클래스 추가하기

다음 버튼을 클릭하면 **새 캐릭터 이름**을 정하는 창으로 변환될 것이다.

4. **새 캐릭터 이름** 화면의 **이름** 필드에 MyBPShooterCharacter를 입력한다.

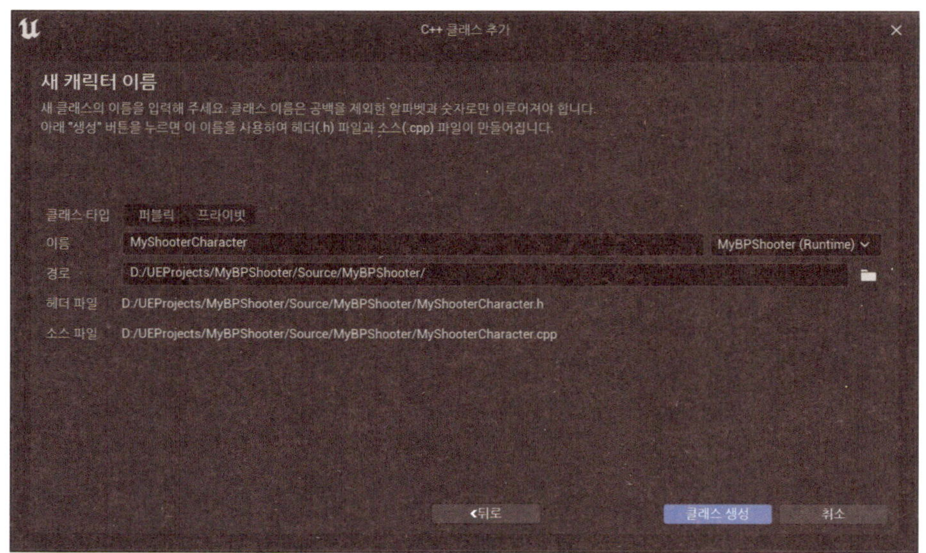

그림 1.15 MyBPShooterCharacter C++ 클래스 추가하기

헤더와 소스 파일이 저장되는 경로를 주의 깊게 살펴보자. MyShooter 프로젝트와 구조가 다르게 보이는데, 이는 아직 C++ 노드가 생성되지 않았기 때문이다. 따라서 지금은 이 부분을 걱정할 필요가 없다. 변환 작업이 완료되면, 시스템이 자동으로 파일들을 적절한 장소로 옮겨줄 것이다.

5. **클래스 생성** 버튼을 클릭하면, 코드가 추가되면서 프로그레스 바가 올라가는 것을 확인할 수 있다.

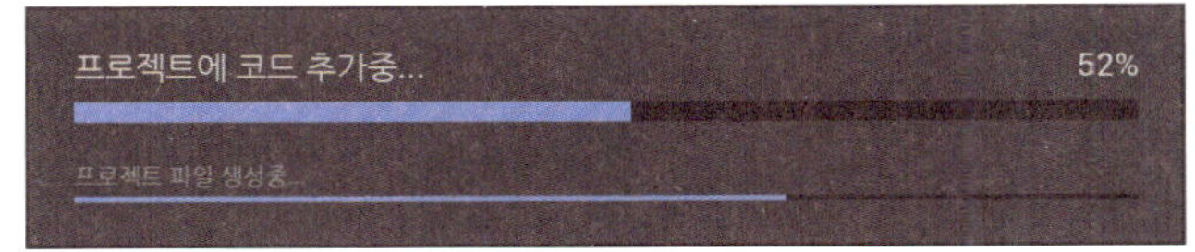

그림 1.16 MyBPShooterCharacter C++ 코드 추가하기

또한 팝업창을 통해 C++ 클래스가 추가되는 것을 확인할 수 있다.

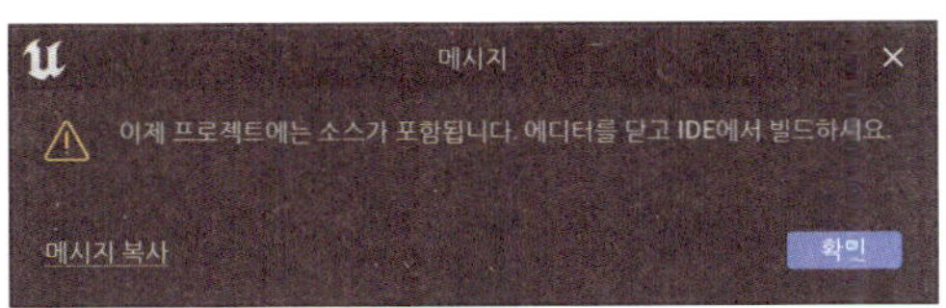

그림 1.17 MyBPShooterCharacter C++ 클래스 추가 메시지

6. **확인** 버튼을 누른다. 그럼 코드를 편집할 것인지 묻는 메시지가 나타난다. **아니오**를 선택한다.

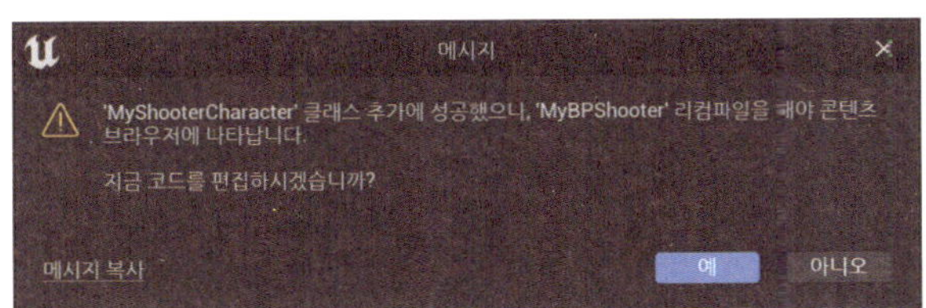

그림 1.18 MyBPShooterCharacter 소스 코드를 편집할 것인지 묻는 대화상자

7. 언리얼 엔진 에디터를 닫은 다음, 다시 MyBPShooter 프로젝트를 연다. 프로젝트를 리빌드할 것인지 묻는 대화상자가 나타나는데, 여기서는 **Yes**를 클릭한다.

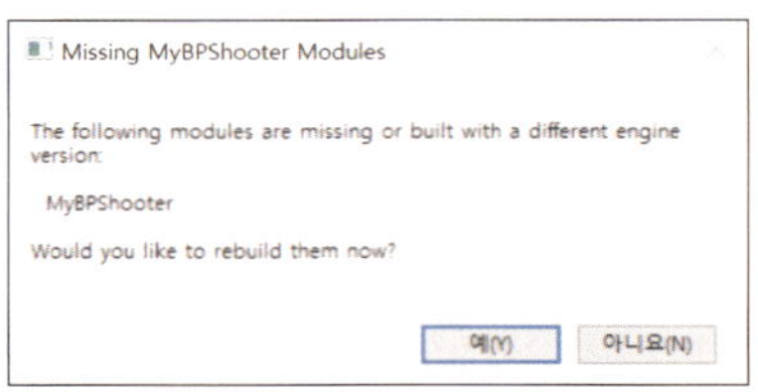

그림 1.19 MyBPShooter 리빌드를 묻는 대화상자

모든 작업이 완료되면, 프로젝트 트리에 **C++ 클래스**가 추가된 것을 확인할 수 있다. 아울러 그 하위에 MyBPShooter 폴더가 생성돼 있고 해당 폴더 안에 MyShooterCharacter 클래스가 생성돼 있는 것도 확인할 수 있을 것이다.

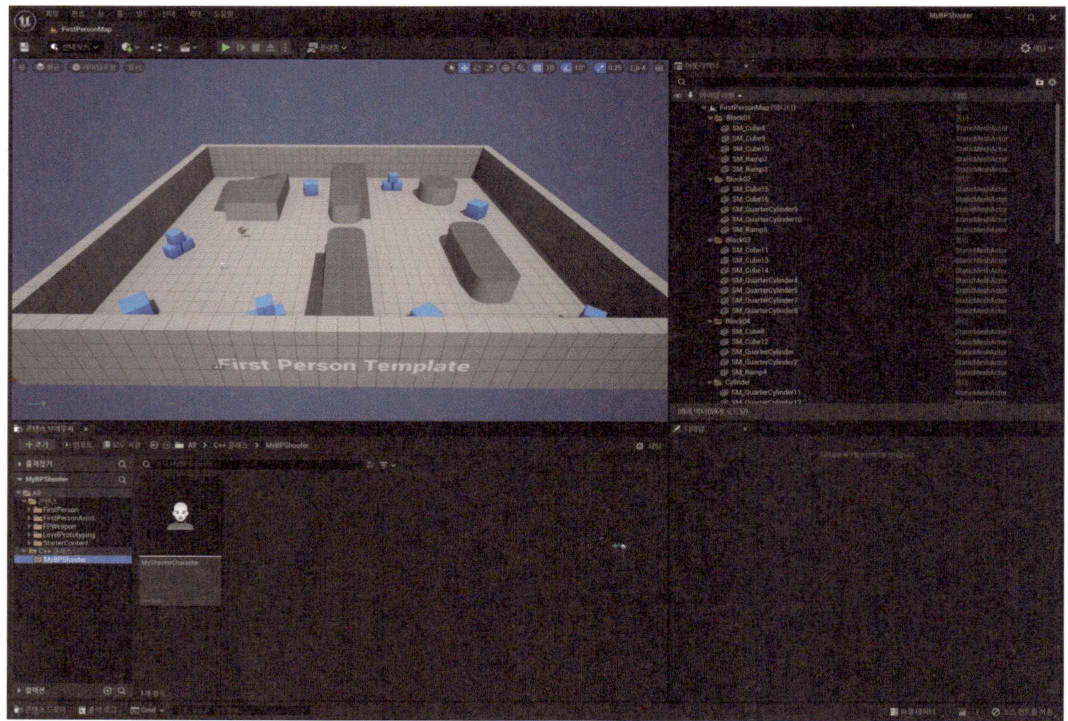

그림 1.20 변환된 MyBPShooter C++ 프로젝트

MyShooter 프로젝트와 비교해보면, MyBPShooterGameMode와 같은 클래스가 존재하지 않는
다는 것을 알 수 있다. 블루프린트 버전이 이미 존재하기 때문에 그에 대응하는 C++ 버전이
자동으로 생성되지 않은 것이다. 필요하다면 이전의 블루프린트를 C++로 수동으로 변환할
수 있다.

⁞⁞ 요약

이 장에서는 C++와 이를 게임 개발에 활용했을 때 얻을 수 있는 장점에 대해 알아봤다. 이
어서 MyShooter C++ 프로젝트를 생성하고, MyBPShooter 블루프린트 프로젝트를 C++
프로젝트로 변환하는 것도 수행해봤다. 또한 비주얼 스튜디오와 C++ 솔루션 파일을 사용한
개발 환경도 설정했다.

다음 장에서는 IDE의 유저 인터페이스를 하나하나 살펴본다. 그다음에는 C++ 프로젝트를
생성하고 간단한 C++ 코드를 작성해볼 것이다. 코드를 편집하면서 몇 가지 기법도 함께 소
개한다.

02

비주얼 스튜디오에서 C++ 코드 편집하기

코딩을 처음 접해본다면 코드를 편집하기 위해 툴이 필요하다는 것부터 이해해야 한다.

C++ 소스 코드는 본질적으로 .cpp, .h와 같은 확장명을 갖는 텍스트 파일이다. 따라서 윈도우의 노트패드를 사용해 C++ 소스 코드 파일을 열고 편집할 수도 있다. 하지만 노트패드의 경우 가장 기본적인 편집만 가능하고, 코드를 편집할 때 편리하게 사용할 수 있는 다양한 기능을 제공해주지는 못한다. 이 책에서는 노트패드 대신 비주얼 스튜디오를 코드 에디터로 사용한다.

왜 비주얼 스튜디오를 사용할까? 비주얼 스튜디오는 소프트웨어를 개발할 때 필요한 기능을 풍부하게 제공해주는 통합 개발 환경IDE, Integrated Development Environment이다. 따라서 이 툴 하나만으로도 충분히 소프트웨어를 개발할 수 있다. 비주얼 스튜디오를 통해 코드를 작성하고, 편집하고, 디버깅과 테스트를 수행하고, 빌드까지 수행할 수 있다. 또한 비주얼 스튜디오는 설치 패키지와 함께 가장 인기 있는 프로그래밍 언어 컴파일러를 제공함으로써, C++ 소스 코드를 실행 가능한 기계 코드 수준으로 직접 컴파일할 수도 있다. 무엇보다 언리얼 엔진을 지원하므로 언리얼 엔진이 제공하는 개발 환경에서도 원활하게 동작한다는 장점이 있다.

이 장을 차근차근 따라가다 보면 IDE의 사용자 인터페이스^{UI, User Interface}에 점차 익숙해지면서 자연스럽게 C++ 코드를 만들고 작성할 수 있을 것이다. 또한 독립적으로 실행 가능한 C++ 솔루션을 빌드하는 방법도 배우게 될 것이다. 이 장에서는 다음 주제들을 다룬다.

- 비주얼 스튜디오 시작하기

- 비주얼 스튜디오 IDE의 UI 살펴보기

- 비주얼 스튜디오에서 코드 편집하기

- C++ 코딩 연습

⠿ 기술적인 요구 사항

C++ 프로젝트를 생성하고 코드를 편집하려면 우선 시스템에 비주얼 스튜디오를 설치해야 한다.

비주얼 스튜디오는 윈도우와 맥을 모두 지원한다. 또한 커뮤니티, 프로페셔널, 엔터프라이즈 에디션과 같이 다양한 라이선스가 존재한다. 이 책에서는 비주얼 스튜디오 2002 윈도우 커뮤니티 에디션을 사용한다.

앞으로 수행할 C++ 스크립팅에 비주얼 스튜디오를 사용할 것이므로, 비주얼 스튜디오를 사용하는 개발 환경과 스크립팅에 익숙해져야 한다.

이 장에서 사용된 코드는 깃허브(https://github.com/PacktPublishing/Unreal-Engine-5-Game-Development-with-C-Scripting/tree/main/Chapter02/MyCPP_01)에서 확인할 수 있다.

▒ 비주얼 스튜디오 시작하기

1장에서 이미 비주얼 스튜디오를 설치하는 방법을 알아봤으므로, 이미 당신의 시스템에 비
주얼 스튜디오가 설치돼 있을 것이다. 비주얼 스튜디오는 독립적으로 수행되는 애플리케이
션이므로 운영체제나 언리얼 엔진 모두에서 바로 실행할 수 있다.

윈도우에서는 검색창에서 visual studio를 입력해 검색한 다음, 실행하려는 앱 버전을 확
인하고 클릭한다.

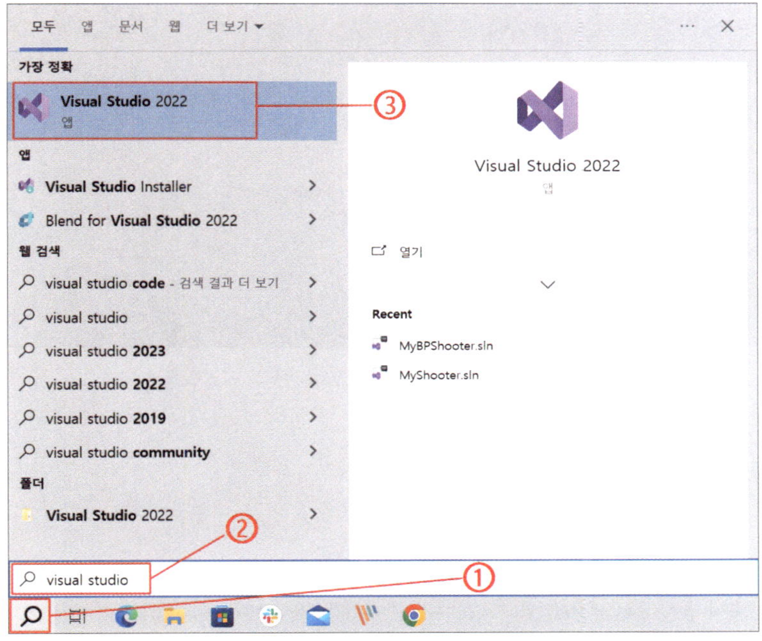

그림 2.1 윈도우에서 비주얼 스튜디오 시작하기

언리얼 엔진에서 비주얼 스튜디오를 시작하는 것도 연습해보자. MyShooterCharacter.cpp
파일을 열어볼 것이다. **콘텐츠 드로어** 패널에서 MyShooter/All/C++ 클래스/MyShooter를
찾은 다음, **MyShooterCharacter C++ 클래스** 아이템을 더블 클릭하자.

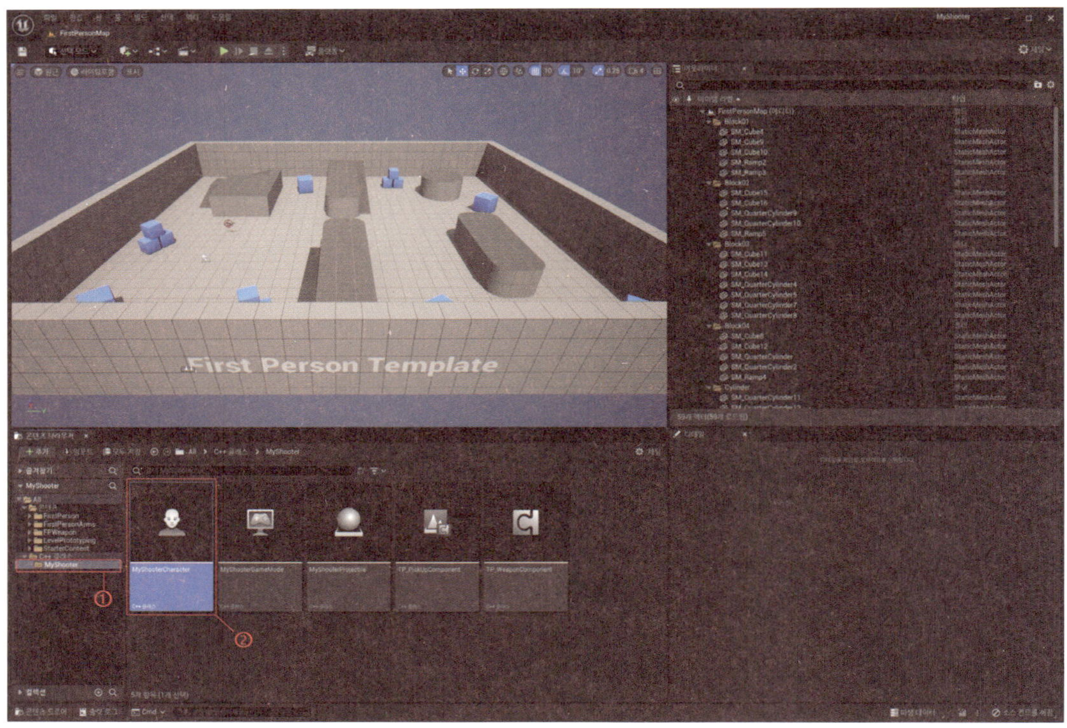

그림 2.2 언리얼 엔진에서 비주얼 스튜디오 시작하기

비주얼 스튜디오가 이미 시작된 상태가 아니라면 이 작업을 통해 비주얼 스튜디오를 시작할 수 있다. 에디터에서 MyShooterCharacter.cpp 파일이 열릴 것이다.

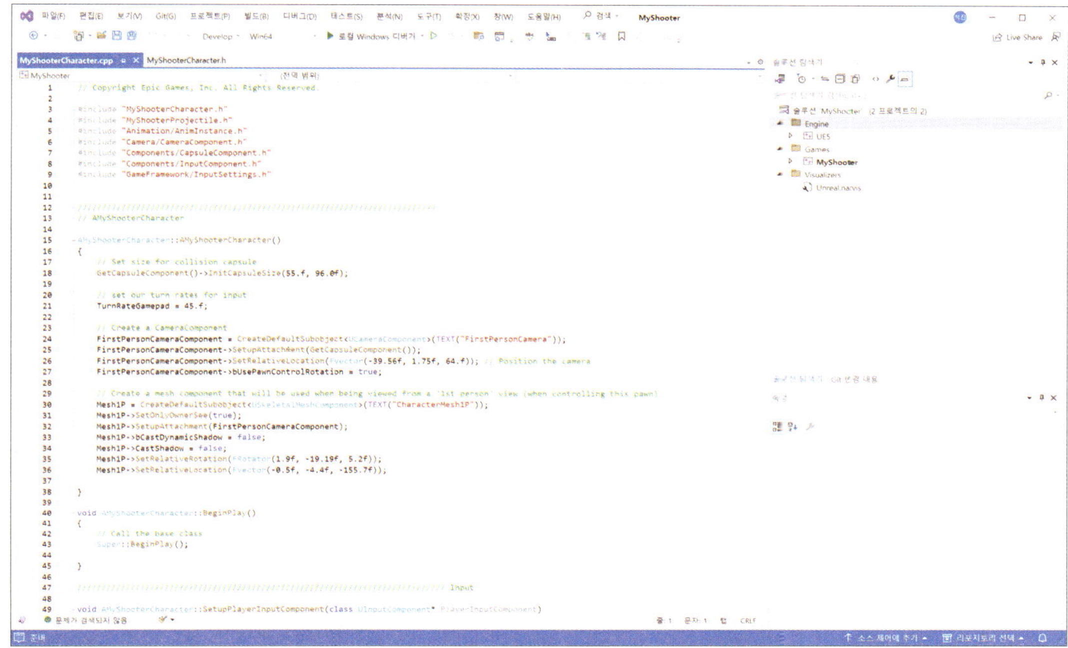

그림 2.3 MyShooterCharacter.cpp가 열린 비주얼 스튜디오

이제 언리얼 개발 환경의 설치와 설정이 완료됐다. 엔진 에디터와 비주얼 스튜디오가 모두 열려 있는 상태다. 이제 IDE의 UI를 살펴보자.

비주얼 스튜디오 IDE의 UI 살펴보기

비주얼 스튜디오는 강력하지만 한편으로 복잡한 툴이기도 하다. 비주얼 스튜디오가 제공하는 수많은 기능 중에서도, 이 책에서는 C++ 스크립팅을 수행하는 데 필요한 기능만 다룰 것이다. 마이크로소프트의 공식 사이트를 방문해 비주얼 스튜디오에 대해 더 알아보는 것도 좋다. 링크는 다음과 같다.

- 비주얼 스튜디오 IDE 문서: https://learn.microsoft.com/ko-kr/visualstudio/?view=vs-2022

- **비주얼 스튜디오 코딩 학습하기**: https://visualstudio.microsoft.com/ko/vs/getting-started/

비주얼 스튜디오가 수행됐다면, 다음과 같은 IDE 에디터를 확인할 수 있을 것이다.

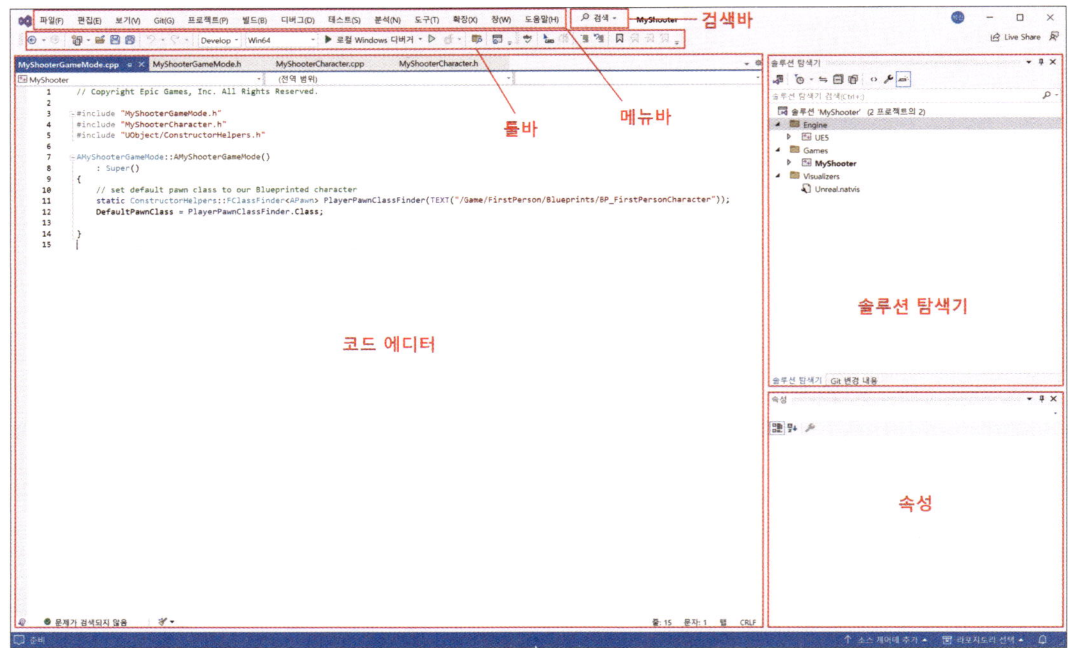

그림 2.4 비주얼 스튜디오 IDE 에디터

그림 2.4에서 에디터의 주요 부분을 확인할 수 있다.

코드 에디터

코드 에디터는 에디터의 왼쪽에 위치하고 있으며 직접 C++ 코드를 작성하는 곳이다. 코드 에디터에서는 여러 개의 파일을 동시에 열어놓을 수 있다. 에디터의 상단에 현재 열려 있는 파일 이름이 표시될 것이다. 그림 2.5는 에디터에서 MyShooterGameMode.cpp, MyShooterGameMode.h, MyShooterCharacter.cpp, MyShooterCharacter.h라는 4개의 파일이 열려 있는 것을 보여준다.

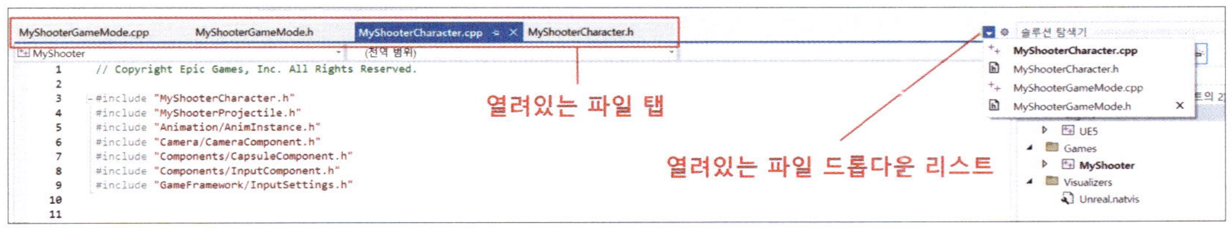

그림 2.5 비주얼 스튜디오 코드 에디터의 열린 파일 탭

각각의 탭을 선택해 해당하는 파일을 볼 수 있다. 탭에서 표시할 수 있는 것보다 더 많은 파일을 열어야 하는 경우라면, 코드 에디터의 우측 상단에 위치하고 있는 드롭다운 버튼을 사용해 열려 있는 파일의 목록을 확인할 수도 있다.

메뉴

비주얼 스튜디오의 상단 메뉴는 명령어와 카테고리가 그룹으로 나뉘어져 있다. 각각의 메뉴는 하위 메뉴를 드롭다운 형태로 보여준다. 메뉴에는 코딩을 스행하면서 필요한 여러 가지 작업, 옵션, 기능 등이 다양한 인터페이스로 제공된다.

검색 상자

메뉴 바에 위치하고 있는 검색 상자는 코딩을 수행하는 중에도 IDE의 메뉴나 옵션을 찾을 수 있도록 도와주는 특별한 도구다. 검색을 통해 IDE 기능과 코드를 쉽고 빠르게 찾아볼 수 있다. 텍스트를 입력하면 그에 대응하는 결과를 리스트로 나열해준다.

툴바

툴바는 메뉴 바의 하단에 위치하며 **파일 열기, 저장, 모두 저장, 디버그 시작** 등의 단축 버튼을 포함하고 있다.

솔루션 탐색기

솔루션 탐색기는 솔루션에 포함되는 프로젝트, 폴더, 파일을 계층 구조 트리 형식으로 보여준다. 트리를 통해 파일을 검색하고 이를 에디터에서 열 수 있다.

비주얼 스튜디오의 솔루션 파일은 여러 개의 프로젝트를 하나의 솔루션으로 구성하는 파일이다. 개발자들은 솔루션을 통해 다양한 파일과 프로젝트 내부에 존재하는 종속성을 관리한다. 이를 통해 복잡한 소프트웨어 애플리케이션을 좀 더 쉽게 동작하도록 만들고, 이를 빌드할 수도 있다. 솔루션 파일에는 프로젝트의 설정과 종속성 등 프로젝트에 관한 다양한 정보가 포함돼 있어 비주얼 스튜디오가 솔루션 전체를 컴파일하고 빌드할 수도 있다.

앞서도 언급했듯이, 비주얼 스튜디오 솔루션에는 여러 개의 프로젝트가 포함될 수 있다. 또한 각각의 프로젝트는 내부에 별개의 프로젝트, 소스 코드, 설정, 종속성, 그 밖의 파일들을 포함할 수 있다. 이 책에서 다루는 예제의 경우, MyShooter 솔루션에 언리얼 엔진 5 프로젝트와 MyShooter 프로젝트라는 2개의 프로젝트가 포함돼 있다.

그림 2.6에서도 볼 수 있듯이, **속성** 창은 선택된 아이템의 속성을 보여준다. 이미지에서는 **MyShooter** 프로젝트의 속성을 보여주고 있으며, **MyShooter** 프로젝트에 언리얼 프로젝트 파일인 MyShooter.uproject 파일이 포함돼 있는 것을 확인할 수 있을 것이다.

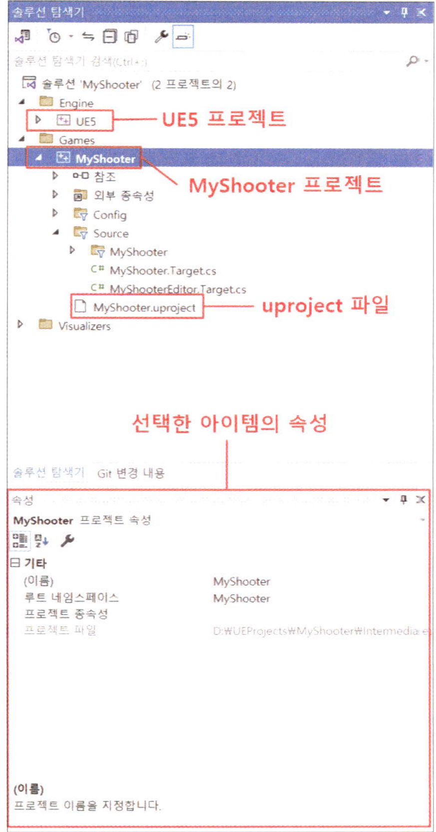

그림 2.6 비주얼 스튜디오 솔루션 탐색기

출력 창

출력 창은 코드 빌딩 과정에서 표시되는 출력 메시지를 보여준다. 빌드 출력을 확인하기 위해 프로젝트 빌드를 한번 수행해보자.

빌드 메뉴에서 **솔루션 빌드**를 선택한다. **출력** 창에 화면 초점이 맞춰지면서 빌드 결과를 표시해 줄 것이다(그림 2.7 참고).[1] 메뉴 바에서 **보기 ➤ 출력**을 선택해 수동으로 **출력** 창을 띄울 수도 있다.

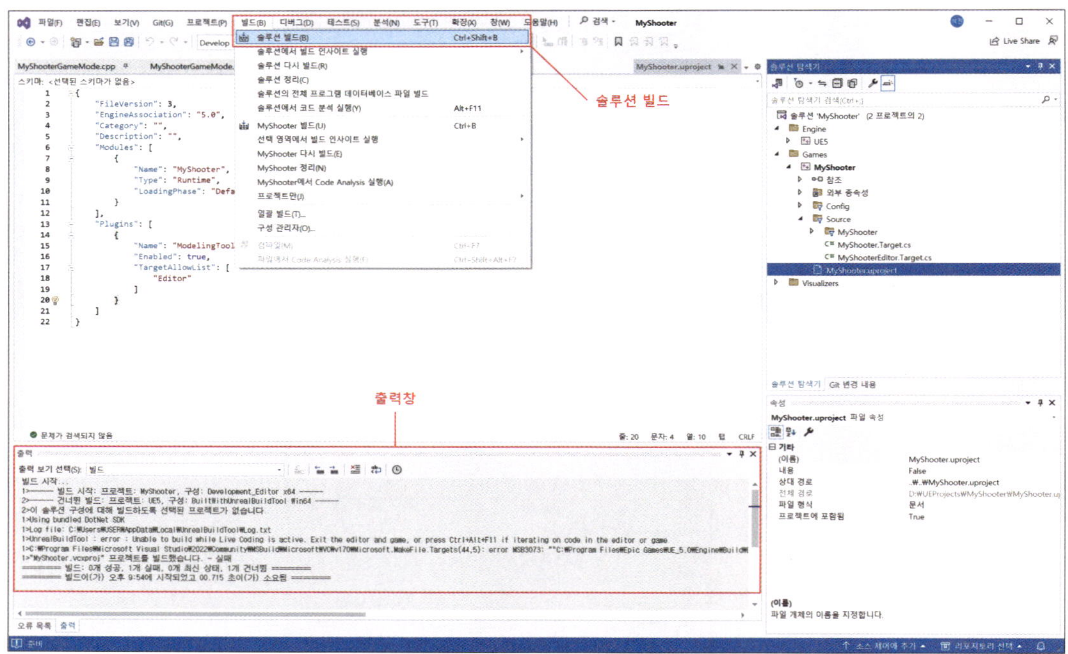

그림 2.7 비주얼 스튜디오 빌드와 출력 창

오류 목록 창

오류 목록 창은 빌드 오류, 경고를 포함해 코드의 현재 상태에 대한 메시지를 보여준다. 코드를 빌드하는 과정에서 오류나 경고, 혹은 그 밖의 메시지가 발생한다면 **오류 목록** 창이 자동으로 열린다. 메뉴에서 **보기 ➤ 오류 목록**을 선택해 수동으로 **오류 목록** 창을 열 수도 있다.

MyShooterCharacter.cpp 코드에서 18번째 라인에 위치한 세미콜론(;)을 지워 오류를 발생시켜보자.

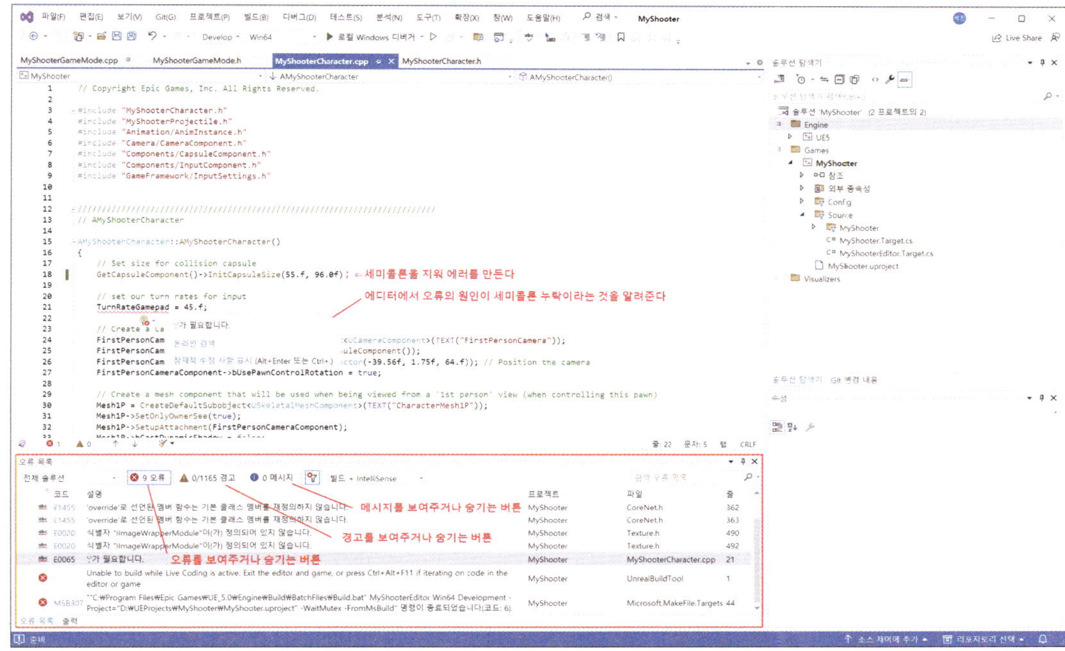

그림 2.8 비주얼 스튜디오 빌드에서 발생한 오류를 보여주는 오류 목록 창

코드 오류가 발생하면서 에디터에서 자동으로 TurnRateGamePad 변수 이름에 붉은색 물결 표시로 문제가 있다는 것을 표시해준다. **빌드** 메뉴에서 **솔루션 빌드**를 선택하면, 빌드를 수행하면서 9개의 오류가 발생하는 것을 확인할 수 있다.

오류, 경고, 메시지 토글 버튼을 통해 해당 정보를 표시하거나 지울 수 있으며, 이를 통해 유용한 정보를 골라서 표시할 수 있다.

테스트를 완료한 다음 세미콜론을 다시 입력한다. 그런 다음, 다시 솔루션 빌드를 실행하면 해당 오류가 삭제된 것을 확인할 수 있다.

이제 비주얼 스튜디오의 UI에 대한 기본적인 지식은 확보했을 것이다. 이어서 IDE를 활용해 코드를 편집하는 방법을 알아본다.

비주얼 스튜디오에서 코드 편집하기

비주얼 스튜디오 IDE는 개발자가 효과적으로 코드를 작성하고 편집할 수 있도록 강력한 편집 기능과 툴을 제공하며, 필요한 대부분의 툴들은 메인 메뉴에서 찾을 수 있다. 여기서는 일반적으로 많이 사용되는 편집 툴과 단축키를 먼저 살펴본다. 이후 이어지는 실습에서 계속 단축키와 키를 활용하고 연습하는 것을 추천한다.

입력 커서 제어하기

비주얼 스튜디오에서 편집 작업을 수행할 때 깜박이는 수직선을 입력 커서 혹은 캐럿 caret 라고 부른다. 입력 커서는 현재 입력하는 지점을 가리키며 새로운 텍스트가 입력되는 장소를 결정한다.

입력 커서를 조정하는 것은 필수적인 편집 스킬이다.

- **위, 아래, 왼쪽, 오른쪽 방향키**: 입력 커서를 위, 아래, 왼쪽, 오른쪽 방향으로 이동시킨다.

- **Home, End**: 입력 커서를 코드 라인의 시작 부분이나 끝 부분으로 이동시킨다.

- **Ctrl + Home, Ctrl + End**: 입력 커서를 코드 파일의 시작 부분이나 끝 부분으로 이동시킨다.

- **Page Up, Page Dn**: 입력 커서를 위로 한 페이지, 혹은 아래로 한 페이지 이동시킨다. 코드의 양이 많아 여러 페이지로 표시되는 경우에 유용하다.

- **마우스 클릭**: 마우스로 클릭하는 곳에 입력 커서가 위치할 수 있다.

텍스트 편집 키

텍스트 편집 키는 편집 모드와 겹쳐 쓰기 모드의 전환뿐만 아니라 텍스트를 삭제할 때도 사용된다.

- Insert : 편집 모드와 겹쳐 쓰기 모드를 전환한다.

- Delete : 입력 커서가 위치한 곳의 텍스트를 삭제한다. 코드 블록이 선택돼 있다면, 전체 블록을 삭제한다.

- Backspace: 입력 커서가 위치한 곳 앞의 텍스트를 삭제하고 입력 커서의 위치를 삭제된 텍스트의 위치로 이동시킨다.

코드 선택

개발자는 코드 선택 기능을 통해 텍스트의 특정 부분을 복사하거나 잘라내거나 삭제할 수 있다. 일반적으로 코드 블록을 선택하는 블록의 시작 부분을 마우스로 클릭한 다음, 선택하려는 블록의 마지막 부분까지 마우스를 드래깅해 블록을 선택한다. 키 조합을 활용해서도 동일한 기능을 수행할 수 있다.

- **Shift + 왼쪽 화살표 키, Shift + 오른쪽 화살표 키**: 왼쪽 혹은 오른쪽으로 글자를 하나씩 확장해 선택한다. 다시 반대쪽을 선택하면 선택됐던 영역이 해제된다.

- **Shift + 위쪽 화살표 키, Shift + 아래쪽 화살표 키**: 위쪽 혹은 아래쪽으로 한 줄씩 확장해 선택한다. 다시 반대쪽을 선택하면 선택됐던 영역이 해제된다.

- **Ctrl + Shift + 왼쪽 화살표 키, Ctrl + Shift + 오른쪽 화살표 키**: 왼쪽 혹은 오른쪽으로 단어, 변수, 심볼과 같이 의미 있는 섹션을 하나씩 확장해 선택한다. 다시 반대쪽을 선택하면 선택됐던 영역이 해제된다.

인텔리센스

인텔리센스IntelliSense는 코드를 작성할 때 유용하게 사용할 수 있는 리소스다. 백그라운드에서 동작하는 스마트 에이전트와 유사하며, 오브젝트의 이름, 사용 가능한 타입의 멤버, 메서드의 각기 다른 오버로드에 대한 매개변수의 상세 정보 같은 유용한 정보를 표시해준다. 또한 인텔리센스는 입력하는 단어를 완성해주는 기능도 제공한다.

다른 일반적인 텍스트 편집 도구와 마찬가지로 비주얼 스튜디오도 복사/붙여넣기, 찾기 및 바꾸기 기능을 제공한다. 이런 편집 기능과 단축키를 인지하고 활용하면 코딩 실력을 향상시킬 수 있다.

유용한 단축키

대부분의 편집 툴과 마찬가지로 비주얼 스튜디오 역시 단축키를 통한 일반적인 편집 기능을 제공한다.

복사/붙여넣기

복사와 붙여넣기에 활용되는 단축키는 다음과 같다.

- **Ctrl + C**: 선택한 텍스트 복사

- **Ctrl + X**: 선택한 텍스트 잘라내기

- **Ctrl + V**: 현재 입력 커서가 위치한 곳에 클립보드의 텍스트 붙여넣기

찾기 및 바꾸기

텍스트를 찾고 바꾸는 데 활용되는 단축키는 다음과 같다.

- **Ctrl + F**: 현재 문서에서 키워드를 검색한다.

- **Ctrl + Shift + F**: 찾으려는 키워드, 예를 들어 calculator와 같은 키워드를 솔루션 파일 전체에서 검색한다. 'calculator' 찾기 창에 일치한 모든 결과가 출력될 것이다. 규모가 큰 프로젝트의 작업을 진행할 때 매우 유용하게 사용할 수 있다.

- **Ctrl + H**: 현재 문서에서 특정 키워드를 검색하고 이를 다른 텍스트로 치환한다.

- **Ctrl + Shift + H**: 솔루션에 포함돼 있는 모든 리소스를 대상으로 키워드를 검색하고 이를 다른 텍스트로 치환한다.

코드 블록

주석 기호를 입력해 주석을 남기거나 제거할 수 있지만, 단축키를 활용한다면 더 쉽고 빠르게 주석 작업을 수행할 수 있다.

- **Ctrl + K + C**: 선택한 코드 블록을 주석으로 처리
- **Ctrl + K + U**: 선택한 코드 블록을 주석 처리 해제
- **Ctrl + K + F**: 선택한 코드 블록을 서식 설정에 맞게 자동으로 정렬
- **Ctrl + K + D**: 문서 코드를 서식 설정에 맞게 자동으로 정렬

Go To

Go To 단축키는 원하는 코드를 빠르게 검색하고 이동하는 데 드움이 된다. 다음과 같이 단축키를 활용할 수 있다.

- **F12, Ctrl + F12**: 변수나 클래스 이름, 함수 이름과 같이 선택된 키워드의 정의나 선언으로 이동한다.
- **Ctrl + G**: 줄 번호를 입력해 해당 줄로 이동한다.
- **Ctrl + T**: 열고 싶은 파일 이름을 알고 있는 경우 유용하게 사용할 수 있다. 특히 수백, 수천 개의 소스 파일로 구성된 대규모 프로젝트를 진행할 때 유용하다.
- **Ctrl + Tab**: 가장 최근에 열어본 문서 창을 검색한다.

디버깅

디버그 툴은 중단점에서 코드 실행을 멈추고 해당 코드에서 발생한 오류와 실수를 수정하는 데 사용된다. 디버깅은 프로그래머가 반드시 갖춰야 하는 기본적인 스킬이다. 디버깅과 관련해 알고 있어야 하는 기본적인 기능들은 다음과 같다.

- **F9**: 코드 라인에 중단점을 설정한다. 디버그 모드가 수행 중일 때, 중단점에서 프로그

램 실행이 멈춘다.

- **F5**: 디버그 모드를 실행한다.

- **Ctrl + F5**: 디버그 모드 없이 프로그램을 실행한다. 중단점 역시 무시된다.

- **F10**: IDE에서 프로시저 단위로 실행되는 것을 보여준다. 이를 통해 문제가 어디에 있는지 알 수 있다.

- **F11**: IDE에서 한 단계씩 코드를 실행시킨다. 함수를 좀 더 자세히 조사해야 할 때 유용하게 사용할 수 있다.

그럼 지금까지 배운 편집 스킬을 사용해 실제 C++ 프로젝트에서 코드를 작성하고 편집해보자.

C++ 코딩 연습

이제 비주얼 스튜디오에서 C++ 코드 작성을 연습할 시간이다. 간단하게 학습을 진행하기 위해 언리얼 엔진 코드와 직접 연관이 없는 순수한 C++ 솔루션을 학습 예제로 사용할 것이다.

코드 편집을 연습할 때는 몇 가지 권장할 만한 사항이 있다.

- 이번 단계에서는 소스 코드를 모두 이해할 필요가 없다. 이번 섹션을 위해 사전 제공되는 C++ 코드를 복사하고, 이후 소개하는 C++ 프로그래밍 문법과 같은 편집 기능을 익히는 데 집중하길 바란다.

- 비주얼 스튜디오 편집 단축키를 최대한 활용하자.

- 복사/붙여넣기에 의존하기보다 직접 코드를 타이핑해서 입력하길 바란다. 이를 통해 좀 더 빠르게 편집 스킬을 늘리고 환경에 익숙해질 수 있을 것이다.

이제 본격적으로 시작해보자.

비주얼 스튜디오에서 새로운 C++ 솔루션 생성하기

윈도우에서 비주얼 스튜디오를 시작한 다음, **새 프로젝트 만들기**를 선택한다.

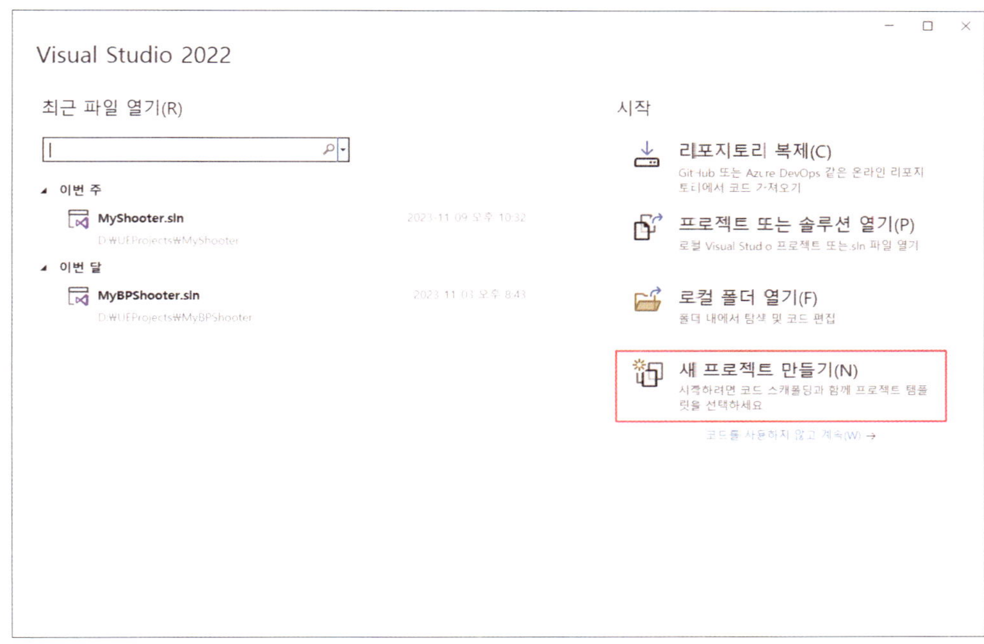

그림 2.9 새 프로젝트 만들기

새 프로젝트 만들기 화면에서 **빈 프로젝트** 템플릿을 찾아 선택하고 **다음**을 클릭한다.

그림 2.10 새 프로젝트 만들기

새 프로젝트 구성 화면이 출력될 것이다. 프로젝트를 저장할 폴더를 우선 선택한다. 이 책에서는 C:\C++Projects 폴더를 사용할 것이다. C: 드라이브에 해당 폴더를 만든 다음, **위치** 항목에서 해당 폴더를 선택한다. **프로젝트 이름** 박스에는 MyCPP_01을 입력하자[그림 2.11 참조].

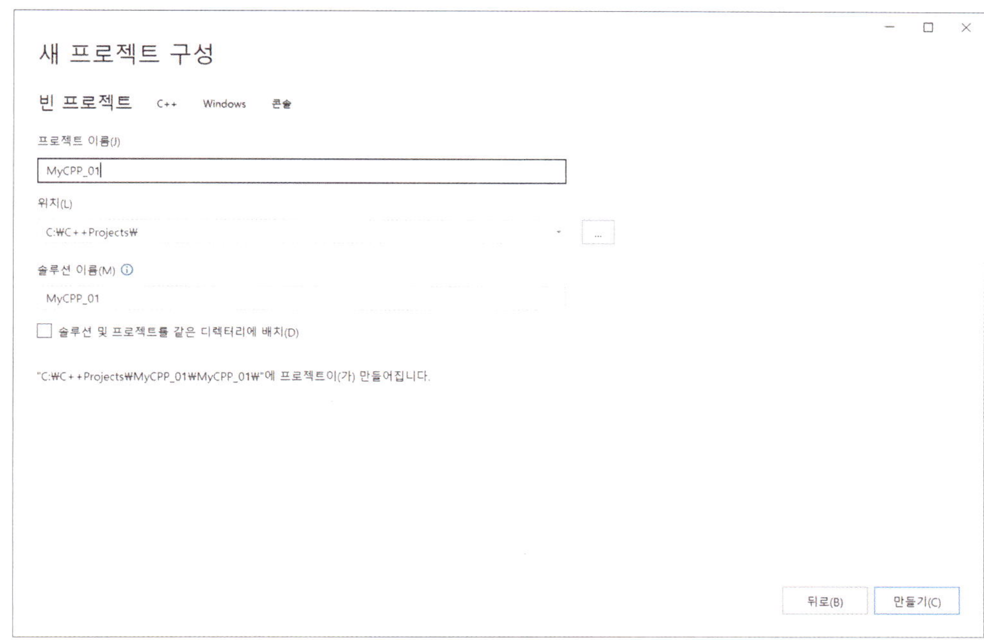

그림 2.11 새 프로젝트 구성

설정이 완료됐다면, **만들기** 버튼을 클릭해 비주얼 스튜디오 프로젝트 솔루션을 생성하자.

비주얼 스튜디오가 시작되면, C:\C++Projects\MyCPP_01 폴더 아래에 MyCPP_01.sln 파일이 생성되고 C:\C++Projects\MyCPP_01\MyCPP_01 폴더 아래에 MyCPP_01.vxproj 파일이 생성된 것을 확인할 수 있다.

이제 프로젝트에 C++ 소스 코드 파일을 추가할 수 있다.

main.cpp 파일 생성하기

솔루션 탐색기에서 소스 파일을 선택한 다음, **추가 ➤ 새 항목**을 클릭한다.

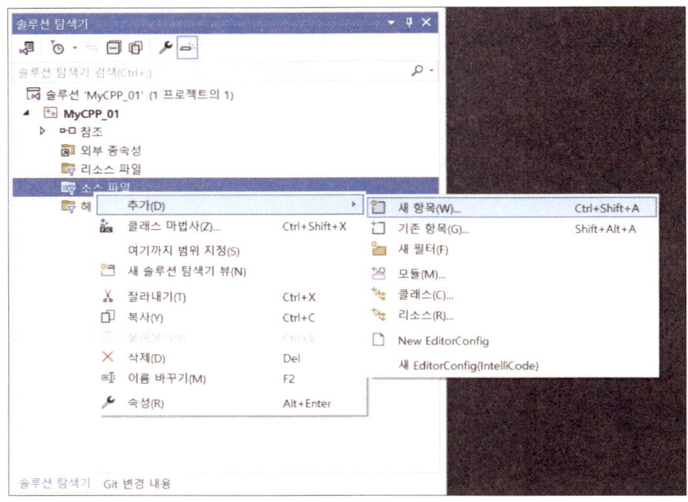

그림 2.12 새 항목 추가하기

새 항목을 클릭하면 바로 이름을 입력하는 화면이 보일 것이다. **모든 템플릿 표시**를 클릭해보자. 이어서 **C++ 파일(.cpp)**을 선택하고 **이름** 항목에 main.cpp를 입력한다. 그다음에는 **추가** 버튼을 클릭해 main.cpp 파일을 추가한다.

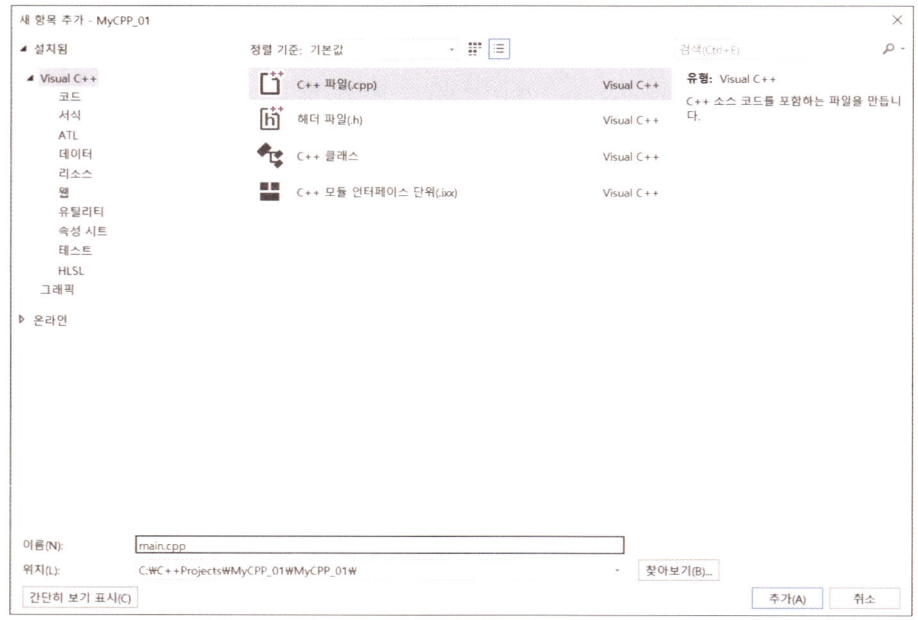

그림 2.13 main.cpp 추가하기

비주얼 스튜디오 에디터에 **main.cpp** 탭이 생성되고 해당 파일이 열린 것을 확인할 수 있다. **솔루션 탐색기**에서도 **소스 파일** 아래에 main.cpp 파일이 추가된 것을 확인할 수 있다.

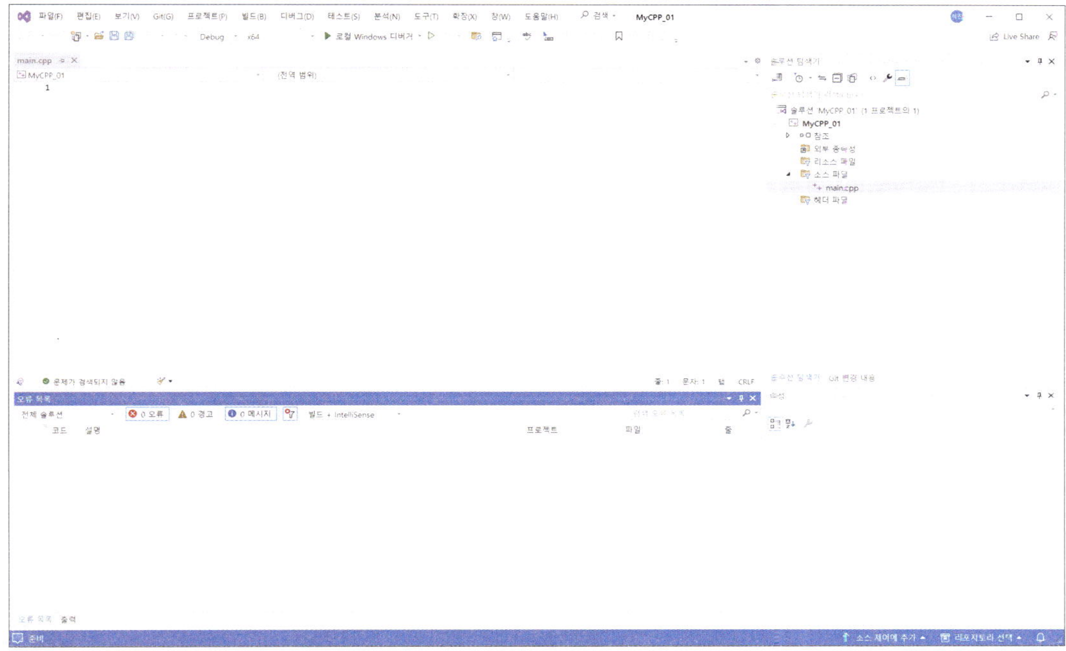

그림 2.14 생성이 완료돼 편집 대기 중인 main.cpp

현재 C++ 프로젝트 작업을 진행하고 있는 비주얼 스튜디오 IDE는 기본적으로 밝은색의 테마를 사용하고 있다. 하지만 언제든지 원하는 색 테마로 변경할 수 있다.

에디터 테마 변경하기

지금까지 스크린샷을 눈여겨본 사람이라면 흰색 배경에 검은색 텍스트로 비주얼 스튜디오 에디터가 표시되고 있는 것을 알 수 있다. 스크린샷을 쉽게 이해할 수 있도록 의도적으로 IDE의 테마를 밝은색으로 선정한 것이다. 하지만 언제든지 원하는 색 테마로 변경 가능하다. 예를 들어 눈의 피로를 줄이기 위해 어두운색의 테마를 사용할 수도 있다. IDE의 색 테마를 변경하는 방법은 다음과 같다.

1. 메뉴 바에서 **도구 ➤ 옵션**을 선택한다.

2. **옵션** 목록에서 **환경 ➤ 일반**을 선택한다.

3. **색 테마** 목록에서 원하는 테마를 선택한다. 이 책의 경우는 **Light+**를 선택했다.

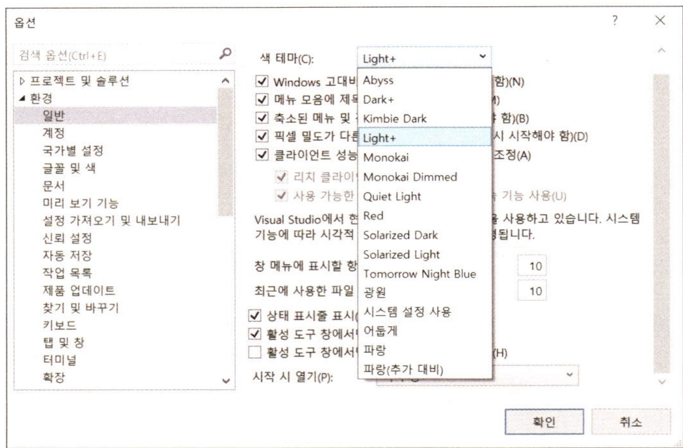

그림 2.15 IDE의 색 테마 변경하기

main.cpp 소스 코드 파일을 만들었으니, 이제 그 안에 코드를 채워보자.

main.cpp에 초기 코드 작성하기

main.cpp에 C++ 코드를 작성해볼 시간이다. C++는 항상 main() 함수로 시작한다. 편집 영역에 다음 코드를 직접 입력하거나 복사해 붙여 넣어보자. 지금은 소스 코드를 이해하지 못해도 상관없다. 다음 장에서 C++ 프로그래밍에 대해 설명하면서 더 자세히 알아볼 것이다.

```cpp
#include <iostream>

int main()
{
  std::cout << "MyCPP_01: Hello world!";
  return 0;
}
```

그림 2.16과 같이 편집 영역에 입력된 코드를 확인할 수 있을 것이다.

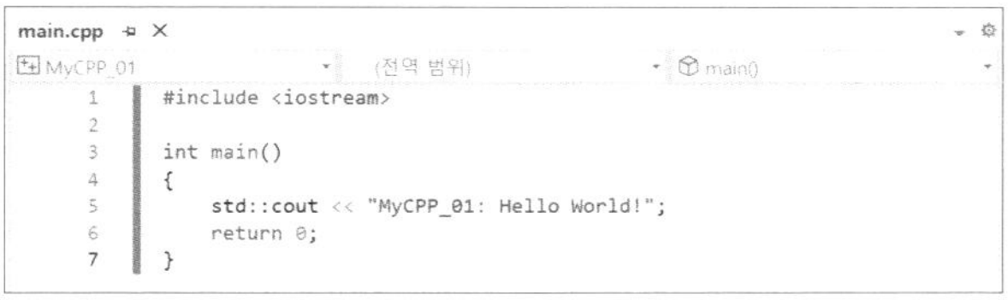

그림 2.16 main.cpp 코드 작성하기

로컬 Windows 디버거 ▶ 혹은 **디버그하지 않고 시작** ▷ 을 클릭해 솔루션을 빌드하고 프로그램을 구동해보자.

디버그 콘솔(프로그램이 실행되는 동안 발생하는 상태, 오류 메시지, 로그 등의 유익한 정보를 표시하는 창)이 열리고 MyCPP_01: Hello World!라는 결과를 출력해줄 것이다.

그림 2.17 코드 실행하고 메시지 출력하기

main.cpp 모듈을 시작하는 부분에 main() 함수를 간단하게 작성해봤다. 이제 프로젝트에 Calculator 클래스를 정의하고 구현한 2개의 소스 파일(Calculator.cpp와 Calculator.h)을 추가해볼 것이다.

C++에서는 개발자가 다양한 소스 코드 모듈을 직접 만들 수 있다. 다양한 코드 모듈을 통해 다음과 같은 장점들을 누릴 수 있다.

- 코드를 논리적으로 구성하고 그룹화할 수 있음

- 모듈의 사이즈를 제어할 수 있음

- 소스 코드를 읽고 유지보수하기 쉬움

- 코드를 검색하고 찾기 쉬움

그럼 작업을 시작해보자.

Calculator 클래스 추가하기

덧셈과 뺄셈을 수행할 수 있는 계산기 오브젝트를 만들기 위해 Calculator 클래스를 만들 것이다. Calculator 클래스를 프로젝트에 포함시키려면 클래스의 헤더와 소스 파일을 프로젝트에 추가해야 한다.

1. **솔루션 탐색기**에서 '/MyCPP_01/헤더 파일' 아래에 Calculator.h를 추가한다. 코드는 다음과 같이 입력한다.

```cpp
#pragma once

#include <iostream>

class Calculator
{
public :
float Add(float a, float b);
float Subtract(float a, float b);
private:
void OutputResult(float, std::string, float, float);
};
```

2. **솔루션 탐색기**에서 '/MyCPP_01/소스 파일' 아래에 Calculator.cpp를 추가한다. 코드는 다음과 같이 입력한다.

```cpp
#include "Calculator.h"

float Calculator::Add(float a, float b)
{
  float result = a + b;
  OutputResult(a, " + ", b, result);
  return result;
}

float Calculator::Subtract(float a, float b)
```

```cpp
{
  float result = a - b;
  OutputResult(a, " - ", b, result);
  return result;
}

void Calculator::OutputResult(float a, std::string op, float b,
float result)

{
  std::cout << "Calculator: "
<< a << op << b << " = " << result << "\n";
}
```

솔루션 탐색기를 확인해보면, Calculator.h와 Calculator.cpp 파일이 MyCPP_01 프로젝트에 포함돼 있는 것을 확인할 수 있다.

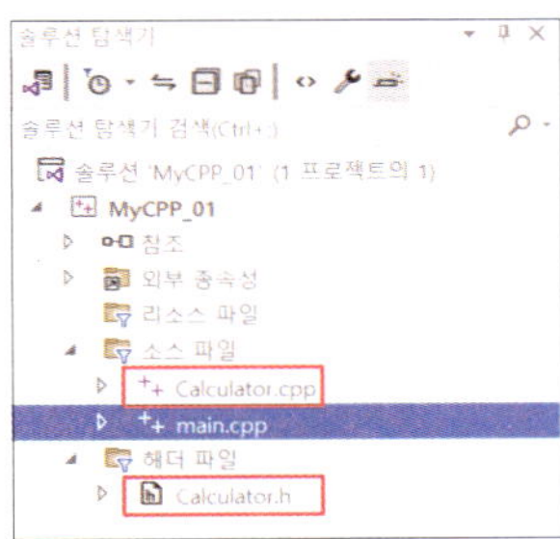

그림 2.18 Calculator.h와 Calculator.cpp 추가하기

3. 계산기를 테스트해보기 위해 main.cpp에 덧셈과 뺄셈 연산을 수행할 수 있는 코드를 추가한다.

```cpp
#include <iostream>
#include "Calculator.h"

int main()
{
  std::cout << "MyCPP_01: Hello world! \n";

  Calculator Calculator;
```

```
        Calculator.Add(1.0f, 2.0f);
        Calculator.Subtract(10.0f, 5.0f);

        return 0;
    }
```

4. 프로그램을 실행해보면 다음과 같은 결과를 얻을 수 있다.

```
Microsoft Visual Studio 디버그 콘솔
MyCPP_01: Hello World!
Calculator: 1 + 2 = 3
Calculator: 10 - 5 = 5

C:\C++Projects\MyCPP_01\x64\Debug\MyCPP_01.exe(프로세스 13584개)이(가) 종료되었습니다(코드: 0개).
디버깅이 중지될 때 콘솔을 자동으로 닫으려면 [도구] -> [옵션] -> [디버깅] > [디버깅이 중지되면 자동으로 콘솔 닫기]를 사용하도록 설정합니다.
이 창을 닫으려면 아무 키나 누르세요...
```

그림 2.19 MyCPP_01 결과 출력

결과가 정상적으로 출력된다면 C++로 작성된 계산기를 성공적으로 개발한 것이다. 축하한다!

∷ 요약

이 장에서 배운 것들을 다시 살펴보면 비주얼 스튜디오에서 사용하는 기본적인 코드 편집 스킬을 연마할 수 있을 것이다. IDE와 에디팅 툴에 익숙해지면, 다음 장에서 배울 C++ 스크립팅뿐만 아니라 언리얼 엔진 게임 개발에도 도움이 된다.

이 장에서 소개한 단축키와 기능들은 코드를 편집할 때 특히 유용하게 사용할 수 있으므로, 되도록 숙지하는 것이 좋다. 아울러 스스로의 코딩 실력과 코드 품질을 높이는 데도 큰 도움이 될 것이다.

C++ 솔루션에 포함되는 C++ 소스 코드를 만들고 편집하는 연습도 수행했다. 이를 기반으로 다음 장에서는 좀 더 상세한 C++ 프로그래밍 문법과 구조적 프로그래밍, 객체지향 프로그래밍에 대해 알아본다.

03

C++와 객체지향 프로그래밍 배우기

언리얼 엔진에서 C++를 사용해 게임을 만들려면 당연히 C++ 언어를 알고 사용할 줄 알아야 한다. 언리얼 엔진을 비롯한 대부분의 게임 엔진은 하나 이상의 스크립팅 언어를 지원하고 있다. 게임 플로를 제어하고, 복잡한 게임 로직을 통합하고, 플레이어와 게임 안의 엔터티^{entity}가 상호작용을 수행하고, 게임 안에서 특정한 이벤트를 진행하려면 스크립팅 언어를 사용해야 한다.

언리얼 엔진의 C++ API를 원활하게 사용하려면 객체지향 프로그래밍을 충분히 이해해야 할 뿐만 아니라 C++ 프로그래밍의 기본적인 스킬을 겸비하고 있어야 한다. 이번 장에서는 이 두 가지를 한꺼번에 살펴볼 것이다.

이 장에서는 다음 주제들을 다룬다.

- C++ 알아보기

- C++ 프로그램 구조 살펴보기

- C++ 함수 정의하기

- 기본적인 계산기 프로그램 작성해보기

- C++ 문법 학습하기

- 개선된 계산기 프로그램 작성해보기

- 레퍼런스와 포인터 생성하기

- 객체지향 프로그래밍 이해하기

- 객체지향 프로그래밍 계산기 프로그램 작성해보기

기술적인 요구 사항

이 장에서 사용된 코드는 깃허브(https://github.com/PacktPublishing/Unreal-Engine-5-Game-Development-with-C-Scripting/tree/main/Chapter03)에서 확인할 수 있다.

C++ 알아보기

C++는 객체지향 프로그래밍을 지원해 높은 성능의 애플리케이션을 만들 수 있는 프로그래밍 언어다. 또한 시스템 리소스와 메모리를 로우 레벨에서 제어할 수도 있다. 따라서 C++는 높은 성능과 함께 시스템에 대한 로우 레벨의 제어가 필요한 애플리케이션을 제작할 때 가장 적합한 프로그래밍 언어라고 할 수 있다. 운영체제나 임베디드 시스템, 게임, 그래픽 렌더링 프로그램 등이 이 범주에 포함된다.

C++는 시스템이 직접 이해하고 실행할 수 있는 기계어로 변환 가능한 컴파일 언어로 설계됐다. 이와 같은 특성은 C++가 높은 효율을 낼 수 있는 비결이기도 하다.

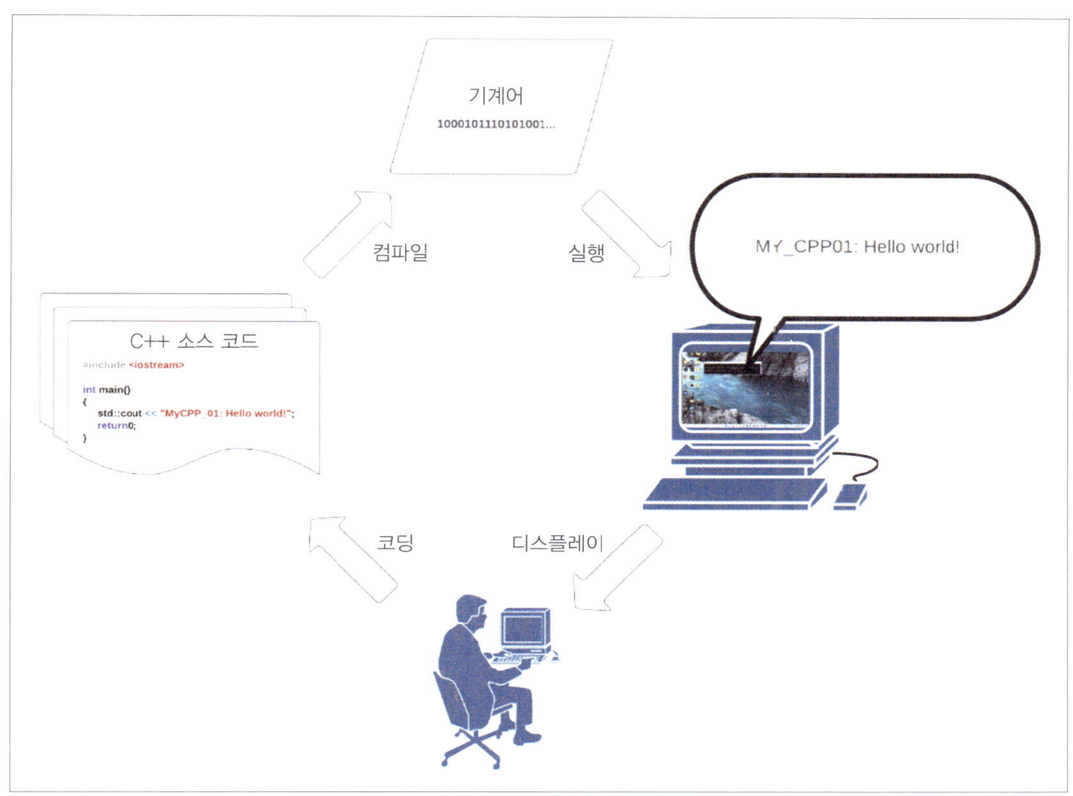

그림 3.1 C++ 소스 코드를 컴파일하고 기계어 실행하기

언리얼 엔진에서 C++ 스크립트 코드가 변경되면 반드시 컴파일을 먼저 수행하고 게임을 실행해야 한다. 비주얼 스튜디오에서 C++ 컴파일러를 제공하기 때문에 문제없이 IDE에서 빌드를 만들 수 있다.

C++는 끊임없이 진화하면서 최신의 트렌드에 적응하고 있는 언어다. C++는 이미 1979년부터 초기 모델이 개발되기 시작했으며, 1985년에는 최초의 표준 C++ 버전이 발표됐다. 2011년 이후에 발표되는 버전은 두 자리 숫자의 버전 넘버를 'C++' 뒤에 붙이는 식으로 명명되고 있다. 현재 가장 최신 버전은 C++20이다.

C++에 대한 기본적인 개념을 익혔으니 이제 C++ 프로그래밍 문법의 기본을 살펴보자.

C++ 프로그램 구조 살펴보기

C++는 세미콜론으로 구별되는 줄 단위로 프로그램이 실행된다. 함수와 같은 코드 덩어리가 모여서 특정한 기능을 수행하며 이들은 중괄호로 묶인다. 함수의 이름 뒤에는 한 쌍의 소괄호를 붙인다.

2장에서 만들었던 main.cpp 파일을 한번 살펴보자. 두 줄의 코드가 한 쌍의 중괄호로 묶여 있으며 이 함수의 이름은 `main`이라는 것을 알 수 있다(그림 3.2 참조).

```
#include <iostream>

int main()
{
    std::cout << "MyCPP_01: Hello World! \n";
    return 0;
}
```

그림 3.2 main.cpp 코드 샘플

C++ 소스 프로그램은 일반적으로 다음과 같은 구조를 가진다.

- `#include` 구문으로 시작한다. 이를 통해 C++ 시스템 라이브러리와 다른 C++ 소스 프로그램의 함수에 접근할 수 있다. `#include` 구문은 세미콜론으로 마무리되지 않는다.

- 프로그램이 실행되면 main() 함수가 수행된다.

- main() 함수의 마지막 부분에 위치한 'return 0'은 프로그램 실행이 완료됐다는 것을 뜻한다. 0을 반환한다는 것은 대부분의 경우 프로그램을 성공적으로 실행했다는 것을 의미한다. 다른 값은 에러 코드를 의미한다.

이제 main.cpp 코드를 한 줄 한 줄 살펴보자.

- **1번 줄**: 이 줄에는 #include 구문이 포함돼 있다. 이 구문을 통해 main.cpp 파일 모듈의 iostream 라이브러리에 정의돼 있는 std::cout 객체와 << 연산자 하나 혹은 그 이상의 피연산자에 대해 특정한 연산을 수행하기 위해 사용되는 기호나 키워드를 사용할 수 있다.

> iostream 헤더 이름은 한 쌍의 꺾쇠 괄호(⟨ ⟩)가 감싸고 있다. 이는 이 헤더 파일이 시스템이나 라이브러리 헤더 파일이라는 것을 의미한다.

- **3번 줄**: main() 함수를 정의한다.

- **5번과 6번 줄**: 이 2개의 줄은 세미콜론으로 마무리된다.

- **4번과 7번 줄**: 함수의 바디를 구성하는 코드를 중괄호로 감싸는 줄이다.

C++ 프로그램의 기본적인 구조에 어느 정도 익숙해졌다면 이제 C++ 함수를 정의하는 법을 알아보자.

C++ 함수 정의하기

함수는 호출됐을 때만 수행되는 코드 블록을 의미한다. 함수는 특정한 액션을 수행하도록 정의되고, 필요하다면 언제든지 호출해 사용할 수 있다. 따라서 함수는 기본적으로 재사용할 수 있는 코드다. 함수를 사용해 불필요한 코드의 반복을 줄일 수 있고, 또한 코드가 일치하지 않아 발생하는 버그도 줄일 수 있다.

매개변수와 함수 정의

함수를 정의하려면 함수의 이름과 함수가 반환하는 유형을 명세한 다음, 한 쌍의 괄호를 이어 붙인다. 다음의 함수는 매개변수가 존재하지 않고 void 반환 유형을 가진다.

```cpp
void DisplayLabel ()
{
  std::cout << "The result of 1 + 2 is ";
}
```

매개변수를 통해 데이터를 함수에 전달할 수 있다. 함수의 매개변수는 괄호 안에 위치한다. 다음의 함수는 2개의 int 매개변수를 갖고 있으며 입력된 2개의 값을 더한 결과를 반환한다.

```cpp
int Add(int a, int b)
{
  return a + b;
}
```

함수 호출하기

함수 이름과 한 쌍의 괄호를 붙여서 작성하면 함수를 호출할 수 있다. 함수에 특정 매개변수가 필요하다면 이를 작성해 함수에 전달해야 한다. 줄의 마지막에 세미콜론을 붙여야 하는 것을 잊지 말자.

다음과 같은 방식으로 코드를 작성하면 앞서 정의했던 함수를 호출할 수 있다.

```cpp
std::cout << DisplayLabel() << Add(1, 2) << std::endl;
```

앞서 작성한 코드를 실행하면 다음과 같은 결과를 얻을 수 있다.

```
The result of 1 + 2 is 3
```

main() 함수 작성하기

모든 C++ 프로그램은 main() 함수를 가진다. main() 함수는 프로그램이 실행되는 포인트를 알려준다. C++ 프로그램은 단 하나의 main() 함수만 가진다.

main() 함수는 다음과 같이 int 혹은 void 반환형을 가질 수 있다.

```
int main()
```

void 반환형을 갖는 main() 함수는 다음과 같이 작성한다.

```
void main()
```

int main()으로 정의할 경우 프로그램이 실행되면 그 결과로 운영체제에 정수 값을 반환하며, void main()의 경우는 어떤 값도 반환하지 않는다.

C++ 프로그램의 기본적인 구조를 더 잘 이해하기 위해 앞에서 살펴봤던 내용을 기반으로 MyCPP_02 프로젝트를 생성하고 간단한 연산을 수행할 수 있는 코드를 작성해볼 것이다.

기본적인 계산기 프로그램 작성해보기

MyCPP_02 프로그램에는 main() 함수와 Add() 함수가 포함돼 있어야 한다. 함수의 시그니처와 작업은 다음과 같이 정의될 수 있다.

- **void main()**: 1+2와 3+4를 계산하고 결과를 출력하기 위해 Add() 함수를 호출한다.
- **int Add(int a, int b)**: 2개의 정수 값 매개변수, 즉 a와 b를 전달받아 계산한 결과를 반환한다.

이제 MyCPP_02라는 이름으로 새로운 C++ 프로젝트를 생성하고 main.cpp 파일을 추가해보자.

main.cpp의 코드는 다음과 같다.

```cpp
#include <iostream>

int Add(int a, int b)
{
  return a + b;
}

void main()
{
  std::cout << "My Calculations" << std::endl;

  int result = Add(1, 2);
  std::cout << "Integer addition: 1 + 2 = "
            << result
            << std::endl;
  result = Add(3, 4);

  std::cout << "Integer addition: 3+4="
            << result
            << std::endl;

  std::cout << "Finished!";
}
```

다음 항목들을 살펴보자.

- std::cout은 C++의 표준 출력 장치를 통해 출력한다는 것을 의미하며 일반적으로 출력 콘솔을 사용한다.

- << 연산자는 출력에 사용되는 연산자다. << 연산자의 오른쪽에 위치한 값을 왼쪽의 장치로 옮긴다. 여러 개의 << 연산자를 활용해 원하는 위치에 원하는 값을 출력할 수 있다.

- std::endl은 개행 문자를 삽입한다. 문자열에 개행 문자를 삽입하는 또 다른 방법은 \n을 입력하는 것이다. 다음과 같이 입력해도 동일한 결과를 얻을 수 있다.

```cpp
std::cout << "Integer addition: 3+4=" << result << "\n";
```

- `int result = Add(1, 2)` 구문은 `Add()` 함수가 계산한 결과를 저장하기 위한 정수 유형의 변수를 정의한다. C++ 데이터 유형과 변수 선언은 다음 섹션에서 다룰 것이다.

이제 작성한 프로그램을 컴파일하고 실행해보자. 그럼 다음과 같이 출력되는 것을 확인할 수 있다.

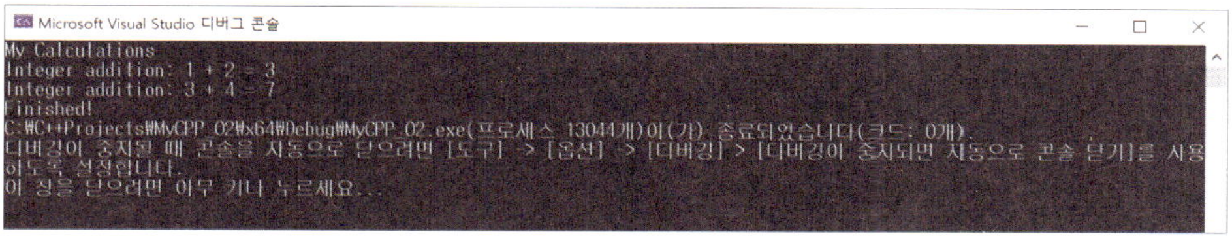

그림 3.3 MyCPP_02 실행 결과

첫 줄에 'My Calculations'가 출력되는 것을 확인할 수 있다. 그 이후에 2개의 계산 결과가 2번 줄과 3번 줄에 출력되고 'Finished!'가 출력되면서 마무리된다.

이번 예제에서는 result 변수를 선언하기 위해 int형 데이터 유형을 사용했다. 다음 섹션에서 C++ 데이터 유형과 변수 선언, 사용자 입력, 연산자, 흐름 제어에 대해 더 자세히 알아본다. 그런 다음, 배운 것들을 활용해 MyCPP_02 계산기 프로젝트를 강화해볼 것이다.

C++ 문법 배우기

정확하고 신뢰할 수 있는 C++ 코드를 효율적으로 작성하려면 당연히 C++ 문법을 잘 알고 사용할 수 있어야 한다. 이번 섹션에서는 C++ 문법의 핵심을 살펴본다. 가장 먼저 데이터 유형에 대해 알아보자.

C++ 데이터 유형 사용하기

앞서 사용했던 int 데이터 유형 외에도 C++에서는 다양한 빌트인 데이터 유형을 사용할 수 있다. 기본적인 데이터 유형은 다음과 같다.

데이터 유형	크기(바이트)	설명
int	4	소수점을 사용하지 않는 부호 정수를 저장함 데이터 범위: −2,147,483,648 ~ 2,147,483,647 사용 예시: int i = -1; int j = 1;
unsigned int	4	소수점을 사용하지 않는 부호 없는 정수(자연수)를 저장함 데이터 범위: 0 ~ 4,294,967,295 사용 예시: unsigned int i = 0; int = 1;
float	4	부동소수점 수를 저장함 데이터 범위: −3.4E+38 ~ 3.4E+38 사용 예시: float pi = 3.14f;
double	8	float 유형에 비해 2배 이상의 소수점 이하 자리를 표현하는 부동소수점 수를 저장함 데이터 범위: −1.7 E+308 ~ 1.7E+308 사용 예시: double pi = 3.1415926;
char	1	하나의 문자 혹은 −128에서 127까지의 부호 정수를 저장함 사용 예시: char c = 'A'; 혹은 char c = 65; (문자 'A'에 할당된 ASCII 코드 값이 65임)
unsigned char	1	하나의 문자 혹은 0에서 255까지의 부호 없는 정수(자연수)를 저장함 사용 예시: char c = 'B'; 혹은 char c = 66; (문자 'B'에 할당된 ASCII 코드 값이 66임)
short	2	소수점을 사용하지 않는 부호 정수를 저장함 데이터 범위: −32,768 ~ 32,767 사용 예시: short i = -1; short j = 1;
unsigned short	2	소수점을 사용하지 않는 부호 없는 정수를 저장함 데이터 범위: 0 ~ 65,535 사용 예시: short i = 0; int j = 65535;
bool	1	2개의 상태를 부울(Boolean) 값으로 저장함: true(1) 혹은 false(0) 사용 예시: bool isAttacking = true;
void	0	void 유형은 함수가 반환하는 값이 없다는 것을 의미함
string	다양함	큰따옴표로 감싸진 문자열을 저장함. string 유형을 사용하려면 string 라이브러리를 추가해야 함 사용 예시: # include <string> string playerName = "George";

그림 3.4 C++ 데이터 유형

변수를 선언할 때 C++ 데이터 유형을 주로 사용한다. 이어서 각기 다른 유형의 변수를 선언하는 법에 대해 알아본다.

변수 정의하기

변수는 데이터 값을 저장하는 컨테이너라고 할 수 있다. 변수의 유형을 분류한 다음, 이름을 부여하고 값을 할당하는 방식으로 변수를 선언할 수 있다.

변수를 선언하는 일반적인 방식은 다음과 같다.

```
type variableName = value;
```

다음과 같은 방식으로 변수를 선언하고 활용할 수도 있다.

- `int health = 100;`

- `float cash = 50.0f;`

- `bool isHit = false;`

- `string message = "Hello, I am George!";`

동일한 유형의 여러 변수를 선언하기 위해 콤마를 구분자로 사용할 수 있다. int 변수로 x, y, z를 선언하고 각각의 변수에 0, 0, 10을 할당한다면 다음과 같이 코드를 작성할 수 있다.

```
int x = 0, y = 0, z = 10;
```

C++에서 변수의 이름은 코드 영역 안에서 고유하게 식별할 수 있어야 한다. 변수의 이름은 i, j, x, y처럼 한 글자일 수도 있고 playerName, teamId, age, rank, strength, defense처럼 의미가 담긴 이름일 수도 있다. 변수의 이름을 정할 때는 다음과 같은 사항을 고려하는 것이 좋다.

- 변수 이름에는 문자, 숫자, 밑줄이 포함될 수 있다.

- 변수 이름은 문자 혹은 밑줄로 시작해야 한다(주로 private과 protected 변수에 사용된다). C++ 코딩에서는 변수 이름에 카멜 표기법을 주로 사용한다(예: MyVariables).

- 변수 이름은 대소문자를 구별한다.

- 변수 이름에는 공백이나 !, @, #, $, %와 같은 특수문자를 사용할 수 없다.

- 변수 이름에는 int, float, bool과 같은 C++ 예약어를 사용할 수 없다.

- 의미 있는 단어 여러 개를 사용해 변수 이름을 정할 때 각 단어의 첫 글자는 대문자로 표기하고 나머지는 소문자를 사용하는 것을 추천한다(첫 글자의 대문자 사용은 선택 사항이다). 예를 들어 playerName이나 PlayerName이라고 표기할 수 있다.

변수 선언의 앞에 const 키워드를 붙이면 변수를 상수로 만들어준다. 즉, 변경이 불가능하며 읽기 전용의 값이 된다는 것을 의미한다. C++에서 이름이 상수로 선언되면 이름과 저장된 값을 동일한 것으로 간주한다. 예를 들어 const float PI = 3.14f;와 같이 사용할 수 있는데, 이 구문은 PI 상수가 3.14f 부동소수점 수와 동일하며 프로그램 안에서 이 이름으로 해당 값을 표시할 수 있다는 것을 의미한다.

프로그램에서 상수 이름을 사용하는 경우 선언된 값을 변경하면(예를 들어 앞서 선언했던 코드를 const float PI = 3.1415926f;로 변경), 이 상수 이름(예제에서는 PI)을 참조하는 모든 곳이 한 번에 업데이트된다는 장점이 있다. 이를 통해 값이 일치하지 않는 오류와 시스템 메모리 사용을 줄일 수 있다.

C++ 배열 사용하기

배열은 연속된 메모리 블록에 위치하는 동일한 자료형 요소들을 의미하며 인덱스를 통해 각각의 요소를 참조할 수 있다. 배열을 사용하면, 다양한 변수를 각자의 값으로 선언할 필요 없이 동일한 자료형의 여러 값을 한 번에 저장할 수 있다.

배열을 선언하려면 우선 변수 유형을 결정하고 배열의 이름을 작성한 다음, 한 쌍의 대괄호를 붙인다. 이어서 배열의 길이를 결정하는 값을 정할 수 있다. 아래의 예는 4명의 플레이어 이름을 저장하는 문자열 유형의 배열인 playerNames를 선언하는 법을 보여준다.

```
string playerNames[4];
```

문자열 값을 나열해 배열의 요소를 초기화할 수 있다. 이들 문자열은 한 쌍의 중괄호 안에 배치되며 콤마로 분리된다. playerNames 배열을 다음과 같이 초기화할 수 있다.

```
string playerNames[] = { "George", "Sarah", "Willy", "Mike"};
```

문자열의 길이를 결정하는 값이 생략돼 있는 것에 유의하자. 컴파일러가 괄호 안에 나열된 값의 수에 맞춰 배열의 길이를 자동으로 유추하기 때문이다.

배열의 각 요소에 접근하려면 우선 배열의 이름을 명시하고 이어 서 대괄호 안에 인덱스 번호를 입력한다. 인덱스 번호는 0번부터 시작한다는 것을 반드시 기억해야 한다. 다음의 예제는 배열에서 두 번째 플레이어의 이름을 출력하고 마지막 플레이어의 이름을 찰스 라고 변경했다.

```
cout << playerNames[1] << endl;
plyaerNames[4] = "Charles";
```

C++ 연산자 사용하기

연산자는 변수와 값에 대한 연산을 수행한다. C++ 연산자는 5개의 그룹으로 분류된다.

- **산술 연산자**: 수학 연산을 수행한다.

연산자	연산	설명	예계
+	덧셈	2개의 값을 더한다.	1 + 2, 2.1 + 3.5, v1 + v2
-	뺄셈	한 값에서 다른 값을 뺀다.	5 - 1, 1.2 - 3.3, v1 - v2
*	곱셈	2개의 값을 곱한다.	3 * 2, 3.14f * 2, a * b

(이어짐)

연산자	연산	설명	예제
/	나눗셈	값을 다른 하나의 값으로 나눈다.	4 / 2, 3.14f / 2, a / b
%	나머지	나눗셈을 수행하고 남은 값을 반환한다.	11 % 3(2를 반환함)
++	증가	현재 값에서 1을 더한다.	3++ 혹은 ++3(4를 반환함)
--	감소	현재 값에서 1을 뺀다.	3-- 혹은 --3(2를 반환함)

그림 3.5 산술 연산자

- **할당 연산자**: 변수에 값을 할당하고 저장한다.

연산자	연산	설명	예제
=	할당	값을 변수에 할당한다.	const float PI = 3.14f;
+=	덧셈 할당	값을 더하고 그 결과를 할당한다.	pi += 3.14f; (pi 값은 6.28f가 됨)
-=	뺄셈 할당	값을 빼고 그 결과를 할당한다.	pi = PI; pi -= 3.14f; (pi 값은 0.0f가 됨)
*=	곱셈 할당	값을 곱하고 그 결과를 할당한다.	pi = PI; pi *= 2.0f; (pi 값은 6.28f가 됨)
/=	나눗셈 할당	값으로 나누고 그 결과를 할당한다.	pi /= 2.0f; (pi 값은 1.57f가 됨)
%=	모듈러 할당	값을 나눈 나머지를 할당한다.	Int n = 13; n %= 5; (n 값은 3이 됨)
&=	비트 AND 할당	비트 AND 연산을 먼저 수행하고 그 결과를 할당한다.	char byte = 0b10010001; byte &= 0b11100010; (byte 값은 0b10000000이 됨 / 0b는 이진수를 표시하는 접두어임)
|=	비트 OR 할당	비트 OR 연산을 먼저 수행하고 그 결과를 할당한다.	char byte = 0b10010001; byte |= 0b11100010; (byte 값은 0b11110011이 됨)
^=	배타적 비트 OR 할당	배타적 비트 OR 연산을 먼저 수행하고 그 결과를 할당한다.	char byte = 0b10010001; byte ^= 0b11100010; (byte 값은 0b1011100110 됨)
<<=	왼쪽 시프트 할당	두 번째 값에서 지정한 비트 수만큼 첫 번째 값을 왼쪽으로 이동한 결과를 할당한다.	char byte = 0b10010001; byte <<= 2; (byte 값은 0b010001000 됨)

(이어짐)

연산자	연산	설명	예제
>>=	오른쪽 시프트 할당	두 번째 값에서 지정한 비트 수만큼 첫 번째 값을 오른쪽으로 이동한 결과를 할당한다.	`char byte = 0b10010001;` `byte >>= 2;` (byte 값은 0b001001000이 됨)

그림 3.6 할당 연산자

- **비교 연산자**: 2개의 값을 비교한다. 비교 연산자는 항상 bool 유형의 결과를 만들어 낸다.

연산자	연산	설명	예제 int x = 0, y = 5, z = 0;
==	같음	2개의 값이 같은지 확인한다.	x == y (false) x == z (true)
!=	같지 않음	2개의 값이 같지 않은지 확인한다.	x != y (true) x != z (false)
>	큼	첫 번째 값이 두 번째 값에 비해 큰지 확인한다.	x > y (false) y > z (true)
<	작음	첫 번째 값이 두 번째 값에 비해 작은지 확인한다.	x < y (true) z < y (true)
>=	크거나 같음	첫 번째 값이 두 번째 값에 비해 크거나 같은지 확인한다.	x >= y (false) x >= z (true) y >= z (true)
<=	작거나 같음	첫 번째 값이 두 번째 값에 비해 작거나 같은지 확인한다.	x <= y (true) x <= z (true) y <= z (false)

그림 3.7 비교 연산자

- **논리 연산자**: 2개의 논리 구문을 결합해 최종적인 논리 결과를 결정한다.

연산자	연산	설명	예제 int x = 0, y = 5, z = 0;
&&	AND	2개의 구문이 모두 참이면 true를 반환한다.	x > y && y > z (false) x < y && y > z (true)

(이어짐)

연산자	연산	설명	예제 int x = 0, y = 5, z = 0;
||	OR	1개의 구문이 참이면 true를 반환한다.	x > y || y > z (true) x < y || y > z (true)
!	NOT	구문이 거짓이면 true를, 참이면 false를 반환한다.	! (x > y) (true) ! (x < y) (false) ! (x == z) (false) ! (x > y && y > z) (true) ! (x < y && y > z) (false)

그림 3.8 논리 연산자

- **비트 연산자**: 비트 단위로 연산을 수행한다. 일반적으로 바이너리 값이 플래그나 마스크로 사용된다. 비트 연산은 char, short, int와 같은 데이터 유형과 함께 사용된다.

연산자	연산	설명	예제 (char b1 = 0b00100101; char b2 = 0b10100011;)
&	비트 AND	2개의 값을 비트 단위로 비교한다. 모든 비트가 1일 때만 1을 반환하고, 그렇지 않을 경우 0을 반환한다.	b1 & b2 (0b00100001)
|	포괄적 비트 OR	2개의 값을 비트 단위로 비교한다. 모든 비트가 0일 때만 0을 반환하고, 그렇지 않을 경우 1을 반환한다.	b1 | b2 (0b10100111)
^	배타적 비트 XOR	2개의 값을 비트 단위로 비교한다. 두 비트가 다를 때만 1을 반환하고, 그렇지 않을 경우 0을 반환한다.	b1 ^ b2 (0b10000110)
~	비트 NOT	피연산자의 비트를 반전시킨다.	~b1 (0b11011010) ~b2 (0b01011100)
<<	왼쪽 시프트	비트를 왼쪽으로 이동시킨다.	b1 << 1 (0b01001010) b1 << 3 (0b00101000) b2 << 2 (0b10001100)
>>	오른쪽 시프트	비트를 오른쪽으로 이동시킨다.	b1 >> 1 (0b00010010) b1 >> 3 (0b00000100) b2 >> 2 (0b00101000)

그림 3.9 비트 연산자

사용자 입력 받기

앞서 iostream 라이브러리의 cout 오브젝트를 사용해 값을 출력했다. 다음으로는 cin 오브젝트를 사용해 사용자 입력을 받는 법에 대해 알아보자.

cin은 추출 연산자 를 사용해 키보드로부터 데이터를 읽어온다. 다음 예제에서 사용자는 숫자를 입력하고, 이 숫자가 변수 x에 저장된다. 그러고 나서 저장된 값이 출력된다.

```cpp
int x;
cout << "Please input your age: ";
cin >> x;
cout << "Your age is: " << x;
```

21을 입력하면 다음과 같은 내용이 출력될 것이다.

```
Please input your age: 21
Your age is: 21
```

C++ 주석 추가하기

주석은 코드 한 줄 혹은 코드 블록에 대해 추가적인 설명을 제공할 때 사용된다. C++ 소스 파일의 주석은 실행 가능한 코드로 간주되지 않으므로, 코드의 실행을 방지하기 위해 주석을 사용하는 경우도 있다.

한 줄로 구성되는 주석은 2개의 슬래시 로 시작한다. 이후 이어지는 모든 문장이 주석으로 처리돼 실행되는 코드로 간주되지 않는다.

```cpp
string name; //플레이어 네임
```

주석이 여러 줄로 구성되는 경우는 /*로 시작하고 끝에 */를 붙인다. 2개의 태그 사이에 존재하는 모든 구문이 주석으로 처리되며 실행되지 않는다.

```
/* Add(int a, int b)는 덧셈 기능을 제공하는 함수임
       매개변수 a와 b가 더해짐
       반환하는 값: 덧셈 결과
   */
    int Add(int a, int b);
```

지금까지 코드를 구성하는 다양한 요소를 알아봤다. C++ 코드는 한 줄씩 수행되기 때문에 선형적 프로그램을 작성하려면 다양한 기능을 제공하는 구문을 작성할 수 있어야 한다.

특정한 조건에서 일부 코드 블록이 실행되게 하려면 어떻게 해야 할까? 이런 경우는 단순하게 순서를 따라 프로그램이 실행되는 것보다 올바른 작업을 수행할 수 있도록 프로그램이 더 영리해질 필요가 있다. 이런 때야말로 흐름 제어가 제 역할을 수행할 수 있다.

C++ 흐름 제어

강력한 프로그래밍 언어인 C++는 순차적으로 수행되는 구문뿐만 아니라 조건에 따라 나뉘는 분기와 반복적으로 수행되는 동작들도 지원한다. 흐름 제어flow control는 프로그램이 수행되는 동안 함수가 호출되거나 명령어나 구문이 수행되는 순서를 제어한다는 것을 의미한다. 특정한 환경(조건)에서 어떤 코드 블록이 수행돼야 하는지 결정해주는 것이다.

C++는 주로 if, switch, while 루프, for 루프 등의 구문을 사용해 흐름을 제어한다.

if 구문

if 구문을 사용해 조건이 참일 때 특정 C++ 코드 블록을 수행할 수 있다.

if 구문은 if 키워드로 시작해 한 쌍의 괄호로 둘러싸인 조건문이 이어진다. 그다음에는 이 조건이 참일 때 수행돼야 하는 코드 블록이 이어진다.

if 구문은 if, else, else if의 세 가지 형식을 가진다.

if

if 구문은 조건 표현식을 먼저 확인하고 이 조건의 결과가 참일 때만 그다음 프로세스가 이어진다.

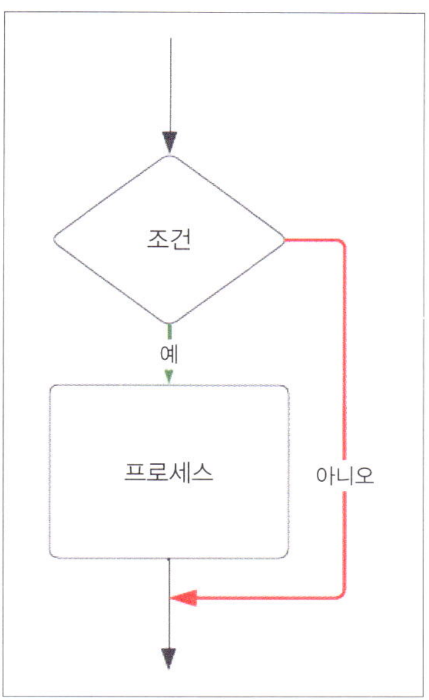

그림 3.10 if 구문 플로 차트

if 구문의 예제는 다음과 같다.

```
if (condition)
{
    //프로세스 코드 블록
}
```

else

else 구문은 if 구문이 참이 아닐 때 프로세스 2를 수행한다.

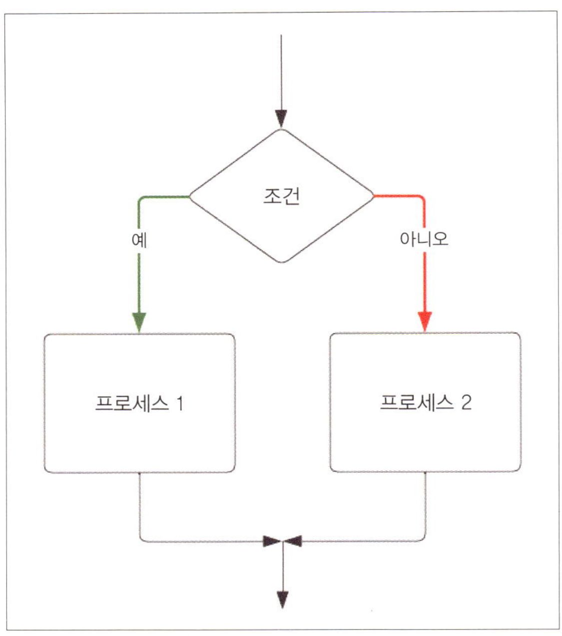

그림 3.11 else 구문 플로 차트

else 구문의 예제는 다음과 같다.

```
if (condition)
{
    //프로세스 1 코드 블록
}
else
{
    //프로세스 1 코드 블록
}
```

else if

else if 구문을 사용해 여러 개의 조건 분기를 연속적으로 수행할 수 있다. else if 분기는
앞선 조건이 거짓일 때만 수행된다.

else if 구문을 사용한 플로 차트는 다음과 같다.

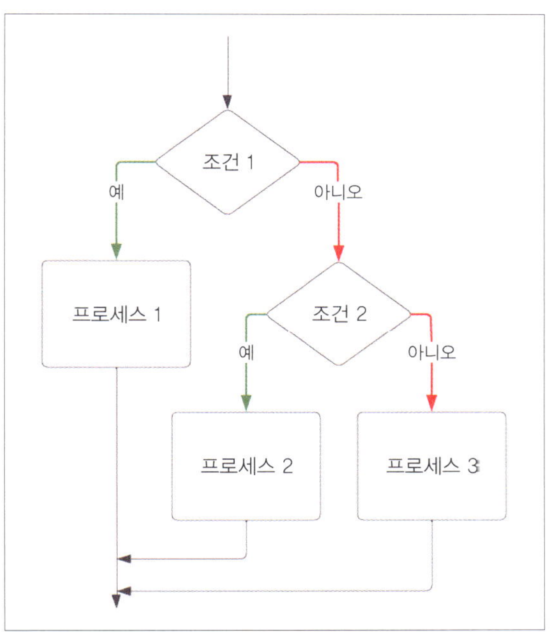

그림 3.12 else if 구문 플로 차트

else if 구문의 예제는 다음과 같다.

```cpp
if (condition1)
{
   //프로세스 1 코드 블록
}
else if(condition2)
{
   //프로세스 2 코드 블록
}
else
{
   //프로세스 3 코드 블록
}
```

switch 구문

switch 구문은 여러 코드 구문 중 하나만 선택해 실행될 수 있도록 한다. 먼저 표현식을 검증한 다음, 결과를 각각의 케이스 값과 비교하고 이중 매칭되는 값의 코드 블록을 실행한다. 매칭되는 값이 없다면 디폴트 코드 블록이 실행된다.

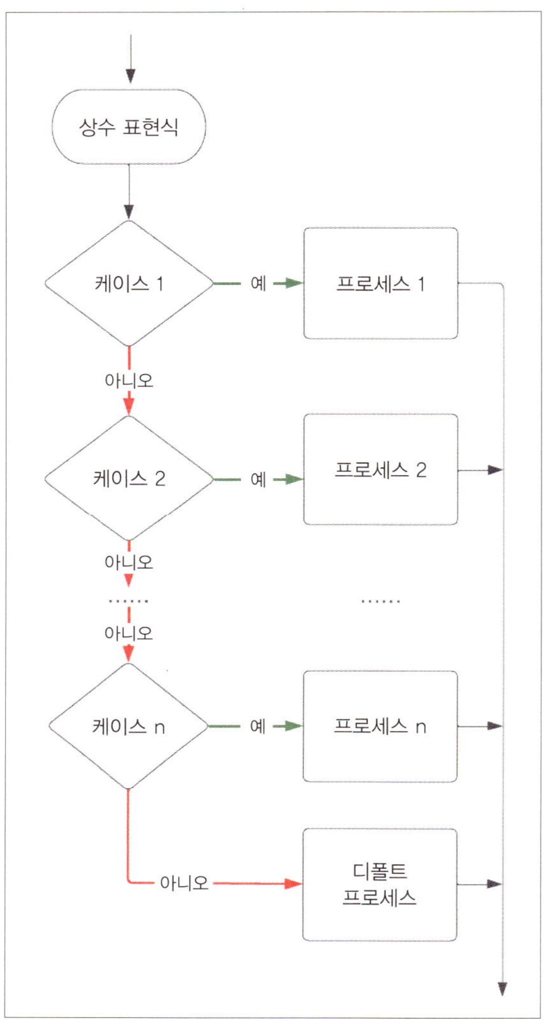

그림 3.13 switch 구문 플로 차트

switch 구문의 예제는 다음과 같다.

```
switch(표현식)
{
case constant1:
   //프로세스 1 코드 블록
   break;
case constant2:
   //프로세스 2 코드 블록
   break;
case constantn:
   //프로세스 n 코드 블록
   break;
default:
   //디폴트 프로세스 코드 블록
}
```

루프 구문

루프 구문은 특정한 조건이 충족됐을 때 코드 블록을 반복해서 실행하는 용도에 사용된다. 예를 들어, 앞서 우리가 작성했던 계산기 프로그램을 사용자가 다양한 데이터 값을 입력한 다음 이를 계산하고 그 결과를 출력할 수 있도록 만드는 데도 루프를 활용할 수 있다.

루프는 크게 다음 세 가지 형태로 분류될 수 있다.

- for 루프

- while 루프

- do/while 루프

이들을 간단히 살펴보자.

for 루프

루프가 실행되는 횟수를 알 수 있다면 for 루프 구문을 사용할 수 있다.

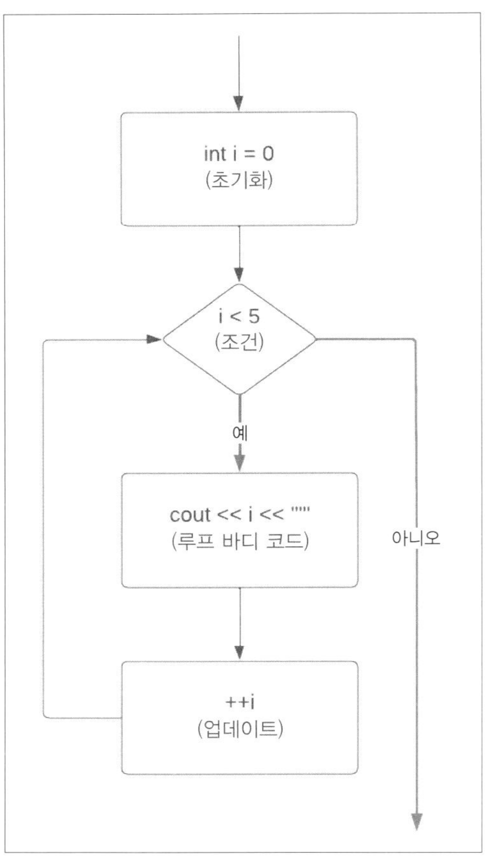

그림 3.14 for 루프 플로 차트

for 루프의 문법은 다음과 같다.

```
for(초기식; 조건식; 증감식)
{
    //루프 바디 코드
}
```

for 루프 문법을 좀 더 자세히 살펴보자.

- **초기식**initialization: 하나 혹은 그 이상의 변수를 초기화한다. 이 구문은 루프가 시작될 때

한 번만 수행된다.

- **조건식**^{condition} : 조건이 거짓이면 루프가 종료된다. 그렇지 않은 경우라면 루프가 계속 수행된다. 이 조건은 주로 초기화된 변수와 연관된다.

- **증감식**^{update} : 초기화된 변수 값을 업데이트한다.

for 문을 사용한 예는 다음과 같다. 이 예제에서는 결과적으로 0, 1, 2, 3, 4가 출력된다.

```
for ( int i = 0; i < 5 ;  ++i)
{
  cout << i <<",";
}
```

while과 do/while 루프 구문

while과 do/while은 비슷하게 사용된다. 2개의 루프 모두 특정한 조건이 참이라면 계속 루프를 수행한다. 차이점은 while 루프는 바디 코드를 수행하기 전에 조건을 체크하는 반면, do/while 구문은 코드를 수행한 다음에 조건을 체크한다. 즉, do/while 루프는 조건의 결과가 참인지 거짓인지에 상관없이 바디 코드가 최소한 한 번 수행된다는 것을 의미한다.

while 루프와 do/while 루프 구문은 다음과 같이 사용된다.

while 루프 예제	do/while 루프 예제

`while(조건식)`
`{`
`  //루프 바디 코드`
`}`
	`do`
	`{`
	`  //루프 바디 코드`
	`} while(조건식);`

조건식으로 루프를 언제 종료할지 제어할 수 있다. 조건이 거짓이면 루프는 종료된다. 그렇지 않으면 프로그램은 멈추지 않고 실행된다.

아래 2개의 예제는 동일하게 0, 1, 2, 3, 4를 출력한다.

while 루프 예제	do/while 루프 예제
```cpp\nint i = 0;\n while (i < 5)\n{\n cout << i <<","\n ++i;\n}\n```	```cpp\nint i = 0;\ndo\n{\n cout << i <<",";\n ++i;\n} while (i<5);\n```

다른 예제도 한번 살펴보자. 아래의 두 예제는 수행 결과가 다르게 출력된다. do/while 루프는 'executed!' 메시지를 한 번만 출력할 것이다.

while 루프 예제	do/while 루프 예제
```cpp\nbool condition = false;\nwhile (condition)\n{\n cout << "executed!"\n}\n```	```cpp\nbool condition = false;\ndo\n{\n cout << "executed!"\n} while (condition) ;\n```

while 루프와 do/while 루프 구문을 도식화하면 다음과 같다.

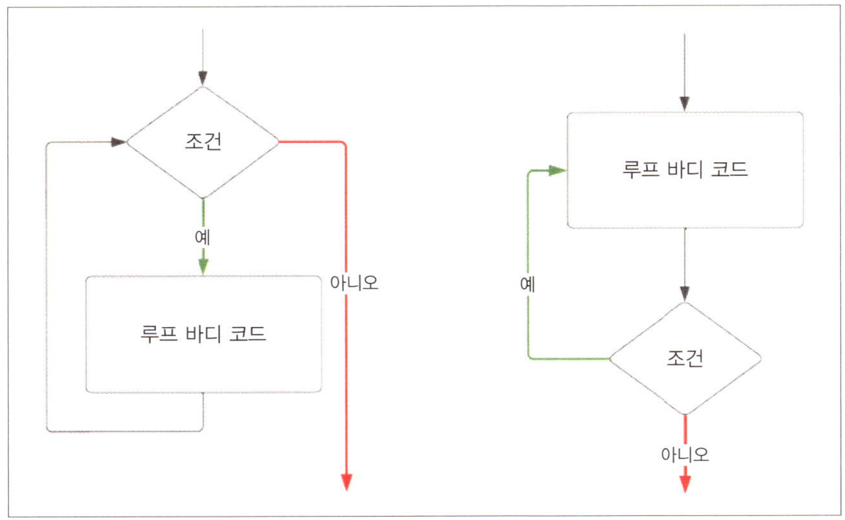

그림 3.15 while 루프와 do/while 루프 플로 차트 비교

break와 continue 구문

break 구문은 switch 구문을 벗어날 때뿐만 아니라 루프를 종료할 때도 사용된다.

continue 구문은 현재 루프를 중단하고 남아 있는 코드를 우회히 다음 반복으로 넘어간다.

예제는 다음과 같다.

```cpp
while(health > 0)
{
  if(Hit())        //충돌 확인
  {
    health -= 3;   //체력을 3 포인트 감소시킴
    If(health <= 0)   //사망했는지 확인
    {
      break;  //DieProcess()로 넘어감
    }
    ProcessHit();   //피탄 애니메이션을 플레이함
    continue;       //다음 반복 시작
  }
  MoveForward();
}
DieProcess(this);   //사망 애니메이션을 플레이함
```

예제에서 다음과 같은 내용을 확인할 수 있다.

* break 구문을 통해 캐릭터가 피탄돼 체력이 0 혹은 그 이하가 될 때 루프를 종료하기

* continue 구문을 통해 캐릭터가 피탄돼도 계속 움직이게 하기

지금까지 C++ 구문에 대해 많은 것을 알아봤다. 배운 것을 연습하고 활용하기 위해 MyCPP_03이라는 새로운 프로젝트를 생성하고 좀 더 개선된 계산기 프로그램을 작성해보자.

개선된 계산기 프로그램 작성해보기

새롭게 작성할 프로그램에는 다음과 같은 기능을 구현해볼 것이다.

- 사용자가 반복해서 숫자를 입력할 수 있도록 허용

- 부동소수 값을 더할 수 있는 새로운 Add 함수 만들기

- 코드 블록이 어떤 기능을 수행하는지를 주석으로 남기기

- Add 함수를 헤더와 소스 파일, 즉 Calculator.h와 Calculator.cpp에 추가하기

다음 단계를 따라 새로운 프로젝트를 생성해보자.

1. MyCPP_03이라는 이름으로 새 프로젝트를 생성한다.

2. 프로젝트에 main.cpp, Calculator.cpp, Calculator.h 파일을 추가한다. 작업을 완료하면 **솔루션 탐색기** 창의 소스 파일과 헤더 파일은 다음과 같이 보일 것이다.

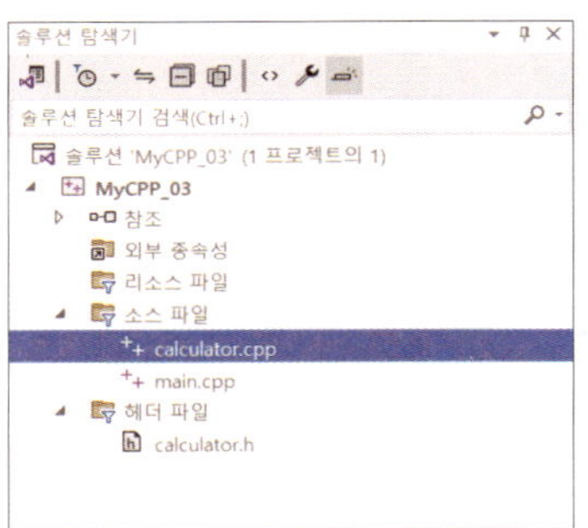

그림 3.16 MyCPP_01 프로젝트의 솔루션 탐색기

3. main.cpp 파일에 다음과 같이 코드를 작성한다.

```cpp
#include <iostream>
#include "Calculator.h"

using namespace std;
```

```cpp
void main()
{
    cout << "My Calculations" << endl;

    float input1, input2;
    while (true)
    {
        cout << "Input the first value (0 to exit): ';
        cin >> input1;
        if (input1 == 0)  //사용자가 0을 입력하면 종료
        {
            break;
        }
        cout << "Input the second value (0 to exit): ";
        cin >> input2;
        if (input2 == 0)  //사용자가 0을 입력하면 종료
        {
            break;
        }

        int a = input1;
        int b = input2;
        if (a == input1 && b == input2)
        {
            int result = Add(a, b);
            cout << "Integer addition: " << a << " + " << b << " = "
                << result
                << std::endl;
        }
        else
        {
            float result = Add(input1, input2);
            cout << "float addition:  "
                << input1 << " + " << input2 << " = "
                << result
                << std::endl;
        }
    }
std::cout << "Finished!";
}
```

그림 3.17은 비주얼 스튜디오 에디터에서 main.cpp가 표시되는 모습을 보여준다.

main.cpp* MyCPP_03 (전역 범위) main()

```cpp
1  #include <iostream>
2  #include "calculator.h"
3
4  using namespace std;
5
6  void main()
7  {
8      cout << "My Calculations" << endl;
9
10     float input1, input2;
11     while (true)
12     {
13         cout << "Input the first value (0 to exit): ";
14         cin >> input1;
15         if (input1 == 0)    //사용자가 0을 입력하면 exit
16         {
17             break;
18         }
19         cout << "Input the second value (0 to exit): ";
20         cin >> input2;
21         if (input2 == 0)    //사용자가 0을 입력하면 exit
22         {
23             break;
24         }
25
26         int a = input1;
27         int b = input2;
28         if (a == input1 && b == input2)
29         {
30             int result = Add(a, b);
31             cout << "Integer addition: " << a << " + " << b << " = "
32                 << result
33                 << std::endl;
34         }
35         else
36         {
37             float result = Add(input1, input2);
38             cout << "float addition:  " << input1 << " + " << input2 << " = "
39                 << result
40                 << std::endl;
41         }
42     }
43     std::cout << "Finished!";
44 }
```

그림 3.17 main.cpp 코드

main.cpp 파일에는 사용자의 입력을 받아들이고 계산 결과를 출력하는 `main()` 함수가 포함돼 있다.

- 1번 줄에서 `#include` 구문을 통해 시스템의 `iostream` 라이브러리를 추가한다.
- 2번 줄에서는 `#include` 구문을 통해 Calculator.h를 추가한다. 이를 통해 `Add` 함수를 이 모듈에서도 사용할 수 있게 된다. 파일 이름을 꺾쇠 괄호로 감싸지 않은 것에 유의하자. 통상적으로 사용자가 생성한 헤더 파일(컴파일러나 IDE에 할당된 디렉터리 파일이 아닌 파일들, 즉 C++ 표준 라이브러리 혹은 타깃 플랫폼 파일이 아닌 파일들을 의미함)은 꺾쇠 괄호로 감싸지 않는다.
- 4번 줄은 네임스페이스namespace로 `std`를 사용한다. 이는 네임스페이스 태그

std::를 사용하지 않고도 cout과 cin을 사용할 수 있다는 것을 의미한다. 네임스페이스는 대규모 프로젝트에서 이름이 중복되고 혼용되는 것을 방지하는 효과를 제공한다.

- 10번 줄은 사용자 입력에 사용하는 2개의 float 변수를 정의하고 있다.

- 11번 줄에서 while 루프가 시작된다. 조건이 참일 때 반복 수행된다.

- 13~41번 줄은 루프의 바디를 구성한다.

- 14~20번 줄은 사용자 입력을 처리하고 값을 2개의 입력 변수에 저장한다.

- 15~17번 줄과 21~24번 줄은 사용자 입력이 0인지 검증한다. 만일 이 조건이 참이라면, 루프는 종료된다.

- 26번 줄과 27번 줄은 float 값에서 소수점 아래를 버리고, 그 결과를 정수형 변수에 할당한다.

- 28번 줄은 2개의 입력 값이 정수인지 확인한다. 이 조건이 참이라면, Add(int, int) 함수가 호출된다. 그렇지 않다면 Add(float, float) 함수가 호출된다.

4. Calculator.h 파일에는 다음과 같이 코드를 입력한다.

```
#pragma once
/*
  Add 함수: 2개의 정수를 더하고 그 결과를 반환함
  매개변수 a, b: 2개의 정수 입력 값
*/
int Add(int a, int b);

/*
  Add 함수: 2개의 float를 더하고 그 결과를 반환함
  매개변수 a, b: 2개의 float 입력 값
*/
float Add(float a, float b);
```

비주얼 스튜디오 에디터에서 Calculator.h 파일은 그림 3.18처럼 보일 것이다.

```
main.cpp          calculator.cpp          calculator.h*  ⊞ ✕
MyCPP_03                                    ▼   (전역 범위)                                    ▼
     1    #pragma once
     2
     3    /*
     4        Add 함수: 2개의 정수를 더하고 그 결과를 반환한다.
     5        매개변수 a, b: 2개의 정수 입력값
     6    */
     7    int Add(int a, int b);
     8
     9    /*
    10        Add 함수: 2개의 float를 더하고 그 결과를 반환한다.
    11        매개변수 a, b: 2개의 float 입력값
    12    */
    13    float Add(float a, float b);
    14
```

그림 3.18 Calculator.h 코드

Calculator.h 헤더 파일에는 함수 시그니처 선언만 포함돼 있다. 다른 소스 파일에서 여기서 선언된 2개의 함수를 호출해야 한다면 #include "Calculator.h" 구문으로 이 헤더 파일을 포함하면 된다. 코드를 자세히 살펴보자.

- 1번 줄에는 #pragma once가 포함돼 있다. 이는 현재 소스 파일이 단일 컴파일에 한 번만 포함되도록 만들어주는 C++ 전처리기 지시문이다. 헤더 코드의 첫 번째 줄에 늘 이 구문을 작성하는 것을 추천한다.

- 3~6번 줄, 9~12번 줄은 함수에 대한 정보를 주석으로 제공하고 있다.

- 7번 줄과 13번 줄은 함수 구현 없이 함수를 정의하고 있다.

5. 그런 다음, Calculator.cpp 파일에 아래 코드를 작성한다.

```cpp
#include "Calculator.h"

int Add(int a, int b)
{
  return a + b;
}

float Add(float a, float b)
{
  return a + b;
}
```

비주얼 스튜디오 에디터에서 Calculator.cpp 파일은 그림 3.19처럼 보일 것이다.

```cpp
#include "calculator.h"

int Add(int a, int b)
{
    return a + b;
}

float Add(float a, float b)
{
    return a + b;
}
```

그림 3.19 Calculator.cpp 코드

Calculator.cpp 파일에는 2개의 Add 함수 구현이 포함돼 있다. 이 2개의 함수는 동일한 이름을 갖지만 매개변수의 유형은 다르다. 이를 함수 오버로딩(function overloading)이라고 부른다. Add 함수가 호출되면 C++가 자동으로 적합한 버전의 함수를 호출한다. 예를 들어 2개의 매개변수가 모두 float이거나 2개 중 1개의 매개변수가 float 유형이라면, Add(float a, float b)가 호출된다. 2개의 매개변수가 모두 정수라면 Add(int a, int b)가 호출된다.

6. 이제 프로그램을 빌드하고 실행해보자. 실행한 후 몇 개의 값을 입력하면 다음 그림과 같은 결과를 얻을 수 있다.

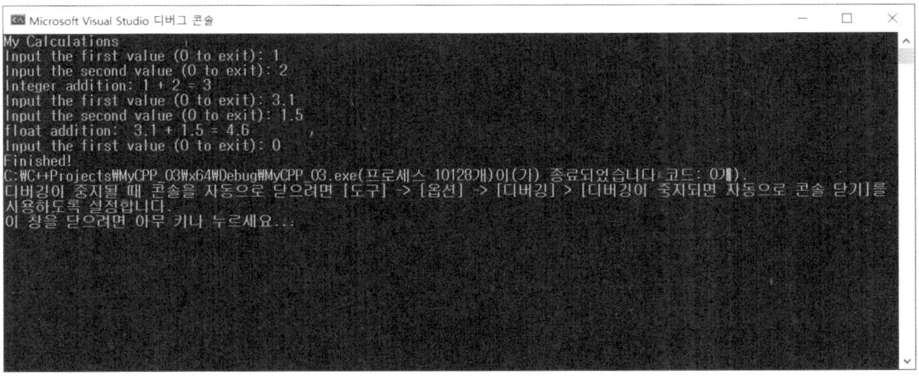

그림 3.20 MyCPP_03 실행 결과

지금까지는 변수와 함수 정의, 그리고 흐름 제어 구문을 포함하는 두 가지 버전의 계산기 프로그램을 만들었다. 이어서 레퍼런스와 포인터를 사용하는 법을 배워본다.

⁞⁞ 레퍼런스와 포인터 생성하기

C++ 코드를 작성할 때 꼭 한 곳에서만 변수에 접근하는 것은 아니다. 그렇다고 변수 값을 여러 곳에 복사해 사용하면 값이 변경될 위험이 있을 뿐만 아니라 낮은 퍼포먼스와 메모리 사용량 증가를 초래할 수도 있다.

다음의 예제를 살펴보자.

```cpp
float Add(float a, float b)
{
  return a + b;
}

Void main()
{
  int x = 1, y = 2;
  cout << Add(x, y);
}
```

이 코드에서 함수의 매개변수가 x와 y 값을 복사해 a와 b 변수에 넣는 것을 알 수 있다. 이는 a와 b가 각자 저장 공간을 가지며 Add 함수 안에서 a와 b 값이 변경돼도 x와 y 값에는 영향을 미치지 않는다는 것을 의미한다.

C++에서 레퍼런스와 포인터를 사용하면 메모리 사용량을 줄이고 퍼포먼스를 향상시킬 수 있을 뿐만 아니라 원래의 변수 값을 자유롭게 수정할 수 있는 유연성도 제공해준다.

레퍼런스

레퍼런스(참조) 변수는 존재하는 변수를 참조하며, 참조하려는 변수 이름 앞에 & 연산자를 붙여 정의한다. 참조 변수 이름은 원래의 변수 이름과 동일한 것으로 간주된다. 레퍼런스 변수를 한번 정의하고 나면, 원래 변수의 이름이나 레퍼런스 변수 이름 중 하나를 사용해 동일한 결과를 가져올 수 있다.

앞의 예제를 조금 수정해보자.

```cpp
float Add(float &a, float &b)
{
  return a + b;
}

Void main()
{
  int x = 1, y = 2;
  cout << Add(x, y);
}
```

여기서 함수의 변수는 모두 레퍼런스 변수다. Add 함수를 호출할 때 머개변수 값은 복사되지 않는다. 이 경우 a와 b는 x와 y의 다른 이름으로 간주된다. Add 함수 안의 레퍼런스 변수 값을 변경하면 x와 y의 값도 바뀐다.

다음 예제를 통해 이를 요약해보자.

```cpp
string myName = "George";   //스트링 변수를 정의함
string &nameOfMe = myName;   //레퍼런스를 정의함
cout << "My name:" << myName;   //"My name: George"를 출력함
cout << "My name: " << nameOfme;   //"My name: George"를 출력함
myName = "Li";
cout << "My name:" << nameOfMe;   //"My name: Li"를 출력함
```

포인터

포인터는 다른 변수의 메모리 주소를 저장하는 변수로, 변수 이름 앞어 * 연산자를 붙여 정의한다. 다음 예제를 참고해보자.[1]

```cpp
float Add(float *a, float *b)
{
  return *a + *b;   //포인터 값을 더하고 반환함
}
```

---

[1] 이 코드들은 이해를 돕기 위한 것으로, 예제의 코드를 그대로 에디터에서 작성하고 수쾡하면 오류가 발생한다. – 옮긴이

```cpp
void main()
{
  int x = 1, y = 2;
  cout << Add(&x, &y);   //x와 y의 주소를 전달함
}
```

이 코드에서 함수의 매개변수 2개는 포인터다. Add 함수를 호출할 때, a와 b 매개변수는 입력 값의 메모리 주소를 복사해온다. Add 함수 안의 포인터 값을 획득하려면 포인터 변수 이름 앞에 * 접두어를 붙여야 한다.

다음 예제를 통해 이를 요약해보자.

```cpp
string myName = "George";   //스트링 변수를 정의함
string *pMyName = &myName;   //포인터를 정의함
string *pNameOfMe = pMyName;   //또 다른 포인터를 정의함
cout << "My name:" << *pMyName;   //"My name: George"를 출력함
cout << "My name: " << *pNameOfme;   //"My name: George"를 출력함
myName = "Li";
cout << "My name:" << *pMyName;   //"My name: Li"를 출력함
cout << "My name:" << *pNameOfMe;   //"My name: Li"를 출력함
```

C++ 프로그래밍에서 레퍼런스와 포인터의 중요한 기능을 이해했다면, 그다음으로 살펴봐야 할 주요한 개념은 객체지향 프로그래밍이다.

객체지향 프로그래밍 이해하기

객체지향 프로그래밍을 본격적으로 알아보기에 앞서 객체지향 프로그래밍이라는 용어와 개념부터 간단하게 살펴보자. 그런 다음, C++ 클래스를 생성하고 객체를 인스턴스화하는 방법을 배우게 될 것이다. 이 과정을 통해 객체지향 프로그래밍의 원리를 이해하고 구현할 수 있게 된다.

객체지향 프로그래밍이란 무엇인가?

MyCPP_0x 프로젝트에서는 데이터 연산을 수행하는 함수를 작성했다. 앞서 수행했던 방법을 절차적 프로그래밍procedural programming이라고 한다.

객체지향 프로그래밍OOP, Object-Oriented Programming은 객체object라는 개념을 기반으로 삼는 프로그래밍 패러다임이다. 객체지향 프로그래밍은 속성과 함수를 포함하는 객체를 생성해 실세계에서 통용되는 개념을 반영한다.

객체지향 프로그래밍은 다음 세 가지 주요 개념으로 구성된다.

- **캡슐화**encapsulation: 데이터와 함수를 클래스로 감싸 묶어놓는 것을 의미한다. 이를 통해 민감한 데이터를 사용자로부터 보호할 수도 있다.

- **상속**inheritance: 기반이 되는 부모 클래스의 자식 클래스를 생성할 수 있으며, 이 자식 클래스는 부모 클래스에서 공개되거나 보호된 속성과 함수를 상속할 수 있다. 또한 자식 클래스는 스스로 독자적인 속성과 함수를 가질 수도 있다.

- **다형성**polymorphism: 하나의 클래스 메서드가 다양한 형태를 가질 수 있다는 것을 의미한다.

절차적 프로그래밍에 비해 객체지향 프로그래밍이 가질 수 있는 장점은 다음과 같다.

- **모듈화**modularity: 객체는 속성과 메서드를 묶은 하나의 컨테이너처럼 동작한다. 이를 통해 트러블슈팅과 협업을 쉽게 수행할 수 있다.

- **재사용성**reusability: 상속을 통해 코드를 재사용할 수 있다. 코드를 중복해 사용하고 변경할 때 발생하는 리스크를 최소화할 수 있다.

- **생산성**productivity: 객체지향 프로그래밍은 현실 세계의 객체 개념을 반영할 수 있고 코드를 재사용할 수 있으므로 절차적 프로그래밍에 비해 더 생산성이 높다.

클래스와 객체는 무엇인가?

클래스와 객체는 객체지향 프로그래밍이라는 개념을 지탱하는 2개의 기둥이라고 할 수 있다. 클래스는 객체를 생성할 때 사용되는 템플릿인 반면, 객체는 클래스의 인스턴스라고 할 수 있다. 즉, 클래스는 인스턴스화된 객체의 블루프린트로 사용될 수 있는 것이다.

클래스와 객체를 좀 더 쉽게 구별하기 위해 예제를 살펴보자. Computer 클래스는 컴퓨터 제품의 블루프린트로 사용될 수 있으며, CPUType과 RAMSize 같은 속성을 포함한다. 이 블루프린트는 하나의 템플릿으로 작동해, 이를 기반으로 여러 개의 컴퓨터를 만들어낼 수 있는 것이다.

여기서 핵심은 클래스가 공통으로 사용되는 속성과 행위를 정의하고 있는 반면, 객체는 클래스 블루프린트에 기반해 생성되는 개별적인 인스턴스를 나타낸다는 것이다.

C++에서 클래스 생성하기

클래스는 사용자가 정의할 수 있는 데이터 유형으로, class 키워드를 클래스 이름 앞에 붙여 사용한다. 클래스의 바디는 한 쌍의 중괄호 안에서 정의되며 세미콜론으로 종료된다.

클래스는 자신만의 속성을 가질 수 있으며 함수도 가질 수 있다.

이제 Computer라는 이름으로 클래스를 만들어보자. private 속성으로 ComesWithMonitor를, public 속성으로 CPUType과 RAMSize를 가진다고 가정하자.

```
class Computer
{
  Private:
```

```
    bool _ComesWithMonitor = true;   //참 혹은 거짓
    Public:
    string CPUType = "Intel";   //"Intel" 혹은 "AMD"
    int RAMSize = 4096;   //단위: 기가바이트

    void TurnOn()
    {
      //…
    }

    void Shutdown()
    {
      //…
    }

    void SetComesWithMonitor(bool ComesWithMonitor)
    {
      _ComesWithMonitor = ComesWithMonitor;
    }

    bool GetComesWithMonitor()
    {
      Return _ComesWithMonitor;
    }
    }
```

Computer 클래스에서 정의된 속성 및 메서드와 이에 접근하는 방법을 좀 더 자세히 살펴보자.

클래스의 속성

Computer 클래스는 3개의 속성, 즉 _ComesWithMonitor, CPUType, RAMSize라는 이름의 속성들을 갖고 있다. _ComesWithMonitor는 private으로 분류되고, 나머지는 public으로 분류된다.

public 혹은 private은 속성이나 함수에 접근할 수 있는 범위를 정의한다. public 속성과 함수는 클래스의 외부에서도 접근 가능한 반면, private 속성과 함수는 오직 클래스 안에서만 접근할 수 있다.

예제에서는 밑줄 _을 붙인 _ComesWithMonitor가 private으로 분류된다. private을 구분하기

위해 반드시 밑줄을 붙여야 하는 것은 아니다. 이 방법이 가장 일반적으로 활용되며, 독자
적인 코딩 규칙을 적용해도 무방하다.

클래스의 메서드

메서드는 클래스에 소속된 함수를 의미한다. Computer 클래스는 4개의 함수, 즉 TurnOn,
Shutdown, SetComesWithMornitor, GetComesWithMonitor라는 이름의 함수를 갖고 있다. 여기
서는 게터[getter]/세터[setter] 형식[2]을 빌려 외부에서도 private 속성인 _ComesWithMonitor 속성에
접근할 수 있게 만들었다.

C++에서 객체 생성하기

C++에서 객체를 생성하는 법은 두 가지가 있다.

첫 번째 방법: 변수 정의하기

다음과 같이 Computer 클래스에서 MyComputer 인스턴스를 정의할 수 있다.

```
Computer MyComputer;   //첫 번째 방법
```

이 방법을 통해 간단하게 MyComputer라는 이름의 변수를 정의할 수 있다. MyComputer의 속성
과 메서드에는 점 구문을 통해 접근할 수 있다.

다음 예제는 Set 함수를 호출해 컴퓨터의 CPUType으로 "AMD"를 설정하고 private 변수인
_ComesWithMonitor를 false로 설정하는 법을 보여준다.

```
MyComputer.CPUType = "AMD";
MyComputer.SetComesWithMonitor(false);
```

---

2   게터는 클래스 내부의 멤버 변수에 지정된 값을 외부로 리턴하고, 세터는 외부로부터 데이터를 전달받아 멤버 변수에 저장
    하는 방식이다. — 옮긴이

두 번째 방법: 새로운 키워드를 사용해 객체를 인스턴스화하고 이를 포인터에 저장하기

다음 예제는 Computer 클래스를 사용해 새로운 MyComputer 인스턴스를 만들고, 새로운 인스턴스의 포인터를 pMyComputer 포인터에 저장하는 법을 보여준다.

```
Computer *pMyComputer = new Computer();   //두 번째 방법
```

두 번째 방법은 시스템이 새로운 Computer 인스턴스에 메모리 블록을 할당하고 이 메모리 주소의 포인터를 반환하도록 만든다. pMyComputer 객체의 속성과 메서드는 포인터 구문으로 접근 가능하다.

다음 예제는 Set 함수를 호출해 컴퓨터의 CPUType을 "AMD"로 설정하고 private 변수 _Comes WithMonitor를 false로 설정한다.

```
pMyComputer -> CPUType = "AMD";
pMyComputer -> SetComesWithMonitor(false);
```

프로그래머의 코드를 통해 컴퓨터 객체 정보가 저장되고 동적으로 공간이 할당되므로, 사용하지 않을 때 메모리를 해제하는 것이 중요하다. 메모리 해제를 하지 않으면 메모리 누수가 발생한다. delete 키워드를 통해 메모리를 해제할 수 있다.

```
delete pMyComputer;
```

이 섹션에서 살펴본 내용을 바탕으로 객체지향 프로그래밍 클래스와 객체를 제대로 구현할 수 있을 것이다. 이제 앞서 작성했던 MyCPP_03 프로그램을 객체지향 프로그래밍 프로그램으로 변환해본다. 시작해보자.

객체지향 프로그래밍 계산기 프로그램 작성해보기

MyCPP_04라는 이름으로 새로운 프로젝트를 생성하고 main.cpp, Calculator.cpp, Calculator.h 파일을 만들자. 우리가 수행하려는 작업의 주요 목적은 Calculator 클래스를

만들고 클래스 메서드로 Add 함수를 만드는 것이다.

다음과 같이 진행한다.

1. main.cpp 파일에 다음과 같이 코드를 작성한다.

```cpp
#include <iostream>
#include "Calculator.h"

using namespace std;

void main()
{
    Calculator calculator;   //calculator 객체 정의
    cout << "My Calculations: " << calculator.GetName() << endl;

    float input1, input2;
    while (true)
    {
        cout << "Input the first value (0 to exit): ";
        cin >> input1;
        if (input1 == 0)   //사용자가 0을 입력하면 빠져나가기
        {
            break;
        }

        cout << "Input the second value (0 to exit): ";
        cin >> input2;
        if (input1 == 0)   //사용자가 0을 입력하면 빠져나가기
        {
            break;
        }

        int a = input1;
        int b = input2;
        if (a == input1 && b == input2)
        {
            int result = calculator.Add(a, b);
            cout << "Integer addition: " << a << " + " << b << " = "
                << result
                << std::endl;
```

```cpp
        }
        else
        {
            float result = calculator.Add(input1, input2);
            cout << "float addition: " << input1 << " + " <<
              input2 << " = "
                << result
                << std::endl;
        }
    }

    std::cout << "Finished!";
}
```

비주얼 스튜디오 에디터에서 main.cpp 파일은 그림 3.21과 같이 보일 것이다.

```cpp
#include <iostream>
#include "Calculator.h"

using namespace std;

void main()
{
    Calculator calculator;   //defines the calculator object
    cout << "My Calculations: " << calculator.GetName() << endl;

    float input1, input2;
    while (true)
    {
        cout << "Input the first value (0 to exit): ";
        cin >> input1;
        if (input1 == 0)    //exit if the user enters 0
        {
            break;
        }

        cout << "Input the second value (0 to exit): ";
        cin >> input2;
        if (input2 == 0)    //exit if the user enters 0
        {
            break;
        }

        int a = input1;
        int b = input2;
        if (a == input1 && b == input2)
        {
            int result = calculator.Add(a, b);
            cout << "Integer addition: " << a << " + " << b << " = "
                << result
                << std::endl;
        }
        else
        {
            float result = calculator.Add(input1, input2);
            cout << "float addition:  " << input1 << " + " << input2 << " = "
                << result
                << std::endl;
        }
    }

    std::cout << "Finished!";
}
```

그림 3.21 객체지향 프로그래밍 main.cpp 코드

주요 내용은 다음과 같다.

- 8번 줄에서 calculator 객체를 생성함

- 32번과 39번 줄에서 Add 메서드를 호출함

2. Calculator.h 파일에 다음과 같이 코드를 작성한다.

```cpp
#pragma once
#include <iostream>
using namespace std;

class Calculator
{
protected:

  string _name;

public:
  Calculator();   //생성자(컨스트럭터)

  string GetName();

  /*
    Add 함수: 2개의 정수를 더하고 그 결과를 반환함
    매개변수 a, b: 2개의 정수 입력 값
  */
  int Add(int a, int b);

  /*
    Add 함수: 2개의 float를 더하고 그 결과를 반환함
    매개변수 a, b: 2개의 float 입력 값
  */
  float Add(float a, float b);
};
```

비주얼 스튜디오 에디터에서 Calculator.h 파일은 그림 3.22와 같이 보일 것이다.

```
#pragma once
#include <iostream>

using namespace std;

class Calculator
{
protected:

    string _name;

public:
    Calculator();        //생성자(컨스트럭터)

    string GetName();

    /*
        Add 함수: 2개의 정수를 더하고 그 결과를 반환함
        매개변수 a, b: 2개의 정수 입력 값
    */
    int Add(int a, int b);

    /*
        Add 함수: 2개의 float를 더하고 그 결과를 반환함
        매개변수 a, b: 2개의 float 입력 값
    */
    float Add(float a, float b);
};
```

그림 3.22 객체지향 프로그래밍 Calculator.h 코드

주요 내용은 다음과 같다.

- 6번 줄에서 Calculator 클래스를 정의함

- 8~27번 줄은 2개의 메서드를 갖고 있는 클래스의 바디임

3. Calculator.cpp 파일에 다음과 같이 코드를 작성한다.

```
#include "Calculator.h"

Calculator::Calculator()
{
  _name = "Addition Calculator";
}

string Calculator::GetName()
{
  return _name;
}

int Calculator::Add(int a, int b)
{
  return a + b;
}
```

```cpp
float Calculator::Add(float a, float b)
{
    return a + b;
}
```

비주얼 스튜디오 에디터에서 Calculator.cpp 파일은 그림 3.23과 같이 보일 것이다.

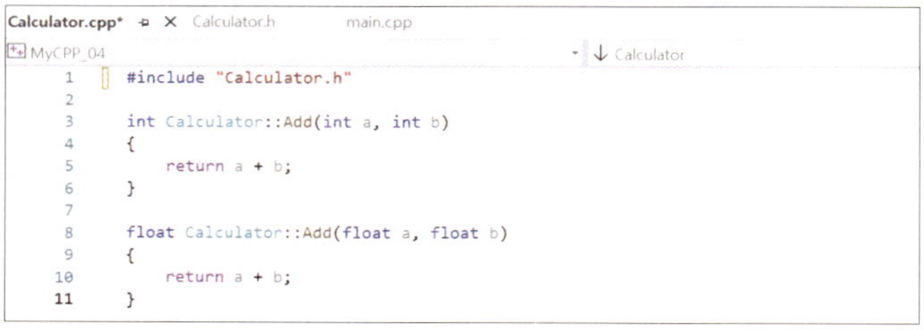

```
Calculator.cpp*    Calculator.h        main.cpp
MyCPP_04                                                              Calculator
1    #include "Calculator.h"
2
3    int Calculator::Add(int a, int b)
4    {
5        return a + b;
6    }
7
8    float Calculator::Add(float a, float b)
9    {
10       return a + b;
11   }
```

그림 3.23 객체지향 프로그래밍 Calculator.cpp 코드

코드의 주된 내용은 다음과 같다.

- 8~11번 줄은 정수 버전의 **Add** 메서드 구현을 보여줌

- 13~16번 줄은 float 버전의 **Add** 메서드 구현을 보여줌

이 예제에서 2개의 **Add** 메서드는 클래스를 정의하는 부분 외부에 구현돼 있다. 함수의 이름 앞에 :: 연산자를 붙여 함수를 클래스의 메서드로 만들 수 있다.

이제 코드를 빌드하고 실행해보자. 앞서 '개선된 계산기 프로그램 작성해보기' 섹션에서 작성했던 코드를 실행했을 때와 동일한 결과(그림 3.20 참조)를 얻을 수 있을 것이다.

이 시점에서 이미 계산기는 우리가 의도한 대로 잘 동작하고 있다. 지금까지의 작업을 토대로 객체지향 프로그래밍의 추가적인 측면들, 즉 생성자, 게터 함수, 클래스 확장 등에 대해 좀 더 알아보자.

calculator 클래스에 생성자와 게터 함수 추가하기

생성자^{constructor}는 객체가 생성될 때 자동으로 호출되는 특별한 메서드다. 생성자의 이름은

클래스의 이름과 동일해야 하며, 리턴 유형이 존재하지 않는다. 통상적으로 생성자에서 클래스 속성을 초기화한다.

Calculator 클래스에 생성자를 추가해보자.

1. calculator의 이름을 저장하는 private 속성의 _name을 Calculator 클래스에 추가한다.

```
string _name;
```

2. 생성자와 게터 선언을 클래스에 추가한다.

```
Calculator();   //생성자
string GetName() ;   //게터
```

3. Calculator.cpp에 생성자와 게터를 추가한다.

```
Calculator::Calculator()
{
  _name = "Addition Calculator";   //이름 설정
}

string Calculator::GetName()
{
  return _name;
}
```

Calculator 클래스에 생성자와 GetName 함수를 성공적으로 추가했다. 이제 Calculator 클래스에 CalculatorEX라는 이름의 새로운 서브클래스를 추가해보자

Calculator 클래스를 상속하는 CalculatorEx 클래스 생성하기

우리가 살펴볼 객체지향 프로그래밍의 마지막 특성은 상속이다.

현재 Calculator 클래스는 덧셈 기능만 제공한다. 덧셈만 수행해야 한다면 지금까지 작성한

코드로도 충분하지만, 뺄셈을 수행해야 한다면 어떻게 해야 할까?

Calculator 클래스에 뺄셈 기능을 하는 함수를 직접 추가하는 것도 하나의 방법이 될 수 있지만, 어떤 앱에서는 뺄셈 기능이 필요하지 않을 수도 있다. 이런 경우 새롭게 추가한 뺄셈 함수는 사용하지 않는 코드가 될 것이다.

CalculatorEx라는 이름의 두 번째 클래스를 만들어 이 문제를 효과적으로 해결할 수 있다. 이 클래스는 Calculator 클래스를 상속하며, 뺄셈 기능을 제공하는 메서드를 가진다. 이를 통해 각기 다른 상황에서 적절한 버전의 계산기 프로그램을 사용할 수 있게 될 것이다.

UML 클래스 다이어그램을 통해 두 클래스 간의 관계를 그려보면 그림 3.24와 같다.

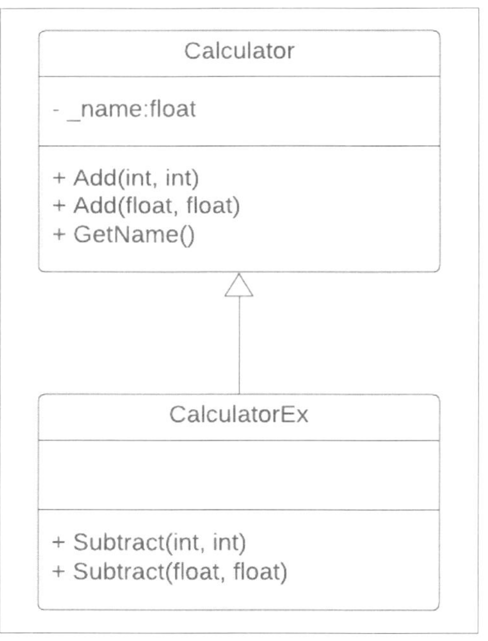

그림 3.24 CalculatorEx와 Calculator 클래스 다이어그램

UML

UML은 Unified Modeling Language의 약자다. UML 클래스 다이어그램은 객체지향 시스템을 설계하고 보여주기 위해 사용되는 그래픽 도구다.

다이어그램을 통해 다음과 같은 사실을 알 수 있다.

- 위쪽 방향 화살표를 통해 CalculatorEx가 Calculator를 상속한다는 것을 알 수 있다.

- - 표시는 private 혹은 protected 속성이나 함수를 의미한다.

- + 표시는 public 속성이나 함수를 의미한다.

클래스 상속을 구현하기 위해 MyCPP_04 프로젝트를 열고 CalculatorEx.h 파일을 생성한 다음, 아래와 같이 코드를 작성한다.

```cpp
#pragma once

#include "Calculator.h"

class CalculatorEx : public Calculator
{
public:

  CalculatorEx();   //생성자

  int Subtract(int a, int b);

  float Subtract(float a, float b);
};
```

비주얼 스튜디오 에디터에서 CalculatorEx.h 파일은 그림 3.25와 같이 보일 것이다.

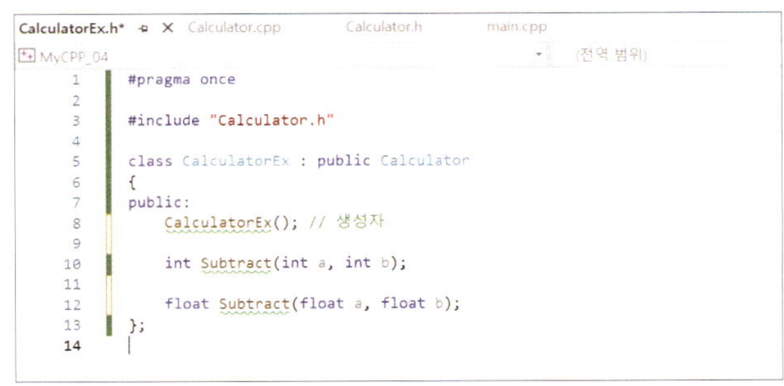

그림 3.25 객체지향 프로그래밍 CalculatorEx.h 코드

코드를 좀 더 자세히 살펴보자.

- 9번 줄에서 생성자를 정의함

- 11번 줄과 13번 줄에서 2개의 오버로드되는 Subtract 함수를 선언함

이어서 CalculatorEx.cpp 파일을 만들고 다음과 같이 코드를 작성한다.

```cpp
#include "CalculatorEx.h"

CalculatorEx::CalculatorEx()
{
  _name = "Advanced Calculator";
}

int CalculatorEx::Subtract(int a, int b)
{
  return a - b;
}

float CalculatorEx::Subtract(float a, float b)
{
  return a - b;
}
```

비주얼 스튜디오 에디터에서 CalculatorEx.cpp 파일은 그림 3.26과 같이 보일 것이다.

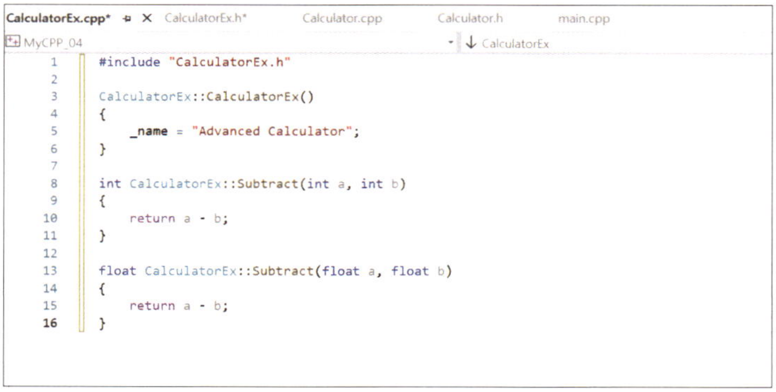

그림 3.26 객체지향 프로그래밍 CalculatorEx.cpp 코드

코드를 좀 더 자세히 살펴보자.

- 3~6번 줄은 CalculatorEx의 생성자로, 기본 클래스인 Calculator의 생성자 다음으로 실행됨

- 8~11번 줄, 13~16번 줄은 2개의 오버로드되는 Subtract 함수를 구현함

마무리하기 전에 하나 더 해야 하는 작업이 있다. Calculator 클래스의 _name 변수를 private 그룹에서 protect 그룹으로 바꿔야 한다. private 속성과 메서드는 자식 클래스에서 접근할 수 없지만, protected 속성과 메서드는 상속받는 자식 클래스에서는 public 속성과 메서드처럼 접근할 수 있다는 차이점이 있기 때문이다.

```
protected:
  String_name;
```

CalculatorEx 클래스는 Calculator 클래스의 자식 클래스이므로 부모 클래스의 모든 속성과 함수 _name 속성과 Add 함수 를 상속받으며, 자체적으로 고유한 함수 Subtract 함수 도 가진다. CalculatorEx가 Calculator보다 더 많은 기능을 제공하는 것은 명백하다.

당연히 이 시점에서 CalculatorEx 클래스를 Calculator 프로그램에 통합하고 싶을 것이다. 이 방법을 스스로 찾아보고 구현해보기를 권장하며, 깃허브 리포지터리에서 MyCPP_05 프로젝트를 다운로드해 참고해도 좋다.

요약

이 장에서는 C++ 프로그램 언어의 핵심적인 부분들을 배웠다. 관련 내용을 다루면서 컴파일 과정, 프로그램의 구조, 데이터 유형, 변수의 생성, 함수, 주석, 표준 라이브러리의 사용자 입력, 레퍼런스와 포인터의 생성, 흐름 제어, 객체지향 프로그래밍 등을 간단히 살펴봤다.

3개의 실습을 통해 C++ 문법과 절차적 프로그래밍, 객체지향 프로그러밍 스킬을 직접 연마할 수 있었다. 모두 5개의 MyCPP_x 프로젝트도 좋은 참고 자료가 될 것이다.

C++는 다양한 기능을 제공하는 아주 강력한 프로그래밍 언어이므로, 이 장에서 C++의 모든 것을 살펴보기는 불가능한 일이다. 따라서 앞으로 C++의 다른 문법을 사용해야 할 때마다 추가적으로 설명을 제공할 것이다.

C++ 프로그래밍에 필요한 최소한의 지식은 충분히 쌓았다. 다음 장에서는 언리얼 엔진에서 C++ 소스 코드를 사용하는 FPS 게임을 만들어본다. 이를 통해 일반적으로 많이 사용되는 언리얼 엔진 클래스와 API를 빠르게 이해할 수 있을 것이다.

04
FPS 게임 프로젝트와 C++ 코드 살펴보기

게임 개발자들은 게임 엔진이 제공하는 다양한 기능과 툴을 사용해 작업을 신속하고 효과적으로 진행할 수 있다. 언리얼 엔진에서는 C++ 스크립팅을 사용해 사전에 정의돼 있는 클래스와 API를 활용함으로써 빠르게 프로그램을 작성할 수 있다. 언리얼 엔진 C++ 스크립팅을 이해하고 학습하는 가장 좋은 방법 중 하나는 엔진에서 성성한 프로젝트를 살펴보는 것이다.

프로젝트의 구조와 소스 코드를 살펴봄으로써 C++ 프로젝트의 일반적인 구조와 엔진에서 자주 사용하는 API에 대해 알 수 있다. 1장에서 만든 MyShooter C++ 프로젝트와 앞서 배웠던 지식들에 더해, 이번 장에서는 다음과 같은 주제들을 살펴본다.

- MyShooter C++ 프로젝트 구조 이해하기

- 게임 프로그램 구조 이해하기

- 소스 코드에 익숙해지기

- 비주얼 스튜디오에서 언리얼 에디터 시작하고 게임 프로직트 열기

기술적인 요구 사항

이번 장에서는 프로젝트에서 사용되는 API, 엘리먼트, 함수의 개념과 사용법을 살펴본다. 기술적인 세부 사항은 이어지는 장에서 알아볼 것이다.

MyShooter C++ 프로젝트 구조 이해하기

3장에서 이미 C++ 프로젝트의 구조를 간단히 살펴봤다. 여기서는 언리얼 게임의 C++ 프로젝트 구조를 좀 더 면밀하게 살펴보자.

우선 언리얼 에디터에서 **MyShooter** 프로젝트를 열고 **콘텐츠 드로어**에서 C++ 클래스/MyShooter 폴더를 선택한다. 그림과 같이 5개의 C++ 클래스 파일을 확인할 수 있을 것이다.

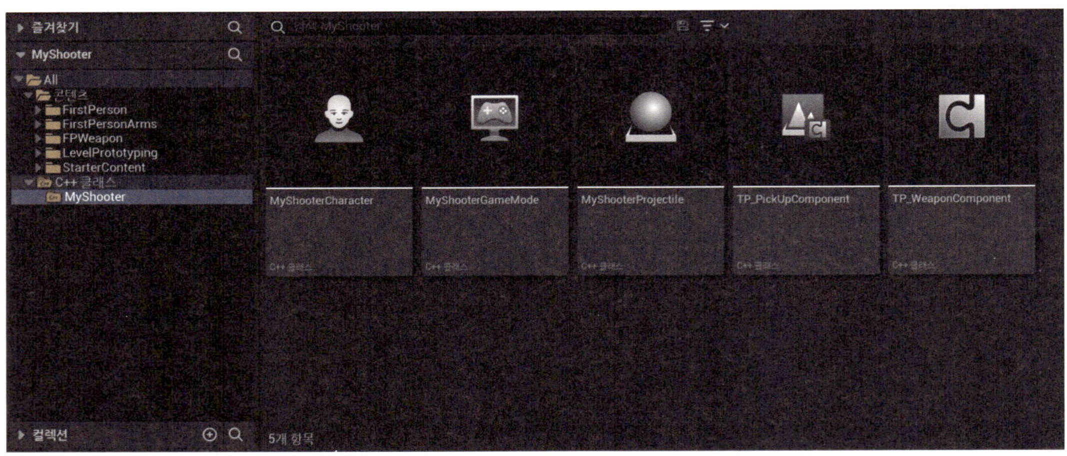

그림 4.1 MyShooter C++ 프로젝트의 소스 파일

임의의 C++ 클래스 파일을 더블 클릭해 비주얼 스튜디오에서 C++ 프로젝트를 연다.

이어서 **솔루션 탐색기**를 살펴보자.

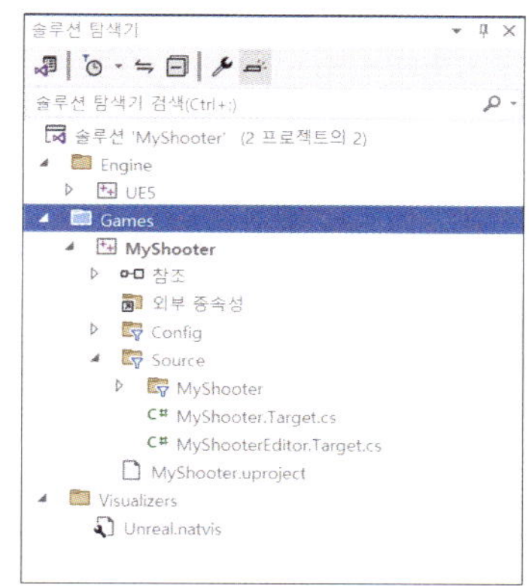

그림 4.2 MyShooter C++ 프로젝트 솔루션 탐색기

트리의 첫 번째 레이어는 Engine, Games, Visualizers라는 3개의 폴더로 구성돼 있다.

- Engine 폴더에는 언리얼 엔진 프로젝트와 소스 코드가 포함돼 있다. 간혹 엔진 코드를 수정하고 커스터마이징해야 하는 경우도 발생한다.

- Games 폴더에는 게임 프로젝트가 포함돼 있다. 예제의 경우에는 MyShooter 프로젝트 1개만 해당한다.

- Visualizers 폴더에는 .natvis 파일이 포함돼 있다. 이 파일은 비주얼 스튜디오에서 객체와 데이터를 보여주기 위해 XML 문법을 기반으로 작성돼 있으며, .natvis 파일을 수정해 데이터 시각화를 커스터마이징할 수 있다. 이는 사용자가 직접 코드를 편집하거나 디버깅할 때 선호하는 설정에 맞게 데이터를 확인할 수 있다는 것을 의미한다.

우리가 작업을 진행할 곳은 MyShooter 폴더다. 이 폴더에는 게임 프로젝트와 관련된 모든 것이 포함돼 있다(그림 4.3 참조). 개발자들은 \Source 서브 폴더 아래에 새로운 소스 파일을 추가해 프로젝트에 새로운 소스를 추가할 수 있다.

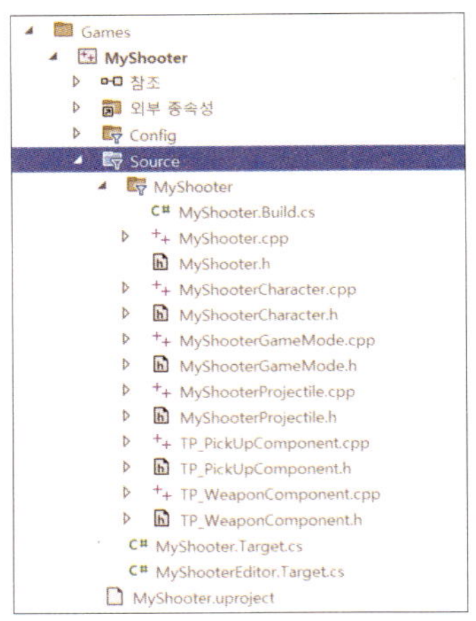

그림 4.3 MyShooter C++ 프로젝트 구조

프로젝트 구조를 좀 더 자세히 살펴보자.

- 참조^{Reference} 폴더에는 다른 솔루션이나 공유된 프로젝트의 참조가 포함돼 있다. 이 책에서는 이와 관련된 작업을 진행하지 않으므로 비어 있는 상태를 유지할 것이다.

- 외부 종속성^{External Dependencies} 폴더에는 게임을 작성할 때 필요한 모든 종속성 헤더 파일이 포함돼 있다. 이 폴더에 포함돼 있는 파일들은 인텔리센스에 의해 자동으로 생성된다. 프로젝트의 MyShooter.build.cs 빌드 파일을 편집해 인텔리센스가 프로젝트에서 필요한 종속성을 인식할 수 있다. 기본적으로 `Core`, `CoreUObject`, `Engine`, `InputCore` 모듈이 퍼블릭 종속성 리스트에 추가돼 있다.

    - Config 폴더에는 모든 .ini 설정 파일이 포함돼 있다.

    - Source 폴더에는 MyShooter.uproject 언리얼 프로젝트 파일과 서브 폴더인 MyShooter 폴더가 포함된다. 언리얼 프로젝트와 이름이 동일한 \MyShooter 서브 폴더에는 빌드와 타깃 파일(C# .cs 파일)이 포함돼 있다. 생성된 모든 C++ 소스 코드 파일(cpp와 .h 파일)이 이 \MyShooter 파일 아래에 위치한다.

간단하게 언리얼 C++ 프로젝트의 기본 구조를 살펴봤다. 이제 \MyShooter 폴더 안에 존재하는 소스 코드를 좀 더 자세히 살펴볼 시간이다. 우선 기본적인 게임 프로그램의 구조에 대해 먼저 알아본 다음, C++ 소스 코드를 살펴보자.

게임 프로그램 구조 이해하기

게임 프로그램은 일반적으로 게임 초기화, 게임 루프, 게임 종료라는 3개의 단계로 구성된다. 언리얼 엔진은 자체적으로 이 단계들을 처리할 수 있다.

언리얼 엔진은 기본 클래스, API, 시스템 등의 다양한 프로그래밍 인터페이스를 제공해 개발자가 몰입도 높은 게임을 만들 수 있도록 도와준다. 개발자는 이런 인터페이스를 활용해 C++ 코드를 작성하고 입맛에 맞게 게임을 커스터마이징할 수 있다.

그림 4.4의 플로 차트는 기본적인 게임 플로를 보여준다. 이 플로를 통해 어떤 기능을 제공하는 모듈이 필요한지 알 수 있을 것이다.

이 구조를 좀 더 자세히 살펴보자.

- 게임 프로그램이 실행되면 게임 초기화가 진행된다. 디스플레이 모드를 설정하고, 필요한 콘텐츠를 로딩하고, 게임 오브젝트를 생성하는 것과 같은 초기화 작업들이 이 단계에서 수행된다.

- 게임 루프는 게임플레이가 수행되는 동안 필요한 동작들이 실행되는 단계다. 반복적으로 수행되는 플레이어의 입력, 게임 안에서의 업데이트, 게임 씬의 출력 등이 여기에 포함된다. 이 모든 과정이 프레임 1개가 출력되는 동안 업데이트되기도 한다.

  게임 업데이트가 수행되는 동안 발사된 총알과 같은 게임 오브젝트 가 생성된다. 생성된 액터는 초기화될 필요가 있다. 언리얼의 액터는 `OnConstruction()`과 `BeginPlay()` 이벤트 함수를 갖고 있다. 이 2개의 함수는 오브젝트가 생성될 때 오직 한 번 호출된다. 액터들의 `Tick()` 이벤트 함수는 각 프레임마다 호출된다. 게임 로직과 컨트롤은 이 함수에서 제어된다.

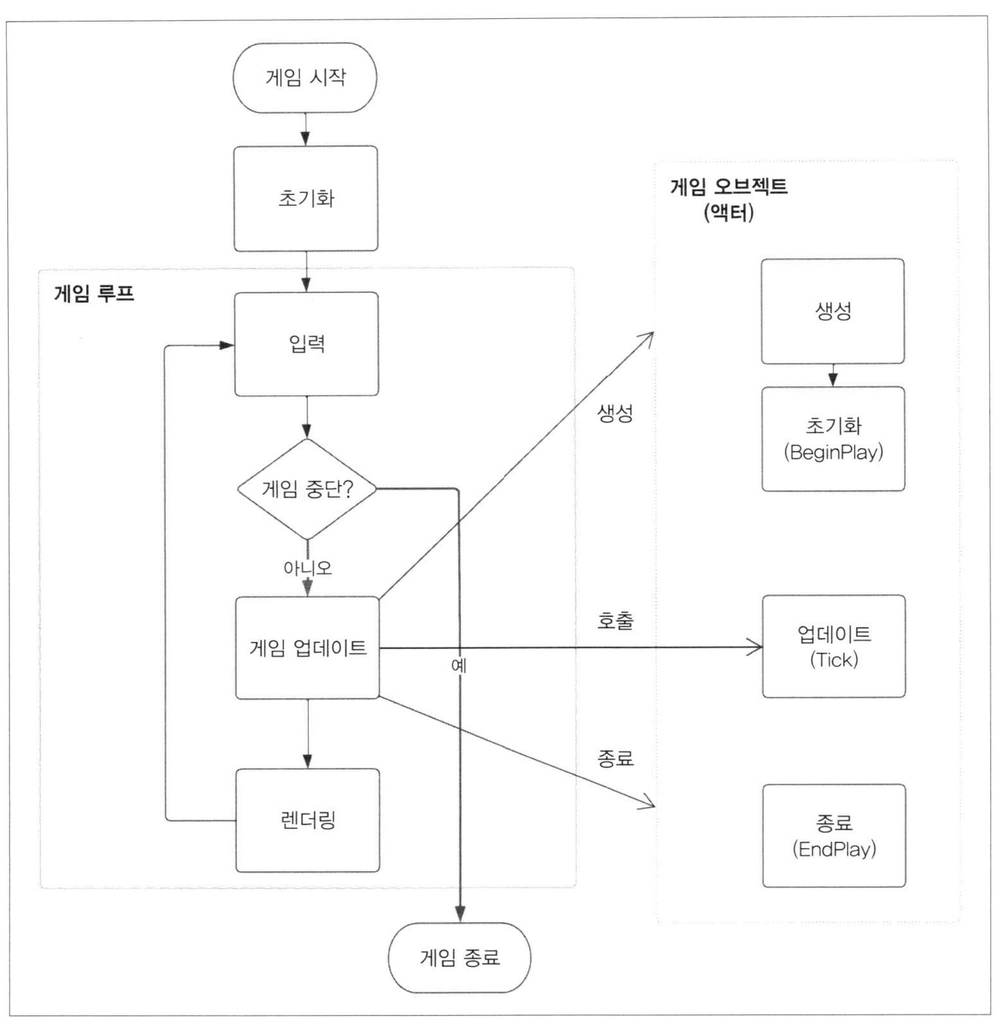

그림 4.4 게임 프로그램 구조

- 게임 종료는 말 그대로 게임이 끝나는 단계다. 이 단계에서는 존재하는 액터들을 삭제하고, 메모리를 릴리스하고, 네트워크 접속을 종료하는 것과 같은 정리 작업이 수행된다. 이 과정에서 액터의 `EndPlay()` 이벤트 함수가 호출된다. 이 함수를 호출해 필요한 정리 작업을 수행한다.

액터 이벤트 함수는 블루프린트 이벤트 노드와 대응한다.

액터 블루프린트 이벤트	액터 C++ 이벤트 함수	내용
Construction Script	OnConstruction()	액터가 생성되면 호출됨
Event BeginPlay	BeginPlay()	액터가 생성될 때 OnConstruction() 다음으로 호출됨
Event Tick / Delta Seconds	Tick()	각 프레임마다 호출됨
Event End Play / End Play Reason	EndPlay()	액터가 제거될 때 호출됨

그림 4.5 액터의 C++ 이벤트 함수와 그에 대응하는 블루프린트 이벤트 노드

이 모든 이벤트 함수가 액터 클래스에 필수적인 것은 아니다. MyShooterCharacter.h에는 Begin() 함수만 선언돼 있으며 MyShooterCharacter.cpp 파일에서 구현돼 있는 것을 확인할 수 있다.

C++ 소스 코드 파일을 좀 더 자세히 살펴보자.

이번 섹션에서는 .cpp 파일과 .h 파일들을 살펴본다. 줄 단위 혹은 코드 블록 단위로 코드를 살펴봄으로써 코드가 어떻게 구성돼 있는지, 기능을 어떻게 구현했는지 더 잘 이해할 수 있다.

가장 먼저 일반적인 언리얼 클래스에 대해 알아보기 위해 MyShooterCharacter.h 헤더 파일을 살펴보자.

MyShooterCharacter.h

MyShooterCharacter.h는 게임의 캐릭터 클래스를 정의하는 헤더 파일이다. `MyShooterCharacter` 클래스는 플레이어 캐릭터를 생성할 때 사용된다.

이 헤더 파일은 크게 네 부분으로 구성된다.

- `AMyShooterCharacter` 클래스를 정의하는 부분

- 클래스 변수를 정의하는 부분

- 클래스 멤버 함수를 선언하는 부분

- 입력과 게터 함수를 설정하는 함수를 선언하는 부분

헤더 파일의 첫 번째 부분은 언리얼의 `ACharacter` 클래스를 상속받은 `MyShooterCharacter` 클래스를 정의하고 있다.

```cpp
// Copyright Epic Games, Inc. All Rights Reserved.

#pragma once

#include "CoreMinimal.h"
#include "GameFramework/Character.h"
#include "MyShooterCharacter.generated.h"

class UInputComponent;
class USkeletalMeshComponent;
class USceneComponent;
class UCameraComponent;
class UAnimMontage;
class USoundBase;

// Declaration of the delegate that will be called when the Primary Action is triggered
// It is declared as dynamic so it can be accessed also in Blueprints
DECLARE_DYNAMIC_MULTICAST_DELEGATE(FOnUseItem);

UCLASS(config=Game)
class AMyShooterCharacter : public ACharacter
{
    GENERATED_BODY()
```

그림 4.6 MyShooterCharacter.h(파트 1)

코드를 좀 더 상세히 살펴보자.

- 9~14번 줄은 이 모듈에서 사용하는 언리얼 클래스를 선언하고 있다. C++에서는 모듈 내부에 클래스를 구현하지 않아도 외부의 클래스를 사용할 수 있다. 이는 여기서 선언한 클래스들이 어딘가 다른 곳에서 구현될 가능성이 있다는 것을 의미한다.

- 18번 줄은 언리얼 엔진이 제공하는 C++ 매크로로 FOnUseItem 델리게이트 함수 유형을 선언하는 데 사용된다. 그런 다음, 이 델리게이트 함수 우형은 외부 함수를 동적으로 할당하는 OnUseItem 델리게이트 함수 변수를 정의하는 데 사용된다. MyShooter 예제에서는 무기에 추가된 Fire() 함수를 델리게이트 함수의 변수로 추가한다. 이는 **Fire** 버튼을 누를 때마다 델리게이트 함수를 호출한다는 것을 의미한다.

- 20번 줄에서는 UCLASS 매크로를 사용해 다음에 정의되는 C++ 클래스가 언리얼의 리플렉션 시스템

의 일부가 된다는 것을 보여준다. UCLASS는 언리얼 에디터에서 인식되며 엔진의 메모리 관리 시스템을 사용할 수 있다. 20번 줄의 UCLASS 매크로는 config = game이라는 지정자를 갖고 있다. 이는 이 클래스가 DefaultGame.ini 설정 파일에 데이터를 저장할 수 있다는 것을 의미한다.

- 21번 줄에서 엔진의 ACharacter 클래스를 상속받은 AMyShooterCharacter를 정의한다. 클래스의 이름 앞에 A라는 접두어가 붙는 것은 엔진의 코딩 표준이다. AActor를 상속하는 모든 클래스는 앞에 접두어 A가 붙는다. ACharacter는 APawn을 상속하고 APawn은 AActor를 상속하며, AMyShooterCharacter는 ACharacter의 자식 클래스다. 이 모든 클래스의 앞에 접두어 A가 붙는다.

- 23번 줄의 GENERATED_BODY 매크로는 클래스를 정의할 때 항상 처음에 사용된다.

헤더 파일의 두 번째 부분은 클래스 변수(프로퍼티)를 정의하고 클래스 생성자와 BeginPlay() 함수를 선언한다.

```
MyShooterCharacter.h ⋈ ✕ MyShooterCharacter.cpp
MyShooter                                          ▾  AMyShooterCharacter                                 ▾
21     class AMyShooterCharacter : public ACharacter
22     {
23         GENERATED_BODY()
24
25         /** Pawn mesh: 1st person view (arms; seen only by self) */
26         UPROPERTY(VisibleDefaultsOnly, Category=Mesh)
27         USkeletalMeshComponent* Mesh1P;
28
29         /** First person camera */
30         UPROPERTY(VisibleAnywhere, BlueprintReadOnly, Category = Camera, meta = (AllowPrivateAccess = "true"))
31         UCameraComponent* FirstPersonCameraComponent;
32
33     public:
34         AMyShooterCharacter();
35
36     protected:
37         virtual void BeginPlay();
38
39     public:
40         /** Base turn rate, in deg/sec. Other scaling may affect final turn rate. */
41         UPROPERTY(VisibleAnywhere, BlueprintReadOnly, Category=Camera)
42         float TurnRateGamepad;
43
44         /** Delegate to whom anyone can subscribe to receive this event */
45         UPROPERTY(BlueprintAssignable, Category = "Interaction")
46         FOnUseItem OnUseItem;
```

그림 4.7 MyShooterCharacter.h(파트 2)

코드를 좀 더 상세히 살펴보자.

- 27번, 30번 , 42번, 46번 줄에서 모두 4개의 변수, 즉 `Mesh1P`, `FirstPersonCameraCompo nent`, `TurnRateGamepad`, `OnUseItem`을 정의하고 있다. `USkeletonMeshComponent`와 `UCamera Component` 엔진 클래스 둘 다 `UObject` 클래스를 상속하므로 U라는 접두어가 붙어 있다.

- 26번, 30번, 41번, 45번 줄에서 사용되는 UPROPERTY 매크로를 사용해 그다음 줄에서 정의된 변수를 언리얼 에디터에서 보여주고, 엔진의 메모리 관리 시스템에 속성을 포함시킨다. UPROPERTY는 `VisibleAnywhere`, `BlueprintReadOnly`, `Category`와 같은 지정자를 가질 수 있다.

- 34번 줄은 클래스 생성자를 선언한다. 어떤 반환 유형도 갖지 않으며 클래스와 동일한 이름을 가진다. 클래스 오브젝트가 생성될 때마다 생성자가 호출된다.

- 37번 줄은 생성자 이후 객체가 생성되는 동안 호출되는 `BeginPlay()` 함수를 선언한다. `virtual` 키워드는 이 함수가 서브클래스에 의해 오버라이드될 수 있음을 알려준다.

- 33번과 39번 줄의 `public:` 키워드는 이어지는 변수와 함수에 코드의 내부와 외부를 가리지 않고 접근 가능하다는 것을 알려준다.

- 36번 줄의 `protected:` 키워드는 이어지는 변수와 함수에 코드 내부에서만 접근 가능하며 서브클래스에서만 확인할 수 있다는 것을 알려준다.

- 25~31번 줄은 접근을 제한하는 키워드가 사용되지 않았다. 이는 곧 `private:` 키워드가 적용된 것과 동일하며 코드의 내부에서만 접근 가능하다.

헤더 파일의 세 번째 부분은 캐릭터의 움직임과 플레이어의 터치 입력을 처리하는 함수를 정의한다.

```
46          FOnUseItem OnUseItem;
47      protected:
48
49          /** Fires a projectile. */
50          void OnPrimaryAction();
51
52          /** Handles moving forward/backward */
53          void MoveForward(float Val);
54
55          /** Handles strafing movement, left and right */
56          void MoveRight(float Val);
57
58          /**
59           * Called via input to turn at a given rate.
60           * @param Rate  This is a normalized rate, i.e. 1.0 means 100% of desired turn rate
61           */
62          void TurnAtRate(float Rate);
63
64          /**
65           * Called via input to turn look up/down at a given rate.
66           * @param Rate  This is a normalized rate, i.e. 1.0 means 100% of desired turn rate
67           */
68          void LookUpAtRate(float Rate);
69
70          struct TouchData
71          {
72              TouchData() { bIsPressed = false;Location=FVector::ZeroVector;}
73              bool bIsPressed;
74              ETouchIndex::Type FingerIndex;
75              FVector Location;
76              bool bMoved;
77          };
78          void BeginTouch(const ETouchIndex::Type FingerIndex, const FVector Location);
79          void EndTouch(const ETouchIndex::Type FingerIndex, const FVector Location);
80          void TouchUpdate(const ETouchIndex::Type FingerIndex, const FVector Location);
81          TouchData    TouchItem;
```

그림 4.8 MyShooterCharacter.h(파트 3)

이 코드는 다음과 같이 구성돼 있다.

- 50번, 53번, 56번, 62번, 68번과 78~80번 줄은 함수를 선언하는 부분이다.

- 70번 줄에서 TouchData 구조(C++에서는 구조체struct라고 부름)를 정의하고 있다. C++ 구조체는 연관된 일련의 변수들을 하나의 그룹으로 설정한 것이다. 구조체 안의 각 변수들은 구조체의 멤버라고 부른다. 구조체는 클래스와 달리 struct 키워드를 사용하며, 그 외에는 클래스와 매우 유사한 방식으로 정의된다. 기본적으로 struct 변수와 함수는 퍼블릭한 접근을 허용하므로 코드의 외부에서도 접근 가능하다.

- 81번 줄에서 TouchData 변수를 정의하고 있다.

MyShooterCharacter.h 헤더 파일의 마지막 부분은 주로 입력 설정과 게터 함수에 관련된 부분이다.

```
82
83      protected:
84          // APawn interface
85          virtual void SetupPlayerInputComponent(UInputComponent* InputComponent) override;
86          // End of APawn interface
87
88          /*
89           * Configures input for touchscreen devices if there is a valid touch interface for doing so
90           *
91           * @param   InputComponent  The input component pointer to bind controls to
92           * @returns true if touch controls were enabled.
93           */
94          bool EnableTouchscreenMovement(UInputComponent* InputComponent);
95
96      public:
97          /** Returns Mesh1P subobject **/
98          USkeletalMeshComponent* GetMesh1P() const { return Mesh1P; }
99          /** Returns FirstPersonCameraComponent subobject **/
100         UCameraComponent* GetFirstPersonCameraComponent() const { return FirstPersonCameraComponent; }
101
102     };
```

그림 4.9 MyShooterCharacter.h(파트 4)

이 코드는 다음과 같이 구성돼 있다.

- 85번 줄은 셋업 단계에서 엔진이 호출하는 SetupPlayerInputComponent라는 APawn 기본 클래스의 가상 함수를 오버라이드한다.

- 98번 줄과 100번 줄의 게터 함수는 다른 오브젝트가 프라이빗 변수의 포인터를 검색할 수 있도록 퍼블릭 함수를 제공한다.

앞서 MyShooterCharacter.h 코드를 리뷰하는 동안 UPROPERTY 지정자에 대해서는 설명하지 않았다. 프로퍼티 지정자를 붙이면 프로퍼티가 엔진과 에디터의 다양한 부분과 어떻게 동작할지를 결정할 수 있다. MyShooterCharacter.h 파일에서는 다음과 같은 지정자들이 사용된다.

- VisibleDefaultsOnly는 해당 프로퍼티가 아키타입 프로퍼티 창에서만 볼 수 있으며 편집은 할 수 없다는 것을 의미한다.

- VisibleAnywhere는 해당 프로퍼티가 모든 프로퍼티 창에서 볼 수 있으며 편집은 할 수 없다는 것을 의미한다.

- BlueprintReadOnly는 해당 프로퍼티가 블루프린터에서 읽기는 가능하지만 편집은 불가능함을 의미한다.

- BlueprintAssignable은 해당 블루프린트가 이 프로퍼티에 값을 할당할 수 있음을 의미한다.

- Category=를 사용해 블루프린트 편집 툴에서 프로퍼티의 카테고리를 지정할 수 있다.

언리얼 엔진 공식 온라인 문서(https://docs.unrealengine.com/5.0/ko/unreal-engine-uproperties/)에서 프로퍼티와 프로퍼티 지정자에 대해 더 많은 정보를 찾아볼 수 있다.

MyShooterCharacter.cpp

MyShooterCharacter.h 파일에서 선언됐던 함수들은 MyShooterCharacter.cpp 파일에서 구현된다.

가장 처음 구현되는 함수는 클래스 생성자다.

```cpp
///////////////////////////////////////////////////////////////////
// AMyShooterCharacter

AMyShooterCharacter::AMyShooterCharacter()
{
    // Set size for collision capsule
    GetCapsuleComponent()->InitCapsuleSize(55.f, 96.0f);

    // set our turn rates for input
    TurnRateGamepad = 45.f;

    // Create a CameraComponent
    FirstPersonCameraComponent = CreateDefaultSubobject<UCameraComponent>(TEXT("FirstPersonCamera"));
    FirstPersonCameraComponent->SetupAttachment(GetCapsuleComponent());
    FirstPersonCameraComponent->SetRelativeLocation(FVector(-39.56f, 1.75f, 64.f)); // Position the camera
    FirstPersonCameraComponent->bUsePawnControlRotation = true;

    // Create a mesh component that will be used when being viewed from a '1st person' view (when controlling this pawn)
    Mesh1P = CreateDefaultSubobject<USkeletalMeshComponent>(TEXT("CharacterMesh1P"));
    Mesh1P->SetOnlyOwnerSee(true);
    Mesh1P->SetupAttachment(FirstPersonCameraComponent);
    Mesh1P->bCastDynamicShadow = false;
    Mesh1P->CastShadow = false;
    Mesh1P->SetRelativeRotation(FRotator(1.9f, -19.19f, 5.2f));
    Mesh1P->SetRelativeLocation(FVector(-0.5f, -4.4f, -155.7f));

}
```

그림 4.10 MyShooterCharacter.cpp(클래스 생성자)

코드를 살펴보자.

- 18번 줄에서는 ACharacter의 캡슐 컴포넌트를 가져온 다음, InitCapsuleSize 메서드를 호출해 충돌 감지가 수행되는 크기를 초기화한다.

- 21번 줄은 TurnRateGamepad 변수의 값을 초기화한다.

- 24번 줄에서는 CreateDefaultSubobject 함수를 사용해 플레이어 카메라를 생성하고 카메라 컴포넌트 포인터를 FirstPersonCameraComponent 변수에 저장한다. CreateDefaultSubobject는 템플릿 함수로, 한 쌍의 꺾쇠 괄호   로 감싸인 UCameraComponent 유형을 가진다. 이 함수는 UCameraComponent 인스턴스를 만들고 그 포인터를 새로운 인스턴스로 반환한다.

- 25~27번 줄은 FirstPersonCameraComponent 프로퍼티를 설정한다.

- 30~36번 줄은 카메라를 생성하고 설정하는 작업과 유사하며 SkeletalMeshComponent 를 생성하고 초기화한다.

그다음으로 살펴볼 함수는 MyShooterCharacter BeginPlay() 함수로, ACharacter 기본 클래스의 BeginPlay() 함수를 호출해 사용할 수 있다   .

```
40      void AMyShooterCharacter::BeginPlay()
41      {
42          // Call the base class
43          Super::BeginPlay();
44
45      }
```

그림 4.11 MyShooterCharacter.cpp(BeginPlay 함수)

아직까지는 MyShooterCharacter가 아무 기능도 수행하지 않지만, ACharacter 기본 클래스는 이미 몇 가지 의미 있는 작업을 수행했으므로 오버라이드된 함수를 활용할 수 있을 것이다.

이어서 살펴볼 함수는 SetupPlayerInputComponent 함수로, 플레이어의 입력과 축 변경을 함수와 바인딩하는 기능을 제공한다   . 예를 들어 플레이어가 **점프** 버튼을 누를 때, ACharacter 클래스의 Jump 함수를 호출해주는 식이다.

```cpp
49    void AMyShooterCharacter::SetupPlayerInputComponent(class UInputComponent* PlayerInputComponent)
50    {
51        // Set up gameplay key bindings
52        check(PlayerInputComponent);
53
54        // Bind jump events
55        PlayerInputComponent->BindAction("Jump", IE_Pressed, this, &ACharacter::Jump);
56        PlayerInputComponent->BindAction("Jump", IE_Released, this, &ACharacter::StopJumping);
57
58        // Bind fire event
59        PlayerInputComponent->BindAction("PrimaryAction", IE_Pressed, this, &AMyShooterCharacter::OnPrimaryAction);
60
61        // Enable touchscreen input
62        EnableTouchscreenMovement(PlayerInputComponent);
63
64        // Bind movement events
65        PlayerInputComponent->BindAxis("Move Forward / Backward", this, &AMyShooterCharacter::MoveForward);
66        PlayerInputComponent->BindAxis("Move Right / Left", this, &AMyShooterCharacter::MoveRight);
67
68        // We have 2 versions of the rotation bindings to handle different kinds of devices differently
69        // "Mouse" versions handle devices that provide an absolute delta, such as a mouse.
70        // "Gamepad" versions are for devices that we choose to treat as a rate of change, such as an analog joystick
71        PlayerInputComponent->BindAxis("Turn Right / Left Mouse", this, &APawn::AddControllerYawInput);
72        PlayerInputComponent->BindAxis("Look Up / Down Mouse", this, &APawn::AddControllerPitchInput);
73        PlayerInputComponent->BindAxis("Turn Right / Left Gamepad", this, &AMyShooterCharacter::TurnAtRate);
74        PlayerInputComponent->BindAxis("Look Up / Down Gamepad", this, &AMyShooterCharacter::LookUpAtRate);
75    }
```

그림 4.12 MyShooterCharacter.cpp의 SetPlayerInputComponent

액션 매핑(Jump와 PrimaryAction)과 **축 매핑**(예를 들어 move forward/backward)은 엔진 에디터의 설정창에서 정의할 수 있다. 엔진의 에디터 오른쪽 상단에 있는 **세팅**을 클릭한 다음, **프로젝트 세팅** 옵션에서 **엔진 ▶ 입력**을 선택하면 다음과 같은 입력 매핑 화면을 확인할 수 있다.

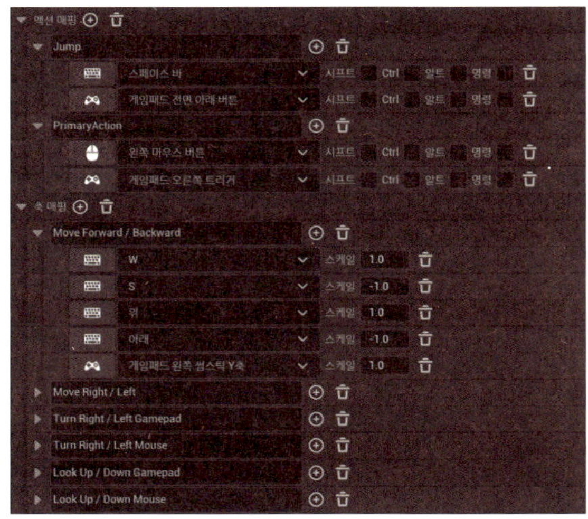

그림 4.13 MyShooter 프로젝트 에디터의 입력 매핑 화면

그림 4.12의 59번 줄에서 OnPrimaryAction 함수가 PrimaryAction에 바운딩돼 있는 것을 확인할 수 있다. 왼쪽 마우스를 클릭하거나 게임패드의 오른쪽 트리거 버튼을 누르면 OnPrimaryAction 함수가 호출된다. 그런 다음, OnPrimaryAction 함수는 위임된 변수를 사용해 호출된 함수를 할당하기 위해 브로드캐스팅을 수행한다.

```
77    void AMyShooterCharacter::OnPrimaryAction()
78    {
79        // Trigger the OnItemUsed Event
80        OnUseItem.Broadcast();
81    }
```

그림 4.14 MyShooterCharacter.cpp의 OnPrimaryActon 함수

MyShooterCharacter.cpp에서 그 밖의 함수들은 캐릭터의 제어와 관련된 함수들이다. 여기서는 이 부분에 대해 자세히 다루지 않을 것이다. 다만 코드를 살펴보고 이를 참고함으로써 이후 수행될 작업들에서 도움을 받을 수는 있다.

MyShooterCharacter는 UCLASS이므로, C++ 서브클래스뿐만 아니라 블루프린트에서도 이를 상속할 수 있다. MyShooter 게임에는 AMyShooterCharacter 클래스를 상속받은 BP_First PersonCharacter 블루프린트가 존재한다.

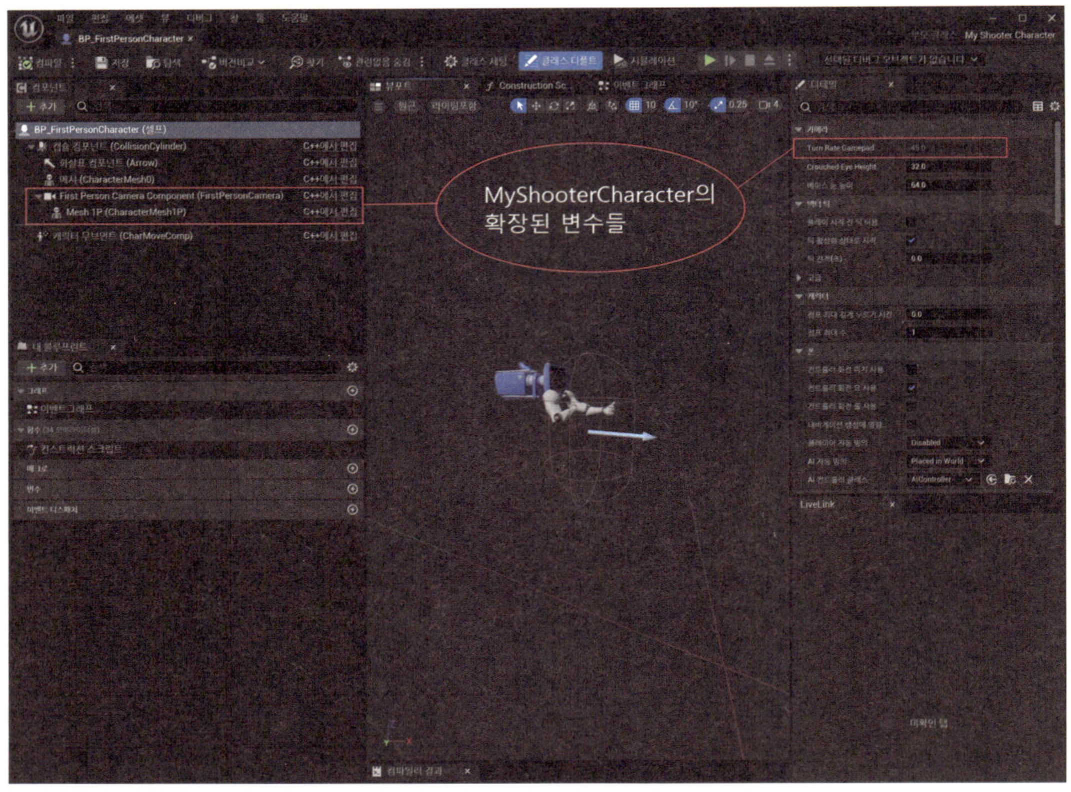

그림 4.15 BP_FirstPersonCharacter

여기서 보이는 대부분의 프로퍼티는 ACharacter 클래스에서 파생되며 단 3개의 프로퍼티만 새로운 클래스에 추가된 것이다.

그림에서 붉은색으로 표시된 바와 같이 FirstPersonCamera와 Mesh 1P 컴포넌트는 **컴포넌트** 패널에 추가된 반면, TurnRateGamepad 변수는 **디테일** 패널에 위치하는 것에 유의하자. TurnRateGamepad 변수는 컴포넌트가 아닌 클래스의 속성이기 때문이다.

MyShooterProjectile.h와 MyShooterProjectile.cpp

AMyShooterProject 클래스는 게임플레이가 진행되는 동안 발사되는 탄환의 인스턴스를 만들어내는 클래스다. 탄환은 총기의 총구 정면에서 생성되며 총구 방향으로 직진한다. 탄환은 어떤 물체와 충돌하거나 탄환으로서의 수명이 다할 때까지 앞으로 나아간다. 따라서 이 클래스는 ProjectileMovement와 USphereComponent라는 2개의 컴포넌트로 구성된다(그림 4.16 참조).

클래스 C++ 함수는 UFunction으로 선언될 수 있으며, 이를 통해 함수는 엔진의 리플렉션 시스템으로 인지될 수 있다. 그림 4.16에서 OnHit 함수가 UFunction으로 지정된 것을 알 수 있다. 엔진은 이 함수를 인지하고 UsphereComponent의 OnComponentHit 델리게이트 이벤트와 연결한다.

```cpp
// Copyright Epic Games, Inc. All Rights Reserved.

#pragma once

#include "CoreMinimal.h"
#include "GameFramework/Actor.h"
#include "MyShooterProjectile.generated.h"

class USphereComponent;
class UProjectileMovementComponent;

UCLASS(config=Game)
class AMyShooterProjectile : public AActor
{
    GENERATED_BODY()

    /** Sphere collision component */
    UPROPERTY(VisibleDefaultsOnly, Category=Projectile)
    USphereComponent* CollisionComp;

    /** Projectile movement component */
    UPROPERTY(VisibleAnywhere, BlueprintReadOnly, Category = Movement, meta = (AllowPrivateAccess = "true"))
    UProjectileMovementComponent* ProjectileMovement;

public:
    AMyShooterProjectile();

    /** called when projectile hits something */
    UFUNCTION()
    void OnHit(UPrimitiveComponent* HitComp, AActor* OtherActor, UPrimitiveComponent* OtherComp, FVector NormalImpulse, const FHitResult& Hit);

    /** Returns CollisionComp subobject **/
    USphereComponent* GetCollisionComp() const { return CollisionComp; }
    /** Returns ProjectileMovement subobject **/
    UProjectileMovementComponent* GetProjectileMovement() const { return ProjectileMovement; }
};
```

그림 4.16 MyShooterProjectile.h

30~31번 줄의 OnHit 함수 위에 UFUNCTION() 매크로를 배치해 함수를 선언하고 있는 것을 알 수 있다.

MyShooterProjectile.cpp에는 2개의 함수만 구현돼 있다. 클래스 생성자와 OnHit 함수다.

```cpp
// Copyright Epic Games, Inc. All Rights Reserved.

#include "MyShooterProjectile.h"
#include "GameFramework/ProjectileMovementComponent.h"
#include "Components/SphereComponent.h"

AMyShooterProjectile::AMyShooterProjectile()
{
    // Use a sphere as a simple collision representation
    CollisionComp = CreateDefaultSubobject<USphereComponent>(TEXT("SphereComp"));
    CollisionComp->InitSphereRadius(5.0f);
    CollisionComp->BodyInstance.SetCollisionProfileName("Projectile");
    CollisionComp->OnComponentHit.AddDynamic(this, &AMyShooterProjectile::OnHit);
                        // set up a notification for when this component hits something blocking

    // Players can't walk on it
    CollisionComp->SetWalkableSlopeOverride(FWalkableSlopeOverride(WalkableSlope_Unwalkable, 0.f));
    CollisionComp->CanCharacterStepUpOn = ECB_No;

    // Set as root component
    RootComponent = CollisionComp;

    // Use a ProjectileMovementComponent to govern this projectile's movement
    ProjectileMovement = CreateDefaultSubobject<UProjectileMovementComponent>(TEXT("ProjectileComp"));
    ProjectileMovement->UpdatedComponent = CollisionComp;
    ProjectileMovement->InitialSpeed = 3000.f;
    ProjectileMovement->MaxSpeed = 3000.f;
    ProjectileMovement->bRotationFollowsVelocity = true;
    ProjectileMovement->bShouldBounce = true;

    // Die after 3 seconds by default
    InitialLifeSpan = 3.0f;
}

void AMyShooterProjectile::OnHit(UPrimitiveComponent* HitComp,
    AActor* OtherActor, UPrimitiveComponent* OtherComp, FVector NormalImpulse, const FHitResult& Hit)
{
    // Only add impulse and destroy projectile if we hit a physics
    if ((OtherActor != nullptr) && (OtherActor != this) && (OtherComp != nullptr) && OtherComp->IsSimulatingPhysics())
    {
        OtherComp->AddImpulseAtLocation(GetVelocity() * 100.0f, GetActorLocation());

        Destroy();
    }
}
```

그림 4.17 MyShooterProjectile.cpp

코드를 좀 더 자세히 살펴보자.

- 10~18번 줄은 구 모양의 스피어 컬리전 컴포넌트를 생성하고 초기화한다.

- 24~29번 줄은 탄환의 이동과 관련된 컴포넌트를 생성하고 초기화한다.

- 32번 줄에서 탄환의 수명을 설정한다. 만일 총알이 그 어떤 물체에도 부딪히지 않고 수명이 다한다면 스스로 파괴된다.

- 39번 줄의 if 구문은 탄환이 유효한 오브젝트와 충돌했는지 체크한다.

- 41번 줄은 충돌한 오브젝트에 특정한 힘을 추가한다.

- 43번 줄은 오브젝트와 충돌한 탄환을 제거한다.

MyShooterProjectile 클래스는 게임 안에서 액터의 움직임을 제어하고 효과적으로 충돌을 처리할 수 있다. 개발자들은 이 클래스를 연구해 발사체의 동작과 충돌 감지 메커니즘을 게임 안에 적절하게 구현할 수 있을 것이다.

TP_PickUpComponent.h와 TP_PickUpComponent.cpp

UTP_PickUpComponent 클래스는 USphereComponent를 상속하며 오버랩 이벤트를 제어하는 기능이 추가돼 있다. 플레이어가 특정한 구 영역에 들어가면 이 컴포넌트가 부착돼 있는 무기를 획득한다.

헤더 파일의 주요한 목적은 OnSphereBeginOverlap 이벤트가 트리거될 대 호출되는 OnPickUp 델리게이트를 정의하는 것이다.

```cpp
// Copyright Epic Games, Inc. All Rights Reserved.

#pragma once

#include "CoreMinimal.h"
#include "Components/SphereComponent.h"
#include "MyShooterCharacter.h"
#include "TP_PickUpComponent.generated.h"

// Declaration of the delegate that will be called when someone picks this up
// The character picking this up is the parameter sent with the notification
DECLARE_DYNAMIC_MULTICAST_DELEGATE_OneParam(FOnPickUp, AMyShooterCharacter*, PickUpCharacter);

UCLASS(Blueprintable, BlueprintType, ClassGroup = (Custom), meta = (BlueprintSpawnableComponent))
class MYSHOOTER_API UTP_PickUpComponent : public USphereComponent
{
    GENERATED_BODY()

public:

    /** Delegate to whom anyone can subscribe to receive this event */
    UPROPERTY(BlueprintAssignable, Category = "Interaction")
    FOnPickUp OnPickUp;

    UTP_PickUpComponent();
protected:

    /** Called when the game starts */
    virtual void BeginPlay() override;

    /** Code for when something overlaps this component */
    UFUNCTION()
    void OnSphereBeginOverlap(UPrimitiveComponent* OverlappedComponent,
        AActor* OtherActor, UPrimitiveComponent* OtherComp, int32 OtherBodyIndex,
        bool bFromSweep, const FHitResult& SweepResult);
};
```

그림 4.18 TP_PickUpComponent.h

코드를 좀 더 자세히 살펴보자.

- 12번 줄은 `DECLARE_DYNAMIC_MULTICAST_DELEGATE_OneParam` 매크로를 사용해 델리게이트를 정의한다. 이 델리게이트는 `AMyShooterCharacter` 유형의 단일 파라미터를 갖는 서브스크라이브 함수^{subscribing function}가 필요하다.

- 14번 줄의 `UCLASS` 매크로는 다음과 같은 지정자를 가진다.

  - `Blueprintable`은 이 클래스가 블루프린트를 생성하기에 적합한 기본 클래스라는 것을 나타낸다.

  - `BlueprintType`은 이 클래스가 블루프린트의 변수로 사용될 수 있음을 보여준다.

  - `ClassGroup = (Custom)` 부분은 이 클래스가 `Custom` 그룹 안에 위치해야 함을 보여준다.

  - `meta = (meta tags)` 부분은 엔진이 메타 태그를 사용할 수 있도록 설정해준다. 예를 들어 `BlueprintSpawnalbeComponent` 태그는 엔진에게 이 컴포넌트가 블루프린트에 의해 스폰될 수 있음을 알려준다. 클래스의 이름은 블루프린트 **Spawn Actor** 노드의 활용 가능한 컴포넌트 목록에 노출된다. 에디터에서 원래의 이름인 `UTP_PickupComponent`와 다른 이름을 가진 클래스로 표시하려고 할 때, `meta = (DisplayName = "New Class Name")`과 같이 `UCLASS` 매크로의 지정자를 사용해 표시하는 것도 가능하다.

- 23번 줄은 `OnPickUp` 델리게이트의 변수를 정의한다.

- 32번 줄의 `UFUNCTION()` 매크로를 사용하면 언리얼 엔진의 리플렉션 시스템에서 C++ `OnSphereBeginOverlap` 함수를 인식할 수 있다. 이 함수는 기본 클래스의 `OnComponentBeginOverlap` 델리게이트에 추가되는 `UFUNCTION`이어야 한다.

헤더 파일에서 델리게이트와 이벤트 핸들러 함수를 정의한 것에 기반해 클래스의 생성자와 `BeginPlay` 그리고 `OnSphereBeginOverlap` 함수가 TP_PickUpComponent.cpp에서 구현된다.

```cpp
// Copyright Epic Games, Inc. All Rights Reserved.

#include "TP_PickUpComponent.h"

UTP_PickUpComponent::UTP_PickUpComponent()
{
    // Setup the Sphere Collision
    SphereRadius = 32.f;
}

void UTP_PickUpComponent::BeginPlay()
{
    Super::BeginPlay();

    // Register our Overlap Event
    OnComponentBeginOverlap.AddDynamic(this, &UTP_PickUpComponent::OnSphereBeginOverlap);
}

void UTP_PickUpComponent::OnSphereBeginOverlap(UPrimitiveComponent* OverlappedComponent,
    AActor* OtherActor, UPrimitiveComponent* OtherComp, int32 OtherBodyIndex,
    bool bFromSweep, const FHitResult& SweepResult)
{
    // Checking if it is a First Person Character overlapping
    AMyShooterCharacter* Character = Cast<AMyShooterCharacter>(OtherActor);
    if(Character != nullptr)
    {
        // Notify that the actor is being picked up
        OnPickUp.Broadcast(Character);

        // Unregister from the Overlap Event so it is no longer triggered
        OnComponentBeginOverlap.RemoveAll(this);
    }
}
```

그림 4.19 TP_PickUpComponent.cpp

코드를 좀 더 자세히 살펴보자.

- 8번 줄은 SphereRadius를 초기화한다.

- 13번 줄은 USphereComponent 기본 클래스의 BeginPlay 함수를 호출한다.

- 16번 줄은 OnSphereBeginOverlap 델리게이트 함수를 추가한다.

- 24번 줄은 Cast 템플릿 함수를 호출해 입력 AActor 포인터를 MyShooterCharacter 포인
  터로 형변환한다. 형변환이 실패하면 널 포인터를 의미하는 nullptr을 반환한다. 언리
  얼 엔진에서 함수는 일반적으로 기본 클래스 포인터로 매개변수와 반환 값을 갖게 설
  정돼 있다. 포인터의 유형을 알고 있다면 적합한 클래스 멤버에 접근할 수 있도록 형
  을 변환하는 것이 가능하다.

- 25번 줄은 충돌한 캐릭터가 여전히 유효한지 체크한다. 이 조건이
  참이라면 28~31번 줄의 코드가 수행된다.

충돌 컴포넌트를 확장하고 이벤트 함수를 통해 `OnComponentBeginOverlap` 이벤트를 처리하는 것은 게임 상호작용을 처리하는 데 일반적으로 사용되는 기법이다.

TP_WeaponComponent.h와 TP_WeaponComponent.cpp

무기 컴포넌트는 무기가 발사되는 애니메이션 플레이, 탄환의 생성, 사운드 이펙트 플레이 그리고 무기를 획득했을 때 캐릭터가 이 무기를 장착하게 되는 것들과 같이 무기 발사와 관련된 모든 프로세스를 관장한다.

TP_WeaponComponent.h 파일에서 클래스를 위한 프로퍼티와 함수를 정의한다.

```cpp
#pragma once

#include "CoreMinimal.h"
#include "Components/ActorComponent.h"
#include "TP_WeaponComponent.generated.h"

class AMyShooterCharacter;

UCLASS(Blueprintable, BlueprintType, ClassGroup=(Custom), meta=(BlueprintSpawnableComponent) )
class MYSHOOTER_API UTP_WeaponComponent : public UActorComponent
{
    GENERATED_BODY()

public:
    /** Projectile class to spawn */
    UPROPERTY(EditDefaultsOnly, Category=Projectile)
    TSubclassOf<class AMyShooterProjectile> ProjectileClass;

    /** Sound to play each time we fire */
    UPROPERTY(EditAnywhere, BlueprintReadWrite, Category=Gameplay)
    USoundBase* FireSound;

    /** AnimMontage to play each time we fire */
    UPROPERTY(EditAnywhere, BlueprintReadWrite, Category = Gameplay)
    UAnimMontage* FireAnimation;

    /** Gun muzzle's offset from the characters location */
    UPROPERTY(EditAnywhere, BlueprintReadWrite, Category=Gameplay)
    FVector MuzzleOffset;

    /** Sets default values for this component's properties */
    UTP_WeaponComponent();

    /** Attaches the actor to a FirstPersonCharacter */
    UFUNCTION(BlueprintCallable, Category="Weapon")
    void AttachWeapon(AMyShooterCharacter* TargetCharacter);

    /** Make the weapon Fire a Projectile */
    UFUNCTION(BlueprintCallable, Category="Weapon")
    void Fire();

protected:
    /** Ends gameplay for this component. */
    UFUNCTION()
    virtual void EndPlay(const EEndPlayReason::Type EndPlayReason) override;


private:
    /** The Character holding this weapon*/
    AMyShooterCharacter* Character;
};
```

그림 4.20 TP_WeaponComponent.h

코드를 좀 더 자세히 살펴보자.

- 18~31번 줄은 클래스 프로퍼티를 정의한다.

- 34번 줄은 클래스 생성자다.

- 37~42번 줄은 AttachWeapon과 Fire라는 2개의 함수를 선언하고 있다. 두 함수 모두 BlueprintCallable 지정자를 가지며, 이는 블루프린트에서도 이들을 확인할 수 있다는 것을 의미한다.

- 47번 줄은 EndPlay 이벤트 함수를 정의한다.

- 51번 줄은 무기를 획득한 플레이어 캐릭터를 지정하는 AMyShooterCharacter 포인터를 정의한다.

TP_WeaponComponent.cpp 파일에는 유용한 게임플레이 기능들이 스크립트로 구현돼 있다. 여기서는 액터를 생성하고, 특정 영역에서만 유효한 사운드를 저생하고, 애니메이션을 재생하고, 델리게이트 함수를 붙이고 떼어내는 법 등을 배울 수 있을 것이다.

- **액터 생성**: 게임을 플레이하는 도중에는 캐릭터를 생성하는 일이 자주 발생한다. 탄환을 발사하는 것도 동적으로 액터를 생성하는 대표적인 예라고 할 수 있다. 액터를 생성하려면 우선 GetWorld() 함수를 호출해 현재 게임 월드의 포인터를 획득해야 한다.

  ```
  UWorld* const World = GetWorld();
  ```

  데이터 유형을 가리키는 (UWorld*)와 변수인 (World) 사이에 보이는 const 키워드는 검색된 오브젝트의 콘텐츠가 변경 불가능하다는 것을 의미한다.

  그다음, 월드의 SpawnActor 함수를 호출해 월드에서 새로운 장소와 액터를 생성할 수 있다.

  ```
  World->SpawnActor<AMyShooterProjectile>(ProjectileClass,
  SpawnLocation, SpawnRotation, ActorSpawnParams);
  ```

SpawnActor 함수는 4개의 매개변수를 가진다. 이 매개변수들을 통해 어떤 유형의 액터가 생성되는지, 이 액터가 어디에서 생성되는지 등을 알 수 있다.

* **특정 영역에서 사운드 재생하기**: 사격하는 사운드 효과를 재생하려면, 무기의 fire() 함수가 게임플레이에 필요한 다양한 함수를 제공하는 UGameplayStatics 정적 클래스(인스턴스 생성을 허용하지 않고 정적 함수만을 제공함)의 PlaySoundAtLocation() 함수를 호출하면 된다. 사운드 플레이 함수는 스테레오 사운드 효과를 구현하기 위해 사운드가 구현돼야 하는 장소를 의미하는 매개변수가 필요하다.

```
UGameplayStatics::PlaySoundAtLocation(this, FireSound,
Character->GetActorLocation());
```

함수의 첫 번째 매개변수인 this는 C++에서 사용되는 특별한 명령어로, 소유자 오브젝트 자체를 의미한다. 이 예제에서는 무기 컴포넌트를 가리킨다.

* **애니메이션 재생하기**: 사격하는 애니메이션을 재생하려면 애니메이션 인스턴스의 Montage_Play 함수를 호출하면 된다. 이 함수는 2개의 매개변수를 가진다. 애니메이션과 그 애니메이션의 재생 속도다.

```
AnimInstance->Montage_Play(FireAnimation, 1.f);
```

* **AMyShooterCharacter에서 정의된 OnUseItem 델리게이트 변수에 Fire() 함수를 붙이고 떼어내기**: UTP_WeaponComponent의 AttachWeapon() 함수가 호출되면 Fire 함수 포인터를 캐릭터의 OnUseItem 델리게이트 변수에 등록한다.

```
Character->OnUseItem.AddDynamic(this, &UTP_WeaponComponent::Fire);
```

EndPlay 이벤트 함수가 호출되면 캐릭터의 OnUseItem 델리게이트 변수에서 Fire 함수가 해제된다.

```
Character->OnUseItem.RemoveDynamic(this, &UTP_WeaponComponent::Fire);
```

앞서 언급했던 액터 생성, 3D 사운드 효과 연출, 몽타주 애니메이션 수행, 동적으로 델리게이트 이벤트 함수를 붙이고 떼어내는 작업들에 대해 알아봤다. 향후 게임 개발에서 이들 메서드들은 충분한 가치를 지닌 참고 자료가 될 것이다.

MyShooter.h와 MyShooter.cpp

MyShooter 모듈은 게임을 시작하기 위해 필요한 초기화 작업을 수행한다.

```
// Copyright Epic Games, Inc. All Rights Reserved.

#include "MyShooter.h"
#include "Modules/ModuleManager.h"

IMPLEMENT_PRIMARY_GAME_MODULE( FDefaultGameModuleImpl, MyShooter, "MyShooter" );
```

그림 4.21 MyShooter.cpp

MyShooter.cpp의 IMPLEMENT_PRIMARY_GAME_MODULE 매크로는 프로젝트의 기본 모듈이 MyShooter임을 지정한다. 기본 모듈의 루트 디렉터리는 Source/MyShooter이며, 여기에 MyShooterBuild.cs 빌드 파일이 위치한다.

MyShooterGameMode.h와 MyShooterGameMode.cpp

모든 언리얼 프로젝트는 게임플레이 정보를 처리하는 GameMode 오브젝트를 갖고 있다. 이 모듈에 정의된 AMyShooterGameMode 클래스는 엔진의 AGameMode 클래스를 확장하지만 새로운 요소를 추가하지는 않는다.

```
// Copyright Epic Games, Inc. All Rights Reserved.

#pragma once

#include "CoreMinimal.h"
#include "GameFramework/GameModeBase.h"
#include "MyShooterGameMode.generated.h"

UCLASS(minimalapi)
class AMyShooterGameMode : public AGameModeBase
{
    GENERATED_BODY()

public:
    AMyShooterGameMode();
};
```

그림 4.22 MyShooterGameMode.h

MyShooterGameMode에는 추가된 내용이 없으며 기본 클래스와 동일하게 동작한다. 레벨의 변환이나 게임에 특화된 행동과 같이 새로운 게임 규칙을 추가할 때는 AMyShooterGameMode에 작업을 수행해야 한다는 것을 잊지 말자.

MyShooter.Build.cs, MyShooter.Target.cs, MyShooterEditor.target.cs

이 C# 파일들에는 빌드 설정과 관련된 정보들이 포함돼 있다. build.cs 파일에서만 모듈을 추가하거나 삭제하는 작업이 수행될 것이며, 2개의 target.cs 파일에서는 아무런 작업도 수행되지 않는다.

MyShooter.Build.cs 파일은 다음과 같다.

```
// Copyright Epic Games, Inc. All Rights Reserved.

using UnrealBuildTool;

public class MyShooter : ModuleRules
{
    public MyShooter(ReadOnlyTargetRules Target) : base(Target)
    {
        PCHUsage = PCHUsageMode.UseExplicitOrSharedPCHs;

        PublicDependencyModuleNames.AddRange(new string[] {
            "Core", "CoreUObject", "Engine", "InputCore", "HeadMountedDisplay"
        });
    }
}
```

그림 4.23 MyShooter.Build.cs

MyShooter.Build.cs 파일은 프로젝트에 Core, CoreUObject, Engine, InputCore, HeadMounted Display라는 5개의 모듈이 반드시 포함돼야 한다는 것을 보여주고 있다. 게임에서 이 모듈들이 지원하는 기능을 원활하게 사용하려면 최종 패키지에 이 모듈들이 포함되도록 프로젝트를 빌드해야 한다.

2개의 target.cs 파일은 Game 혹은 Editor, Client 혹은 Server와 같이 서로 다른 빌드 유형을 가진다. target.cs 파일에 대해서는 여기서 더 자세한 내용을 다루지 않을 것이다.

이번 섹션에서는 소스 코드와 프로젝트 설정의 핵심적인 부분을 살펴봤다. MyShooter는 언리얼 C++ 프로젝트이므로 엔진 에디터와 프로젝트를 열어 작업할 가능성이 높다. **에픽게임즈 런처**를 거치지 않고 직접 엔진과 프로젝트를 비주얼 스튜디오에서 열어볼 수 있는데, 이 옵션을 한번 살펴보자.

비주얼 스튜디오에서 언리얼 에디터 시작하고 게임 프로젝트 열기

에픽게임즈 런처를 통해 언리얼 에디터를 시작하고 언리얼 C++ 프로젝트를 여는 방법은 이미 알고 있을 것이다. 이 방법이야말로 가장 표준에 가깝고 모든 상황에서도 원활하게 동작한다. 하지만 비주얼 스튜디오에서도 언리얼 에디터를 시작하고 게임 프로젝트를 열어볼 수 있는 방법이 존재한다.

비주얼 스튜디오에서 직접 언리얼 에디터를 시작하고 프로젝트를 열 수 있을 때 얻게 되는 장점은 다음과 같다.

- 소스 코드를 직접 디버깅하고 버그를 수정할 수 있음

- 엔진 소스에 쉽게 접근할 수 있음

- 특별한 목적에 맞게 엔진을 커스터마이징할 수 있음

- 엔진 버그를 수정할 수 있음

다음 단계를 따라 비주얼 스튜디오에서 게임 프로젝트를 열어보자.

1. 비주얼 스튜디오를 시작한다.

2. `MyShooter.sln` C++ 솔루션을 연다.

3. **솔루션 구성** 항목에서 적합한 빌드 설정 항목을 선택한다.

그림 4.24 비주얼 스튜디오 솔루션 설정

빌드 구성 옵션은 다음과 같다.

- **DebugGame**: 엔진 코드를 최적화하고 디버깅 심볼을 게임 코드에 추가한다.

- **DebugGame Editor**: DebugGame과 동일한 동작을 수행하며, 이어서 엔진 에디터를 로딩한다.

- **Development**: 시간이 오래 걸리는 코드 일부를 최적화하고 나머지 부분에 디버깅 심볼을 추가해 엔진과 게임 코드를 최적화한다.

- **Development Editor**: Development와 동일한 동작을 수행하며, 이어서 엔진 에디터를 로딩한다.

- **Shipping**: 엔진과 게임 코드를 제품 발매 수준에 걸맞은 최상의 성능을 낼 수 있도록 최적화한다.

4. (필요하다면) 솔루션을 빌드한다.

5. 툴바에서 **디버깅 시작**(녹색 플레이 버튼) 혹은 **디버그하지 않고 시작**(윤곽선 버튼과 녹기 플레이 버튼) 을 눌러 솔루션을 시작한다. 상단 바의 **디버그** 메뉴에서도 동일한 옵션을 확인할 수 있다.

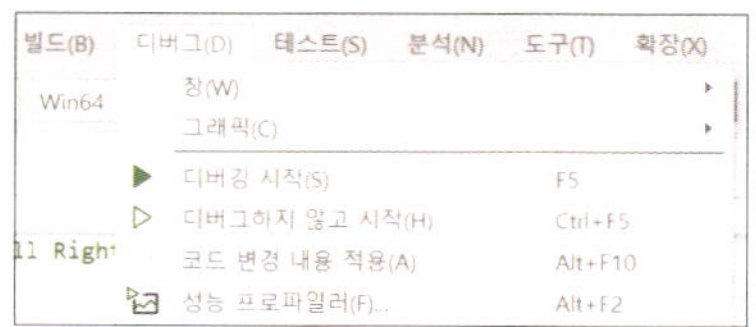

그림 4.25 비주얼 스튜디오 디버그 메뉴

디버깅이 주된 목적이라면 3번 항목에서 **Development Editor** 옵션을 추천한다. 이 구성은

브레이크포인트 토글, 단계별 추적, 변수 값 관찰 등 문제 해결 과정에서 효과적으로 사용할 수 있는 다양한 디버깅 기능을 제공한다.

앞서도 언급했듯이, 비주얼 스튜디오에서 직접 프로젝트를 열 때 얻을 수 있는 여러 장점 중 하나는 게임 소스 코드뿐만 아니라 엔진 코드도 수정할 수 있다는 것이다. 반면 프로젝트를 종료할 때는 비주얼 스튜디오가 아닌 에디터에서 종료하는 것을 추천한다. 이를 통해 저장하지 않은 작업이 손실되는 것을 방지할 수 있다.

∷ 요약

이 장에서는 C++ MyShooter 프로젝트의 기본적인 구성과 소스 코드를 리뷰해봤다. 이제 C++ 스크립트가 어떤 기능을 수행하고 엔진이나 블루프린트와 어떻게 연동되는지 이해할 수 있을 것이다.

샘플 코드를 통해 몇 가지 유용한 C++ 스크립트 스킬도 배울 수 있었다.

우선 UCLASS 매크로와 지정자를 통해 언리얼이 인식할 수 있는 C++ 클래스를 만들 수 있었다. 언리얼 엔진 리플렉션 시스템이 오브젝트와 컴포넌트를 생성하기 위해 해당 매크로와 지정자로부터 전달되는 정보를 활용한다는 사실을 알고 있을 것이다. 새로운 게임 클래스를 생성하기 위해 ACharacter, AActor, USphereComponent, UActorComponent, AGameModeBase와 같은 언리얼 기본 클래스를 상속할 수 있다는 것도 알 수 있었다.

두 번째로 UPROPERTY와 UFUNCTION 매크로를 사용해 클래스 변수를 정의하고 클래스 함수를 선언하는 코드를 살펴봤다. 앞서 살펴봤던 UCLASS 매크로와 비슷하게 이들 매크로 역시 지정자를 갖고 있으며 언리얼 리플렉션 시스템과 연동된다. 또한 3개의 기본적인 Actor 함수인 BeginPlay(), EndPlay(), Tick() 함수에 대해서도 알아봤다. DECLARE_DYNAMIC_MULTICAST_DELEGATE_OneParam 매크로를 사용해 델리게이트 함수 유형을 선언하고 델리게이트 함수를 동적으로 붙이는 법도 살펴봤다.

세 번째로 액터를 생성하고 , 3D 사운드 효과를 재생하고 , 몽타주 애니메이션을 재생하고 , 현재 액터가 위치한 장소를 알 수 있는

tion() 유용한 엔진 API들에 대해서도 알아봤다.

마지막으로, 비주얼 스튜디오에서 언리얼 에디터를 실행하고 C++ 프로젝트를 여는 법에 대해서도 배웠다. 이를 통해 에픽게임즈 런처와 엔진 에디터를 오가는 수고를 덜 수 있을 것이다.

이 장에서 배운 것들을 토대로 다음 장에서는 액터 클래스를 생성하고 UPROPERTY와 UFUNCTION을 정의하는 것과 같은 좀 더 심화된 언리얼 C++ 스크립팅 스킬을 살펴본다. 좀 더 원활하게 코드를 살펴보고 배운 것들을 실제로 적용해보기 위해 내려보기 형식의 게임인 Pangaea를 만들어볼 것이다. 이를 통해 실제로 언리얼 C++ 개발을 체험하고 다양한 인사이트를 얻을 수 있다.

2부

언리얼 엔진 C++ 스크립팅

2부에서는 내려보기top-down 형식의 게임인 Pangaea를 만드는 데 필요한 언리얼 엔진과 C++ 스크립팅 스킬의 핵심을 알아본다. 액터 생성, 플레이어의 입력, 캐릭터 애니메이션 제어와 게임 상호작용 같은 부분을 주로 다룰 것이다.

여기에 더해 스폰spawn과 디스폰despawn, 입력 맵 설정, 스테이트 머신, 충돌 설정, 내비게이션, 물리적인 레이 캐스팅ray casting 등 게임 개발에 필요한 여러 기능도 살펴본다.

2부의 마지막 장에서는 높은 품질의 코드를 만들고 개발에 대한 통찰력을 높이기 위해 소프트웨어 개발 프로세스를 좀 더 깊이 알아본다. 코드 리팩터링과 코드 리파이닝이라는 개념을 살펴봄으로써 현실적인 소프트웨어 개발 프로세스를 더 잘 이해하게 될 것이다.

2부는 다음 장들로 구성된다.

- 5장. 언리얼 엔진 게임플레이 프레임워크 기본 클래스 활용하기
- 6장. 게임 액터 생성하기
- 7장. 캐릭터 제어하기

05
언리얼 엔진 게임플레이 프레임워크 기본 클래스 활용하기

앞서 언리얼 엔진 게임용 C++ 스크립트를 작성하는 법과 언리얼 엔진 C++ 프로젝트의 전반적인 구조를 살펴봤다. 이 장에서는 기본적인 C++ 스크립팅 스킬에 대해 알아본다.

게임은 게임 환경과 액터(흔히 게임 오브젝트라고 부르는 것들) 그리고 액터들의 상호작용으로 구성된다. 플레이어가 플레이어 캐릭터를 제어하는 반면, NPC^{Non-Player Character}는 게임 로직이나 AI가 제어한다. 이번 장에서는 게임 액터와 캐릭터를 만들기 위해 언리얼 엔진의 게임플레이 프레임워크에서 기본 클래스를 생성하는 법을 배워볼 것이다. 또한 게임의 특정 플레이어와 룰을 정의할 때 활용할 수 있는 게임 설정 클래스인 `PlayerController`, `GameMode`, `GameInstance`도 살펴본다.

프레임워크 기본 클래스를 이해하는 것은 언리얼 C++ 스크립트 작성의 토대가 된다. 모든 게임 액터와 컴포넌트가 엔진의 기본 클래스에 기반해 생성되기 때문이다.

이 장에서는 다음과 같은 주제들을 다룬다.

- 내려보기 프로젝트 Pangaea 생성하기

- 게임플레이 프레임워크 기본 클래스 이해하기

- 게임 액터 클래스 생성하기

- C++ 프로젝트 리컴파일하기

- UPROPERTY 매크로 사용하기

- UFUNCTION 매크로 사용하기

- 새로운 액터에 컴포넌트 추가하기

- 새로운 액터 클래스에서 블루프린트 추가하기

- 언리얼 게임플레이 프레임워크 클래스 학습하기

- Cast 템플릿 함수 사용하기

기술적인 요구 사항

Pangaea 게임 프로젝트의 코드는 깃허브(https://github.com/PacktPublishing/Unreal-Engine-5-Game-Development-with-C-Scripting/tree/main/Chapter05/Source)에서 다운로드할 수 있다.

My_CPP06 프로젝트의 코드도 깃허브(https://github.com/PacktPublishing/Unreal-Engine-5-Game-Development-with-C-Scripting/tree/main/Chapter05/MyCPP_06)에서 확인할 수 있다.

내려보기 프로젝트 Pangaea 생성하기

학습한 내용을 실제 게임 개발에 활용하는 것이야말로 새롭게 배운 내용과 스킬을 마스터할 수 있는 가장 효과적인 방법이다.

이번 장부터 새로운 C++ 스크립팅 스킬을 배우면서 내려보기 형식의 게임인 Pangaea를 만들어볼 것이다. 여기에는 맵 안에서 이동하는 메인 캐릭터를 제어하고, 적을 제거하고, 타워를 파괴하는 것이 포함된다.

우선 **에픽게임즈 런처**에서 언리얼 엔진 5 에디터를 시작하자.

그림 5.1 Pangaea 프로젝트 생성 단계

게임 프로젝트를 생성하기 위해 다음 단계를 수행한다.

1. 좌측 상단의 **게임**을 선택한다.

2. 이어서 **내려보기**를 선택한다.

3. **C++**를 선택한다.

4. 프로젝트 위치를 설정한다.

5. Pangaea와 같이 프로젝트 이름을 입력한다.

6. **생성** 버튼을 클릭한다.

이제 게임 프로젝트가 생성됐다. 이 프로젝트에서 가장 많이 사용되는 기본 클래스와 이들의 관계를 한번 살펴보자.

게임플레이 프레임워크 기본 클래스 이해하기

언리얼 엔진은 개발자들에게 게임플레이 프레임워크 기본 클래스를 제공한다. 개발자들은 이 클래스를 상속받아 손쉽게 자신들의 게임에 특화된 클래스를 만들어낼 수 있다. 기본 클래스를 활용하기 전에 이들 클래스에 대한 정의와 클래스들 사이의 관계를 알아둘 필요가 있다. 아래의 다이어그램을 통해 이들 클래스의 전반적인 구조와 상속 관계를 파악할 수 있다.

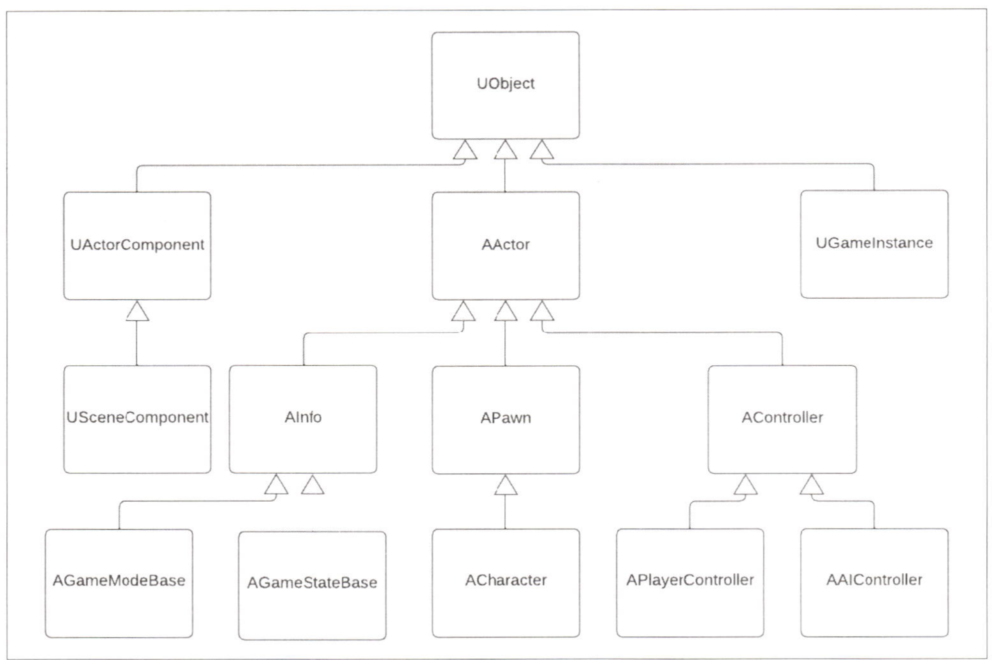

그림 5.2 언리얼 엔진 5 게임플레이 프레임워크 클래스 다이어그램

다이어그램을 통해 다음과 같은 내용을 알 수 있다.

- `UObject`는 다른 모든 클래스의 조상 클래스다.

- `AActor`는 게임 액터[APawn], 게임 인포메이션[AInfo], 플레이어 컨트롤러[AController]라는 3 개 그룹의 서브클래스에 상속되는 기본 클래스다.

- `UActorComponent`는 모든 컴포넌트 클래스의 기본 클래스다.

- `UGameInstance`는 고유한 게임 인스턴스 매니저 클래스다. 게임에 특화된 변수, 함수 등을 정의하는 목적으로 확장돼 사용될 수 있다.

이제 이 기본 클래스들을 확장해 게임에 특화된 클래스를 만드는 법을 살펴본다. 스크립트 는 주로 언리얼 엔진 5 코딩 표준을 따를 것이다 자세한 내용은 https://docs.unrealengine.com/5.0/ko/epic-cplusplus-coding-standard-for-unreal-engine/에서 확인할 수 있다.

게임 액터 클래스 생성하기

게임 액터 클래스는 `AActor`, `APawn`, `ACharacter` 클래스와 연관돼 있다. 이 3개의 클래스는 게임 레벨 안에서 게임 액터를 인스턴스화하는 용도로 자주 사용된다.

- `AActor`는 건물이나 스폰 포인트, 포털, 차량, 캐릭터와 같이 광범위한 오브젝트를 생성할 때 사용되는 기본 클래스다. 이 클래스를 사용해 `ADefenseTower`, `AWeapon`, `AProjectile` 클래스를 생성할 수 있다.

- `APawn`은 `AActor` 클래스의 서브클래스로, 캐릭터가 아니거나 플레이어가 제어할 수 있는 액터[캐릭터나 차량]와 같이 플레이어 입력을 수용하고 이에 반응하는 오브젝트를 생성할 때 사용된다. 경주용 자동차가 가장 대표적인 경우다.

- `ACharacter`는 `APawn` 클래스를 확장해 캐릭터를 생성할 때 사용된다. 캐릭터는 사용자의 입력을 받고 움직일 뿐만 아니라, 하나 이상의 스켈레탈 메시와 캐릭터 상태 애니메이션을 가진다. 예를 들어 대기하고 있거나, 걷거나, 뛰거나, 공격하거나, 사망하는 것 등이 이런 상태에 해당한다. 이 클래스를 확장해 `APlayerAvatar` 클래스를 생성할 것이다.

이제 세 가지 중요한 게임플레이 액터 클래스, 즉 ADefenseTower, AProjectile , APlayerAvater 를 만들어볼 것이다.

ADefenseTower 클래스 생성하기

ADefenseTower 클래스는 게임 맵 안에 디펜스 타워를 배치할 때 사용된다. 디펜스 타워는 플레이어가 공격 범위 안에 들어오면 탄환을 발사해 플레이어를 공격한다. 또한 디펜스 타워는 생명 포인트를 갖고 있다. 플레이어가 타워를 공격하면 생명 포인트 값이 줄어들며, 생명 포인트 값이 0이 되거나 그 이하로 내려가면 파괴된다.

ADefenseTower 클래스를 만들기 위해 다음 단계를 수행한다.

1. 콘텐츠 브라우저에서 Pangaea ➤ All ➤ C++ 클래스 ➤ Pangaea를 선택한다.

2. 콘텐츠 브라우저의 빈 곳을 우 클릭한 다음, **새 C++ 클래스...**를 선택한다.

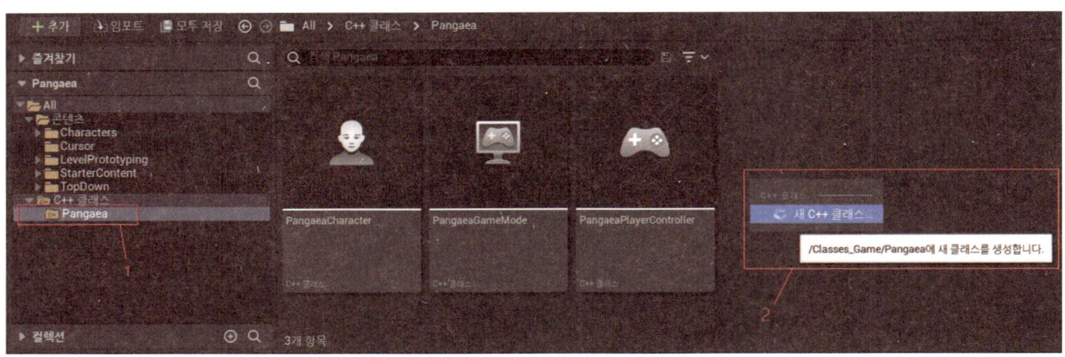

그림 5.3 새 C++ 클래스 생성하기

3. 디펜스 타워는 사용자 입력을 받을 필요가 없으므로 ADefenseTower 클래스를 만들기 위한 기본 클래스로 AActor를 선택한다. 선택이 완료되면 **다음**을 클릭한다.

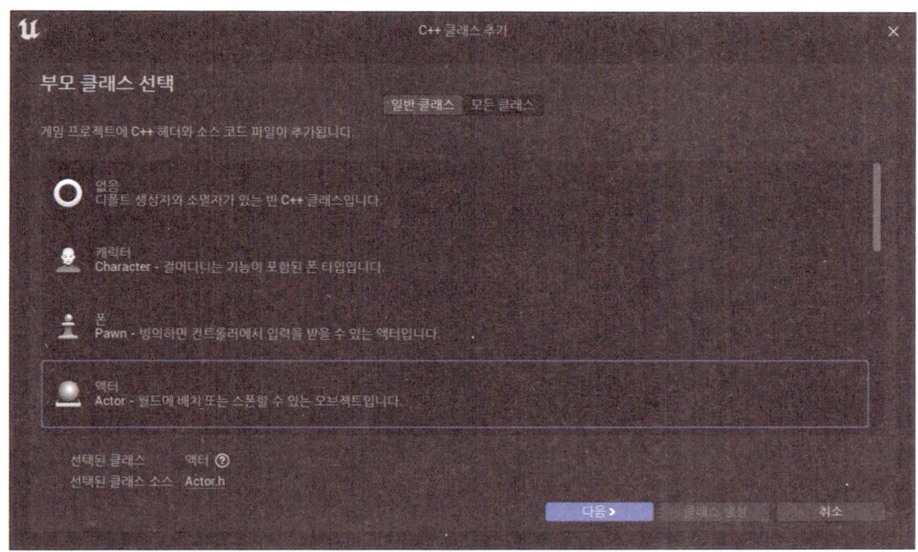

그림 5.4 기본 클래스 선택하기

4. 클래스 유형을 선택하는 항목에서 **퍼블릭**이나 **프라이빗** 중 그 어느 것도 선택하지 않은 상태를 유지한다. 액터 이름을 입력하는 부분에 DefenseTower를 입력하고 **클래스 생성** 버튼을 클릭한다.

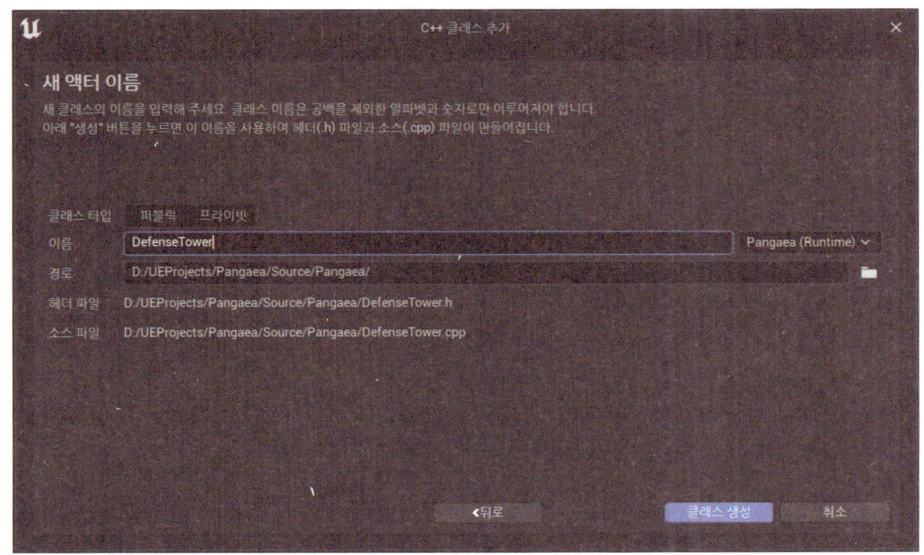

그림 5.5 기본 클래스 설정하기

이 과정까지 완료되면 다음과 같이 클래스 목록에서 DefenseTower 클래스를 확인할
수 있다.

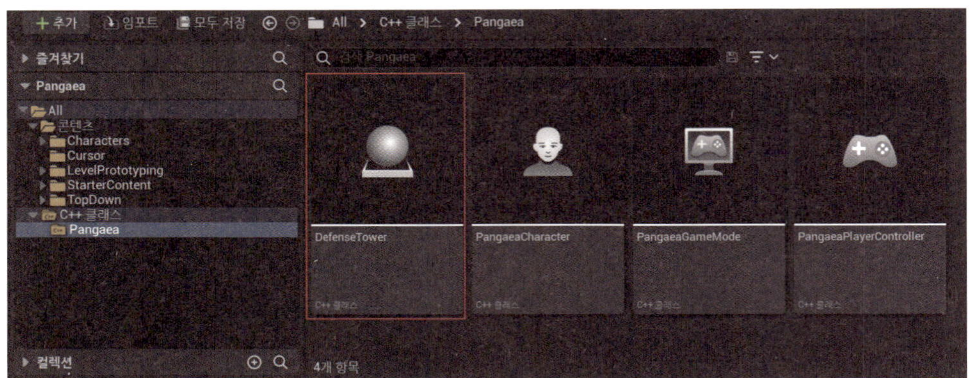

그림 5.6 DefenseTower 클래스가 생성되고 클래스 목록에서 확인할 수 있다.

5. 이제 DefenseTower.cpp 소스 코드 파일을 더블 클릭해 비주얼 스튜디오를 열어보
   자. DefenseTower.h 파일을 열어보면 다음과 같은 코드를 확인할 수 있다.

```cpp
#pragma once
#include "CoreMinimal.h"
#include "GameFramework/Actor.h"
#include "DefenseTower.generated.h"

UCLASS()
class PANGAEA_API ADefenseTower : public AActor
{
	GENERATED_BODY()
protected:
	virtual void BeginPlay() override;
public:
	virtual void Tick(float DeltaTime) override;
};
```

6. 기본적인 클래스 속성(변수)과 멤버 함수를 ADefenseTower 클래스에 추가한다. 우선 다
   음과 같이 public 속성들을 추가한다.

```cpp
int HealthPoints = 100;
int ShellDefense = 2;
float AttackRange = 15.0f;
float ReloadInterval = 1.0f;
```

퍼블릭 속성은 실시간으로 변경되는 경우가 거의 없으므로 대부분 고정된 값을 가진다. 하지만 게임플레이가 시작될 때나 에디터에서 값을 수정하는 경우에는 이 값들이 수정될 수 있다. 예를 들어 타워의 `AttackRange` 값은 처음에 15로 설정돼 있다. 이는 플레이어 캐릭터가 이 값 범위 안에 들어왔을 때 타워가 공격을 시작한다는 것을 의미한다. 타워의 레벨이 올라가거나 에디터로 이 값을 편집하면 값이 변경돼야 할 것이다.

7. 다음과 같이 프로텍티드 속성을 추가한다.

```cpp
int _HealthPoints;
float _ReloadCountingDown;
```

프로텍티드 속성은 해당 클래스와 자식 클래스에서만 접근할 수 있다. 이 값들은 게임이 플레이되는 동안 게임플레이 상태를 보여주기 위해 변경된다. 예를 들어 Reload CountingDown은 ReloadInterval 값으로 설정돼야 하며, 이 값은 각 틱마다 감소돼야 한다. 타워는 _ReloadCountingDown 값이 0으로 돌아갈 때까지 다음 사격을 수행할 수 없다.

프로텍티드 변수 앞에 밑줄_이 붙어 있다는 사실을 알 수 있는데, 퍼블릭 변수와 구별하기 위해 프라이빗 혹은 프로텍티드 변수 앞에는 밑줄과 같은 접두사를 붙여주는 것을 권장한다.

8. 그다음에는 퍼블릭 함수를 추가한다.

```cpp
int GetHealthPoints();
bool IsDestroyed();
bool CanFire();
void Fire();
void Hit(int damage);
```

퍼블릭 함수는 해당 클래스의 내부나 자식 클래스 및 외부에서도 호출할 수 있다. 실제 게임에 필요한 요구 사항과 설계를 자세히 참조해 함수의 속성을 적절하게 결정해야 한다.

9. 마지막으로, 다음과 같이 프로텍티드 함수를 추가한다.

```
void DestroyProcess();
```

프라이빗 함수는 클래스 내부에서만 호출 가능한 반면, 프로텍티드 함수는 자식 클래스에서도 호출할 수 있다. 예제의 경우 DestroyProcess() 함수는 타워의 생명 포인트가 0에 달하면 호출된다.

지금까지 작업한 것이 반영된 DefenseTower 헤더 파일 코드는 다음과 같다.

```cpp
#pragma once
#include "CoreMinimal.h"
#include "GameFramework/Actor.h"
#include "DefenseTower.generated.h"

UCLASS()
class PANGAEA_API ADefenseTower : public AActor
{
    GENERATED_BODY()
public:
    ADefenseTower();
    int HealthPoints = 100;
    int ShellDefense = 2;
    float AttackRange = 15.0f;
    float ReloadInterval = 1.0f;
protected:
    virtual void BeginPlay() override;

    int _HealthPoints; //타워의 현재 생명 포인트
    float _ReloadCountingDown;
public:
    virtual void Tick(float DeltaTime) override;

    int GetHealthPoints();
    bool IsDestroyed();
    bool CanFire();
    void Fire();
```

```cpp
        void Hit(int damage);
    protected:
        void DestroyProcess();
    };
```

이제 Projectile 클래스로 넘어가자.

AProjectile 클래스 생성하기

탄환은 디펜스 타워에서 발사된다. 탄환은 한번 발사되면 최초 발사된 방향대로 일정한 속도로 이동한다. 탄환이 어떤 오브젝트에 충돌하면 충돌한 오브젝트에 대미지를 가하고 파괴된다. 그렇지 않다면, 수명이 다할 때까지 이동한 다음 스스로 파괴된다.

AProjectile 클래스는 AFireBall, AMissile, ABomb과 같이 다양한 발사 가능체를 만들어 이들에게 상속될 수 있다. 추후에 이런 자식 클래스들에 대해 좀 더 자세히 알아볼 것이다.

ADefenseTower 클래스를 만들 때 배운 것에 기반해 AProjectile 클래스를 만들고 여기에 속성을 추가해보자.

1. 다음과 같이 퍼블릭 속성을 추가한다.

    ```cpp
    float Speed = 100.0f;
    float Lifespan = 5.0f;
    float Damage = 10.0f;
    ```

2. 그다음, 아래와 같이 프로텍티드 속성을 추가한다.

    ```cpp
    float _LifeCountingDown;
    ```

이것이 전부다. 이제 APlayerAvatar 클래스로 이동해보자.

APlayerAvatar 클래스 생성하기

기본적인 폰[pawn] 클래스 대신 APlayerAvatar 클래스를 사용해 엔진에서 플레이어 캐릭터를 스폰할 것이다. 플레이어 캐릭터는 플레이어의 입력에 따라 이동하거나 애니메이션을 출력해 반응할 뿐만 아니라, 액터 사이의 상호작용도 시뮬레이션해 이벤트를 제어한다.

APlayerAvatar 클래스를 만들기 위해 그림 5.7과 같이 **C++ 클래스 추가** 화면에서 **캐릭터**를 선택한다.

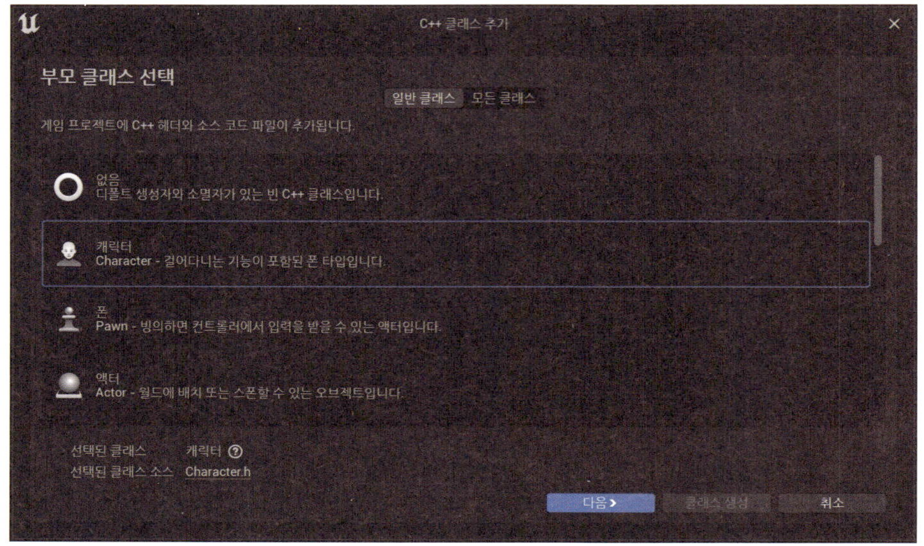

그림 5.7 APlayerAvatar 클래스 생성을 위해 기본 클래스로 캐릭터 선택

> ACharacter 클래스와 AActor, APawn 클래스의 가장 큰 차이점은 ACharacter 클래스는 애니메이션을 지원하고 기본적으로 SkeletalMesh, Movement, Capsule 콜라이더 컴포넌트가 포함돼 있다는 것이다.

APlayerAvatar 클래스에 다음과 같이 기본적인 속성들을 추가한다.

1. 다음과 같이 퍼블릭 속성을 추가한다.

```
int HealthPoints = 500;
float Strength = 10;
float Armer = 3;
float AttackRange = 6.0f;
float AttackInterval = 1.2f;
```

2. 다음과 같이 프로텍티드 속성을 추가한다.

```
int _HealthPoints;
float _AttackCountingDown;
```

3. 다음과 같이 퍼블릭 함수를 추가한다.

```
int GetHealthPoints();
bool IsKilled();
bool CanAttack();
void Attack();
void Hit(int damage);
```

4. 다음과 같이 프로텍티드 함수를 추가한다.

```
void DieProcess();
```

지금까지 Pangaea 프로젝트에 AActor와 ACharacter 클래스어 서 확장된 ADefenseTower, AProjectile, APlayerAvatar 클래스를 추가했다. 하지만 언리얼 C++ 프로젝트에 새로운 클래스를 추가하고 소스 코드를 수정하려면 비주얼 스튜디오에서 C++ 프로젝트를 다시 컴파일해야 한다. 이 작업을 좀 더 자세히 살펴보자.

C++ 프로젝트 리컴파일하기

코드를 수정하거나 소스 파일을 추가하고 사용하지 않는 파일을 제거하는 것과 같이 C++ 프로젝트에 변경이 발생하면 C++ 프로젝트를 리컴파일해야 한다.

가장 간단하고 직관적인 방법은 언리얼 엔진 에디터의 오른쪽 하단에 위치한 **리컴파일하고**

리로드하기 버튼을 클릭하는 것이다.

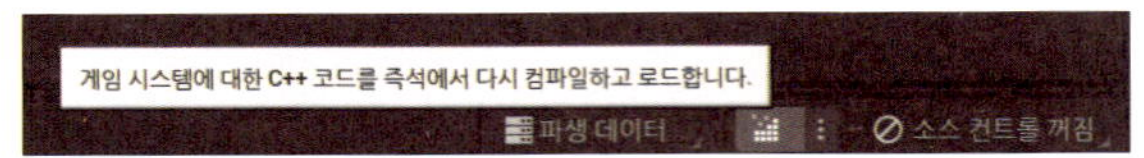

그림 5.8 C++ 코드를 다시 로드하고 적용하기 위한 리컴파일하고 리로드하기

때로는 프로젝트에 클래스가 추가되고 삭제됐기 때문에 이 작업이 원활하게 수행되지 않을 경우도 있다. 이런 경우는 에디터를 닫고 비주얼 스튜디오에서 프로젝트나 솔루션을 빌드해야 한다.

만일 파일 탐색기에서 수동으로 소스 파일을 삭제했다면, 리컴파일을 수행하기 전에 비주얼 스튜디오 프로젝트 파일을 재생성해야 한다. 파일 탐색기에서 Pangaea.uproject 파일을 찾은 다음, 해당 파일을 우 클릭해 나오는 메뉴 중에서 **Generate Visual Studio project files**를 선택한다.

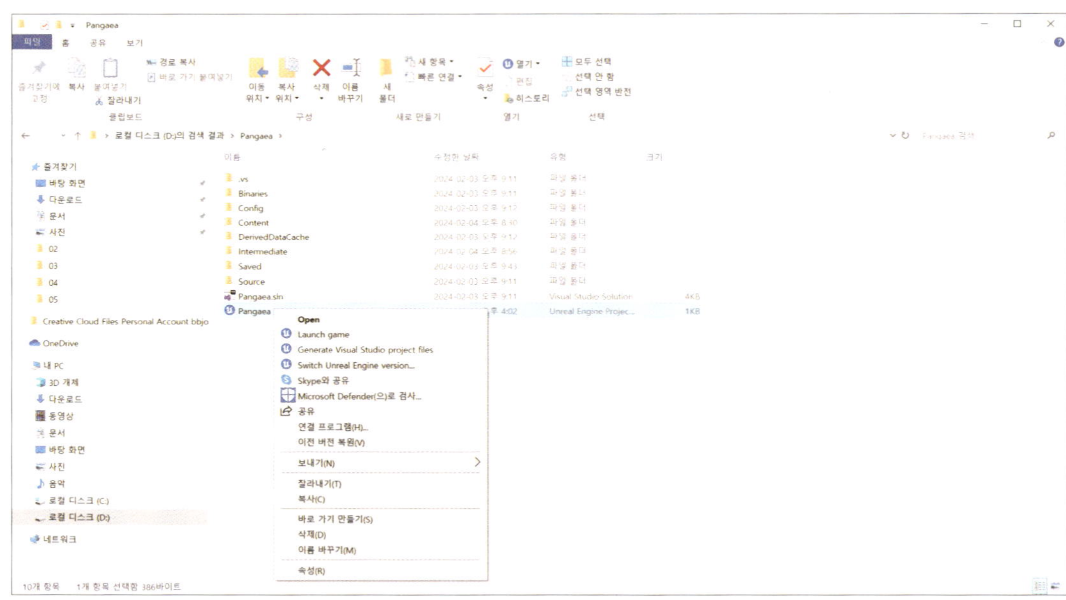

그림 5.9 비주얼 스튜디오 프로젝트 파일 생성하기

비주얼 스튜디오 프로젝트 파일이 다시 생성되면 새로운 C++ 클래스들이 프로젝트에 원활하게 통합될 것이다. 이어서 엔진에서 인식하고 활용할 수 있는 프로퍼티와 함수를 선언하기 위해 UPROPERTY와 UFUNCTION 매크로를 살펴본다.

UPROPERTY 매크로 사용하기

UPROPERTY 매크로는 표준 C++ 클래스 변수 위에 배치돼 언리얼이 인식할 수 있는 클래스 프로퍼티를 선언한다. UPROPERTY 매크로는 다양한 지정자와 메타데이터를 통해 다양한 유즈 케이스^{use case}에 대응한다.

UPROPERTY 문법

UPROPERTY는 다음과 같이 사용할 수 있다.

```
UPROPERTY([specifier1, specifier2, …], [meta(key1=value, key2=value2, … )]
Type VariableName;
```

UPROPERTY 문법을 좀 더 자세히 살펴보자.

- 일반적인 함수의 매개변수와 마찬가지로 지정자와 메타데이터는 한 쌍의 꺾쇠 괄호로 묶인다.

- 꺾쇠 괄호는 괄호 안의 내용들이 선택적이라는 것을 나타낸다.

- 줄임표는 더 많은 내용이 추가될 수 있음을 나타낸다.

- 메타데이터의 키는 에디터에서만 유효하며, 게임 로직에서는 유효하지 않다.

아래 2개의 예제를 살펴보자. 우선 첫 번째 예제는 간단하게 UPROPERTY 변수를 정의하는 법을 보여준다.

```cpp
UPROPERTY()
bool bHasWeapon;
```

이 예제는 지정자나 메타데이터 없이 단순하게 bHasWeapon 프로퍼티만 정의하고 있다.

두 번째 예제는 지정자를 사용해 좀 더 복잡하게 UPROPERTY 변수를 정의하는 법을 보여준다.

```cpp
UPROPERTY(EditAnywhere, Category=Params, Meta=(DisplayName="SPD"))
float Speed;
```

이 예제는 Speed 프로퍼티를 정의하고 있다. 좀 더 자세히 살펴보자.

- EditAnywhere 지정자는 해당 프로퍼티가 에디터의 프로퍼티 창에서 편집 가능하다는 것을 보여준다.

- Category 지정자는 해당 프로퍼티를 블루프린트 에디터 창에서 Params 카테고리로 그룹화한다는 것을 보여준다.

- Meta 지정자는 하나의 키만 갖고 있다. 해당 키는 **블루프린트 에디터** 창에서 프로퍼티 이름이 Speed 대신 SPD로 출력된다는 것을 의미한다.

클래스 변수를 언리얼이 인식하는 UPROPERTY 매크로로 선언하는 법을 간단하게 살펴봤다. 이제 UPROPERTY 지정자와 메타데이터 키를 사용하는 법을 좀 더 깊이 알아보자.

UPROPERTY 지정자와 메타데이터

아래 표에서는 이 책에서 자주 사용되는 UPROPERTY 지정자와 메타데이터 키를 소개하고 있다. UPROPERTY 지정자와 메타데이터 키에 대해 더 자세히 알고 싶다면 언리얼 엔진 5 프로퍼티 웹 사이트(https://docs.unrealengine.com/5.3/ko/unreal-engine-uproperties/)를 방문해보자.

지정자	
BlueprintAssignable	이 델리게이트 프로퍼티는 블루프린트의 커스텀 이벤트 함수에 할당될 수 있다.
BlueprintAuthorityOnly	이 델리게이트 프로퍼티는 BlueprintAuthorityOnly 태그를 가진 이벤트만 받는다.
BlueprintReadOnly	이 프로퍼티는 블루프린트에서 읽기만 가능하다.
BlueprintReadWrite	이 프로퍼티는 블루프린트에서 읽고 쓰기가 가능하다.
Category = "name1|name2..."	블루프린트 에디터에서 이 프로퍼티의 카테고리를 지정할 수 있다. '|'를 구분 문자로 사용해 중첩된 카테고리를 정의할 수 있다.
EditAnywhere	에디터의 모든 곳에서 이 프로퍼티를 편집할 수 있다.
VisibleAnywhere	이 프로퍼티는 에디터에서 표시되지만 읽기만 가능하다.
메타데이터 키	
AllowPrivateAccess	이 프라이빗 프로퍼티는 블루프린트에서 접근 가능하다.
DisplayName = "Property Name"	이 프로퍼티는 에디터에서 코드가 생성한 이름 대신 Property Name 값으로 표시된다.

그림 5.10 UPROPERTY 지정자와 메타데이터 키

이제 액터 클래스의 클래스 변수들을 언리얼 엔진 프로퍼티로 표시해 액터의 프로퍼티를 에디터에서 설정할 수 있게 됐다.

ADefenseTower, AProjectile, APlayerAvatar 속성을 언리얼 엔진 프로퍼티로 마킹하기

UPROPRETY의 활용법을 배웠으니 이제 매크로를 사용해 C++ 클래스 속성 변수들을 언리얼이 인식할 수 있는 프로퍼티로 지정해볼 차례다.

헤더 파일을 열고 UPROPERTY 매크로로 속성 태그를 열어보자. DefenseTower.h 파일에 다음과 같이 코드를 입력한다.

```
UPROPERTY(EditAnywhere, Category="Tower Params")
int HealthPoints = 500;

UPROPERTY(EditAnywhere, Category="Tower Params")
int ShellDefence = 3;
```

```cpp
UPROPERTY(EditAnywhere, Category="Tower Params")
float AttackRange = 6.0f;

UPROPERTY(EditAnywhere, Category="Tower Params")
float ReloadInterval = 1.0f;
```

이어서 Projectile.h 파일에는 다음과 같이 코드를 입력한다.

```cpp
UPROPERTY(EditAnywhere, Category = "Projectile Params")
float Speed = 100.0f;

UPROPERTY(EditAnywhere, Category = "Projectile Params")
float Lifespan = 5.0f;

UPROPERTY(EditAnywhere, Category = "Projectile Params")
float Damage = 10.0f;
```

PlayerAvatar.h 파일에는 다음과 같이 코드를 입력한다.

```cpp
UPROPERTY(EditAnywhere, Category = "PlayerAvatar Params")
int HealthPoints = 500;

UPROPERTY(EditAnywhere, Category = "PlayerAvatar Params")
float Strength = 10.0f;

UPROPERTY(EditAnywhere, Category = "PlayerAvatar Params")
float Armor = 3.0f;

UPROPERTY(EditAnywhere, Category = "PlayerAvatar Params")
float AttackRange = 6.0f;

UPROPERTY(EditAnywhere, Category = "PlayerAvatar Params")
float AttackInterval = 1.2f;
```

앞의 코드 스니펫에서는 UPROPERTY 매크로를 사용해 일련의 프로퍼티를 할당했다. 또한
EditAnywhere 지정자를 사용해 언리얼 에디터의 모든 곳에서 이들 프로퍼티를 확인하고 편
집할 수 있도록 만들었다. 아울러 Category 지정자를 사용해 이 프로퍼티들을 언리얼 에디

터에서 그룹화하고 체계적으로 표시할 수 있게 만들었다.

언리얼 엔진 프로퍼티를 태깅하는 것과 함께, 언리얼은 C++ 함수를 언리얼 엔진에서 인식하는 함수로 마킹해주는 매크로도 제공한다. 이제 UFUNCTION 매크로에 대해 알아보자.

UFUNCTION 매크로 사용하기

UFUNCTION 매크로는 표준적인 C++ 함수를 선언하는 부분 위에 위치한다. 앞서 살펴본 UPROPERTY 매크로와 마찬가지로 UFUNCTION도 함수를 해석하기 위한 자체적인 지정자와 메타데이터를 갖고 있다.

UFUNCTION 문법

우선 UFUNCTION 문법을 간단히 살펴보자.

```
UFUNCTION([specifier1, specifier2, …], [meta(key1=value, <ey2=value2, … )]
ReturnType FunctionName([param1, param2, …]) [const];
```

코드를 좀 더 자세히 분석해보자.

- 꺾쇠 괄호는 괄호 안의 내용들이 선택적이라는 것을 나타낸다.

- 줄임표는 더 많은 내용이 추가될 수 있음을 나타낸다.

- 메타데이터의 키는 에디터에서만 유효하며, 게임 로직에서는 유효하지 않다.

다음 예제는 GetHealthPoints() 함수를 Get HP라는 DisplayName 값을 갖도록 UFUNCTION 매크로로 변환하는 법을 보여준다.

```
UFUNCTION(BlueprintCallable, Category="Player Avatar",
  Meta=(DisplayName="Get HP"))
int GetHealthPoints();
```

이 예제에서는 GetHealthPoints() 함수를 선언하고 있다. 코드를 좀 더 자세히 살펴보자.

- BlueprintCallable 지정자는 블루프린트에서 함수를 호출할 수 있음을 보여준다.

- Category 지정자는 블루프린트 에디터에서 함수를 **Player Avatar** 카테고리로 그룹화한다는 것을 보여준다.

- Meta 지정자는 하나의 키만 갖고 있다. 해당 키는 블루프린트 에디터에서 함수 노드의 이름이 GetHealthPoint 대신 Get HP로 출력된다는 것을 의미한다.

클래스 함수를 언리얼이 인식하는 UFUNCTION 매크로로 선언하는 법을 간단하게 살펴봤다. 이제 UFUNCTION 지정자와 메타데이터 키를 사용하는 법을 좀 더 깊이 알아보자.

UFUNCTION 지정자와 메타데이터

아래 표에서는 이 책에서 자주 사용되는 UFUNCTION 지정자와 메타데이터 키를 소개하고 있다. UFUNCTION 지정자와 메타데이터 키에 대해 좀 더 자세히 알고 싶다면 언리얼 엔진 5 UFunctions 웹 사이트(https://docs.unrealengine.com/5.3/ko/ufunctions-in-unreal-engine/)를 방문해보자.

지정자	
BlueprintCallable	이 함수는 블루프린트 또는 레벨 블루프린트에서 실행할 수 있다.
BlueprintPure	이 함수는 소유한 오브젝트의 어떤 것도 변경하지 않으며 실행 핀 없이 블루프린트 노드를 생성한다.
BlueprintImplementableEvent	이 함수는 블루프린트에서 구현할 수 있다.
BlueprintNativeEvent	이 함수는 블루프린트에서 오버라이드될 수 있다.
Category = "name1|name2..."	블루프린트 에디터에서 이 함수의 카테고리를 지정할 수 있다. '|'를 구분 문자로 사용해 중첩된 카테고리를 정의할 수 있다.
메타데이터 키	
DisplayName = "Property Name"	이 프로퍼티는 에디터에서 코드가 생성한 이름 대신 Property Name 값으로 표시된다.

그림 5.11 UFUNCTION 지정자와 메타데이터 키

이제 액터 클래스에서 생성된 클래스 함수들을 언리얼 엔진 함수로 마크할 수 있고, 이를 통해 엔진에서 이 함수들을 인식할 수 있을 뿐만 아니라 블루프린트에서도 호출할 수 있게 됐다.

ADefenseTower, APlayerAvatar 멤버 함수를 UFUNCTION 매크로로 태깅하기

사실 대부분의 게임 로직은 블루프린트보다는 C++에서 처리하기 때문에 게터 함수만 UFUNCTION 매크로로 표시된다. AProjectile 클래스에서는 태그될 함수가 존재하지 않는다.

PlayerAvatar.h 파일과 DefenseTower.h 파일을 열고 함수들을 UFUNCTION 매크로로 태그한다. 그다음에는 이 함수들을 PlayerAvata.cpp와 DefenseTower.cpp 파일에 구현한다.

DefenseTower.h의 함수에 UFUNCTION을 적용해보자.

```cpp
UFUNCTION(BlueprintCallable,
Category = "Pangaea|Defense Tower",
meta=(DisplayName="GetHP"))
int GetHealthPoints();

UFUNCTION(BlueprintCallable,
Category = "Pangaea|Defense Tower")
bool IsDestroyed();

UFUNCTION(BlueprintCallable,
Category = "Pangaea|Defense Tower")
bool CanFire();
```

이 코드에서는 게터 함수에 BlueprintCallable 지정자를 사용했다. 이들 게터 함수는 BlueprintPure 지정자로도 마크할 수 있다.

아래는 BlueprintCallable 지정자 대신 BlueprintPure 지정자를 사용한 다른 버전의 코드를 보여준다.

```
UFUNCTION(BlueprintPure,
Category = "Pangaea|Defense Tower",
meta=(DisplayName="GetHP"))
int GetHealthPoints();

UFUNCTION(BlueprintPure,
Category = "Pangaea|Defense Tower")
bool IsDestroyed();

UFUNCTION(BlueprintPure,
Category = "Pangaea|Defense Tower")
bool CanFire();
```

컴파일 에러를 방지하기 위해 DefenseTower.cpp 파일에 아래 함수를 구현한다.

```
int ADefenseTower::GetHealthPoints()
{
    return _HealthPoints;
}

bool ADefenseTower::IsDestroyed()
{
    return (_HealthPoints > 0.0f);
}

bool ADefenseTower::CanFire()
{
    return (_ReloadCountingDown <= 0.0f);
}
```

DefenseTower 함수를 UFUNCTION 매크로로 변환했으므로 PlayerAvatar.h 파일에도 UFUNCTION
을 적용할 수 있다.

```
UFUNCTION(BlueprintCallable,
Category="Pangaea|PlayerCharacter",
meta=(DisplayName="Get HP"))
int GetHealthPoints();

UFUNCTION(BlueprintCallable,
```

```cpp
    Category = "Pangaea|PlayerCharacter")
bool IsKilled();

UFUNCTION(BlueprintCallable,
    Category = "Pangaea|PlayerCharacter")
bool CanAttack();
```

컴파일 에러를 방지하기 위해 PlayerAvatar.cpp 파일에 다음과 같이 함수를 구현한다.

```cpp
int APlayerAvatar::GetHealthPoints()
{
    return _HealthPoints;
}

bool APlayerAvatar::IsKilled()
{
    return (_HealthPoints <= 0.0f);
}

bool APlayerAvatar::CanAttack()
{
    return (_AttackCountingDown <= 0.0f);
}
```

UFUNCTION 매크로를 DefenseTower와 PlayerAvater 클래스에 태그하고 구현해봤다. 지금까지의 작업을 기반으로 이제 새로운 C++ 액터 클래스를 컴포넌트에 추가해보자.

:: 새로운 액터에 컴포넌트 추가하기

언리얼은 액터에 추가할 수 있는 유용한 컴포넌트를 제공한다. 예를 들어, 액터에 스태틱 메시 컴포넌트를 추가해 게임 레벨에서 시각적으로 액터를 확인할 수 있다. 우리가 다룰 예제에서는 ADefenseTower와 AProjectile에 박스 컬리전 컴포넌트와 스태틱 메시 컴포넌트를 추가해볼 것이다.

- **UBoxComponent**: 충돌 감지를 위해 액터의 루트 컴포넌트에 추가된다.

- **UstaticMeshComponent**: 액터의 루트 컴포넌트에서 생성되는 자식에 추가된다. 액터를 게임 레벨에서 3D 메시로 표시되도록 만들어준다.

이 2개의 컴포넌트를 사용하려면 우선 DefenseTower.h와 Projectile.h 파일의 첫 부분에 헤더 파일을 포함해야 한다.

컴포넌트 헤더 파일 추가하기

C++에서 #include 구문의 순서는 그리 중요하지 않다. 하지만 이 예제에서는 *.generated.h 구문이 include 구문의 가장 마지막에, 그리고 UCLASS를 정의하기 바로 전에 위치해야 한다는 것을 잊지 말아야 한다.

DefenseTower.h는 다음과 같이 작성될 수 있다.

```
#include "CoreMinimal.h"
#include "GameFramework/Actor.h"
#include "Components/BoxComponent.h"
#include "Components/StaticMeshComponent.h"
#include "DefenseTower.generated.h"

UCLASS()
Class ADefenseTower
```

굵은 글씨로 표시된 2개의 구문은 Projectile.h 파일에도 추가돼야 한다.

이제 UBoxComponent*_BoxComponent와 같이 포인터 변수를 정의할 수 있다. 이를 통해 생성된 컴포넌트 인스턴스를 저장할 수 있다.

두 컴포넌트에 프라이빗 프로퍼티 정의하기

추가된 2개의 컴포넌트를 참조하기 위해 2개의 포인터 변수, 즉 _BoxComponent와 _MeshCom

ponent를 정의해야 한다. 이 변수들을 통해 필요할 때마다 각 컴포넌트를 적절히 활용할 수 있게 된다.

DefenseTower.h 파일을 열고 다음과 같이 코드를 추가한다.

```
private:
UPROPERTY(VisibleAnywhere, BlueprintReadOnly,
Category = "Tower Component",
meta = (AllowPrivateAccess = "true"))
UBoxComponent* _BoxComponent;

UPROPERTY(VisibleAnywhere, BlueprintReadOnly,
Category = "Tower Component",
meta = (AllowPrivateAccess = "true"))
UStaticMeshComponent* _MeshComponent;
```

프라이빗 변수를 에디터에서도 접근할 수 있도록 AllowPrivateAccess 메타 태그를 사용한 것에 유의하자.

컴포넌트에 퍼블릭 게터 함수 추가하기

이제 게터 함수를 추가해 클래스 외부에서도 해당 컴포넌트에 접근할 수 있게 만들 것이다. DefenseTower.h 파일에 다음과 같이 코드를 추가한다.

```
Public:
FORCEINLINE UBoxComponent* GetBoxComponent() const
{
    return _BoxComponent;
}
FORCEINLINE UStaticMeshComponent* GetMeshComponent() const
{
    return _MeshComponent;
}
```

간단하게 코드를 한번 살펴보자.

- FORCEINLINE은 주소에 기반해 함수를 호출하는 대신 컴파일러에 코드를 복사해 붙여 넣는 언리얼 엔진 매크로다. 자주 호출되는 작은 함수의 경우, 함수를 호출할 때 발생하는 부하를 줄이기 위해 오히려 내부에 함수를 선언하는 것이 더 나을 때도 있다.

- const 키워드를 함수 선언 뒤에 붙여 함수가 내부 포인터나 참조를 통해 매개변수나 클래스 멤버를 수정하지 못하도록 보장한다.

클래스의 컴포넌트는 클래스의 생성자 안에서 인스턴스화돼야 하므로, ADefenseTower 클래스의 ADefenseTower() 생성자 안에서 BoxComponent와 StaticMeshComponent를 생성할 것이다.

클래스 생성자에 컴포넌트 생성하기

DefenseTower.cpp 파일을 열고 다음과 같은 굵은 글씨의 코드를 추가한다.

```
ADefenseTower::ADefenseTower()
{
PrimaryActorTick.bCanEverTick = true;

_BoxComponent = CreateDefaultSubobject<UBoxComponent>(
  TEXT("Box Collision"));
SetRootComponent(_BoxComponent);

_MeshComponent =CreateDefaultSubobject
  <UStaticMeshComponent>(TEXT("Static Mesh"));
_MeshComponent->SetupAttachment(_BoxComponent);
}
```

코드를 자세히 살펴보자.

- PrimaryActorTick.bCanEverTick을 true로 설정한 것은 이 클래스의 Tick() 함수가 모든 프레임 혹은 TikInterval 값이 0보다 클 때 발생하는 간격마다 호출돼야 한다는 것을 의미한다.

- CreateDefaultSubobject<Class>(오브젝트 이름) 형식의 함수는 괄호로 묶인 클래스 유형

의 오브젝트를 인스턴스화한다. 새로 생성된 오브젝트는 엔진의 가비지 컬렉션 매니 저에 의해 관리되므로, 수동으로 메모리를 관리할 필요가 없다.

- SetRootComponent 함수는 박스 컬리전 컴포넌트를 액터의 루트 컴포넌트로 설정한다.

- 컴포넌트의 SetupAttachment(ParentComponent) 함수를 호출해 이 컴포넌트를 Parent Component의 자식으로 붙일 수 있다.

앞서 살펴본 예제를 통해 액터에 컴포넌트를 추가하는 법을 확인했다. C++ 클래스에서 필 요한 모든 작업을 완료하면, 새로 생성된 C++ 액터 클래스에 기반해 블루프린트 클래스도 만들 수 있을 것이다. 이를 통해 언리얼 엔진 안에서 액터의 행의와 기능을 더 다양하게 수 정하고 구현할 수 있다.

새로운 액터 클래스에서 블루프린트 생성하기

C++ 액터 클래스 작업을 모두 완료한 상태인데, 왜 굳이 블루프린트 클래스를 생성해야 하 는지 궁금할 수 있다. 결론부터 말하자면, 적절한 균형을 찾기 위해서다.

특히 성능을 높인다는 차원에서 C++로 액터 클래스를 생성하는 경우가 많다. 이런 경우에 는 블루프린트가 제공하는 유연성을 희생해야 하는 트레이드오프가 발생할 수밖에 없다. 반면 블루프린트를 활용하면 상대적으로 쉽고 간단하게 데이터를 설정할 수 있다는 장점이 존재한다. 블루프린트를 사용하면 복잡한 코드 변경 없이 더 손쉽게 여러 번의 조정을 수행 할 수 있다.

따라서 C++와 블루프린트의 각 장점을 조합한다면 게임 개발에 필요한 성능과 유연함의 이 상적인 균형점을 찾을 수 있을 것이다.

예를 들어 캐릭터 클래스의 초기 설정과 메시를 표현하는 법은 캐릭터가다 상당히 다를 것 이다. 이런 경우는 C++ 서브클래스에서 이들을 정의하고 프로젝트를 리컴파일하는 것보다 블루프린트 에디터에서 작업을 수행하는 것이 더 쉽고 효율적이다.

C++ 클래스에서 블루프린트를 생성하려면 C++ 클래스에 Blueprintable 지정자가 태그돼

있어야 한다. UCLASS 매크로의 3개 클래스 모두에 다음과 같이 지정자를 추가한다.

```
UCLASS(Blueprintable)
```

지정자를 추가한 후 프로젝트를 리빌드하고, 에디터를 재시작한 다음, 아래와 같은 작업을
수행한다.

1. 새로운 블루프린트를 생성할 적절한 폴더를 선택하고(예를 들어, All > Content > TopDown > Blueprints) 우 클릭한다. 팝업 메뉴에서 **블루프린트 클래스**를 선택한다.

2. **모든 클래스** 항목의 검색창에 DefenseTower와 같은 클래스 이름을 입력해 기본 클래스를 찾는다(그림 5.12 참고).

3. 클래스 트리에서 원하는 클래스를 찾고 **선택**을 누른다.

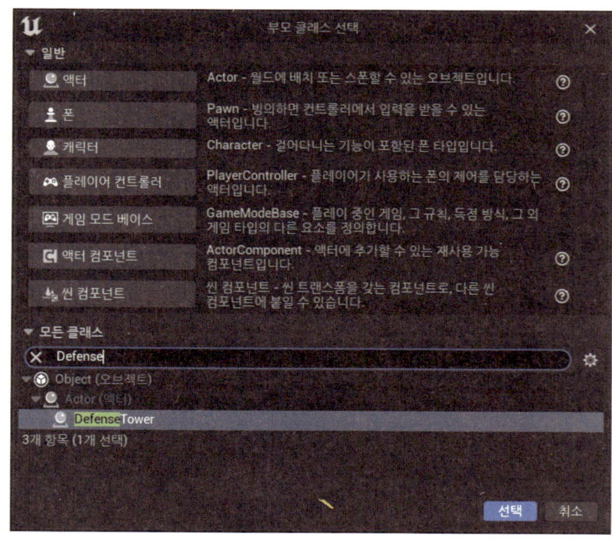

그림 5.12 새로운 블루프린트 생성을 위해 기본 클래스를 선택한다.

4. 새로운 블루프린트의 이름을 BP_ 접두사를 붙여 생성한다. 예제의 경우는 BP_
DefenseTower가 된다.

동일한 과정을 거쳐 BP_DefenseTower, BP_Projectile, BP_PlayerAvatar를 생성한다.

생성이 완료됐다면 BP_DefenseTower를 더블 클릭해 연다.

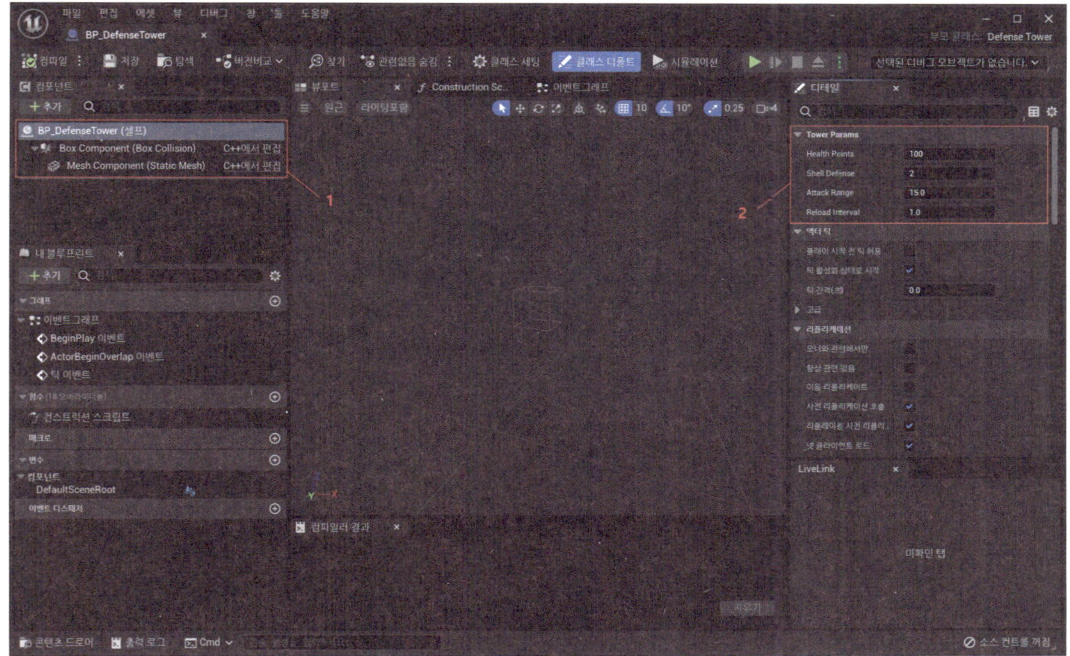

그림 5.13 에디터에서 열어본 BP_DefenseTower

에디터를 좀 더 자세히 살펴보자.

- 1번 **컴포넌트** 뷰에서는 Box 컴포넌트가 루트에 위치하고 Mesh 컴포넌트가 Box 컴포넌트의 자식으로 위치하고 있는 것을 알 수 있다.

- 2번 **디테일** 패널에서는 **Tower Params** 그룹에 속하는 프로퍼티들을 확인할 수 있다.

에디터에서 새로 만든 액터 프로퍼티가 표시되는 것을 확인했다. 이제 이벤트그래프에서 새로운 액터의 UFUNCTION 노드를 활용하는 법에 대해 알아보자.

이벤트그래프에서 UFUNCTION 노드를 확인하고 이를 활용하려면 **이벤트그래프** 창에서 비어 있는 임의의 장소를 우 클릭한 다음, **이 블루프린트에 대한 모든 액션** 창에서 Pangea 그룹을 찾는다. 그 아래에서 DefenseTower 노드를 확인할 수 있을 것이다. 이 노드에는 Can Fire, GetHP, Is Destroyed라는 3개의 함수가 포함돼 있다.

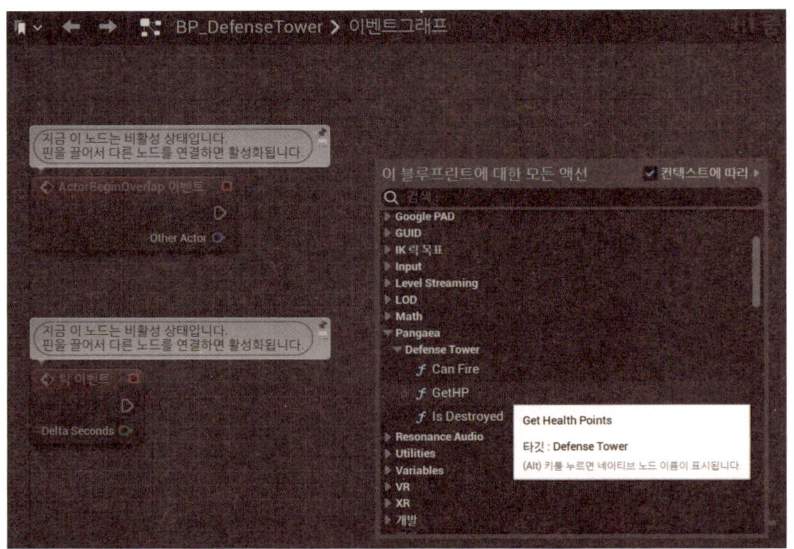

그림 5.14 이벤트그래프 창에서 DefenseTower의 GetHP 함수 열기

GetHP를 선택하면 이에 대응하는 **블루프린트** 노드가 추가되고, 에디터의 **이벤트그래프**에 표시될 것이다.

GetHP 함수를 서로 조금 다른 방식으로 만들 수 있었다는 사실을 기억할 것이다. 하나는 BlueprintCallable 지정자를 사용하는 버전이고, 다른 하나는 BlueprintPure 지정자를 사용하는 버전이다. 이 2개 버전의 노드 역시 다르게 표시된다.

그림 5.15 각기 다른 버전의 DefenseTower의 GetHP 함수 노드

왼쪽은 C++ 함수에 BlueprintCallable 지정자를 태그했을 때 에디터에 표시되는 노드이며,

오른쪽은 BlueprintPure 지정자를 태그한 경우 표시되는 노드다.

Pangaea 게임의 세 가지 액터 클래스를 생성하면서 C++와 블루프린트 양쪽에서 액터를 생성하는 법을 충분히 이해했으리라 믿는다. 이제 좀 더 나아가 4개의 핵심적인 게임플레이 프레임워크 클래스에 대해 배워보자.

언리얼 게임플레이 프레임워크 클래스 학습하기

언리얼 게임플레이 프레임워크에는 PlayerController, GameModeBase, GameState, GameInstance라는 4개의 클래스가 포함돼 있다. 이 클래스들은 게임플레이가 수행되는 동안 전반적인 게임 기능과 관련된 다양한 요소를 관리하는 핵심적인 역할을 수행한다. PlayerController와 GameModeBase 클래스는 프로젝트가 생성되면 자동으로 함께 만들어진다. 반면 GameState와 GameInstance 클래스는 직접 프로젝트에 추가돼야 한다.

Pangaea 게임에서 게임플레이 프레임워크 클래스 생성하기

언리얼 에디터의 콘텐츠 브라우저에서 All > C++ 클래스 > Pangaea 폴더로 이동하면 이미 PangaeaGameMode와 PangaeaPlayerController 클래스가 생성돼 있는 것을 확인할 수 있다(그림 5.16). 이 2개 클래스는 게임 프로젝트가 초기화될 때 생성된다.

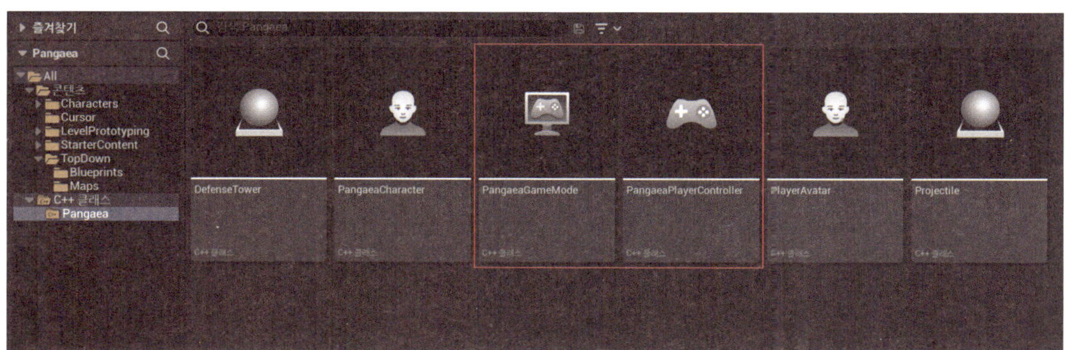

그림 5.16 이미 생성돼 있는 PangaeaGameMode와 PangaeaPlayerController C++ 클래스

PangaeaPlayerController는 PlayerController를 상속하고, PangaeaGameMode는 GameModeBase 를 상속한다.

이미 존재하는 PangaeaGameMode와 PangaeaPlayerController 클래스 외에도 PangaeaGame State와 PangaeaGameInstance 클래스를 다음의 가이드를 따라 생성한다.

1. 새 C++ 클래스 항목에서 GameStatsBase를 검색한 다음, 새 클래스로 PangaeaGameState 를 만든다.

2. 새 C++ 클래스 항목에서 GameInstance를 검색한 다음, 새 클래스로 PangaeaGameInsta nce를 만든다.

이제 **C++ 클래스 > Pangaea** 폴더에 다음과 같이 2개의 클래스가 추가됐을 것이다.

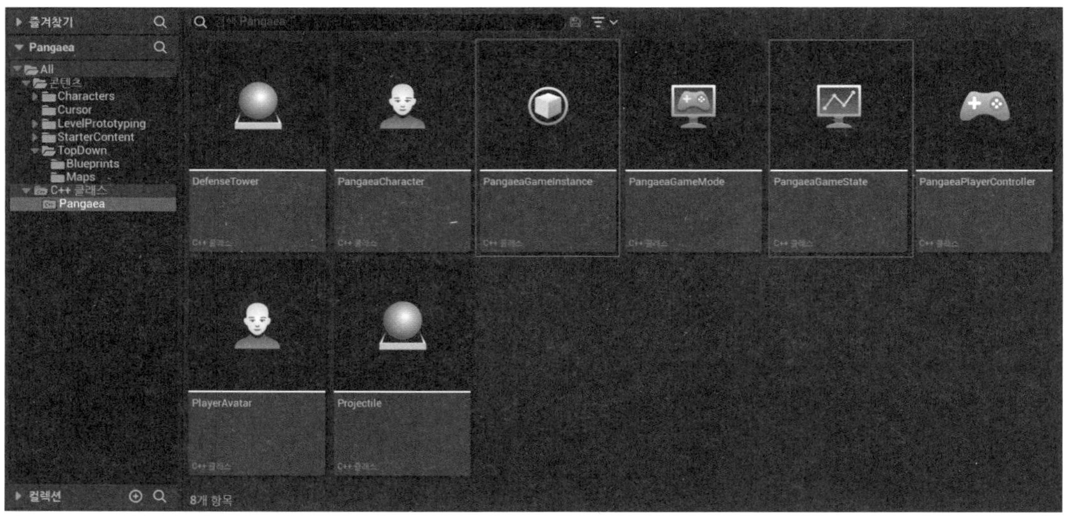

그림 5.17 PangaeaGameState와 PangaeaGameInstance C++ 클래스 추가하기

이제 Pangaea 프로젝트에서 필요한 게임플레이 프레임워크 클래스들이 모두 생성됐다. 이어서 이 클래스들이 하는 일과 어떻게 이들을 사용할지 알아본다. 우선 PlayerController 클래스부터 살펴보자.

196

PlayerController 클래스 살펴보기

PlayerController는 엔진의 베이스 C++ 클래스로, 게임플레이 컨트롤에 특화돼 사용될 수 있다. PangaeaPlayerController는 PlayerController를 상속받는 인스턴스로, 플레이어 폰을 제어하기 위해 일반적으로 사용되는 변수와 함수가 캡슐화돼 있다.

게임에서 반드시 사용돼야 하는 클래스는 아니지만 일반적으로 PlayerController 클래스를 사용하는 것이 권장된다. PlayerController는 플레이어와 제어되는 폰 혹은 캐릭터를 이어주는 보이지 않는 폰이라고 생각하면 된다. PlayerController는 플레이어 폰의 로직과 뷰를 분리해 플레이어가 다양한 폰이나 캐릭터를 좀 더 쉽게 제어할 수 있도록 해준다.

PlayerController를 사용할 때는 다음과 같은 항목들을 고려해야 한다.

- 플레이어 입력을 수신하고 제어하기

- 제어하는 폰이나 캐릭터를 움직이고 회전시키기

- 제어하는 폰이나 캐릭터의 상태 변경하기

- 카메라 뷰 조작하기

PlayerController가 플레이어와 게임 사이에서 상호작용을 관리하는 중요한 역할을 한다는 사실을 알게 됐을 것이다. 다음으로는 GameModeBase 클래스에 대해 살펴보자.

GameModeBase 클래스 살펴보기

모든 언리얼 엔진 프로젝트에는 GameMode 오브젝트가 필요하다. 이 오브젝트에는 스타팅 레벨, 디폴트 플레이어 폰, 플레이어 컨트롤러와 같은 핵심적인 게임 정보와 설정이 저장돼 있으며, GameModeBase 클래스를 확장해 그 자식 클래스에 더 다양한 게임플레이 정보와 규칙을 추가할 수 있다. 여기에는 다음과 같은 항목들이 추가될 수 있다.

- 게임을 일시 중지하거나, 시네마틱 영상을 재생하거나, 튜토리얼을 활성화하는 등의 작업을 가능하게 만드는 플래그

- 레벨 변환 조건과 프로세스

- 스폰 지점

- 멀티플레이어 게임의 경우 게임을 시작할 수 있는 최소 인원

- 게임을 종료할 수 있는 조건

온라인 게임에서 GameMode 오브젝트는 서버에만 존재한다. 이 부분은 11장에서 더 자세히 살펴볼 것이다.

GameState 살펴보기

GameState 오브젝트는 빠르게 변경되는 게임플레이 정보를 저장하는 데 주로 사용된다. GameStateBase 클래스를 확장한 다음, 그 자식 클래스에도 중요한 게임플레이 정보를 저장할 수 있다. 여기에는 다음과 같은 정보들이 포함된다.

- 게임이 시작한 다음 경과한 시간

- 토탈 스코어

- 적 웨이브[1]

- 미니맵상의 적 위치

- 카운트다운 타이머

온라인 게임의 경우 GameState 오브젝트는 서버와 클라이언트 양쪽에 모두 존재한다. GameState 오브젝트 정보는 서버와 클라이언트 사이에서 동기화가 수행돼야 한다.

---

1   웨이브(wave)는 디펜스 게임에서 적들이 공격하는 라운드를 의미한다. 횟수를 거듭할수록 공격이 거세지며, 이 웨이브를 방
    어하는 것이 디펜스 게임의 주요한 목적이다. − 옮긴이

GameInstance 살펴보기

GameInstance 오브젝트는 실행 중인 게임의 인스턴스를 보여주는 하이레벨 매니저라고 할 수 있으며, UGameInstance 클래스를 확장해 로컬 게임플레이 변수를 자식 클래스에 추가할 수 있다. 온라인 게임의 경우 GameInstance 오브젝트가 클라이언트에만 존재해야 한다.

언리얼 엔진으로 제작한 게임은 비록 싱글플레이어 게임이라고 하더라도 내부적으로 멀티 플레이어 게임 프레임워크를 기반으로 구축된다. 따라서 게임을 개발하는 동안에는 온라인 게임을 개발한다고 가정하고 어떤 글로벌 변수를 서버에서 구현할지 결정해야 한다. 만일 서버에 어떤 변수도 존재할 필요가 없다면, 로컬 게임플레이 변수로 간주하고 여기에 GameInstance 클래스의 속성을 할당할 수 있을 것이다.

게임플레이 프레임워크 클래스 인스턴스는 코드의 어떤 부분에서도 접근 가능한 전역 변수를 포함하고 있다. 이제 우리의 다음 목표는 인스턴스에 접근하기 위해 인스턴스를 획득하는 법을 배우는 것이다.

클래스 인스턴스 획득하기

앞서 살펴봤던 게임플레이 프레임워크 클래스 인스턴스를 획득하려면 다음 예제를 참고하자.

```
UWorld* World = GetWorld();
APlayerController* PlayerController = World->
  GetFirstPlayerController();
AGameModeBase* GameMode = World->GetAuthGameMode();
AGameStateBase* GameState = World->GetGameState();
UGameInstance* GameInstance = World->GetGameInstance();
```

예제의 코드를 살펴보면, 게임플레이 프레임워크 클래스의 인스턴스를 얻기 위해 게임 월드 인스턴스를 먼저 획득해야 한다는 것을 알 수 있다. 월드 포인터가 확보되면, 메서드 함수를 호출해 원하는 프레임워크 클래스 인스턴스를 획득할 수 있는 것이다.

또한 예제에서 획득한 모든 변수가 자식 클래스 유형의 포인터가 아니라 기본 클래스 유형의 포인터라는 점도 유의해야 한다. 엔진에서는 게임에 특화된 클래스가 아닌 일반화된 클래스만 다룰 수 있기 때문이다. 이어서 살펴볼 Cast 함수를 통해 기본 클래스 포인터를 자식 클래스 포인터로 변환할 수 있다.

:: Cast 템플릿 함수 사용하기

언리얼 엔진은 범용적인 그래픽 개발 툴로 설계됐다. 언리얼은 기본 클래스를 상속해 각각의 고유한 게임을 개발할 수 있는 기능을 제공한다. 표준 함수는 베이스 유형의 결과만 반환하며 게임 개발자는 자신들이 만드는 게임에 맞게 정의된 특정한 유형으로 결과를 캐스팅해야 한다는 것을 의미한다.

언리얼에서 Cast는 데이터의 유형 변환에 사용되는 안전한 변환 함수다. 구문은 다음과 같다.

```
ToType* Cast<ToType>(FromType* theObjectPointerOfFromType)
```

구문을 좀 더 살펴보자.

- ToType은 변환 후에 얻고자 하는 유형을 명시한다.

- FromType은 변환하려는 원래의 유형을 명시한다.

- 화살 괄호 는 C++ 템플릿 데이터 형을 표시한다.

- 캐스팅이 실패하면 함수는 nullptr을 반환한다.

C++에서 함수는 템플릿 표현식을 통해 일반적인 형태로 정의될 수 있다. 이는 곧 함수가 서로 다른 데이터 유형을 받아들이고 처리할 수 있다는 것을 의미한다.

4장에서 살펴봤던 C++ MYCPP_05 프로젝트를 다시 살펴보자. Calculator와 CalculatorEx 클래스는 두 가지 버전의 Add 함수와 Subtract 함수를 가졌다.

```
int Add(int a, int b);
float Add(float a, float b);
int Subtract(int a, int b);
float Subtract(float a, float b);
```

C++ 템플릿 함수를 사용한 프로그래밍을 좀 더 명확하게 이해하려면 이 책의 리포지터리에서 MYCPP_06 프로젝트를 다운로드해보자. 이 프로젝트에서는 새로운 Calculator와 CalculatorEx 클래스가 등장하는데, 앞서 언급한 Add와 Subtract라는 2개의 함수를 2개의 템플릿 함수로 병합하고 변환한 것이다. 다음 코드를 참조하자.

```
template <typename T>
T Add<T>(T a, T b)
{
    return a + b;
}
template<typename T>
T Subtract<T>(T a, T b)
{
    Return a - b;
}
```


템플릿 함수 구현은 헤더 파일로 이동해 컴파일러가 다양한 버전을 처리할 수 있도록 해야 한다.

이제 덧셈과 뺄셈에 이 함수를 사용하려면 간단하게 아래의 데이터 유형으로 호출하면 된다.

```
float f = calculator.Add<float>(1.5f, 2.0f);   //여기서 f는 3.5f가 됨
float i = calculator.Subtract<int>(3, 2);   //여기서 i는 1이 됨
```

이제 Cast 함수가 템플릿 함수로 정의된 이유를 알게 됐을 것이다. 다음 코드를 사용해 오브젝트를 Pangaea 오브젝트로 캐스팅할 수 있다.

```
APangaeaPlayerController* pangaeaPlayerController =
    Cast<APangaeaPlayerController>(playerController);
```

```cpp
APangaeaGameMode* pangaeaGameMode =
    Cast<APangaeaGameMode*> gameMode;
APangaeaGameStateBase* pangaeaGameState =
    Cast<APangaeaGameStateBase*>(gameState);
UPangaeaGameInstance* panGaeaGameInstance =
    Cast<UPangaeaGameInstance>(gameInstance);
```

앞서 제공된 코드는 Cast 템플릿 함수를 통해 기본 클래스 포인터를 여기에 대응하는 자식 클래스 포인터로 변환하는 예를 보여준다. 캐스팅(형변환) 작업은 객체지향 프로그래밍에서 흔하게 사용되는 기법이라는 사실을 알아두자.

:: 요약

이번 장에서는 AActor, APawn, ACharacter, APlayerController, AGameModeBase, AGameState Base, UGameInstance와 같은 언리얼 엔진의 기본적인 게임플레이 프레임워크 클래스들에 대해 알아봤다. 이들 클래스를 확장해 새로운 게임을 개발할 때 필요한 요소를 만들 수 있었다. 게임 액터를 생성하는 것 외에 UPROPERTY와 UFUNCTION이라는 2개의 중요한 매크로도 살펴봤다. 이를 통해 액터 프로퍼티와 함수를 엔진에서 인지하고 동작할 수 있게 만들었다. 새로운 클래스의 데이터도 엔진의 에디터에서 편집할 수 있었다.

이번 장에서는 게임 Pangaea를 만들기 위해 다음과 같은 작업을 수행했다. DefenseTower, Projectile, PlayerAvatar와 같은 새로운 클래스들이 각기 Actor와 Character 클래스를 상속받아 생성됐다. 이들 클래스를 통해 게임에서 수행되는 고유한 동작들을 커스터마이징할 수 있는 프로퍼티와 함수를 추가할 수 있었다.

코드 변경 이후 프로젝트를 리빌딩하는 다양한 방법에 대해서도 배웠고, 이를 통해 게임에 변경된 내용이 적절하게 통합됐는지도 확인할 수 있었다. 그다음에는 C++ 클래스에 기반해 블루프린트 클래스도 생성해봤다.

마지막으로는 중요한 툴을 소개했는데, 바로 Cast 템플릿 함수다. 기본 클래스 포인터를 적절한 자식 클래스 포인터로 변환하는 과정에서 이 툴을 유용하게 사용했다.

다음 장에서는 스켈레탈 메시와 애니메이션을 포함해 플레이어 아바타를 다채롭게 설정하
는 과정을 소개한다. 해당 장의 마지막에서는 디폴트 플레이어 캐릭터를 새로 커스터마이
징한 플레이어 캐릭터로 대체할 수 있을 것이다.

06
게임 액터 생성하기

게임 액터game actor는 비디오 게임에서 가장 핵심적인 요소 중 하나다. 게임 액터는 플레이어나 AI 컨트롤러에 의해 제어된다. 게임 액터는 전사의 모습을 한 캐릭터 같은 스켈레탈 메시나 우주선 같은 스태틱 메시로 표현돤다. 게임 안에 등장하는 다양한 액터 사이의 상호작용을 통해 게임플레이가 이뤄진다.

이번 장은 게임 Pangaea에 등장하는 플레이어 캐릭터를 만드는 것에 초점을 둔다. C++의 애니메이션 인스턴스를 만들고, 이를 기반으로 애니메이션 블루프린트도 만들어볼 것이다.

새로 만든 애니메이션 블루프린트에 스테이트 머신State Machine을 적용하고 상태 애니메이션도 정의해본다. 캐릭터 블루프린트에서 캐릭터의 시각적인 면을 설정하고, 사용자 입력을 정의할 것이다. 아울러 플레이어 컨트롤러를 구현하기 위한 코드도 조성하며, 애니메이션 인스턴스 클래스에서 정의된 변수를 통해 캐릭터 상태를 제어하는 법도 알아본다.

플레이어 캐릭터의 설정이 완료되면 게임 모드의 기본적인 플레이어 폰을 대체할 것이다. 그다음에는 디펜스 타워와 탄환 액터도 만들어본다.

이번 장에서는 다음과 같은 C++ 스크립팅 스킬을 다룬다.

- 플레이어 아바타 설정

- 캐릭터의 `SkeletalMeshComponent` 설정

- 플레이어 아바타의 애니메이션 블루프린트 생성하기

기술적인 요구 사항

이 장에서 작성한 코드는 깃허브(https://github.com/PacktPublishing/Unreal-Engine-5-Game-Development-with-C-Scripting/tree/main/Chapter06)에서 다운로드할 수 있다.

플레이어 아바타 설정하기

목적에 맞게 다양한 액터를 생성할 수 있으며, 이를 위해 액터는 다양한 컴포넌트의 조합을 가질 수 있다. 예를 들어 플레이어 캐릭터에는 내려보기 방식의 카메라 컴포넌트가 필요할 수 있다. 반면, 건물의 경우는 폰이 이를 관통하지 않도록 컬리전 박스가 필요할 것이다.

새로운 액터에 컴포넌트를 추가하는 스크립트를 작성하려면 다음과 같은 단계를 따른다.

1. 컴포넌트 포인터를 수용할 프라이빗 변수를 정의한다.

2. 퍼블릭 게터 함수를 추가한다. 이를 통해 클래스 외부에서도 컴포넌트 포인터를 검색할 수 있다.

3. 추가된 컴포넌트의 헤더 파일을 포함한다.

4. 클래스의 생성자 함수에서 컴포넌트를 인스턴스화한다.

게임을 내려보기 방식으로 설정하려면 플레이어 아바타에 2개의 컴포넌트, 즉 `SpringArm Component`와 `CameraComponent`를 추가해야 한다.

플레이어 아바타에 SpringArmComponent와 CameraComponent 추가하기

PlayerAvatar 클래스에는 이미 부모 클래스인 Character 클라 스에서 상속받은 Capsule, SkeletalMesh, CharacterMove, Arrow 컴포넌트가 포함돼 있다.

내려보기 방식의 게임에 등장하는 플레이어 캐릭터를 만들기 위해 PlayerAvatar 클래스에 SpringArm 컴포넌트와 Camera 컴포넌트를 추가해야 한다. 스프링 암^{spring arm}은 캐릭터의 원 점^{origin}에 연결되며, 이 스프링 암의 끝에 카메라가 부착된다. 다음 그림을 참고하자.

그림 6.1 스프링 암과 카메라 설정하기

SpringArmComponent와 CameraComponent의 포인터를 저장하기 위해 _springArmComponent와 _cameraComponent라는 2개의 변수를 정의한다. 이 2개의 변수는 UPROPERTY 매크로를 사용해 VisibleAnyWhere 지정자로 마크될 수 있다. 이를 통해 에디터에서 이 변수들을 확인할 수 있다.

이 작업을 수행하려면 APlayerAvatar.h 파일의 마지막 부분에 다음과 같이 코드를 추가한다.

```
private:

UPROPERTY(VisibleAnywhere, BlueprintReadOnly, Category = "Camera",
meta = (AllowPrivateAccess = "true"))
```

```cpp
class USpringArmComponent* _springArmComponent;

UPROPERTY(VisibleAnywhere, BlueprintReadOnly, Category = "Camera",
meta = (AllowPrivateAccess = "true"))
class UCameraComponent* _cameraComponent;
```

프로퍼티를 클래스에 통합하는 것 외에도 GetStringArmComponent와 GetCameraComponent라는 2개의 게터 함수를 헤더 파일의 클래스 퍼블릭 섹션에 포함시켜야 한다. FORCEINLINE 매크로를 태그하면 좀 더 나은 성능을 얻을 수 있다.

```cpp
FORCEINLINE USpringArmComponent* GetSpringArmComponent() const
{
  return _springArmComponent;
}

FORCEINLINE UCameraComponent* GetCameraComponent() const
{
  return _cameraComponent;
}
```

> **C++ 인라인 함수**
>
> C++ 프로그래밍에서 인라인(inline) 함수는 호출이 필요한 부분에서 개별 함수를 호출하는 과정을 거치지 않고 코드를 바로 삽입하는 것을 말한다. 이 메커니즘은 함수 호출로 인한 오버헤드를 줄임으로써 코드 실행 성능을 높이는 효과를 제공한다. 인라인 함수는 복잡한 흐름 제어가 필요 없는 상대적으로 작고 직관적인 코드만을 대상으로 한다.

이제 컴파일 에러를 방지하기 위해 SpringArmComponent.h와 CameraComponent.h를 추가해야 한다. #include 구문의 마지막에 PlayerAvatar.generate.h가 있어야 한다는 것을 잊지 말자. 그래야 언리얼의 빌드 툴이 적절하게 언리얼 매크로를 파싱할 수 있다.

```cpp
#include "CoreMinimal.h"
#include "GameFramework/Character.h"
#include "GameFramework/SpringArmComponent.h"
#include "Camera/CameraComponent.h"
#include "PlayerAvatar.generated.h"
```

그런 다음, 언리얼의 UObject 클래스의 멤버 함수 CreateDefaultSubobject를 호출해 컴포넌트를 인스턴스화한다. 함수의 문법은 다음과 같다.

```cpp
template<class TReturnType>
TReturnType * CreateDefaultSubobject
(
    FName SubobjectName,
    bool bTransient
)
```

함수의 매개변수와 반환 값을 좀 더 자세히 살펴보자.

- **SubobjectName**: 새로 생성된 컴포넌트의 이름

- **bTransient**: 기본값은 false이며, 이는 새로 생성된 컴포넌트가 부모 클래스의 기본값을 상속하지 않는다는 것을 의미한다.

- CreateDefaultSubobject() 함수는 생성된 오브젝트의 포인터를 반환한다.

이제 PlayerAvatar.cpp로 가서 PlayerAvatar 생성자 함수에 인스턴스화 코드를 추가한다.

```cpp
//카메라 스프링 암 생성
_springArmComponent =CreateDefaultSubobject<USpringArmComponent>(
  TEXT("SpringArm"));
_springArmComponent->SetupAttachment(RootComponent);
_springArmComponent->SetUsingAbsoluteRotation(true);
_springArmComponent->TargetArmLength = 800.f;
_springArmComponent->SetRelativeRotation(FRotator(-60.f, 0.f, 0.f));
_springArmComponent->bDoCollisionTest = false;

//카메라 생성
_cameraComponent =CreateDefaultSubobject
  <UCameraComponent>(TEXT("Camera"));
_cameraComponent->SetupAttachment(_springArmComponent,
  USpringArmComponent::SocketName);
_cameraComponent->bUsePawnControlRotation = false;
```

앞선 코드에서 카메라 뷰를 설정하기 위해 UObject 멤버 함수와 변수인 TEXT 매크로,
FRotator 구조체를 사용했다.

이들을 포함한 UObject 멤버 함수와 변수를 간단히 살펴보자.

함수	설명
SetupAttachment (클래스: SceneComponent)	부모 씬 컴포넌트에 자식으로 SceneComponent를 붙인다. 이 함수를 사용해 씬 컴포넌트를 할당된 스켈레탈 메시 소켓에도 붙일 수 있다.
SetUsingAbsoluteRotation (클래스: SceneComponent)	씬 컴포넌트가 부모와 함께 회전할지, 아니면 독자적으로 회전할지 결정하는 태그를 설정한다.
SetRelativeRotation (클래스: SceneComponent)	씬 컴포넌트가 부모를 기준으로 상대적인 회전을 할지 결정한다.

변수	설명
TragetArmLength (클래스: SpringArmComponent)	스프링 암 컴포넌트의 길이를 결정한다.
bDoCollisionTest (클래스: SpringArmComponent)	스프링 암 컴포넌트에 충돌 테스트가 적용될지 여부를 결정한다.
bUsePawnControlRotation (클래스: CameraComponent)	CameraComponent의 회전이 폰의 회전에 따라 달라지는 시각/회전 제어에 영향을 받는지 결정한다.

그림 6.2 플레이어 카메라 설정에 필요한 컴포넌트 함수

앞선 코드에서 TEXT 매크로를 활용해 스트링을 로컬라이제이션 키^{localization key}로 설정했다.
TEXT 매크로를 사용하면 각기 다른 플랫폼에서 문자나 문자열의 데이터 유형을 설정할 수
도 있다. UTF8, UTF16, UTF32 등의 다양한 인코딩 표준에 따라 각 플랫폼에서 문자나 문
자열을 다양한 방식으로 인코딩할 수 있는데, 이때 TEXT 매크로를 사용해 문자와 문자열을
정확하게 인코딩하고 변환 시 발생하는 오류를 미연에 방지할 수 있다. TEXT 매크로를 통해
출력되는 값은 FName(높은 성능에 최적화된 텍스트 스트링), FText(로컬라이징 정보를 플레이어에게 보여주는 텍스트 스트링),
FString(일반적으로 변경 가능한 텍스트 스트링)과 호환되는 형태로 전환된다.

FRotator 구조체는 3D 회전을 담당한다. 클래스와 유사하게 구조체 유형은 일련의 변수와
함수가 캡슐화돼 있다. 클래스와 구조체의 가장 큰 차이점은 클래스가 레퍼런스 유형(값을 저장하고 있는 메모리 블록의 주소를 저장)인 반면, 구조체는 값 유형(값을 저장하는 메모리 블록)이라는 것이다. FRotator
구조체는 Pitch, Yaw, Roll 등의 매개변수로 구성된다.

컴포넌트를 새로 생성하는 것 외에 틱을 활성화하고 컨트롤러 컨스트레인트^{controller constraint}를 설정하는 것 같은 초기화 작업도 필요하다. 플레이어 아바타를 만드는 과정에서 움직임과 관련된 매개변수들도 설정해줘야 한다.

플레이어 아바타 초기화하기

캐릭터의 회전을 제어하고 MovementComponent의 설정을 마무리하기 위해 클래스 생성자에서 초기화 작업을 수행해야 한다.

왜 BeginPlay 함수가 아니라 클래스의 생성자에서 초기화 작업을 수행하는 것일까? Begin Play는 게임 런타임 함수인 반면, 컴포넌트를 추가하거나 속성을 설정하는 것과 같이 에디터에서 인스턴스를 생성하는 작업이 수행될 때는 생성자가 호출되기 때문이다. 런타임 게임플레이 초기화는 BeginPlay 함수에서 수행될 수 있다.

APlayerAvatar::APlayerAvatar()에 코드를 좀 더 추가해보자. 제일 먼저 해야 할 일은 Tick 함수를 활성화해 게임 프레임이 업데이트될 때마다 캐릭터의 Tick 함수를 호출할 수 있도록 하는 것이다.

```
PrimaryActorTick.bCanEverTick = true;
```

내려보기 형식의 게임에서는 캐릭터가 달리는 방향만 정해지면 되므로, 플레이어가 캐릭터를 회전할 필요는 없다.

```
bUseControllerRotationPitch = false;
bUseControllerRotationYaw = false;
bUseControllerRotationRoll = false;
```

마지막으로 설정할 부분은 캐릭터의 무브 컴포넌트다. 무브 컴포넌트를 통해 캐릭터가 바라보고 달리는 방향이 제어된다. 회전 속도는 y축을 기준으로 640도로 설정한다. 그동안 캐릭터는 바닥에 고정돼 있어야 한다. 컴포넌트의 상단에 다음 코드가 추가돼야 한다.

```cpp
auto characterMovement = GetCharacterMovement();
characterMovement->bOrientRotationToMovement = true;
characterMovement->RotationRate = FRotator(0.f, 640.f, 0.f);
characterMovement->bConstrainToPlane = true;
characterMovement->bSnapToPlaneAtStart = true;
```

앞의 코드에서 새로운 C++ 키워드인 auto를 사용했다. 이 코드에서는 auto를 사용해 charac
terMovement 변수의 데이터 유형이 GetCharacterMovement 함수가 반환하는 값의 유형에 따
라 자동으로 결정되도록 한다.

이제 기본적으로 PlayerAvatar 클래스의 작업은 완료됐다. 이 클래스를 기반으로 새로운 캐
릭터 블루프린트를 만들고 설정해 게임의 디폴트 플레이어 폰을 대체할 것이다.

캐릭터의 SkeletalMeshComponent 설정하기

플레이어 아바타를 설정하려면, 스켈레탈 메시와 BP_PlayerAvatar 블루프린트의 애니메이
션을 설정한 후 게임 모드 설정에서 기본 플레이어 폰을 대체해야 한다.

이런 작업을 수행하기 전에 우선 캐릭터 모델과 인스턴스를 임포트해야 한다.

캐릭터 모델 임포트하기

플레이어 아바타를 만들기 위해 언리얼 엔진에서 제공하는 기본 스켈레탈 메시 대신 이를
대체할 또 다른 스켈레탈 모델이 필요하다. 언리얼 엔진 5와 호환되는 캐릭터 모델이라면
그 어떤 것도 선택 가능하다. 이 책에서는 깃허브 리포지터리 PangaeaAssets/Hero 폴더
에 존재하는 Hero 모델(.fbxtine .FBX와 .TGA 파일)을 사용해 플레이어 아바타의 **SkeletalMesh** 컴포넌
트를 설정해볼 것이다.

우선 캐릭터 에셋을 임포트해올 폴더를 만들어야 한다. 그림과 같이 **All ➤ 콘텐츠 ➤
Characters** 아래에 새로운 Hero 폴더를 생성한다.

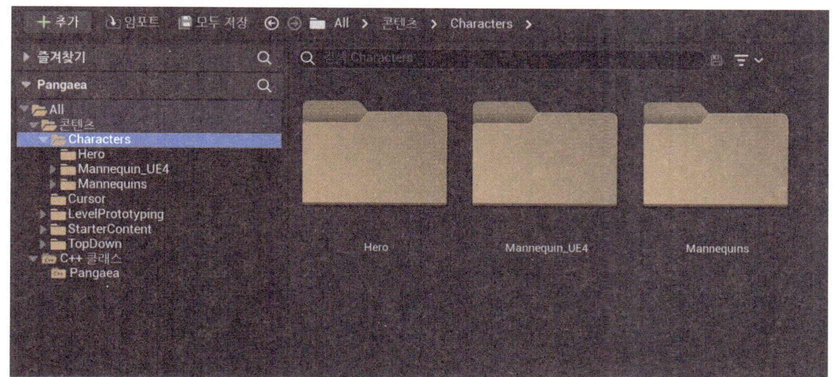

그림 6.3 새로운 Hero 폴더 생성하기

그다음, 아래와 같은 과정을 거쳐 캐릭터 에셋을 임포트한다.

1. 첫 단계는 캐릭터 모델과 스켈레톤을 임포트하는 것이다. Hero 폴더 안에서 임의의 지점을 우 클릭한 다음, 팝업 메뉴에서 **/Game/Characters/Hero에 임포트...** 메뉴를 클릭한다. **임포트** 대화상자에서 앞서 다운로드한 Hero.fbx 파일을 찾은 다음, **열기**를 선택해 **FBX 임포트 옵션** 창을 연다.

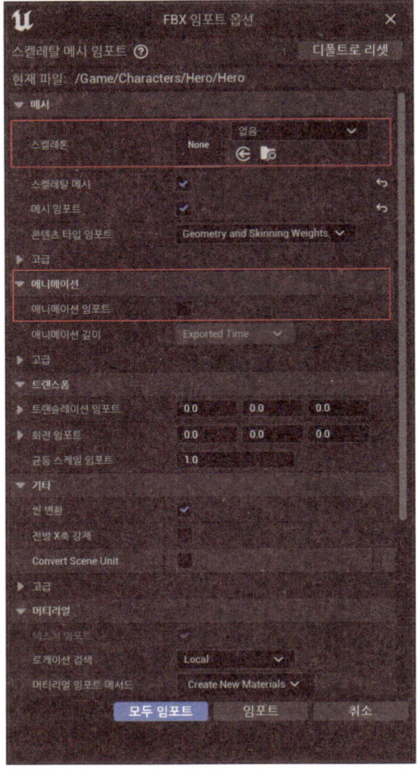

그림 6.4 Hero.fbx 모델과 스켈레톤 임포트하기

FBX 임포트 옵션 창에서 다음 항목들을 확인한다.

- **스켈레톤** 필드는 **None**으로 표시된다. 이는 현재 시스템에는 모델에 적용할 스켈 레톤이 없다는 것을 의미하는 동시에, 스켈레톤이 곧 임포트될 것이라는 점을 의미한다.

- **애니메이션 임포트** 항목이 체크돼 있지 않아야 한다. 모델 파일에는 어떤 애니메 이션 정보도 포함돼 있지 않기 때문이다.

- 그다음, **모두 임포트** 혹은 **임포트**를 클릭한다.

임포트가 완료되고 모든 팝업창을 닫으면 다음과 같이 스켈레탈 메시, 피직스 에셋, 스켈레톤, 머티리얼이라는 4개의 에셋이 임포트된 것을 확인할 수 있다.

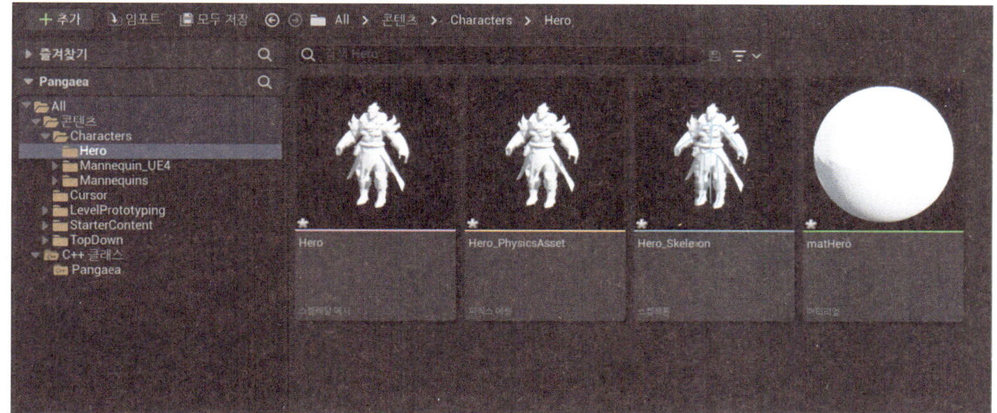

그림 6.5 Hero.fbx에서 임포트된 4개의 에셋

2. 앞서와 동일한 과정을 거쳐 T_CharA_COL.png 파일과 T_Char_NOR.png 파일을 임포트한다. 이 2개의 이미지는 모델 머티리얼의 컬러 맵과 노멀 맵을 구성할 때 사용된다.

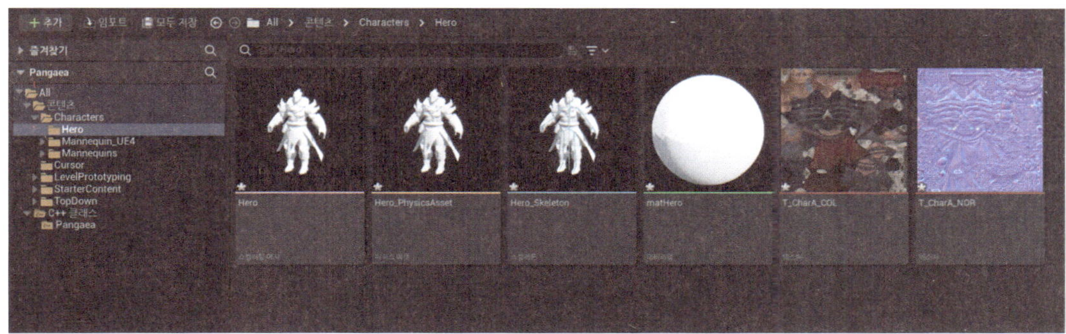

그림 6.6 임포트된 컬러 맵과 노멀 맵

3. 지금까지는 모든 모델 에셋이 단색으로 표시되고 있다. 머티리얼에 조금 변화를 가해보자. 컬러 맵과 노멀 맵을 스킨으로 사용해 모델에 덧씌워보자.

   i. **matHero**를 더블 클릭해 머티리얼 편집기를 연다.

ii. 2개의 **텍스처 샘플** 노드를 그래프에 추가한다.[1] 그런 다음, 2개 노드의 **RGB** 출력 핀을 머티리얼의 **베이스 컬러**와 **Normal** 입력 핀에 연결한다.

iii. 베이스 컬러에 연결된 노드를 클릭한 다음, 좌측 하단의 **디테일** 패널에서 **머티리얼 표현식 텍스처 베이스** 항목 아래의 **텍스처** 항목을 **T_CharA_COL**로 선택한다. 콘텐츠 브라우저에서 미리 에셋을 선택한 다음, **콘텐츠 브라우저에서 선택된 에셋 사용**을 클릭한다.

iv. **Normal** 핀에 연결된 노드를 클릭한 다음, 좌측 하단의 **디테일** 패널에서 **머티리얼 표현식 텍스처 베이스** 항목 아래의 **텍스처** 항목을 **T_CharA_NOR**로 선택한다. 앞서 와 마찬가지로 콘텐츠 브라우저에서 미리 에셋을 선택한 다음, **콘텐츠 브라우저에 서 선택된 에셋 사용**을 클릭한다.

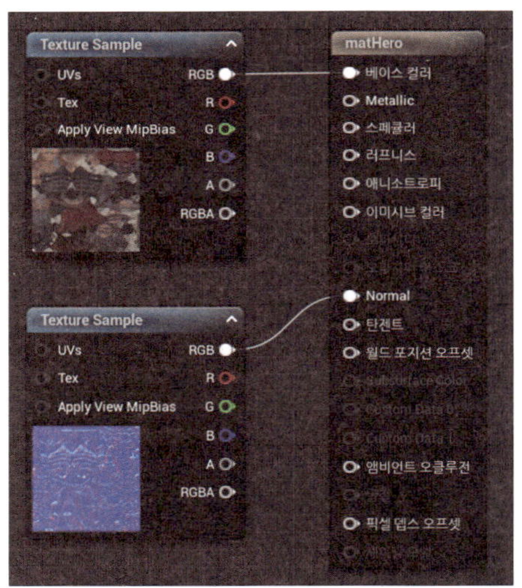

그림 6.7 Hero 모델의 머티리얼 생성하기

---

1 머티리얼 편집기 화면을 우 클릭한 다음, Texture ➤ TextureSample을 선택해 노드를 추가한다. – 옮긴이

편집기의 상단 메뉴에 위치한 **적용**을 클릭한다. 이제 다음과 같이 Hero 에셋들이 컬러
로 바뀌었을 것이다.

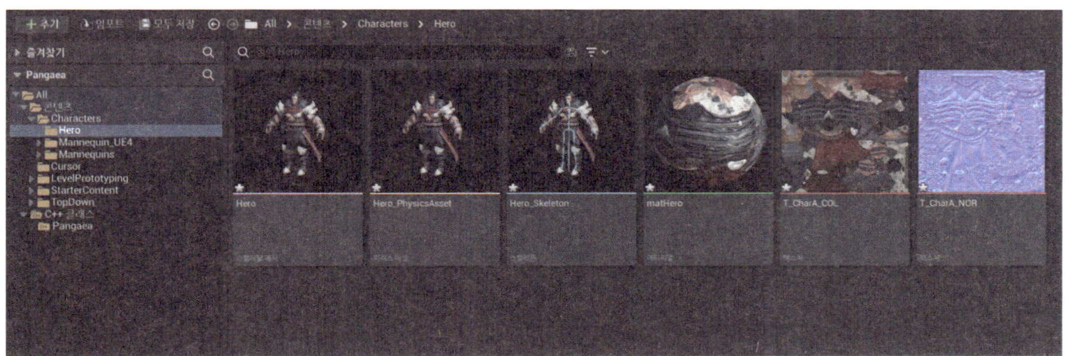

그림 6.8 머티리얼을 변경한 다음의 Hero 에셋 프리뷰

4. 다운로드한 Hero.zip 파일에는 Hero_Anim_ 접두사가 붙어 있는 6개의 .fbx 파일이 포
   함돼 있다. 앞서 1번과 같은 과정을 거쳐 이 파일들을 임포트할 수 있다. 다만, 이번에
   는 **FBX 임포트 옵션** 창에서 **스켈레톤** 항목을 **Hero_Skeleton**으로 설정하고 **애니메이션
   임포트** 항목도 체크한다.

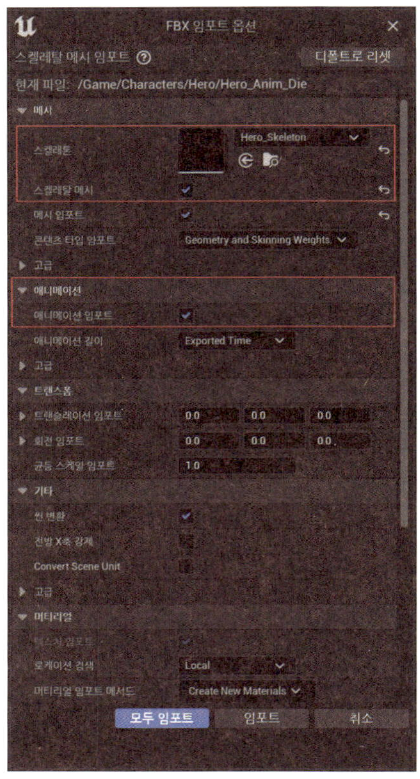

그림 6.9 Hero 애니메이션 임포트하기

이제 모든 Hero 에셋이 준비됐다. 이들을 활용해 플레이어 아바타 블루프린트를 만들어 보자.

BP_PlayerAvatar에서 Hero 스켈레탈 메시 사용하기

BP_PlayerAvatar 블루프린트를 에디터에서 열고 **뷰포트** 탭을 클릭해보자. 화면 왼쪽의 **컴포넌트** 패널에서 **메시** 컴포넌트를 선택한 다음, **디테일** 패널의 **스켈레탈 메시** 항목에서 Hero 스켈레탈 메시를 선택하자. 이어서 **위치** 항목의 Z축을 −90도로, **회전** 항목의 Z축을 −90도로 설정한다. 그럼 캐릭터의 발이 그라운드에 붙은 상태로 정면을 바라보게 될 것이다.

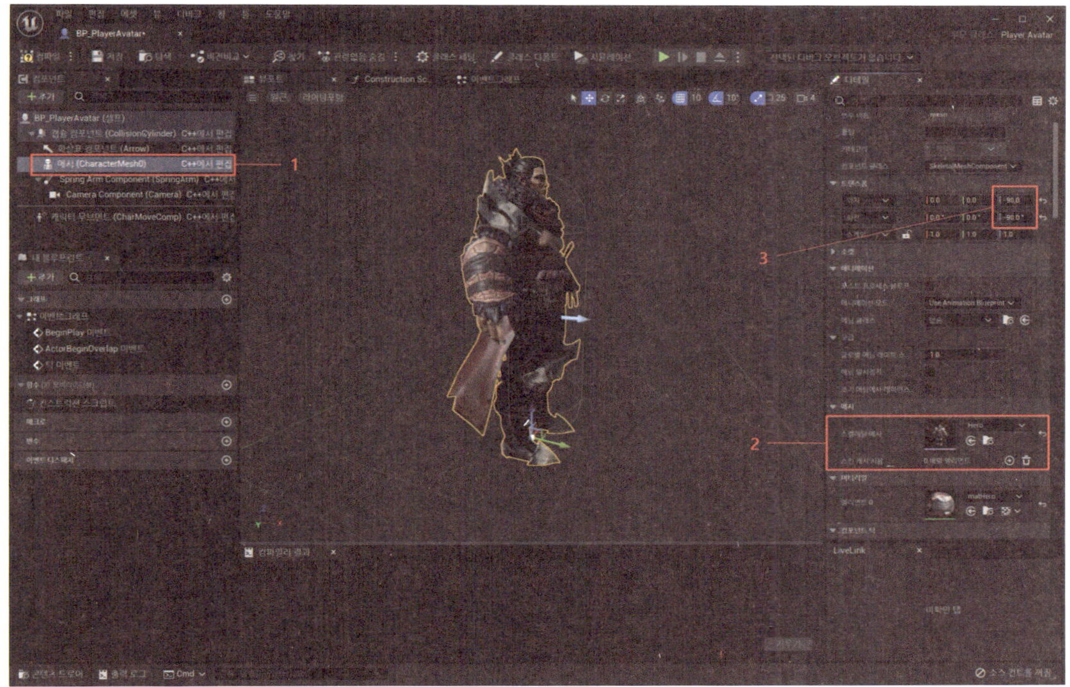

그림 6.10 BP_PlayerAvatar에서 Hero 스켈레탈 모델 사용하기

이 상태를 저장하고 컴파일해야 한다. 이제 플레이어 아바타 블루프린트로 디폴트 플레이어 폰을 대체할 준비가 완료됐다.

게임의 플레이어 폰 대체하기

게임에서 디폴트로 설정된 플레이어 폰은 **프로젝트 세팅** 창의 프로젝트 게임 모드에서 확인할 수 있다. 이를 위해 에디터의 상단 메뉴에서 **편집 ➤ 프로젝트 세팅**을 선택한다. 여기서 다양한 프로젝트 설정을 변경하고 확인할 수 있다.

프로젝트 하위 항목에서 **맵 & 모드**를 선택한다. 그다음에는 최상단의 **기본 게임모드** 항목에서 PangaeaGameMode를 선택한다.

기본 게임모드로 PangaeaGameMode를 설정한 다음, 선택된 게임모드 항목을 펼쳐보자. 디폴

트 폰 클래스 항목이 **BP_TopDownCharacter**로 설정돼 있으나 음영 처리돼 있어 현재는 이를 변경할 수 없다는 것을 알 수 있다.

선택된 게임모드 하위 항목들이 현재 설정할 수 없는 상태인 것은 PangaeaGameMode가 C++ 클래스이며, 클래스의 생성자에 적절한 값들이 아직 할당되지 않았기 때문이다. Pangaea GameMode.cpp 파일을 열고 다음과 같이 코드를 입력하자.

```
static ConstructorHelpers::FClassFinder<APawn>
PlayerPawnBPClass(TEXT("/Game/TopDown/Blueprints/BP_
TopDownCharacter"));
if (PlayerPawnBPClass.Class != nullptr)
{
  DefaultPawnClass = PlayerPawnBPClass.Class;
}
```

이 코드는 엔진의 정적 함수인 ConstructorHelpers::FClassFinder를 사용해 BP_TopDownCharacter 에셋을 찾고, 그 결과를 DefaultPawnClass 시스템 변수에 할당한다.

여기서는 에셋이 위치하는 경로가 하드코딩돼 있으므로 BP_TopDownCharacter를 BP_Player Avatar로 수정한다. 이제 **디폴트 폰 클래스**가 그림과 같이 BP_PlayerAvatar로 변경됐을 것이다.

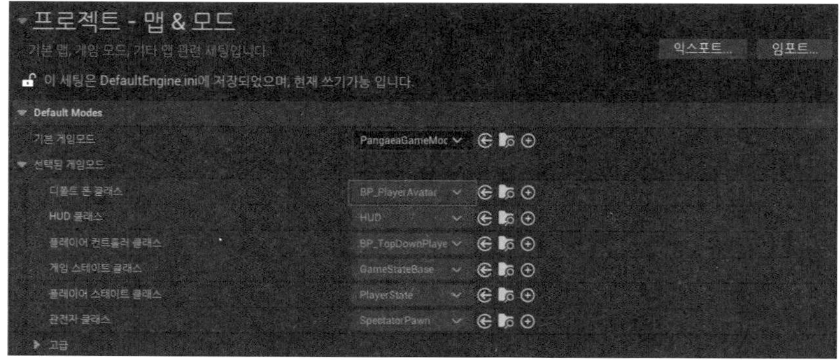

그림 6.11 프로젝트 세팅 항목에서 기본 게임모드와 디폴트 폰 클래스 설정하기

이제 언리얼 에디터에서 게임을 플레이해보자. 플레이어 캐릭터가 히어로 캐릭터로 표시될 것이다.

그림 6.12 이제 플레이어 캐릭터로 히어로가 표시된다.

하지만 캐릭터가 움직여도 어떤 애니메이션도 보이지 않는다. 다음에는 히어로 캐릭터를 위한 애니메이션 블루프린트를 만들어볼 것이다.

플레이어 아바타의 애니메이션 블루프린트 생성하기

캐릭터가 마무리됐다면, 그다음 목표는 캐릭터 애니메이션을 제어하는 것이다. 이를 위해 C++ 애니메이션 인스턴스 클래스와 PlayerAvatarAnimInstance를 만들고, 이를 기본 클래스로 활용해 애니메이션 블루프린트인 `ABP_PlayerAvatar`를 만들어야 한다.

작업을 간단하게 진행하기 위해 플레이어 캐릭터에게는 다음과 같은 애니메이션 상태만 할당된다.

- **로코모션**Locomotion: 이 상태에는 Idle, Walk, Run 애니메이션을 블렌딩하는 블렌드 스페이스 1DBlend Space 1D가 해당된다. Speed 부동소수 변수를 통해 블렌딩 작업을 제어한다.

- **공격**Attack: 이 상태는 Attack 애니메이션을 플레이한다. 부울 유형의 변수인 `IsAttacking`을 사용해 상태가 전환된다.
- **피격**Hit: 캐릭터가 공격을 받으면, 플레이어의 아바타는 Hit 애니메이션을 플레이한다.
- **죽음**Die: 캐릭터의 HP가 0이 되거나 그보다 낮아지면, 플레이어 아바타는 Die 애니메이션을 플레이한다.

Attack, Hit, Die 애니메이션이 실행되고 나면, 애니메이션 인스턴스 클래스의 플래그를 `false`로 설정하는 이벤트가 발생해 스테이트 머신이 적절한 다음 상태로 바뀔 수 있도록 해줘야 한다.

`PlayerAvatarAnimInstance`가 기본 클래스로 동작하므로 처음 작업해야 할 것은 이 C++ 클래스를 생성하는 것이다.

PlayerAvatarAnimInstance 클래스 생성하기

애니메이션 인스턴스 클래스를 생성하려면 **새 C++ 클래스...** 창에서 AnimInstance 부모 클래스를 찾아야 한다. 창의 상단에서 **모든 클래스** 탭을 선택한 다음, 검색창에 Animins를 입력해보자. 다음 그림과 같이 AnimInstance 클래스를 찾을 수 있을 것이다.

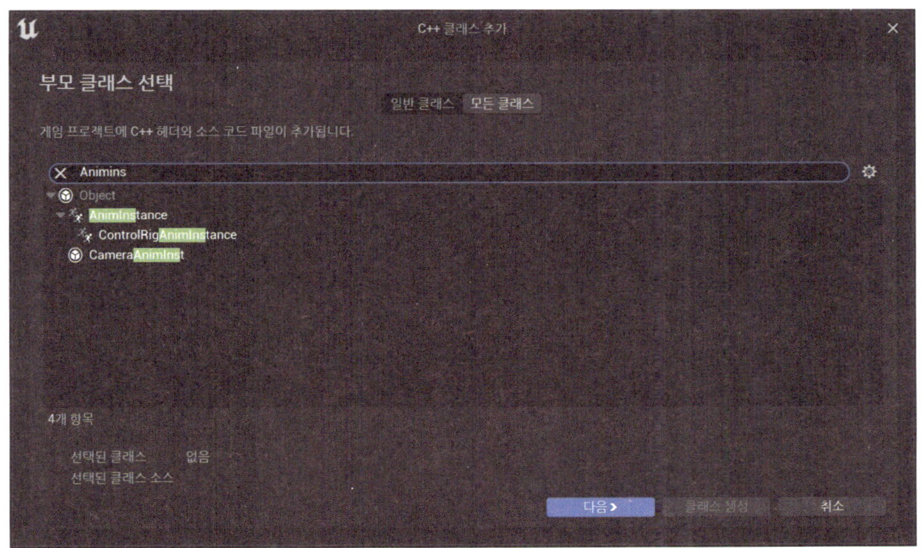

그림 6.13 ABP_PlayerAvatar를 만들기 위해 AnimInstance 부모 클래스를 찾는다.

그다음, 클래스 이름으로 PlayerAvatarAnimInstance를 입력한다. 예제에서는 새로운 소스 파일이 위치하는 경로를 단순하게 .../Source/Pangaea/로 설정했다.

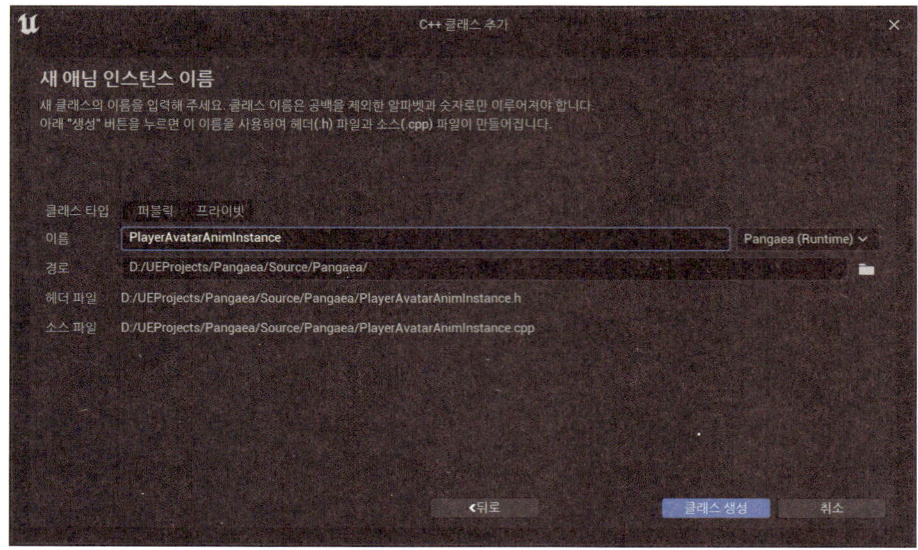

그림 6.14 PlayerAvatarAnimInstance 클래스 생성하기

클래스 생성을 누르면 프로젝트를 다시 로드하고 빌드할 것이다.

이제 비주얼 스튜디오에서 PlayerAvatarAnimInstance.h 파일을 열어보자. EPlayerState 열거형과 함께 Speed와 State라는 2개의 퍼블릭 변수를 코드에 추가해야 한다. Speed 변수는 현재 상태가 Locomotion일 때 Idle, Walk, Run 애니메이션을 보간하는 데 사용된다. 열거형 State 변수는 하나의 상태에서 다른 상태로 변환되기 위해 Locomotion, Attack, Hit, Die 중의 하나로만 설정될 수 있다.

NOTE

C++ 프로그래밍에서 열거형은 사용자가 정의할 수 있는 유형의 값이다. 즉, 열거형의 값은 정의된 범위 안의 값이어야 한다. 열거형의 값은 상수형으로 명시된다. C++에서 열거형 데이터를 정의하려면 enum class 나 enum 키워드를 사용해야 한다. 언리얼에서는 enum class 키워드를 사용한다.

다음과 같이 코드를 입력해 EPlayerState 열거형을 정의한다.

```
UENUM(BlueprintType)
enum class EPlayerState : uint8
{
```

```
  Locomotion,
  Attack,
  Hit,
  Die
};
```

코드를 좀 더 자세히 살펴보자.

- 이 코드는 EPlayerState라는 이름의 새로운 열거형을 정의하고 있다.

- EPlayerState 변수는 Locomotion, Attack, Hit, Die라는 4개의 값 중 하나에만 할당된다.

- UENUM 매크로는 BlueprintType 지정자를 가진다. 이를 통해 블루프린트에서도 enum 데이터 유형을 사용할 수 있다.

- : uint8은 컴파일러에 값을 저장하기 위해 8비트를 예약한다는 것을 의미한다. 이를 명시하지 않으면 일반적으로 32비트를 소모한다.

이제 Speed와 State 변수를 정의한다.

```
public :

UPROPERTY(EditAnywhere, BlueprintReadWrite)
float Speed;

UPROPERTY(EditAnywhere, BlueprintReadWrite)
EPlayerState State;
```

Attack, Hit, Die 애니메이션이 종료됐을 때 State의 변경을 관장하는 OnStateAnimationEnds 함수를 추가한다.

```
UFUNCTION(BlueprintCallable)
void OnStateAnimationEnds ();
```

State를 블루프린트에서 직접 확인하고 편집할 수 있지만, 이 예제에서는 BlueprintCallable 함수를 어떻게 사용하는지 보여주려고 한다. 로직이 복잡할 때처럼 때로는 블루프린트 다이어그램보다 직접 C++ 코드에서 작업을 수행하는 것이 더 효과적이고 명료할 때가 있다.

지금까지 작업이 완료된 PlayerAvatarAnimInstance.h 파일은 다음과 같다.

```cpp
#include "CoreMinimal.h"
#include "Animation/AnimInstance.h"
#include "PlayerAvatarAnimInstance.generated.h"

UENUM(BlueprintType)
enum class EPlayerState : uint8
{
  Locomotion = 0,
  Attack,
  Hit,
  Die
};

UCLASS()
class PANGAEA_API UPlayerAvatarAnimInstance : public UAnimInstance
{
GENERATED_BODY()

public :

  UPROPERTY(EditAnywhere, BlueprintReadWrite)
  float Speed;

  UPROPERTY(EditAnywhere, BlueprintReadWrite)
  bool IsAttacking;

UPROPERTY(EditAnywhere, BlueprintReadWrite)
EPlayerState State;

UFUNCTION(BlueprintCallable)
void OnStateAnimationEnds ();

};
```

헤더 파일에서 OnStateAnimationEnds 함수를 선언한 것을 알 수 있다.

이 함수를 구현하려면 PlayerAvatarAnimInstance.cpp 파일에서 다음과 같이 추가돼야
한다.

```cpp
#include "PlayerAvatarAnimInstance.h"
#include "PlayerAvatar.h"

void UPlayerAvatarAnimInstance::OnStateAnimationEnds()
{
  if (State == EPlayerState::Attack)
  {
    State = EPlayerState::Locomotion;
  }
  else
  {
    auto ownerActor = this->GetOwningActor();
    auto playerAvatar =
    Cast<APlayerAvatar>(ownerActor);
  if (playerAvatar == nullptr)
  {
    Return;
  }
  if (State == EPlayerState::Hit)
  {
  if (playerAvatar->GetHealthPoints() > 0.0f)
  {
    State = EPlayerState::Locomotion;
  }
  else
  {
    State = EPlayerState::Die;
  }
  }
  else if (State == EPlayerState::Die)
  {
    //…
  }
  }
}
```

PlayerAvatarAnimationInstance.cpp 파일을 좀 더 자세히 살펴보자. 우선 첫 번째 줄의
#include "PlayerAvatar.h"를 통해 PlayerAvatar를 정의하고, 애니메이션 인스턴스의 소유
자 캐릭터를 Actor 포인터에서 PlayerAvatar 포인터로 변경시켜 결과적으로 PlayerAvatar::
GetHealthPoints() 멤버 함수에 접근함으로써 이를 호출할 수 있게 만들어준다.

그림 6.15는 OnStateAnimationEnds 함수의 이벤트그래프를 보여준다.

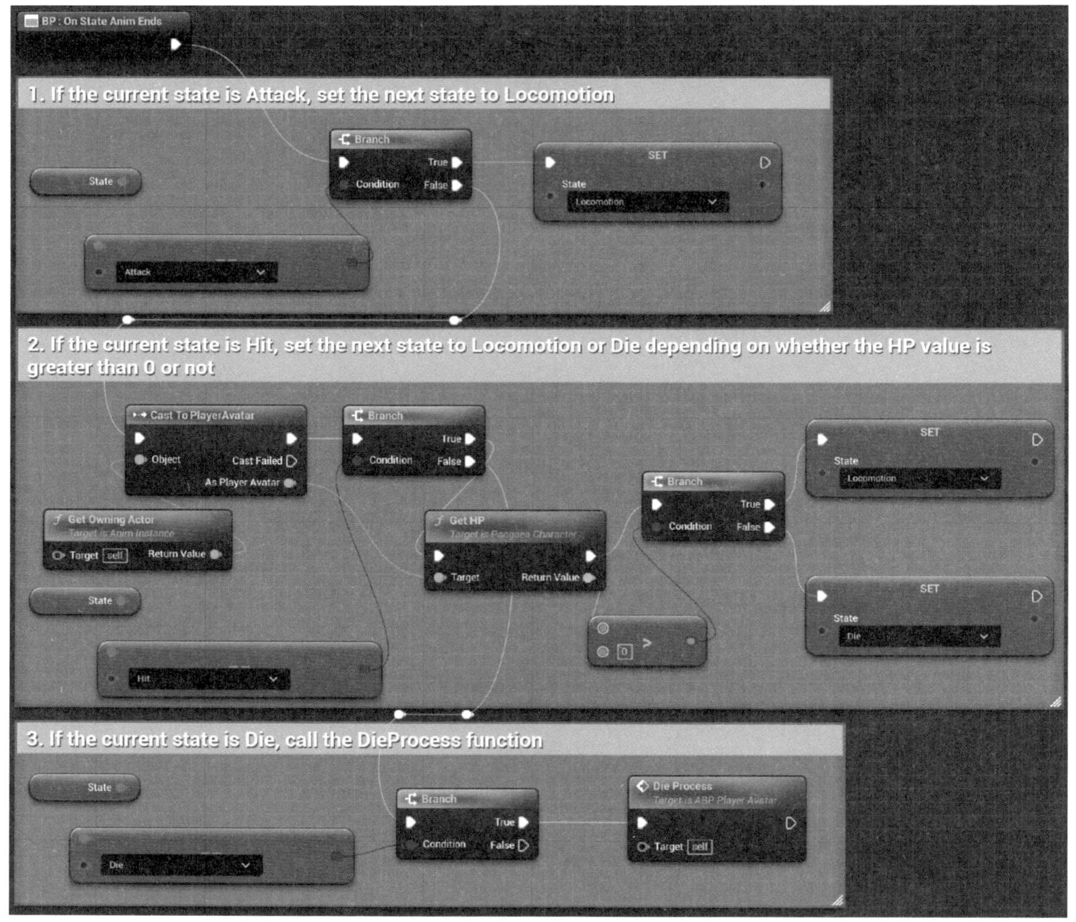

그림 6.15 OnStateAnimationEnds 함수 이벤트그래프

PlayerAvatarAnimationInstance 클래스가 구현됐다면 ABP_PlayerAvatar 애니메이션 블루프

린트를 생성할 차례다. 이 애니메이션 블루프린트에 기반해, 상태 변경에 반응함으로써 캐릭터의 애니메이션을 제어하는 스테이트 머신을 정의하게 된다.

ABP_PlayerAvatar 블루프린트 생성하기

블루프린트를 생성하려는 위치에서 우 클릭해 새로운 블루프린트를 생성한다. 예제는 **All ➤ 콘텐츠 ➤ TopDown ➤ Blueprints**를 선택했다. 이어서 **애니메이션 ➤ 애니메이션 블루프린트**를 선택한다.

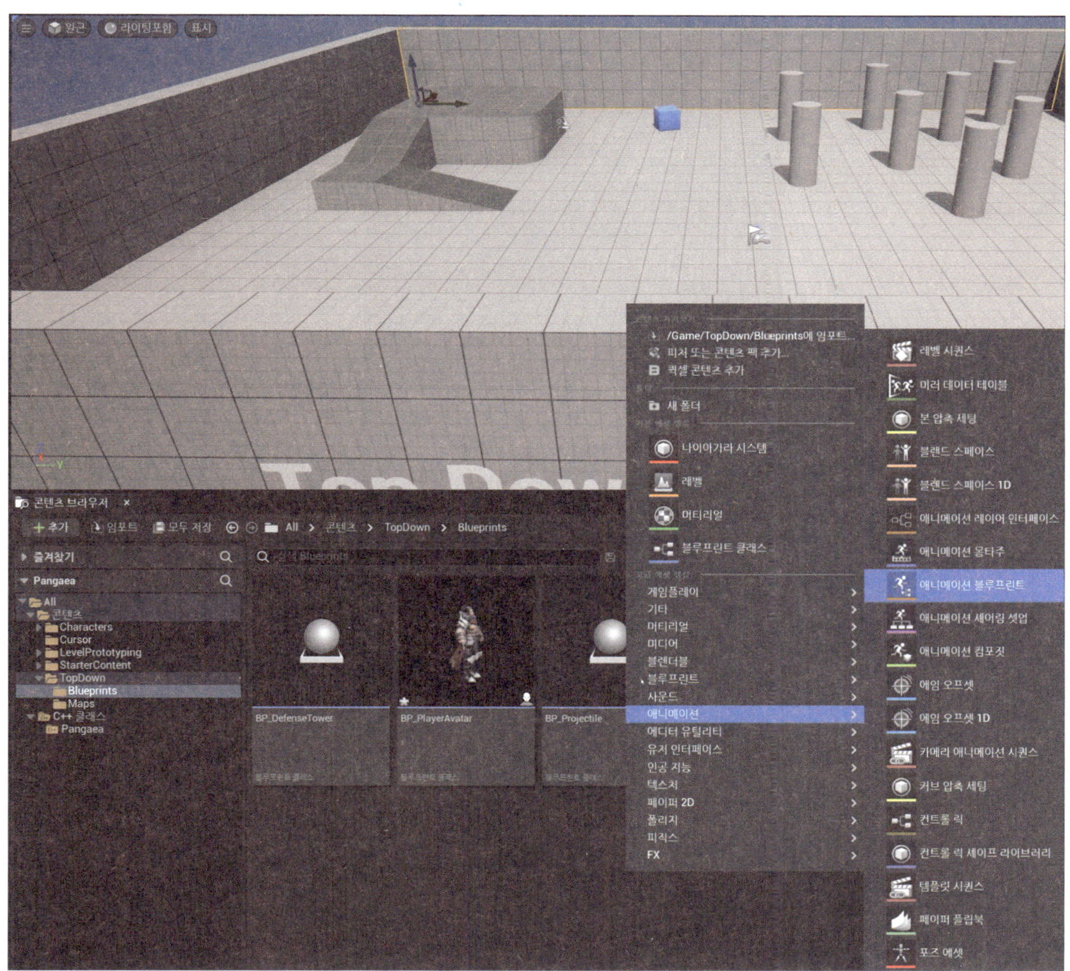

그림 6.16 새로운 애니메이션 블루프린트 생성하기

그다음, 스켈레톤과 애니메이션 블루프린트의 부모 클래스를 선택한다. 여기서는 앞서 임포트했던 스켈레톤과 부모 클래스로 `PlayerAvatarAnimInstance`를 선택한다.

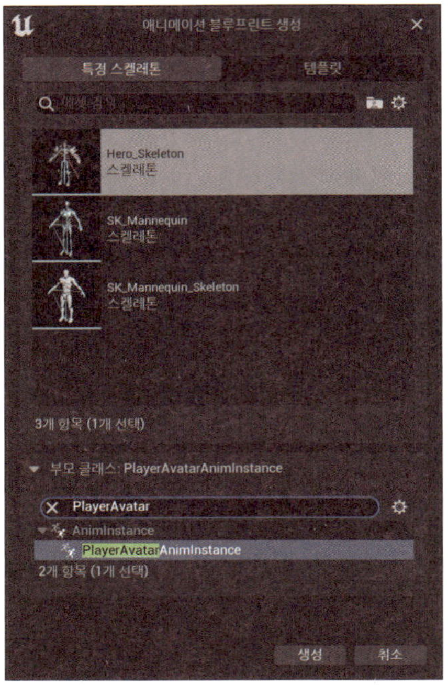

그림 6.17 스켈레톤과 부모 클래스 선택하기

생성 버튼을 눌러 과정을 마무리하면, Blueprints 폴더에 새로 생성된 애니메이션 블루프린트를 확인할 수 있을 것이다. 이름을 `ABP_PlayerAvatar`로 변경하자.

그다음 단계는 `ABP_PlayerAvatar` 애니메이션 블루프린트에 스테이트 머신을 생성하는 것이다.

ABP_PlayerAvatar에 스테이트 머신 생성하기

언리얼 스테이트 머신을 통해 개발자가 직접 캐릭터의 상태와 그에 대응하는 상태 애니메이션을 설정할 수 있다. 스테이트 머신을 사용함으로써 Speed와 State 변수를 통해 상태 간 전환을 손쉽게 제어할 수 있다.

이 책은 C++ 스크립팅에 초점을 맞추고 있으므로, 여기서는 어떻게 스테이트 머신을 만들어내는지 자세히 다루지 않을 것이다. 스테이트 머신에 대해 좀 더 자세히 알고 싶다면, 웹 사이트 https://docs.unrealengine.com/5.3/ko/state-machines-in-unreal-engine/ 를 방문해 기본적인 정보를 습득하고 비디오 튜토리얼을 따라 해보자.

이 책에서는 **블렌드 스페이스 1D** 에셋을 만들고 애니메이션 블루프린트에 새 스테이트 머신을 추가한 다음, 스테이트 및 스테이트 트랜지션을 추가하는 작업과 그 결과물만을 다룬다. 그럼 시작해보자.

1. Locomotion 스테이트에 사용할 HeroBlendSpace1D라는 이름의 **블렌드 스페이스 1D**를 만든다. 이어서 블렌딩 스페이스 라인에 Idle, Walk, Run 애니메이션을 추가한 다음,[2] **가로 축 이름**을 Speed로 변경한다.

---

[2] 콘텐츠 브라우저에서 해당하는 애니메이션을 찾아 타임라인에 드래그 앤 드롭하거나 에셋 브라우저에서 애니메이션을 검색해 추가할 수 있다. – 옮긴이

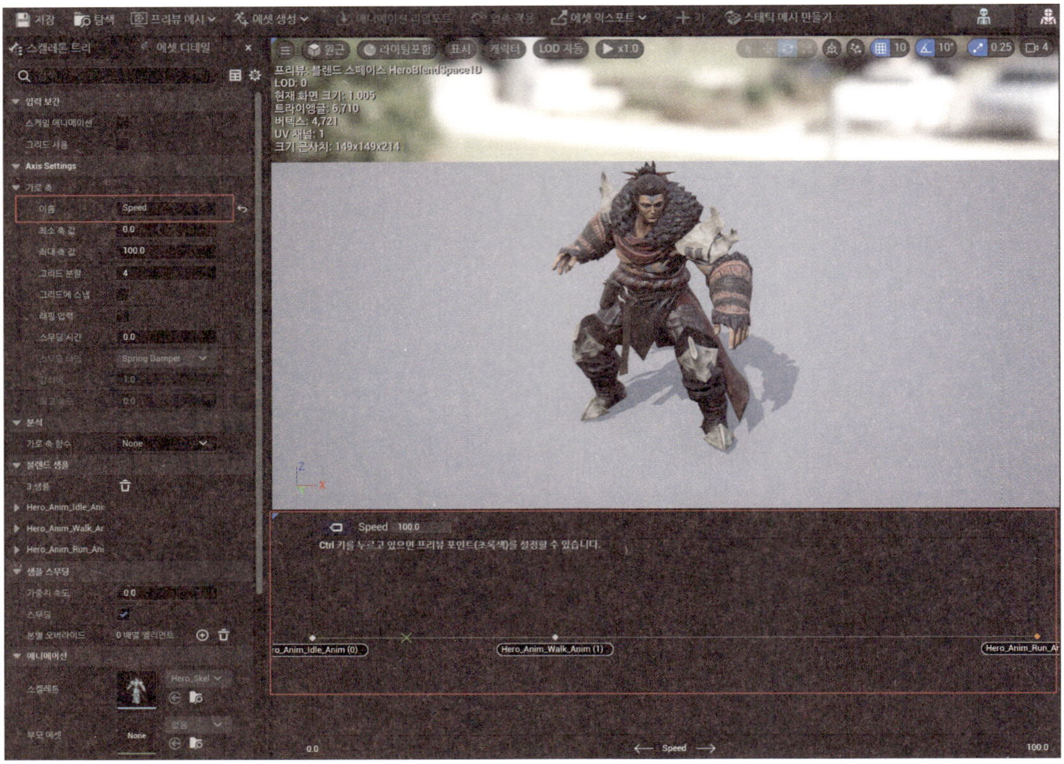

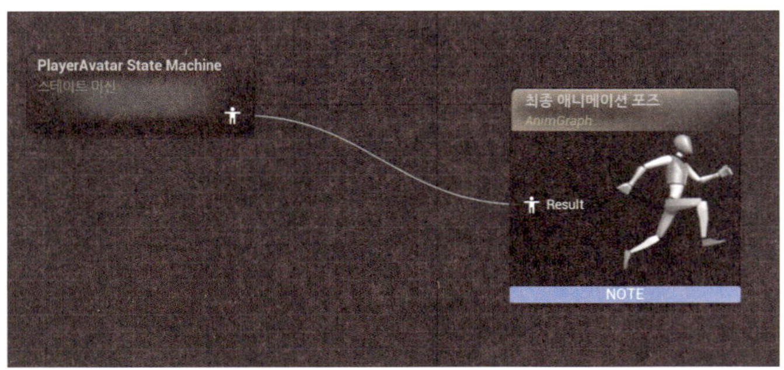

그림 6.18 블렌드 스페이스 1D 에셋 생성하기

2. 애니메이션 블루프린트에 새로운 스테이트 머신을 추가하고, 스테이트 머신을 **최종 애니메이션 포즈**와 연결한다.

그림 6.19 ABP_PlayerAvatar에 스테이트 머신 추가하기

3. 스테이트 머신에 4개의 새로운 스테이트를 추가하고, 각각의 이름을 Locomotion, Attack, Hit, Die로 설정한다. 그다음, 이들 상태를 아래 그림과 같이 연결한다.

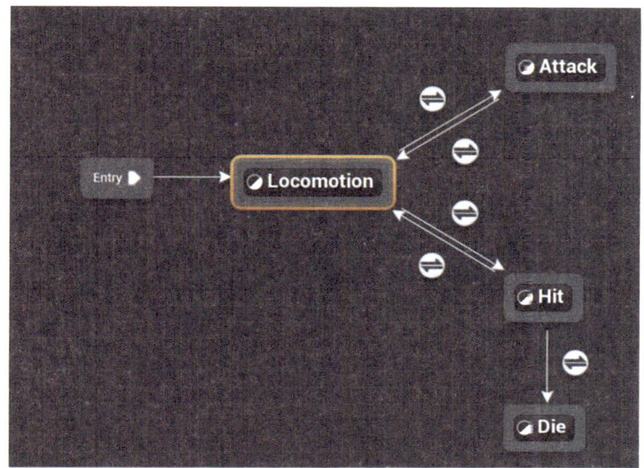

그림 6.20 ABP_PlayerAvatar 스테이트 머신

4. **Locomotion** 노드를 더블 클릭해 스테이트 그래프 에디터로 들어가자. **애니메이션 포즈 출력** 노드에 새로 HeroBlendSpace1D 노드를 추가하고 그림 6.21과 같이 연결한다. HeroBlendSpace1D 노드를 우 클릭해 바인딩 항목을 Speed로 설정한다.

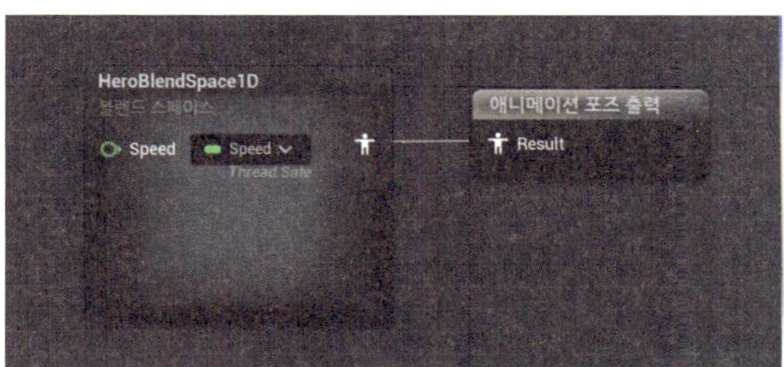

그림 6.21 Locomotion 스테이트에 HeroBlendSpace1D 추가하기

스테이트 그래프에서 **Speed** 입력 값을 사용해 Idle, Walk, Run 애니메이션을 보간한다.

5. Attack, Hit, Die 스테이트에 적합한 애니메이션을 추가해 **애니메이션 포즈 출력** 노드와 연결한다.

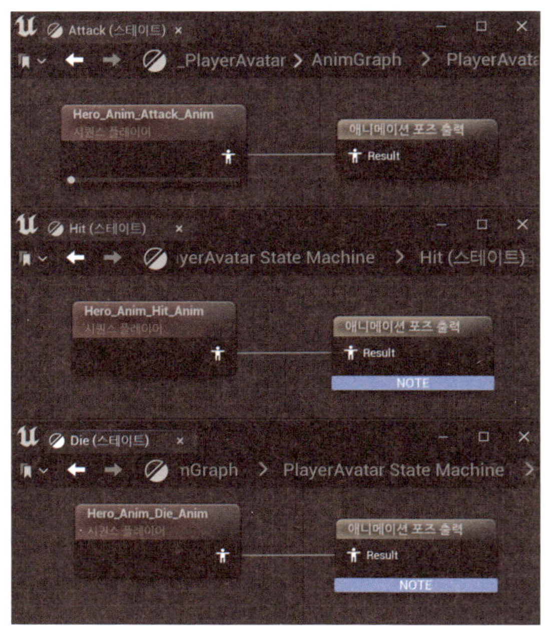

그림 6.22 Attack, Hit, Die 스테이트에 애니메이션 추가하기

6. **State**와 **State** 비교 노드를 추가해 그림 6.20에서 보이는 각 스테이트의 트랜지션 조건을 설정한다. 블루프린트 에디터를 우 클릭한 다음, 블루프린트에 대한 모든 액션 창의 검색창에서 `Get State`를 입력한다. 검색 결과에서 **Variables ➤ Avatar Params ➤ Get State**를 선택하면 **State** 노드가 생성된다. 그러고 나서 노드의 버튼을 클릭해 드래그 앤 드롭한 다음, **Utilities ➤ Enum ➤ Equal(Enum)**을 선택한다. 드롭다운 목록의 **State**는 타깃하는 방향의 스테이트로 설정해준다. 그다음, 이 노드를 결과 노드와 연결해 설정을 마무리한다. 이제 `PlayerAvatarAnimInstance::State`와 비교한 결과가 참일 때 목표한 상태로 전환되도록 설정된 것이다.

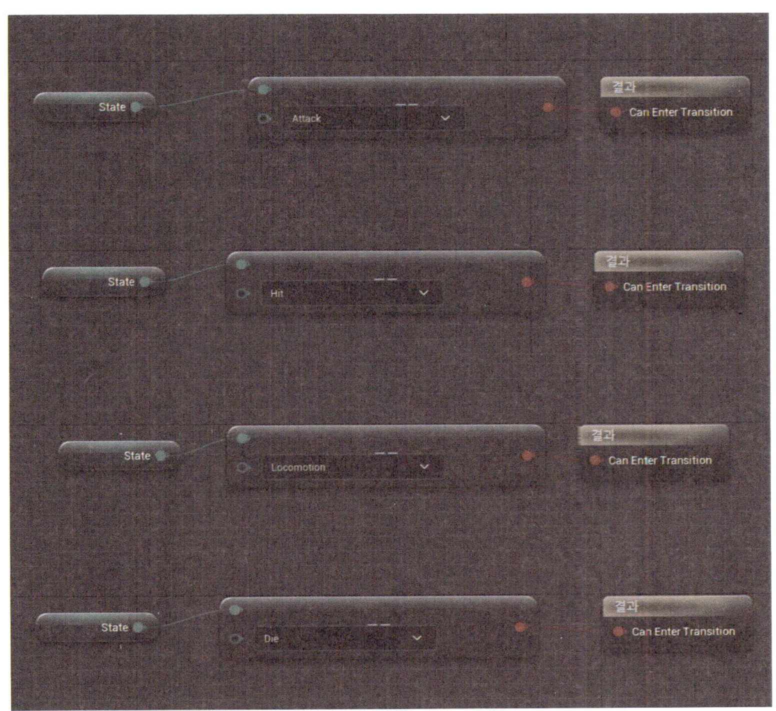

그림 6.23 스테이트 간의 변환 조건 추가하기

7. 컴파일을 수행하고 애니메이션 블루프린트를 저장한다.

8. 이제 우리가 만든 플레이어 아바타와 연동할 수 있다. BP_PlayerAvatar를 연 다음, 메시 컴포넌트를 선택하고 애니메이션 항목의 **애니메이 션 모드**를 Use Animation Blueprint로 지정한다. 그 아래의 **애님 클래스** 항목에서는 ABP_PlayerAvatar를 선택해준다.

마지막으로, 캐릭터의 이동 속도와 PlayerAvatarAnimInstance의 Speed 변수의 싱크를 맞춰 애니메이션을 블렌딩해보자.

애니메이션 인스턴스와 이동 속도 싱크 맞추기

이동 속도의 싱크를 맞추기 위해 PlayerAvatar.cpp 파일에 코드를 추가해야 한다. 모든 틱에 다음과 같은 작업이 수행돼야 한다.

* 우선 캐릭터의 스켈레탈 메시에서 애니메이션 인스턴스를 획득하고, 이를 `UPlayerAvatarAnimInstance` 클래스 포인터가 되도록 캐스팅해야 한다. 이어서 그 결과를 `PlayerAvatarAnimInst` 변수에 할당해야 한다.

* 그다음, 캐릭터의 무브먼트 컴포넌트에서 `Velocity` 벡터를 읽어온다.

* 마지막으로, `Velocity` 벡터의 길이를 계산하고 이를 `PlayerAvatarAnimInst`의 `Speed` 변수에 할당한다.

`Tick()` 함수에 추가되는 코드는 다음과 같다.

```cpp
void APlayerAvatar::Tick(float DeltaTime)
{
Super::Tick(DeltaTime);

UPlayerAvatarAnimInstance* animInst =
    Cast<UPlayerAvatarAnimInstance>(
GetMesh()->GetAnimInstance());
animInst->Speed =
    GetCharacterMovement()->Velocity.Size2D();
}
```

`Tick()` 함수의 `DeltaTime` 매개변수는 앞선 프레임의 틱에서부터 경과된 시간을 초 단위로 보여준다. 예를 들어 게임 틱이 초당 100 프레임으로 수행된다면, `DeltaTime` 값은 0.01f가 된다.

여기서 획득한 velocity 값은 월드 좌표 시스템의 x, y, z축의 속도를 가리키는 `FVector` 구조체 데이터 유형이다. 우리가 필요한 것은 x와 y축이 조합된 스피드다. `Fvector::Size2D()`의 값으로 이를 반환한다.

`FVector` 구조체는 3D 공간을 수학적인 벡터로 표현한다. 언리얼에서 `FVector` 값은 3개의 부동소수 컴포넌트인 X, Y, Z로 구성된다. `FVector`는 위치나 오일러 각 회전과 같이 3D 공간을 표현하는 데 활용된다. 또한 이동을 계산하거나 2개의 벡터 각도 사이의 코사인, 두 벡터

사이의 법선 벡터 normal vector 를 구하는 데도 사용된다. 주로 사용되는 FVector 함수는 다음과 같다.

함수 이름	Is Static?	설명
CrossProduct	예	두 벡터의 외적(cross product), 즉 두 벡터로 만들어진 표면의 법선 벡터를 계산한다.
DotProduct	예	두 벡터의 내적(dot product)을 계산한다. 두 벡터의 길이와 두 벡터 사이의 각도를 기준으로 한 코사인 값을 곱한다.
Distance	예	두 벡터 사이의 거리를 구한다.
DistSquare	예	두 벡터 사이의 제곱 거리를 구한다.
RotateAngleAxis	아니오	축을 따라 일정 각도로 벡터를 회전한 다음, 회전한 벡터를 반환한다.
Rotation	아니오	벡터의 FRotator를 반환한다.
Size	아니오	벡터의 3D(X, Y, Z) 길이를 반환한다.
Size2D	아니오	벡터의 2D(X, Y) 길이를 반환한다.
FVector 연산자	아니오	+, -, ==, != 등으로 구성된다.

그림 6.24 유용한 FVector 함수 목록

벡터에 대해 좀 더 자세히 알고 싶다면 언리얼 엔진의 문서 사이트 https://docs.unrealengine.com/.../Runtime/Core/Math/Vector 를 방문해보자.

이 장을 마무리하면 게임 Pangaea에 등장하는 히어로 캐릭터를 완성할 수 있을 것이다. 엔진에서 게임을 실행하고 히어로 캐릭터를 움직여보자.

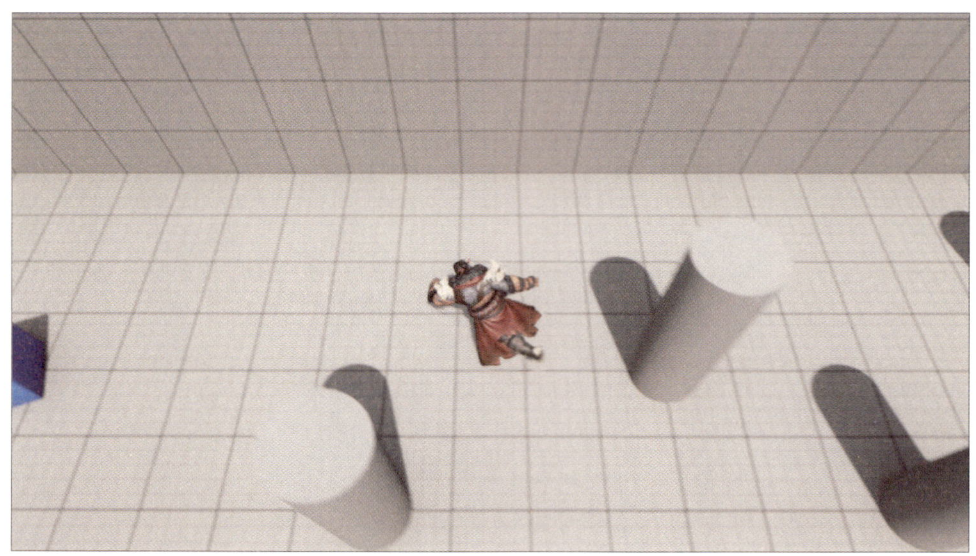

그림 6.25 게임 Pangaea의 새로운 플레이어 캐릭터

⠿ 요약

이 장의 내용을 성공적으로 따라왔다면 이제 당신만의 새로운 게임 플레이어 캐릭터를 만들 수 있을 것이다.

이 장에서는 제일 먼저 Camera 컴포넌트와 SprintArm 컴포넌트를 PlayerAvatar 클래스에 추가해 내려보기 형식의 카메라 뷰를 설정하는 법을 배웠다. 카메라는 스프링 암의 끝에 부착돼 내려보기 형식의 뷰를 제공하고 캐릭터와 함께 움직일 수 있게 된다. PlayerAvatar 생성자에서 SpringArm과 Camera 컴포넌트를 생성했을 뿐만 아니라, CharacterMovement 컴포넌트를 통해 캐릭터 설정도 초기화할 수 있었다.

BP_PlayerAvatar를 설정한 다음, 내려보기 형식의 게임에 사용되는 디폴트 캐릭터를 이로 대체했다.

그다음에는 PlayerAvatarAnimInstance 클래스를 생성하고 Speed와 State라는 2개의 변수를 정의했다. 이에 기반해 애니메이션 블루프린트를 설정하고 캐릭터의 상태 애니메이션을 결

238

정하는 스테이트 머신을 정의했다.

마지막으로, `APlayerAvatar::Tick()` 함수에 코드를 추가해 캐릭터의 속도와 애니메이션 인스턴스의 Speed 변수 간에 싱크를 맞췄다.

다음 장에서는 사용자의 입력을 설정하고 이를 통해 플레이어 캐릭터를 제어하는 법을 소개한다. 또한 적 캐릭터를 만들고 이들의 행동을 제어하기 위한 AI 컨트롤러에 대해서도 알아본다.

07
캐릭터 제어하기

6장에서는 `PlayerAvatar` 클래스와 `BP_PlayerAvatar` 블루프린트를 사용해 우리만의 플레이어 캐릭터를 만들어봤다. 이어서 해야 할 일은 이렇게 만든 플레이어 캐릭터를 조종하고 제어하는 것이다. 엔진에서 프로젝트가 생성될 때 자동으로 `PangaeaPlayerController` 클래스가 만들어지며, 이것만으로도 충분히 플레이어 캐릭터를 움직이게 만들 수 있다. 하지만 이렇게 기본적으로 생성되는 클래스만으로는 캐릭터를 자유자재로 제어하기가 어려운 것이 사실이다.

이번 장에서는 액션 맵에 사용자 입력을 추가하는 법, 공격을 트리거하기 위해 입력 이벤트를 다루는 법과 공격, 피격, 사망 애니메이션의 타임라인에 노트파이를 추가하는 법 등을 배워본다.

아울러 엔진에서 수행하는 메모리 관리 메커니즘의 핵심인 가비지 컬렉션의 개념도 함께 소개한다. 또한 캐릭터를 삭제하는 코드를 통해 가비지 컬렉션을 수동으로 실행하는 법을 알아볼 것이다.

여기에 더해 적 캐릭터를 생성하고 `AIController`를 통해 이를 제어하는 법도 살펴본다. 적이 플레이어를 감지하고, 쫓아가고, 공격할지 결정하고, 플레이어에게 공격당해 사라지게 만드는 것이 여기에 포함된다.

`EnemyController`와 `PangaeaPlayerController`는 NavMesh 시스템에 기반한 경로 찾기 알고리듬으로 캐릭터를 움직인다. 따라서 경로 찾기 알고리듬의 핵심 개념을 알아보고, 게임 맵에 이를 반영해보는 과정도 살펴볼 것이다.

이번 장에서는 다음과 같은 주제들을 다룬다.

- 플레이어 캐릭터를 제어해 공격 수행하기

- 액터 파괴하기

- 적 캐릭터 생성하기

- 게임 테스트하기

기술적인 요구 사항

이 장에서 작성한 코드는 깃허브(https://github.com/PacktPublishing/Unreal-Engine-5-Game-Development-with-C-Scripting/tree/main/Chapter07/)에서 다운로드할 수 있다.

플레이어 캐릭터를 제어해 공격 수행하기

Pangaea 프로젝트를 만들 때 엔진에서 자동으로 `PangaeaPlayerController` 클래스를 생성한다. 이를 통해 기본적인 플레이어 캐릭터 제어는 가능한 상태다. `PangaeaPlayerController`가 어떻게 플레이어를 제어하는지 이해하기 위해 비주얼 스튜디오에서 PangaeaPlayerController.cpp 파일을 열어 코드를 살펴보자.

우선 `SetupInputComponent()` 함수는 프로젝트의 입력 설정에 정의된 SetDestination 액션에 `OnSetDestinationPressed()`와 `OnSetDestinationReleased()` 이벤트 핸들러 함수를 바인딩한

다. 이 두 이벤트 핸들러 함수는 캐릭터를 다음 목적지로 이동하기 위해 이동 함수인 Stop
Movement와 SimpleMoveToLocation을 호출한다.

시스템에 새로운 공격 액션을 추가하고 이를 핸들러 함수와 연결하는 것이 가능할까? 물론
가능하다. 우선 새로운 공격 액션을 정의하는 것부터 시작해보자.

액션 맵에 공격 액션 추가하기

언리얼에서 PlayerController는 플레이어의 입력을 해석해 폰이 플레이어의 명령과 행동에
반응하도록 만들어주는 인터페이스다.

PangaeaPlayerController는 엔진이 제공하는 PlayerController 클래스의 자식 클래스로, 다
양한 변수와 함수를 부모 클래스로부터 상속받는다. 예를 들어 플레이어가 **Esc**와 같은 입력
키를 눌렀는지, 키에서 손을 뗐는지, 아니면 계속 누르고 있는 상태인지 확인하기 위해 주
기적으로 PlayerController의 체크 함수 3개를 호출할 수 있다.

- bool WasInputKeyJustPressed(Ekeys::Escape)

- bool WasInputKeyJustReleased(Ekeys::Escape)

- bool IsInputKeyDown(Ekeys::Escape)

방금 살펴본 예는 특정한 입력 키에서 바로 사용자 입력을 캡처하는 간단한 케이스라고 할
수 있다. 하지만 지금처럼 직접 키 입력을 캡처하는 것은 다양한 입력 디바이스를 지원하기
에는 그리 유연한 방법이라고 할 수 없다. 스페이스 바나 마우스 왼쪽 버튼, 혹은 컨트롤러
트리거를 눌렀을 때 무기가 발사된다고 가정해보자. 이 경우 디바이스 3개의 상태를 확인
하기 위해 앞서 나열했던 함수를 모두 세 번씩 호출해야 하는 번거로움이 발생한다.

언리얼은 사용자 입력을 더욱 효과적으로 처리하기 위해 입력 매핑이라는 솔루션을 제공하
고 있다. 이는 게임 프로젝트에서 액션 혹은 축 매핑 그룹을 정의하고 다수의 입력 메서드
를 이 액션이나 축에 바인딩하는 개념이다. 예를 들어 새로운 액션으로 '공격'을 추가하고
마우스 오른쪽 버튼 입력을 이 액션에 바인딩할 수 있다.

우선 언리얼 에디터의 메인 메뉴에서 **편집 ➤ 프로젝트 세팅**을 선택한다. 그런 다음, **엔진** 그룹의 **입력** 항목에서 **액션 매핑** 옆의 + 버튼을 누르고, **Attack**이라는 이름으로 새로운 액션을 추가한다. 액션을 추가한 다음, 오른쪽 마우스 버튼과 스페이스 바를 키 값으로 추가한다.

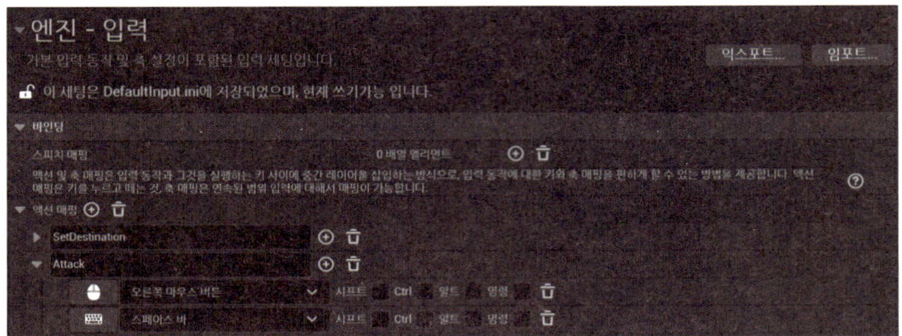

그림 7.1 액션 매핑에 Attack 추가하기

액션 매핑에 추가가 완료됐다면, **프로젝트 세팅** 창을 닫고 코드에서 이를 처리하는 함수와 Attack 액션을 연결하는 작업을 수행해야 한다.

공격 액션에 핸들러 함수 추가하기

앞서 각 틱마다 입력 디바이스의 상태를 체크하는 함수를 언급했는데, 사실 이는 그리 효과적인 프로세스라고 할 수 없다. 반면 입력 매핑 메커니즘은 이벤트를 통해 플레이어의 입력을 제어한다. 플레이어의 입력이 있을 때만 이벤트를 트리거하고, 이어서 이벤트 핸들러 함수가 호출되는 방식인 것이다. 특정한 기능을 수행하는 함수를 작성하고 이를 Attack 액션에 바인딩하는 식으로 작업이 수행될 수 있다.

PangaeaPlayerController.h 파일을 열고 다음과 같이 새로운 멤버 함수를 선언한다.

```cpp
void OnAttackPressed();
```

이어서 PangaeaPlayerController.cpp 파일을 열고 SetupInputComponent 함수를 찾은 다음, 아래의 코드를 추가해 Attack 액션과 OnAttackPressed() 함수를 바인딩한다.

```cpp
InputComponent->BindAction("Attack", IE_Pressed, this,
&APangaeaPlayerController::OnAttackPressed);
```

Attack 이벤트가 트리거되면 어떤 일이 일어날까? 이 질문에 대한 답변은 매우 직관적이다. PlayerAvatar가 공격을 수행할 수 있는 상태인지 체크한 다음, 그 결과로 true를 반환하면 PlayerAvatar의 Attack() 함수를 수행하면 된다.

OnAttackPressed() 액션 핸들러 함수 구현하기

PangaeaPlayerController.cpp 파일을 열고 다음 코드를 추가해 OnAttackPressed() 함수를 추가한다.

```cpp
void APangaeaPlayerController::OnAttackPressed()
{
    auto playerAvatar = Cast<APlayerAvatar>(GetPawn());
    if (playerAvatar->CanAttack())
    {
        playerAvatar->Attack();
    }
}
```

코드를 좀 더 자세히 살펴보자.

- GetPawn() 함수는 현재 제어하고 있는 폰의 포인터를 반환한다.

- Cast() 함수는 반환된 APawn* 포인터가 APlayerAvatar* 포인터가 되도록 캐스팅한다.

이제 CanAttack과 Attack 함수를 구현해야 한다. CanAttack 함수는 플레이어가 쿨다운 상태가 완료돼 공격을 수행할 수 있는 상태인지 체크한다. Attack 함수는 단순히 카운트다운을 수행하면서 플레이어가 Attack 애니메이션을 다시 수행하도록 만들어준다.

CanAttack()과 Attack() 함수 구현하기

앞서 PlayerAvatar 클래스를 만들면서 CanAttack과 Attack 함수를 선언했다. 이제 이 함수들이 동작하도록 코드를 작성해야 한다. PlayerAvatar.cpp 파일을 열고 아래의 코드 블록을 작성해 CanAttack 함수를 구현한다.

```cpp
bool APlayerAvatar::CanAttack()
{
UPlayerAvatarAnimInstance* animInst = cast<UPlayerAvatarAnimInstance>(
    GetMesh()->GetAnimInstance());
return (_AttackCountingDown <= 0.0f &&
animInst->State == EPlayerState::Locomotion);
}
```

추가한 코드를 좀 더 자세히 살펴보자.

- GetMesh 함수는 캐릭터의 **SkeletalMesh** 컴포넌트의 포인터를 반환한다.

- GetAnimInstance 함수는 스켈레탈 메시와 연동돼 있는 애니메이션 인스턴스의 포인터를 반환한다.

- cast 함수는 반환된 UAnimInstance* 포인터를 UPlayerAvatarAnimInstance* 포인터로 캐스팅한다.

- CanAttack() 함수는 Attack 스테이트의 카운트다운 시간이 끝났다면 true를 반환한다. 그다음에는 현재의 스테이트를 Locomotion으로 변경한다. 그렇지 않을 경우에는 false를 반환한다.

이제 Attack() 함수를 구현한다.

```cpp
void APlayerAvatar::Attack()
{
    _AttackCountingDown = AttackInterval;
}
```

Attack 함수는 단순히 Attack 스테이트 쿨다운 타이머를 초기화한다. 캐릭터의 Tick 함수는 _AttackCountingDown과 AttackInterval을 비교해 동일하다면 캐릭터의 스테이트를 Attack 으로 변경한다. 따라서 _AttackCountingDown과 AttackInterval을 설정해 Attack 애니메이션 을 시작할 수 있다.

캐릭터의 Tick 함수를 통해 2개의 작업을 추가할 수 있다.

* PlayerAvatar 애니메이션 스테이트를 Attack으로 변경해 스테이트 머신에서 Attack 애니메이션을 시작하도록 만든다.

* _AttackCountingDown을 감소시켜 0에 다다르면 CanAttack 함수가 true를 반환하도록 만든다.

이 작업들은 다음과 같이 구현될 수 있다.

```cpp
void APlayerAvatar::Tick(float DeltaTime)
{
    Super::Tick(DeltaTime);
    auto animInst = Cast<UPlayerAvatarAnimInstance>(
      GetMesh()->GetAnimInstance());
      animInst->Speed = GetCharacterMovement()->Velocity.Size2D();

    if (_AttackCountingDown == AttackInterval)
    {
      animInst->State = EPlayerState::Attack;
    }

    if (_AttackCountingDown > 0.0f)
    {
      _AttackCountingDown -= DeltaTime;
    }
}
```

컴파일한 후 게임을 플레이하고 마우스 오른쪽 버튼을 클릭해보자. 캐릭터가 공격을 수행 할 것이다. 하지만 이 시점에서 바로 문제가 있다는 것을 알 수 있다. 캐릭터의 공격 애니메 이션이 멈추지 않는다. 즉, 이전의 Locomotion 스테이트로 돌아가지 않고 있는 것이다. 애니메이션 루프를 수행하지 않도록 처리해 이 문제를 해결해보자.

애니메이션 루프를 수행하지 않도록 처리하기

Attack, Hit, Die와 같은 애니메이션을 반복해서 수행하지 않으려면 애니메이션 블루프린트의 타임라인에 알림을 추가해야 한다. 그다음에는 이벤트 핸들러 함수를 작성하고 후킹하는 프로세스를 진행할 수 있을 것이다. 시작해보자.

애니메이션 종료 알림 추가하기

Attack 애니메이션에 노티파이를 추가하려면 **콘텐츠 드로어 ➤ All ➤ 콘텐츠 ➤ Characters ➤ Hero** 폴더의 `Hero_Anim_Attack` 애니메이션을 사용해야 한다. Hero_Anim_Attack 파일을 더블 클릭해 **애니메이션 시퀀스 에디터**를 연 다음, 아래와 같은 과정을 거쳐 애니메이션 타임라인에 새로운 노티파이를 추가한다(그림 7.2 참조).

1. 애니메이션의 엔드포인트 근처 지점에 있는 **노티파이** 트랙을 우 클릭한다.

2. 팝업 메뉴에서 **노티파이 추가**를 선택한다.

3. **새 노티파이**를 선택한다.

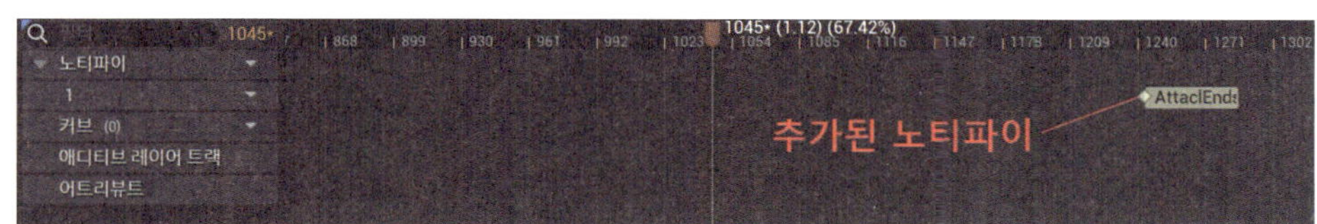

그림 7.2 Attack 애니메이션 타임라인에 새로운 노티파이 추가하기

4. 새로운 노티파이의 이름을 `AttackEnds`로 설정한다. 그럼 애니메이션 타임라인에 설정한 노티파이 태그가 노출될 것이다.

그림 7.3 애니메이션 타임라인에 추가된 AttackEnds 느티파이

5. Hit 애니메이션과 Die 애니메이션도 동일한 과정을 거쳐 `HitEnds`와 `DieEnds` 노티파이를 각각 추가한다.

모든 애니메이션 노티파이가 설정됐다면, 여기에 대응하는 이벤트를 만들고 이를 통해 캐
릭터의 애니메이션 스테이트가 적절한 다음 스테이트로 변경되도록 만들 수 있다.

애니메이션 블루프린트에서 노티파이 이벤트 핸들링하기

애니메이션이 플레이되는 동안 애니메이션 이벤트를 트리거하기 위해 노티파이를 추가했
다. 이제 아래와 같은 과정을 거치면 애니메이션 블루프린트에서 이런 이벤트들을 다룰 수
있게 된다.

ABP_PlayerAvatar의 이벤트그래프에서 다음과 같은 과정을 수행한다.

1. 에디터의 비어 있는 영역을 우 클릭한 후 검색창에서 AttackEnds, HitEnds, DieEnds를
   찾아 에디터에 추가한다.

2. 에디터의 비어 있는 영역을 우 클릭한 후 검색창에서 OnStateAnimationEnds 함수를 찾
   아 에디터에 추가한다. 이 함수는 AplayerAvatarAnimInstance 클래스에 정의돼 있다.

3. 모든 이벤트의 출력을 OnStateAnimationEnds 함수와 연결한다.

이벤트그래프 블루프린트는 다음과 같이 보일 것이다.

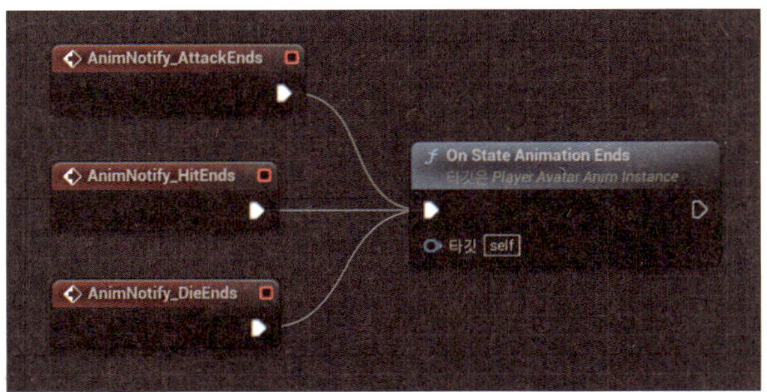

그림 7.4 애니메이션 종료 이벤트를 제어하기 위한 이벤트그래프

Attack, Hit, Die 애니메이션에 노티파이를 추가했고, OnStateAnimationEnds 이벤트 핸들러
함수를 호출하기 위해 블루프린트에서 애니메이션 노티파이를 설정했다. 이 메커니즘을 완
성하려면 이벤트 함수를 구현해 시스템이 동작할 수 있도록 만들어야 한다.

OnStateAnimationEnds 함수 구현하기

OnStateAnimationEnds 함수의 주요한 역할은 애니메이션 스테이트를 적절한 다음 스테이트로 변환하는 것이다. 현재의 애니메이션 스테이트가 Attack, Hit, Die일 때 이 함수를 호출할 수 있다. 다음과 같은 로직을 따라 이 과정이 수행된다.

- 현재 스테이트가 Attack이라면, Attack 애니메이션이 종료될 때 이 함수를 호출한다. 이 함수 호출을 통해 Locomotion 스테이트로 돌아간다.

- 현재 스테이트가 Hit라면, 캐릭터의 HealthPoint가 0보다 큰지 체크한 다음, 그다음 상태인 Locomotion으로 돌아간다. 그렇지 않은 경우라면, 캐릭터가 사망한 경우이므로 Die 스테이트로 변환돼야 하며 Hero_Anim_Die 애니메이션이 시작돼야 한다.

- 현재 스테이트가 Die라면, 캐릭터가 죽은 상태라는 것을 의미한다. 이 경우에는 APlayerAvatar::DieProcess() 함수를 호출해 해당 씬에서 캐릭터를 제거하고 파괴해야 한다.

OnStateAnimationEnds() 함수는 다음과 같이 구현할 수 있다.

```cpp
void UPlayerAvatarAnimInstance::OnStateAnimationEnds()
{
  if (State == EPlayerState::Attack)
  {
    State = EPlayerState::Locomotion;
  }
  else
  {
    auto playerAvatar =
    Cast<APlayerAvatar>(this->GetOwningActor());
  if (State == EPlayerState::Hit)
  {
  if (playerAvatar->GetHealthPoints() > 0.0f)
  {
    State = EPlayerState::Locomotion;
  }
  else
  {
```

```
        State = EPlayerState::Die;
      }
    }
    else if (State == EPlayerState::Die)
    {
      playerAvatar->DieProcess();
    }
    }
  }
```

이로써 플레이어가 히어로 캐릭터의 공격을 제어할 수 있는 `PangaeaPlayerController`의 구현을 완료했다. 다음 섹션에서는 액터가 죽거나 파괴될 때 이를 적절하게 제거하는 법을 살펴볼 것이다.

액터 파괴하기

게임에 등장하는 액터는 그들이 죽거나 게임 안에서 더 이상 존재할 필요가 없을 때 파괴돼야 한다. 예를 들어 Pangaea 플레이어 캐릭터는 `HealthPoints`가 0에 다다르면 죽게 된다. 한번 0에 다다르면, 맵에서 플레이어 캐릭터를 제거하고 게임에서 플레이어를 킥해야 한다.

`DieProcess()` 함수에 다음 세 가지 작업을 수행해 이 과정을 완료할 수 있다.

- 틱에서 캐릭터를 제외한다. `PrimaryActorTick.bCanEverTick` 변수를 `false`로 설정하면 된다.

- 캐릭터를 파괴하기 위해 `K2_DestroyActor()` 함수를 호출한다. 이 언리얼 액터 API는 액터를 파괴하고 점유된 메모리를 대상으로 가비지 컬렉션을 수행한 다음 메모리를 반환한다.

- 엔진의 `ForceGarbageCollection` 함수를 호출해 엔진이 가비지 컬렉션을 수행하도록 만든다.

위의 내용을 구현하기 위해 `DieProcess()` 함수에 다음과 같이 세 줄의 코드를 추가한다.

```cpp
void APlayerAvatar::DieProcess()
{
    PrimaryActorTick.bCanEverTick = false;
    Destroy();
    GEngine->ForceGarbageCollection(true);
}
```

위의 코드 블록은 액터의 틱을 명시적으로 중지하고 시스템에 가비지 컬렉션을 요청한다.

하지만 이 경우에는 다음과 같이 간단한 코드 한 줄로 치환이 가능하다. 동일한 결과물을 얻을 수 있으며, 다른 점은 엔진에서 자체적으로 프로세스를 처리한다는 것뿐이다.

```cpp
void APlayerAvatar::DieProcess()
{
    Destroy();
}
```

액터가 인스턴스화되면, 엔진은 메모리를 할당해 액터의 정보를 저장한다. 그동안 반환된 액터의 포인터는 메모리 블록이 시작되는 주소를 저장한다. 액터가 파괴된다고 해서 바로 이 메모리들이 반환되는 것은 아니다. 가비지 컬렉션이 시작될 때만 새로운 메모리 할당을 위해 파괴된 오브젝트의 메모리가 반환된다.

가비지 컬렉션은 언리얼이 사용하는 메모리 관리 메커니즘으로, 사용하지 않는 메모리 블록을 효과적으로 재사용하는 기법이다. 언리얼은 자체적으로 메고리를 할당하고 해제한다. 가비지 컬렉션은 크게 다음과 같은 상황에서 수행될 수 있다.

* 정기적으로 수행되도록 설정됐을 때

* 시스템 메모리가 고갈될 때

* 개발자가 수동으로 가비지 컬렉션을 시작하도록 설정할 때

우리가 만드는 게임에서는 플레이어 캐릭터가 파괴되면 게임이 종료되므로, 엔진에서 반환된 메모리를 재사용하고 사용하지 않았던 메모리를 정리해야 한다.

가비지 컬렉션은 그 자체로도 고비용 프로세스라고 할 수 있다. 따라서 게임플레이가 진행되는 동안에는 수행되지 않을수록 효과적이다. 가비지 컬렉션이 수행되면 게임의 프레임 레이트^{frame rate}에 영향을 미쳐 게임이 뚝뚝 끊기는 것처럼 보일 수 있다.

이제 기본적인 플레이어 캐릭터 설정은 완료됐다. 다음으로 해야 할 일은 적 캐릭터를 만드는 것이다. 적이 있어야만 게임을 더욱 재미있게 플레이할 수 있기 때문이다.

적 캐릭터 생성하기

적 캐릭터를 만드는 과정은 플레이어 캐릭터를 만드는 과정과 흡사하다. 우선 ACharacter를 상속받는 AEnemy 클래스를 만들어야 한다. 그다음에는 AEnemy를 부모 클래스로 삼는 BP_Enemy 블루프린트를 생성한다. 마지막으로는 ABP_PlayerAvatar와 동일한 ABP_Enemy 애니메이션 블루프린트를 만들면 된다.

적 캐릭터와 플레이어 캐릭터의 가장 큰 차이점은 컨트롤러다. EnemyController 클래스는 엔진의 AIController 클래스를 상속받으며, 이를 통해 목표를 향해 이동하고 공격한다.

일단 히어로의 모델과 애니메이션을 적 캐릭터와 공유한다. 이 둘을 구별하기 위해 적 모델에는 회색의 머티리얼을 적용할 것이다(그림 7.5 참조).

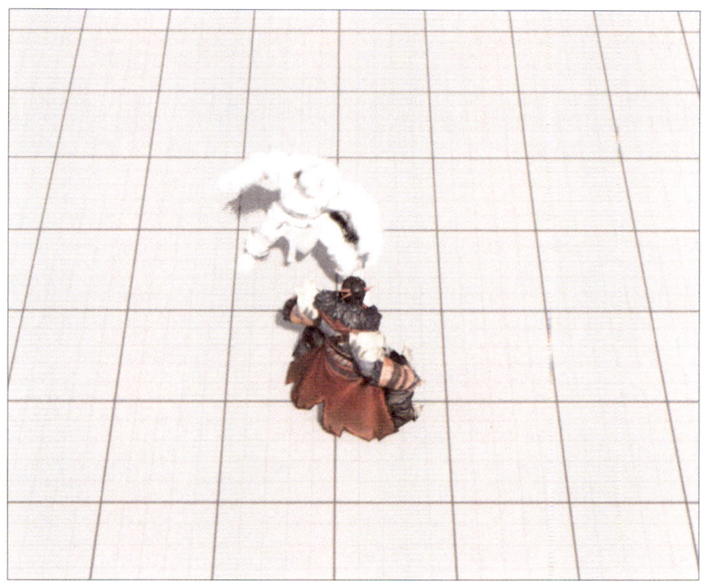

그림 7.5 적과 맞서는 히어로

게임 개발에는 어느 정도 반복적인 과정이 수행될 수밖에 없다. 적 캐릭터를 만들 때도 앞서 생성한 플레이어 캐릭터의 코드와 에셋을 다시 활용할 수 있다. 이런 방법으로 좀 더 쉽고 명확하게 작업을 진행할 수 있다. 처음부터 새로 코드를 작성하는 것보다 중복되는 기능을 수행하는 코드를 다듬는 것이 훨씬 효과적이라고 생각할 수 있을 것이다. 이렇게 생각한다면 이미 코드 리팩터링을 잘 이해하고 있는 것이다. 이 개념은 9장에서 더 자세히 다룬다.

Enemy 클래스 생성하기

APlayerAvatar 클래스를 생성했던 것과 동일하게, ACharacter 클래스를 상속받는 새로운 AEnemy 클래스를 만들 수 있다. 우선 언리얼 에디터의 **C++ 클래스 ➤ Pangaea** 경로에서 Enemy C++ 클래스를 추가해 Enemy.h 파일과 Enemy.cpp 파일을 생성한다.

Enemy.h 헤더 파일에는 다음과 같이 코드를 작성한다.

```cpp
#pragma once

#include "CoreMinimal.h"
#include "GameFramework/Character.h"
#include "Enemy.generated.h"

UCLASS()
class PANGAEA_API AEnemy : public ACharacter
{
    GENERATED_BODY()

public:
AEnemy();

UPROPERTY(EditAnywhere, Category = "Enemy Params")
int HealthPoints = 100;

UPROPERTY(EditAnywhere, Category = "Enemy Params")
float Strength = 5.0;

UPROPERTY(EditAnywhere, Category = "Enemy Params")
float Armor = 1;

UPROPERTY(EditAnywhere, Category = "Enemy Params")
float AttackRange = 200.0f;

UPROPERTY(EditAnywhere, Category = "Enemy Params")
float AttackInterval = 3.0f;

protected:
virtual void BeginPlay() override;

int _HealthPoints;
float _AttackCountingDown;
APawn* _chasedTarget = nullptr;

public:
virtual void Tick(float DeltaTime) override;

UFUNCTION(BlueprintCallable,
Category = "Pangaea|Enemy",
meta = (DisplayName = "Get HP"))
int GetHealthPoints();
```

```cpp
UFUNCTION(BlueprintCallable, Category = "Pangaea|Enemy")
bool IsKilled();

UFUNCTION(BlueprintCallable, Category = "Pangaea|Enemy")
bool CanAttack();

UFUNCTION(BlueprintCallable, Category = "Pangaea|Enemy")
void Chase(APawn* targetPawn);

void Attack();
void Hit(int damage);
void DieProcess();

private:
UPROPERTY(VisibleAnywhere, BlueprintReadOnly,meta = (AllcwPrivateAccess = "true"))
class UPawnSensingComponent* PawnSensingComponent;
};
```

AEnemy 클래스는 앞서 작성했던 APlayerAvatar 클래스와 매우 흡사하다. 단, 다음과 같은 차이가 있다.

- HealthPoints, Strength, Armor, AttackInterval 변수의 초기값들이 다르게 설정돼 있다. 이를 통해 적들이 플레이어 캐릭터보다 약하고 느리게 설정된다. 에디터의 캐릭터 디테일 창을 통해 좀 더 세밀한 조정이 가능하다.

- _chasedTarget 변수를 추가해 현재 타깃의 포인터를 캐시한다. 이 경우에는 플레이어 캐릭터가 타깃이 된다.

- PawnSensingComponent를 추가했다. 이 컴포넌트를 통해 감지하는 영역 안으로 플레이어 캐릭터가 들어왔는지 체크한다. 영역 안에서 플레이어 캐릭터가 감지되면 _chasedTarget 변수에 플레이어 캐릭터가 설정된다. 플레이어 캐릭터가 영역 밖으로 벗어나면, 변수는 nullptr로 설정된다.

- Chase(APawn* targetPawn) 함수를 추가했다. 이 함수는 BlueprintCallable 함수로 마크된다. PawnSensingComponent가 OnSeePawn 이벤트를 트리거하면, 블루프린트는 Chase 함수를 호출해 타깃을 설정하고, 적 캐릭터가 플레이어 캐릭터를 쫓아가기 시작한다.

- 적 캐릭터는 사용자의 입력을 받지 않으므로, 앞서 PlayerAvatar 클래스에서 했던 것처럼 SetupPlayerInputComponent 함수를 오버라이드하지 않아도 된다.

이제 Enemy.cpp 파일은 다음과 같다.

```cpp
#include "Enemy.h"
#include "Perception/PawnSensingComponent.h"
#include "GameFramework/CharacterMovementComponent.h"
#include "EnemyController.h"
#include "EnemyAnimInstance.h"

AEnemy::AEnemy()
{
PrimaryActorTick.bCanEverTick = true;

PawnSensingComponent =
CreateDefaultSubobject<UPawnSensingComponent>(
TEXT("PawnSensor"));
}

void AEnemy::BeginPlay()
{
Super::BeginPlay();
_HealthPoints = HealthPoints;
}

void AEnemy::Tick(float DeltaTime)
{
Super::Tick(DeltaTime);

auto animInst = Cast<UEnemyAnimInstance>(
GetMesh()->GetAnimInstance());
animInst->Speed =
GetCharacterMovement()->Velocity.Size2D();

if (_AttackCountingDown == AttackInterval)
{
animInst->State = EEnemyState::Attack;
}

if (_AttackCountingDown > 0.0f)
```

```cpp
{
_AttackCountingDown -= DeltaTime;
}

if (_chasedTarget != nullptr &&
animInst->State == EEnemyState::Locomotion)
{
auto enemyController =
Cast<AEnemyController>(GetController());
enemyController->MakeAttackDecision(_chasedTarget);
}
}

int AEnemy::GetHealthPoints()
{
return _HealthPoints;
}

bool AEnemy::IsKilled()
{
return (_HealthPoints <= 0.0f);
}

bool AEnemy::CanAttack()
{
auto animInst = GetMesh()->GetAnimInstance();
auto enemyAnimInst = Cast<UEnemyAnimInstance>(animInst);
return (_AttackCountingDown <= 0.0f &&
enemyAnimInst->State == EEnemyState::Locomotion);
}

void AEnemy::Chase(APawn* targetPawn)
{
auto animInst = GetMesh()->GetAnimInstance();
auto enemyAnimInst =
Cast<UPlayerAvatarAnimInstance>(animInst);
if (targetPawn != nullptr &&
enemyAnimInst->State == EEnemyState::Locomotion)
{
auto enemyController =
Cast<AEnemyController>(GetController());
enemyController->MoveToActor(targetPawn, 90.0f);
}
```

```cpp
    _chasedTarget = targetPawn;
}

void AEnemy::Attack()
{
GetController()->StopMovement();
_AttackCountingDown = AttackInterval;
}

void AEnemy::Hit(int damage)
{
_HealthPoints -= damage;

auto animInst = GetMesh()->GetAnimInstance();
auto enemyAnimInst =
Cast<UEnemyAnimInstance>(animInst);
enemyAnimInst->State = EPlayerState::Hit;

if (IsKilled())
{
DieProcess();
}
}

void AEnemy::DieProcess()
{
PrimaryActorTick.bCanEverTick = false;
K2_DestroyActor();
GEngine->ForceGarbageCollection(true);
}
```

PlayerAvatar 클래스와 비교해, Enemy 클래스가 추가적으로 수행하는 것은 PawnSensingComponent를 생성하고 Chase 함수를 구현하는 것이다.

클래스 생성자에서 컴포넌트를 생성하기 위해 CreateDefaultSubobject 함수를 호출한다.

Chase 함수는 1개의 매개변수를 가지며, 이를 통해 쫓아야 하는 타깃 폰을 전달한다. 함수는 우선 AIController의 서브클래스인 적 캐릭터의 컨트롤러를 획득하고, 이어서 MoveToActor 함수를 호출해 타깃인 플레이어 캐릭터를 쫓게 만든다.

아마 이 시점에서는 비주얼 스튜디오에서 다양한 에러가 발생할 것이다. 하지만 당황할 필요는 없다. 우리는 아직 EnemyController 클래스를 생성하지 않았고, Chase 함수도 구현하지 않은 상태다. 적 캐릭터 역시 게임 안에서 타깃을 쫓고 공격을 수행하려면, 컨트롤러와 애니메이션 인스턴스가 반드시 필요하다. 그럼 이제 이것들을 만들어보자.

EnemyController 클래스 생성하기

언리얼은 NPC를 제어할 수 있는 몇 가지 옵션을 제공한다. 예를 들어 비헤이비어 트리^{BT,} ^{Behavior Tree}나 블랙보드^{Blackboard}를 사용해 NPC의 행동을 설계할 수 있다. 하지만 여기서는 AIController의 서브클래스를 만들고 스크립트를 작성해 적 캐릭터를 제어해볼 것이다.

데모 게임에서는 공격 여부를 결정하는 하나의 함수만 구현된 EnemyController로도 충분하다. 이것만으로도 컨트롤러가 어떻게 동작하는지 충분히 파악할 수 있으며, 이후에 AI 알고리듬을 활용해 좀 더 복잡한 의사결정 로직을 추가할 수도 있다

자, 이제 AIController 클래스를 상속받는 새로운 C++ 클래스인 EnemyController를 만들어보자. 앞서 생성한 C++ 클래스와 마찬가지로 EnemyController.h 파일과 EnemyController.cpp 파일은 **C++ 클래스 ➤ Pangaea** 폴더에 위치해야 한다.

EnemyController.h 파일의 코드는 다음과 같다.

```cpp
#pragma once

#include "CoreMinimal.h"
#include "AIController.h"
#include "EnemyController.generated.h"

UCLASS()
class PANGAEA_API AEnemyController : public AAIController
{
GENERATED_BODY()
public:
void MakeAttackDecision(APawn *targetPawn);
};
```

EnemyController.cpp 파일의 코드는 다음과 같다.

```cpp
#include "EnemyController.h"
#include "Enemy.h"

void AEnemyController::MakeAttackDecision(APawn* targetPawn)
{
auto controlledCharacter = Cast<AEnemy>(GetPawn());
auto dist = FVector::Dist2D(
targetPawn->GetActorLocation(),
GetPawn()->GetTargetLocation());

  if (dist <= controlledCharacter->AttackRange
    && controlledCharacter->CanAttack())
  {
    controlledCharacter->Attack();
  }
}
```

MakeAttackDecision 함수는 적과 적이 추적하고 있는 타깃의 거리를 계산해 그 거리가 적이 공격할 수 있는 범위보다 짧은지를 판단한다. 만일 타깃이 공격 범위 안에 들어와 있고 적이 공격을 수행할 수 있는 상태라면, Attack 함수를 호출한다.

적에게는 공격을 수행하는 것뿐만 아니라 이동하는 것도 핵심적인 기능이라고 할 수 있다. 이 기능을 수행하려면 게임 엔진에서 제공하는 AIController를 활용해야 한다.

AIController 클래스는 NPC를 제어할 때 매우 유용하게 사용할 수 있는 도구다. Pangaea 에서는 적도 NPC로 볼 수 있으며, 이들을 AIController 인스턴스로 제어할 수 있다. 또한 적은 이동하기 위해 AIController의 MoveToActor 혹은 MoveToLocation 함수를 호출할 수도 있다.

AIController의 내비게이션 함수와 NavMesh에서 수행하는 경로 탐색에 대해 좀 더 살펴보자.

- **MoveToActor**: 소유한 폰을 액터의 위치로 이동시킨다.

- **MoveToLocation**: 소유한 폰을 목표 장소로 이동시킨다. 이동 정보는 다양한 매개변수를 통해 전달된다.

- **MoveTo**: 소유한 폰을 목표 장소로 이동시킨다. 이동 정보를 전달하기 위해 FAIMoveRequest 구조체를 매개변수로 사용한다.

- **StopMovement**: 현재 수행하고 있는 이동을 멈추고 정지한다.

NavMesh

NavMesh를 사용해본 경험이 없다면, 공식 문서나 동영상을 찾아보자. 또한 언리얼 공식 문서(https://dev.epicgames.com/documentation/ko-kr/unreal-engine/navigation-mesh-settings-in-the-unreal-engine-project-settings)도 참조해보길 바란다.

AIController가 제어하는 이동은 휴리스틱 탐색heuristic search 혹은 A* 경로 탐색A* pathfinding algorithm이라고 부르는 알고리듬에 기반한다. 경로 탐색 알고리듬은 맵의 출발 지점에서 도착 지점에 이르는 최단 경로를 찾는 작업을 수행한다. 맵에는 다양한 노드가 존재하며, 이 노드들을 연결하는 내비게이션 정보도 맵에 포함돼 있다. 언리얼은 맵의 메시를 기반으로 내비게이션 정보를 생성하고, 생성된 내비게이션 데이터를 맵의 NavMesh에 저장한다.

AIController 클래스의 Move 함수가 호출되면, 함수는 폰의 현자 위치를 시작 지점으로 설정하고 맵의 NavMesh에 기반해 도착 지점까지 걸어서 도달할 수 있는 최단 경로를 설정한다. 폰은 이 경로를 따라 목표한 지점으로 움직인다.

경로를 적절하게 탐색하고 폰이 이를 따라 이동하려면 우선 맵의 NavMesh가 적절하게 설정돼야 한다. NavMesh를 생성하려면, 우선 게임 레벨에 NavMeshBoundsVolume을 드래그 앤드롭한 다음, 지정된 영역들이 이 안에 포함되도록 해야 한다.

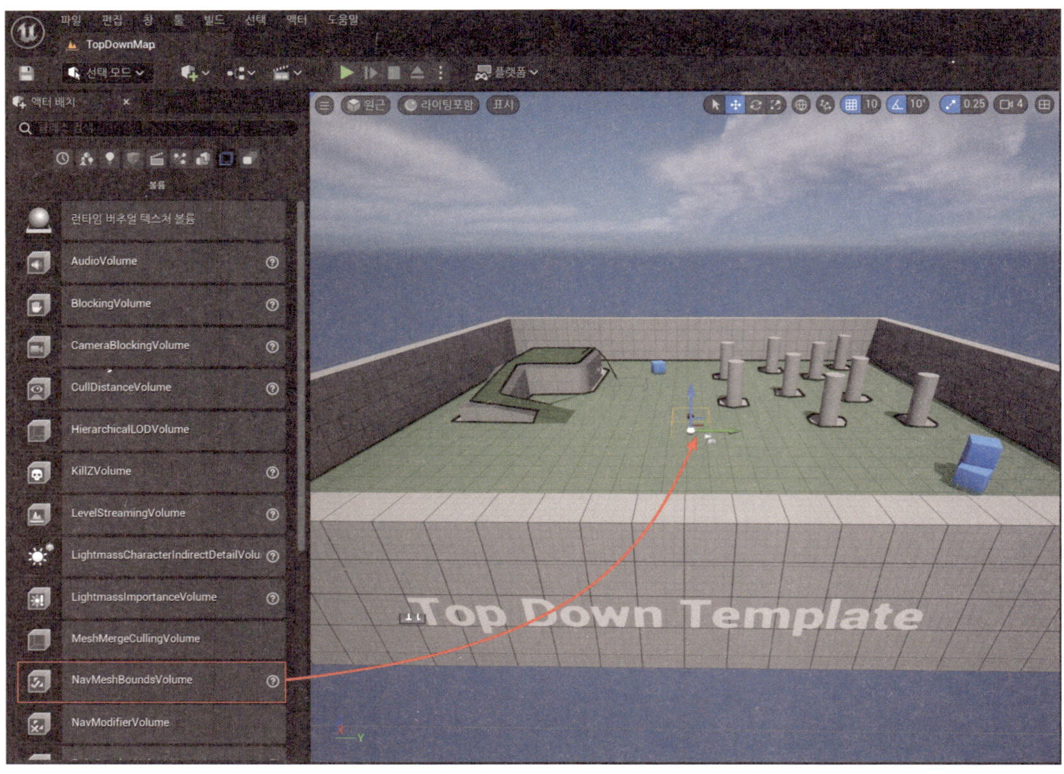

그림 7.6 NavMesh 생성을 위해 NavMeshBoundsVolume 추가하기

키보드의 **P** 키를 눌러 NavMesh를 보이게 하거나 숨길 수 있다. 녹색으로 표시되는 영역들이 NavMesh이다.

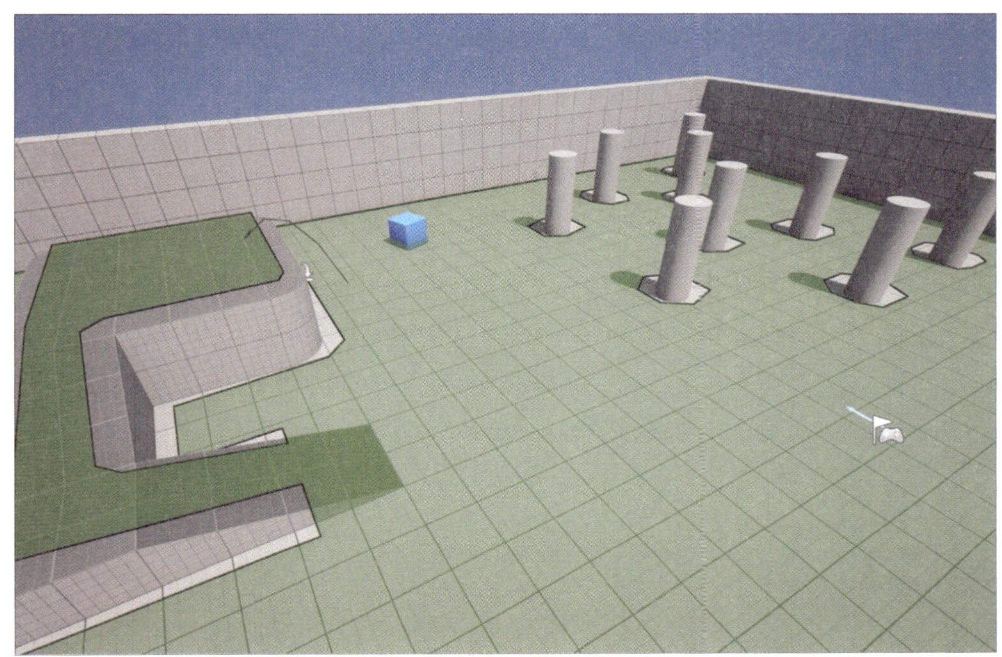

그림 7.7 P 키를 눌러 NavMesh 보기

앞서 만들어놓은 EnemyController를 활용해 적이 플레이어를 감지하고, 추적하고, 공격하게
만들 수 있다. 이어서 애니메이션 인스턴스와 애니메이션 블루프린트를 만들어 비헤이비어
애니메이션과 싱크를 맞춘다.

우선 AnimInstance 클래스를 상속받는 EnemyAnimInstance 클래스를 만들자. 헤더 파일에는
다음과 같이 코드가 작성돼야 한다.

```
#pragma once

#include "CoreMinimal.h"
#include "Animation/AnimInstance.h"
#include "EnemyAnimInstance.generated.h"

UENUM(BlueprintType)
enum class EEnemyState : uint8
{
    Locomotion,
```

```cpp
    Attack,
    Hit,
    Die
};

UCLASS()
class PANGAEA_API UEnemyAnimInstance : public UAnimInstance
{
    GENERATED_BODY()

public:

UPROPERTY(EditAnywhere,
BlueprintReadWrite, Category = "Enemy Params")
float Speed;

UPROPERTY(EditAnywhere,
BlueprintReadWrite, Category = "Enemy Params")
EEnemyState State;

UFUNCTION(BlueprintCallable)
void OnStateAnimationEnds();

};
```

앞서 작성한 PlayAvatarAnimInstance.h와 코드가 유사하다는 것을 알 수 있다. Enemy AnimInstanc.cpp 파일을 다음과 같이 작성해 함수를 구현한다.

```cpp
#include "EnemyAnimInstance.h"
#include "Enemy.h"

void UEnemyAnimInstance::OnStateAnimationEnds()
{
  if (State == EEnemyState::Attack)
  {
    State = EEnemyState::Locomotion;
  }
  else
  {
    auto enemy = Cast<AEnemy>(GetOwningActor());
  if (State == EEnemyState::Hit)
```

```cpp
        {
        if (enemy->GetHealthPoints() > 0.0f)
        {
          State = EEnemyState::Locomotion;
        }
        else
        {
          State = EEnemyState::Die;
        }
        }
        else if (State == EEnemyState::Die)
        {
          enemy->DieProcess();
        }
        }
    }
```

EnemyAnimInstance 클래스 역시 PlayerAvatarAnimInstance 클러스와 유사하다. 단, EEnemy
State를 재정의하고 소유하고 있는 액터를 Enemy 클래스 포인터로 캐스팅하는 부분만 차이
가 있다. 클래스를 일반화하는 대신 EnemyAnimInstance 클래스에서 어느 정도 중복 코드를
허용하는 데는 두 가지 이유가 있다.

- 새로 코드를 작성하는 것보다 쉬워 효과적으로 일관성을 우지할 수 있음

- 클래스를 확장해 사용하는 것이 향후의 개발에서도 유용함

이제 애니메이션 블루프린트인 ABP_Enemy를 만들어보자.

ABP_Enemy 애니메이션 블루프린트 생성하기

앞서 6장에서 만들어본 ABP_PlayerAvatar 블루프린트와 동일한 방식으로 적이 사용할 애니
메이션 블루프린트를 만들 수 있다. 부모 클래스가 EnemyAnimInstance 클래스라는 점만 다
를 뿐이다.

다음 과정을 거쳐 ABP_Enemy 블루프린트를 생성한다.

1. 새 애니메이션 블루프린트를 만든다.

2. `EnemyAnimInstance`를 부모 클래스로 설정한다.

3. **Hero Skeleton**을 선택해 적이 히어로와 애니메이션을 공유하도록 한다.

4. `AnimGraph`에 스테이트 머신을 추가한다.

5. `Locomotion`, `Attack`, `Hit`, `Die` 스테이트 머신을 추가한다.

6. 각 스테이트에 대응하는 애니메이션을 추가한다.

7. 각 스테이트 간 트랜지션과 트랜지션 조건을 추가한다.

8. `AttackEnds`, `HitEnds`, `DieEnds` 이벤트를 `OnStateAnimationEnds` 핸들러 함수와 연결한다.

결과는 그림 7.8과 같다.

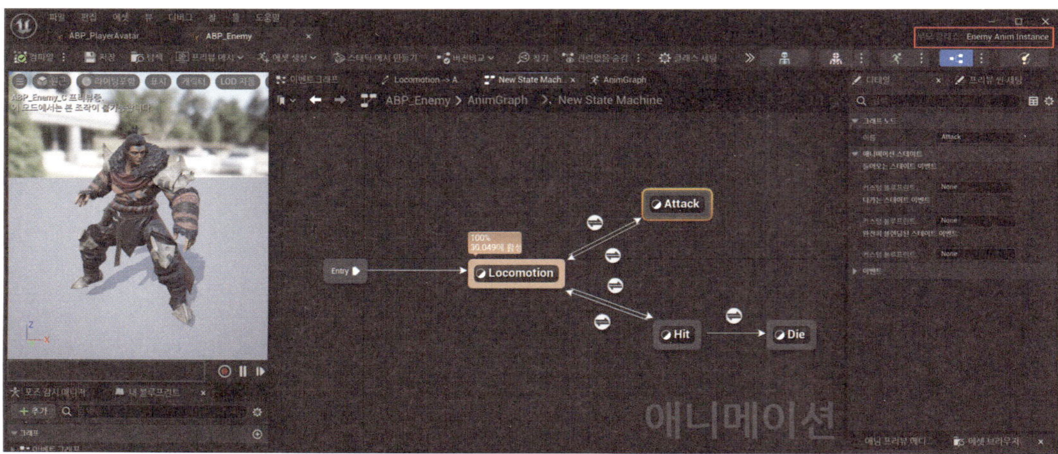

그림 7.8 ABP_Enemy의 스테이트 머신

지금까지의 과정을 잘 마무리했다면 이제 적 블루프린트를 만들 차례다.

BP_Enemy 블루프린트 생성하기

블루프린트를 만들기에 앞서 적 에셋을 다운로드하고 임포트하야 한다. 다음 과정을 수행하자.

1. 깃 리포지터리의 Enemy 폴더에서 에셋을 다운로드해 프르젝트로 임포트한다.

2. **All ➤ 콘텐츠 ➤ Characters** 폴더 아래에 Enemy 폴더를 만든다.

3. Enemy 폴더로 Enemy.FBX 모델을 임포트한다.

그림 7.9 Enemy 모델 임포트하기

이제 애니메이션 블루프린트를 만들 차례다.

4. **All ➤ 콘텐츠 ➤ TopDown ➤ Blueprints** 폴더에서 마우스를 우 클릭한 다음, **블루프린트 ➤ 블루프린트** 클래스를 선택해 BP_Enemy 클래스를 만든다.

5. 적의 **SkeletalMesh** 컴포넌트를 설정한다. 스켈레탈 메시를 **Enemy**로 선택하고 **애님 클래스**를 **ABP_Enemy**로 설정한다.

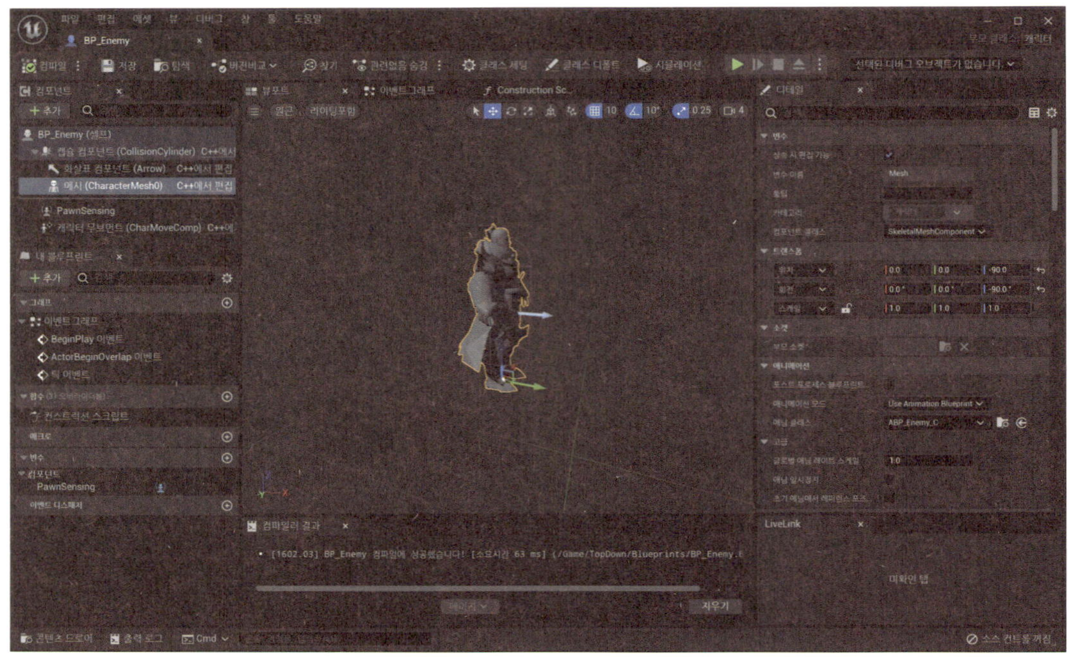

그림 7.10 Enemy 스켈레탈 메시 컴포넌트 설정

6. **PawnSensing** 컴포넌트를 추가한 다음, **듣기 한계치, 시각 반경, 감지 간격, 업데이트 감지 활성화, 폰 보기, 노이즈 듣기** 등을 설정한다.

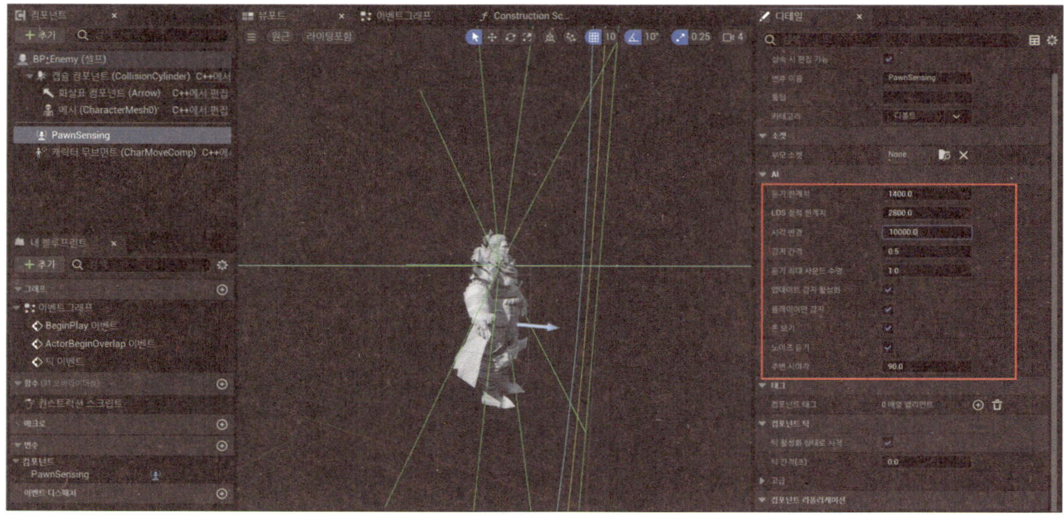

그림 7.11 PawnSensing 컴포넌트 값 설정하기

7. 이어서 **캐릭터 무브먼트** 컴포넌트를 선택한다. **디테일** 패널에서 **최대 걷기 속도**를 500.0
   으로 설정해 적의 이동 속도가 히어로보다 조금 느리게 만든다. 이 설정을 통해 플레
   이어가 적으로부터 도망치는 것이 가능해진다.

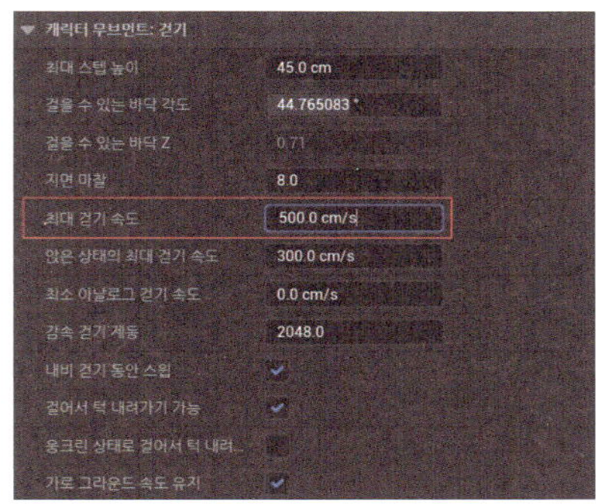

그림 7.12 최대 걷기 속도를 500으로 설정하기

이제 프로젝트를 컴파일하고 저장하자. 이어서 테스트를 통해 앞서 스행했던 작업들이 어
떻게 동작하는지 확인해볼 것이다.

게임 테스트하기

콘텐츠 드로어에서 BP_Enemy를 선택해 게임 레벨에 드래그 앤 드롭해보자. 그다음에는 게임
을 시작해보자. 플레이어 캐릭터가 적의 감지 범위 안에 들어가면 적이 플레이어 캐릭터를
뒤쫓아야 한다.

그림 7.13 적이 히어로를 쫓아야 한다.

적이 플레이어 캐릭터에게 충분히 접근하면 Attack 애니메이션이 수행돼야 한다.

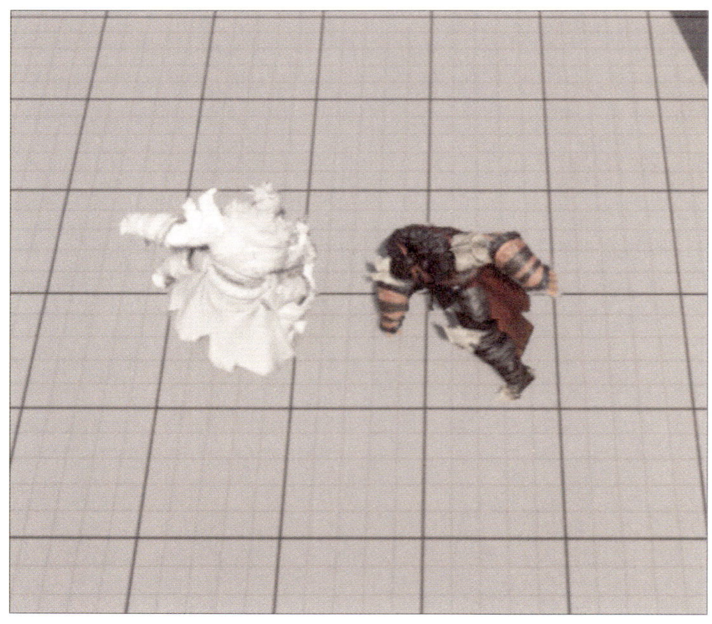

그림 7.14 적이 히어로를 공격한다.

하지만 때로는 예상치 못한 오류가 발생하기도 한다. 역자의 경우 게임을 시작하면 그림과 같은 오류가 발생했다.

```cpp
27    // Called every frame
28   -void AEnemy::Tick(float DeltaTime)
29    {
30        Super::Tick(DeltaTime);
31
32        auto animInst = Cast<UEnemyAnimInstance>(GetMesh()->GetAnimInstance());
33        animInst->Speed = GetCharacterMovement()->Velocity.Size2D(); // 문제가 발생하고 있는 코드
34
35        if (_AttackCountingDown == AttackInterval)
36        {
37            animInst->State = EEnemyState::Attack
38        }
39
40        if (_AttackCountingDown > 0.0f)
41        {
42            _AttackCountingDown -= DeltaTime;
43        }
44
45        if (_chasedTarget != nullptr && animInst->State == EEnemyState::Locomotion)
46        {
47            auto enemyController = Cast<AEnemyController>(GetController());
48            enemyController->MakeAttackDecision(_chasedTarget);
49        }
50    }
```


그림 7.15 처리되지 않은 예외가 발생한다.

이 경우 앞서 임포트한 Enemy 에셋에 문제가 있었다. BP_Enemy 블루프린트 클래스를 연 다음, 왼쪽 상단의 **컴포넌트** 창에서 메시를 선택하고 오른쪽 **디테일** 패널에서 **스켈레탈 메시**를 Hero로 바꿔준다. 그 아래 **머티리얼** 항목의 엘리먼트는 MatEnemy를 선택해 히어로 캐릭터와 다른 외형을 갖도록 만든다.

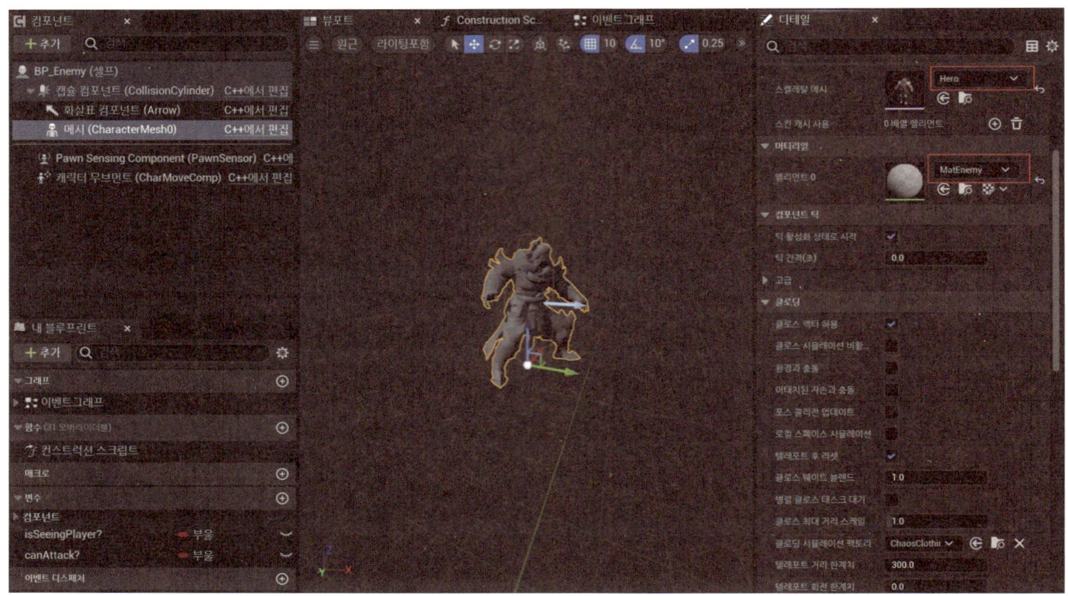

그림 7.16 메시 항목을 수정한다.

현재 상태로는 적이 정상적으로 보이더라도 히어로를 쫓아오거나 공격을 수행하지 않는다. 이 부분은 추가적인 블루프린트 작업이 필요하다. 본격적인 블루프린트 작업에 앞서 몇 가지 먼저 준비해야 할 것들이 있다. 앞서 히어로 캐릭터를 만들면서 블렌드 스페이스 1D를 생성했던 것을 기억할 것이다. **TopDown ➤ Blueprints** 폴더 안에 동일한 설정으로 EnemyBlendSpace1D를 생성한다. 그런 다음, 적이 플레이어 캐릭터를 공격할 때 사용할 애니메이션 몽타주를 추가해야 한다. **콘텐츠 ➤ Characters ➤ Hero** 폴더 안에 있는 Hero_Anim_Attack_Anim 파일을 우 클릭한 다음, **생성** 아래의 **애님몽타주 생성**을 선택한다. 그림 7.17을 참조하자.

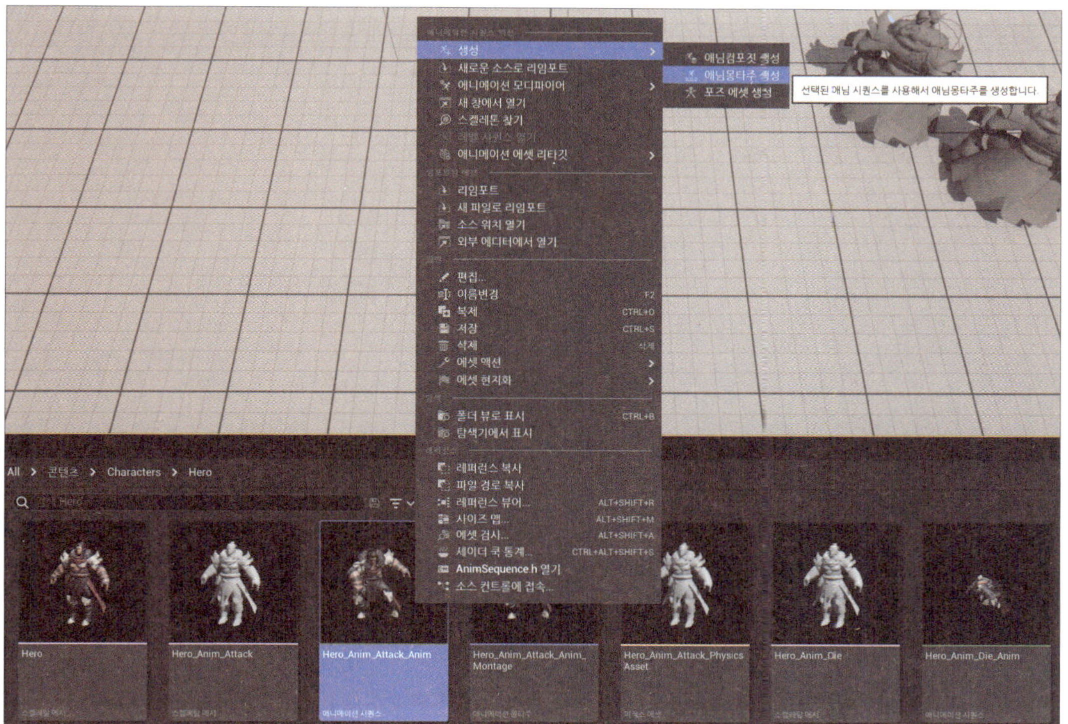

그림 7.17 애니메이션 몽타주를 만든다.

이제 블루프린트 작업을 진행할 준비가 끝났다. 우선 적이 플레이어 캐릭터를 감지하고 쫓아오는 기능을 블루프린트로 구현해보자. 앞서 BP_Enemy 블루프린트에 PawnSensing 컴포넌트를 추가한 것을 기억할 것이다. 해당 컴포넌트를 클릭한 다음, 오른쪽에 있는 **디테일** 패널의 **이벤트** 항목에서 **폰 보기 시**를 클릭하자. 그러면 이벤트그래프가 열리면서 에디터에 **폰 보기 시** 노드가 생성된 것을 확인할 수 있다. 그다음, 아래와 같은 과정으로 블루프린트를 추가한다.

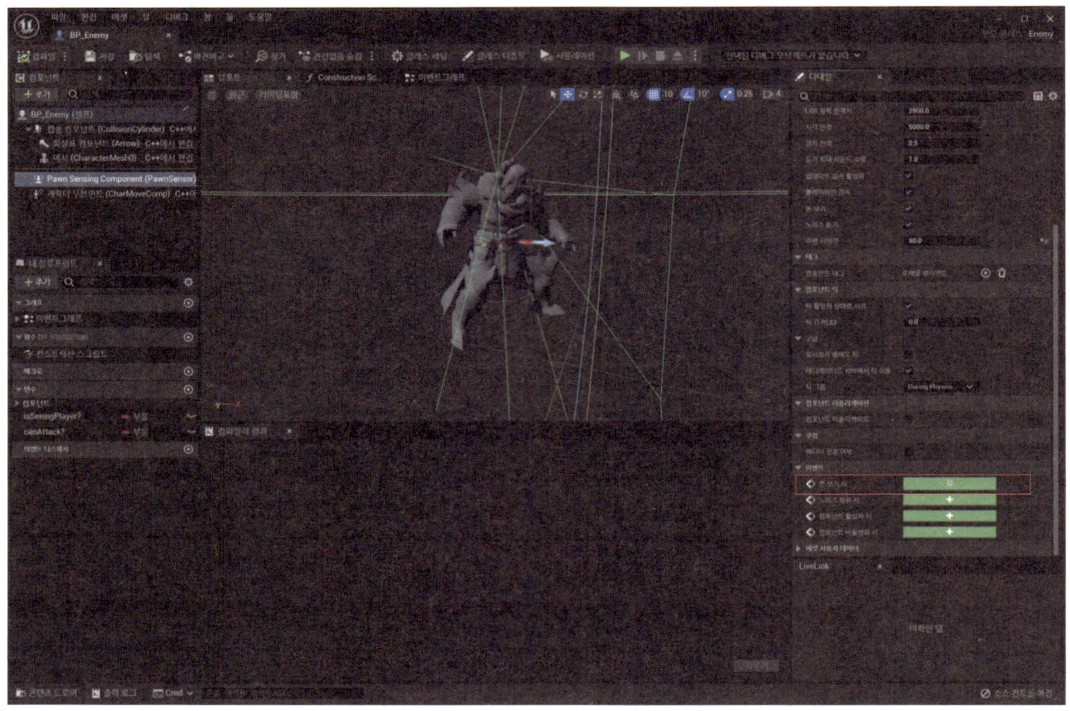

그림 7.18 폰 보기 시 이벤트를 선택해 블루프린트 노드를 추가한다.

1. **isSeeingPlayer?**라는 이름으로 부울 타입의 변수를 생성한다.

2. 생성한 변수를 에디터로 드래그 앤 드롭한 다음, **Set isSeeingPlayer?**를 선택한다.

3. **폰 보기 시** 노드에 **SET** 노드를 연결한다.

4. 아래에 별도의 커스텀 이벤트를 추가하고 이름을 **FollowPlayer**로 변경한다.

5. 앞서 생성한 **SET** 노드 옆에 **함수 호출 ➤ Follow Player**를 선택해 노드를 추가한다.

이제 적이 플레이어 캐릭터를 감지하면 플레이어를 쫓아가도록 설정이 완료됐다. 이어서
적이 플레이어를 쫓아가 공격을 수행하도록 블루프린트 작업을 추가한다.

1. **canAttack?**이라는 이름의 부울 타입 변수를 추가한다.

2. 생성한 변수를 에디터로 드래그 앤 드롭한 다음, **Set canAttack?**을 선택한다.

3. **FollowPlayer** 노드에 **SET** 노드를 연결한다.

4. **SET** 노드 우측에 **Utilities ➤ Flow Control ➤ Branch**를 추가한다.

5. **isSeeingPlayer?** 변수를 에디터로 드래그 앤 드롭한 다음, **Get isSeeingPlayer?**를 선택하고 생성된 노드를 **Branch** 노드의 **Condition**에 연결한다.

6. **Branch** 노드의 우측에 **AI MoveTo** 노드를 추가하고 **True** 옵션에 연결한다.

7. **Pawn** 옵션에 **Self** 노드를, **Target Actor** 옵션에 **Get Player Character** 함수를 연결한다.

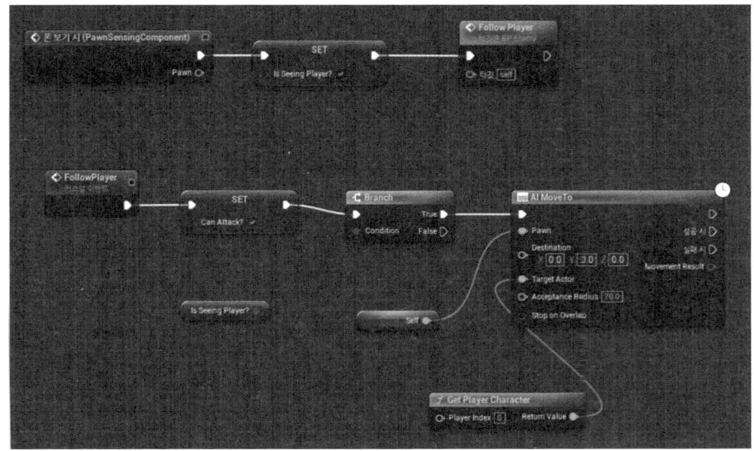

그림 7.19 적이 플레이어 캐릭터를 쫓아가도록 설정한 BP_Enemy 블루프린트

여기까지 진행한 다음에 에디터로 돌아가 상태를 확인해보자. 적이 움직이는 범위를 설정하기 위해 NavMeshBoundsVolume을 추가하고, 맵 전체를 커버할 수 있도록 크기를 조정하자. 그다음에는 에디터에서 플레이를 실행해보자. 적 앞으로 캐릭터가 움직이면, 적이 캐릭터를 쫓아와야 한다. 하지만 아직 적절한 애니메이션이 추가되지 않은 상태다. 앞서 생성한 EnemyBlendSpace1D를 사용해 적절한 애니메이션을 추가할 것이다.

우선 ABP_Enemy 블루프린트를 열고 **AnimGraph**를 선택한다. 앞서 작업했던 내용은 모두 삭제해도 무방하다. 히어로 캐릭터를 작업했을 때와 마찬가지로 **최종 애니메이션 포즈**에 EnemyBlendSpace1D를 연결한다. 에디터의 빈 화면을 우 클릭한 후 Variables ➤ Enemy Params ➤ Get Speed를 선택하고, 이를 EnemyBlendSpace1D와 연결한다. **최종 애니메이션 포즈**와 연결돼 있는 EnemyBlendSpace1D 사이에 그림과 같이 Default를 검색해 Default 슬롯을 추가하고 연결해준다.

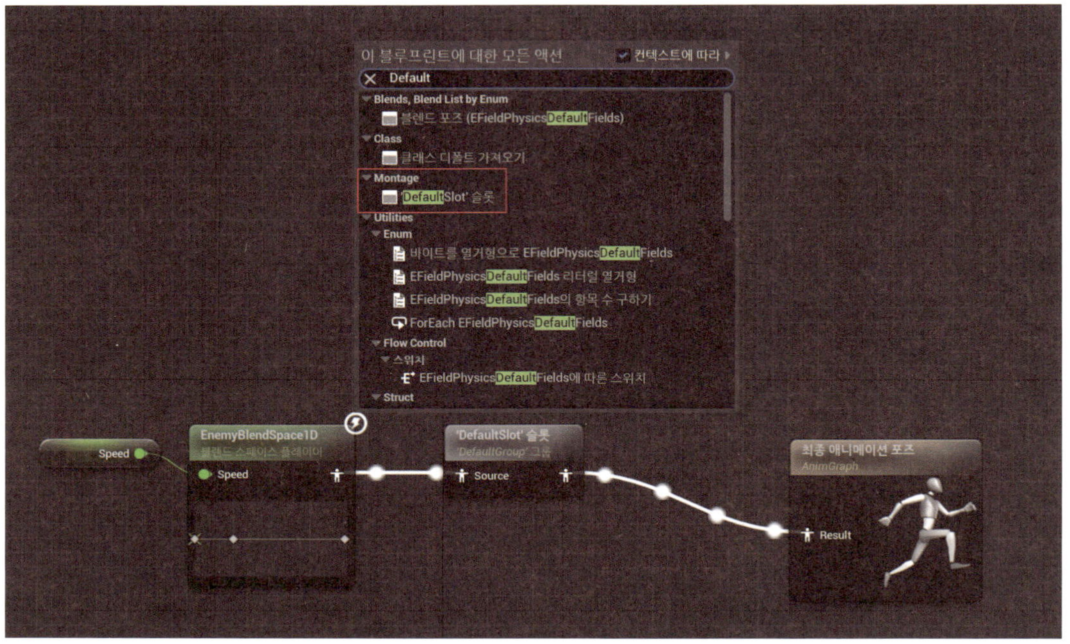

그림 7.20 ABP_Enemy의 AnimGraph에 Default 슬롯을 추가한다.

이제 **이벤트그래프** 탭으로 넘어가자.

1. 에디터의 빈 공간을 우 클릭한 다음, 검색창에서 Blueprint Update Animation 이벤트를 추가한다.

2. **애니메이션** ➤ Try Get Pawn Owner를 선택해 노드를 추가한다.

3. **Try Get Pawn Owner**의 **Return Value** 옵션에 **BP_Enemy**에 **형변환**을 연결한다.

4. 그런 다음, **As BP Enemy** 옵션에 **Get character Owner** 노드를 연결해준다. 타깃 노드만 남기고 다른 노드는 삭제한다.

5. **Get Velocity**를 선택해 노드를 연결하고 이 노드에 **Vector Length**를 연결한다.

6. **Set Speed**를 선택해 노드를 추가한 다음, **Vector Length**의 **Return Value**와 **BP_Enemy**에 **형변환** 노드를 연결한다.

7. 블루프린트를 저장하고 컴파일한다. 여기까지 진행한 블루프린트는 그림 7.21과 같을 것이다.

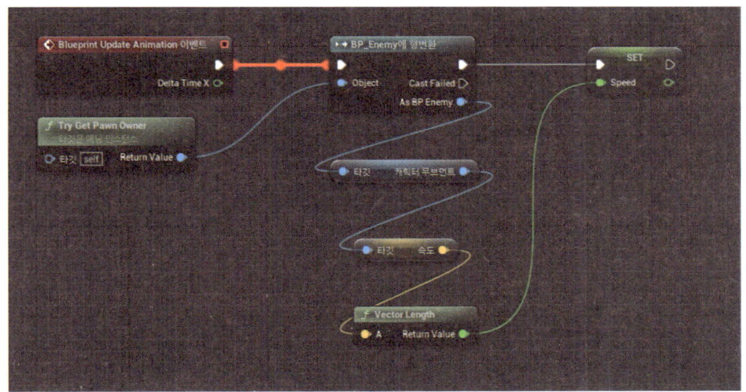

그림 7.21 ABP_Enemy의 이벤트그래프 설정

에디터에서 플레이를 실행하면 적이 플레이어를 쫓아올 때 애니메이션이 추가된 것을 확인할 수 있다. 마지막으로는 적이 공격을 수행하도록 설정해보자.

1. **BP_Enemy ➤ 이벤트그래프**에서 **AI MoveTo** 노드의 **Acceptance Radius** 설정을 70으로 변경한다.

2. **성공 시** 옵션에 **Branch**를 연결하고 해당 **Branch**의 **Condition**에 **CanAttack?** 변수를 연결한다.

3. **Branch**의 **True** 옵션에 **Set canAttack?** 노드를 연결한다.

4. SET 노드를 Play Anim Montage 노드와 연결한다.

5. Play Anim Montage 노드의 **Anim Montage** 항목을 앞서 생성한 **Hero_Anim_Attack_ Anim_Montage**로 지정한다.

6. **Return Value**에 딜레이 노드를 연결하고, 딜레이 노드에 **SET CanAttack?** 노드를 연결한다. 최종적인 블루프린트는 그림 7.22와 같을 것이다.

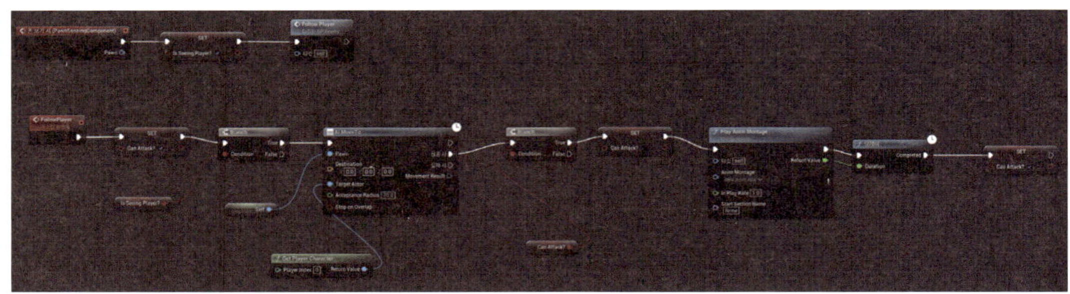

그림 7.22 BP_Enemy의 이벤트그래프 설정

모든 블루프린트를 저장하고 컴파일을 수행한다. 이제 에디터에서 플레이를 수행하면, 적이 플레이어 캐릭터를 쫓아오고 일정 거리에 다다르면 공격을 수행할 것이다. 유튜브(https://www.youtube.com/watch?v=xm-7m5Fw.1HU)를 참조하면 좀 더 수월하게 작업을 진행할 수 있다. 행운을 빈다.

요약

이번 장에서는 플레이어 캐릭터와 NPC 캐릭터를 제어하는 법을 살펴봤다. 우선 액션 맵에 Attack 액션을 추가하고, 플레이어 컨트롤러에 이벤트 핸들링 함수를 추가했다. 그다음에는 함수와 Attack 액션을 연결해 캐릭터가 공격을 수행하도록 제어했다.

애니메이션 타임라인에 노티파이를 추가해 논루프non-loop 애니메이션이 종료될 때 애니메이션 블루프린트가 알림을 캡처하고 그다음 스테이트로 적절하게 변환되도록 만들었다. 캐릭터가 죽거나 DieProcess 함수가 호출되면, 메모리를 해제하고 가비지 컬렉션을 강제로 수행하도록 했다.

적 캐릭터를 만들기 위해 새로운 에셋을 임포트하고 Enemy 클라스와 블루프린트, 애니메이션 블루프린트도 만들었다. 이 과정은 앞서 플레이어 캐릭터를 간들 때 수행한 과정과 유사하다. 또한 PawnSensingComponent를 Enemy 클래스에 추가해 플레이어 캐릭터가 적의 감지 범위 안에 들어와 있는지 확인할 수 있도록 만들었다.

플레이어 캐릭터와 적의 가장 큰 차이점은 AIController 클래스를 상속한 EnemyController 클래스로 적을 제어한다는 것이다. 적을 제어하는 데 언리얼의 NavMesh를 사용했고, 감지된 캐릭터를 적이 공격할 수 있도록 코드를 추가로 작성했다.

이제 우리 게임에는 적과 영웅이 모두 존재한다. 또한 둘 모두가 이동하고 서로를 공격할 수 있다. 하지만 이들이 실제로 어떻게 상호작용을 수행할 수 있을까? '충돌'을 통해 이 문제를 해결할 수 있다. 다음 장에서는 액터에 충돌 컴포넌트를 추가해 충돌 이벤트를 제어해볼 것이다.

08

충돌 처리하기

충돌 감지는 게임 액터 간의 상호작용을 효과적으로 처리할 수 있는 유용한 메커니즘이다. 충돌 감지의 핵심적인 개념은 하나의 액터가 다른 액터와 충돌할 때 충돌 이벤트가 발생해 2개의 액터가 충돌했음을 알려주는 것이다. 개발자는 코드를 통해 이 이벤트를 처리하고 이후 필요한 프로세스를 적절하게 수행하도록 만들 수 있다.

이번 장에서는 우선 충돌 감지 시스템의 기본적인 개념을 살펴코고 콜리전 컴포넌트의 유형, 콜리전 이벤트, Pangaea 개발에 필요한 콜리전 프리셋을 순서대로 알아본다.

이 과정을 통해 다양한 스킬을 습득할 수 있다. 액터와 메시에 톨라이더를 추가해 정확하게 충돌을 감지하는 법, 콜리전 프리셋을 설정하는 법, 무기를 습득하기 위한 오버랩 이벤트 처리, 발사체의 충돌 감지를 위한 레이 캐스팅 등을 배우게 될 것이다.

발사체의 움직임과 궤적을 시뮬레이션해보면서 강력한 수학 툴인 FVector도 살펴본다. FVector를 활용해 벡터 계산을 수행하면서 수학 스킬에 대한 이해와 숙련도를 높일 수 있다.

이번 장에서는 다음과 같은 주제들을 다룬다.

- 충돌 감지의 이해

- 콜리전 프리셋 설정

- 충돌을 사용해 게임 상호작용 수행하기

기술적인 요구 사항

이 장에서 작성한 코드는 깃허브(https://github.com/PacktPublishing/Unreal-Engine-5-Game-Development-with-C-Scripting/tree/main/Chapter08)에서 다운로드할 수 있다.

충돌 감지의 이해

게임에서의 충돌 감지(collision detection)는 게임 월드 안에서 2개 이상의 게임 오브젝트가 겹치거나 상호작용을 수행할 때 발생한다. 2개의 모양이 서로 겹치는지(오버랩 감지), 혹은 선이 표면을 뚫고 지나가는지(레이 캐스팅 감지)를 수학적으로 계산하고 처리하는 것이 충돌 감지의 기본적인 원리다.

언리얼은 액터가 충돌하는지 감지하기 위해 몇 가지 간단한 형태의 콜리전 컴포넌트를 제공한다.

- UCapsuleComponent

- UBoxComponent

- USphereComponent

그림 8.1 간단한 형태의 콜리전 컴포넌트

콜리전 컴포넌트 대신 **메시 에디터**를 사용해 충돌을 감지할 수도 있다. **콘텐츠 드로어**에서 메시를 더블 클릭해 **메시 에디터**를 열어보면, 상단에 위치한 **콜리전** 메뉴를 확인할 수 있을 것이다.

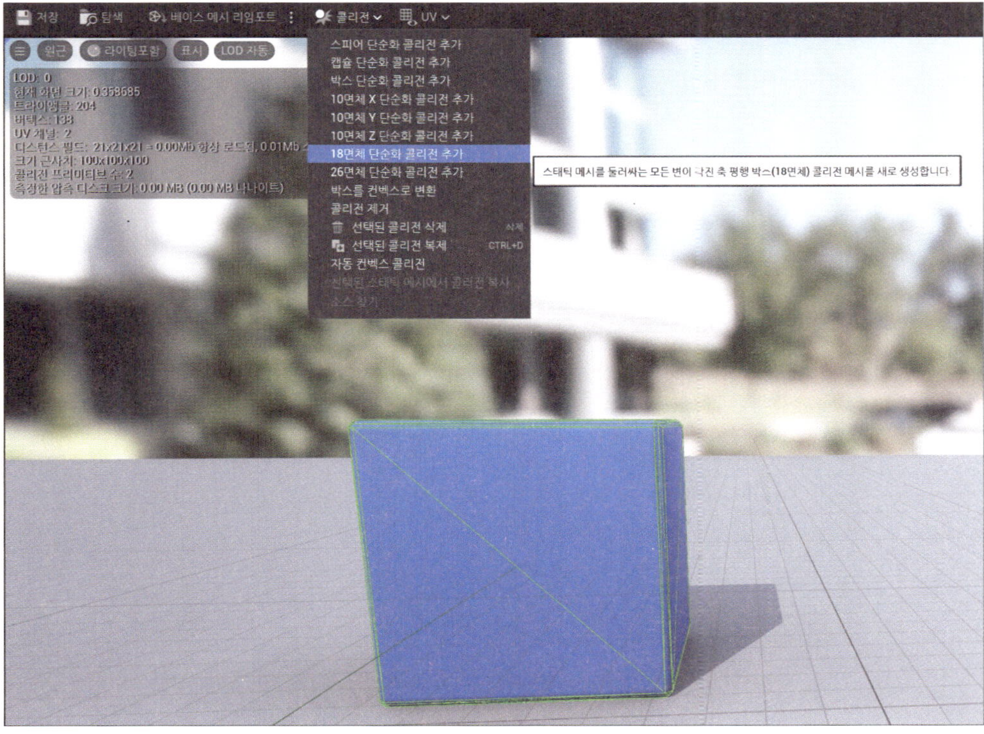

그림 8.2 메시 에디터에서 정육면체에 간단한 형태의 콜리전 추가하기

드롭다운 메뉴에서 메시에 적합한 콜리전 형태를 선택하면 된다. 그림 8.2는 18면체 단순화 콜리전[18면체를 가진 바운딩 볼륨]을 보여준다.

간단한 형태의 콜리전 컴포넌트를 메시에 추가하지 않더라도 메시 자체가 충돌을 감지할 수 있다. 이런 경우 아주 정확하게 충돌을 감지할 수 있지만 성능 손실을 감수해야 한다.

언리얼의 충돌 감지 시스템은 게임 월드에서 어떤 일이 발생하는지 쉽게 인식할 수 있는 인터페이스를 제공한다. 충돌 감지 메시지가 충돌 이벤트 형식으로 프로그램에 보내지는 것이다.

기본적으로 `OnBeginOverlap`, `OnEndOverlap`, `OnHit`라는 3개의 충돌 이벤트가 존재한다. 각각을 간단하게 살펴보자.

- `OnBeginOverlap` 이벤트는 액터나 컴포넌트가 트리거 영역 안에 진입하면 발생한다. 예를 들어, 플레이어 캐릭터가 콜리전 컴포넌트로 감싸진 영역에 들어가면 무기에서 `OnBeginOverlap` 이벤트가 발생하고 무기의 이벤트 핸들러 함수를 통해 플레이어 캐릭터에 무기가 장착되는 식이다.

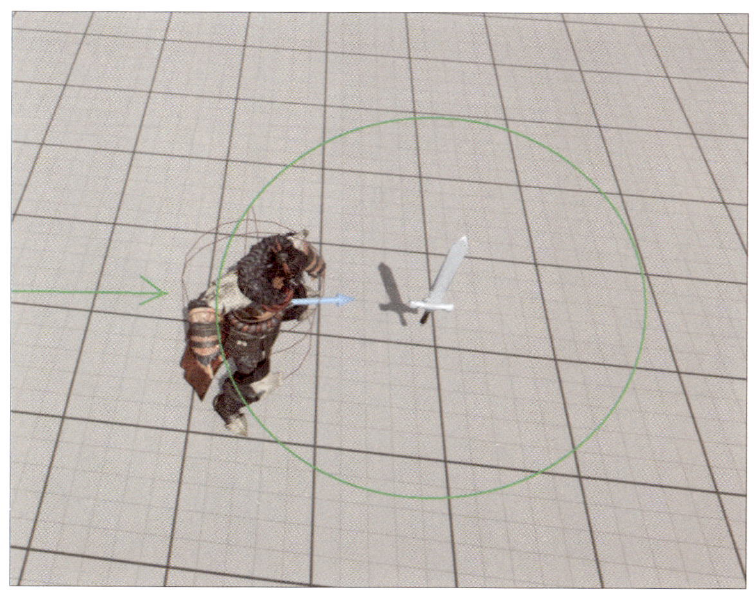

그림 8.3 트리거 영역 안에 들어가면 플레이어가 검을 장착한다.

- OnEndOverlap 이벤트는 반대로 액터나 컴포넌트가 트리거 영역을 벗어나면 발생한다. 예를 들어 플레이어 캐릭터가 문에 가까워지면 문이 자동으로 열리고, 반대로 플레이어가 문에서 멀어지면 OnEndOverlap 이벤트가 트리거돼 문이 닫히는 식으로 동작한다.

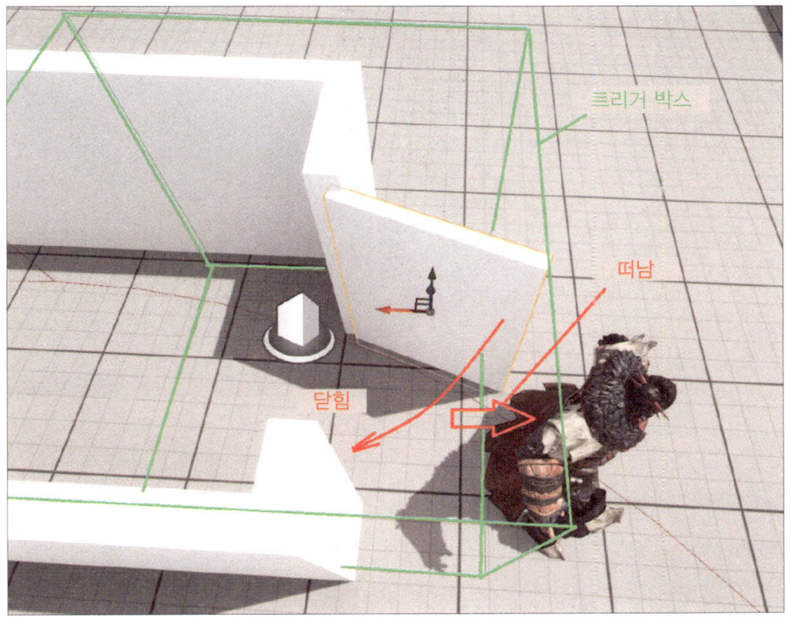

그림 8.4 플레이어가 멀어지면 문이 닫힌다.

- OnHit 이벤트는 액터가 움직이다가 딱딱한 오브젝트, 예를 들어 벽과 같은 물체에 부딪힐 때 발생한다. 이 경우 액터는 더 이상 움직일 수 없게 되고 벽과 액터가 겹치는 동작이 발생하지 않는다.

그림 8.5 벽과 충돌하면 플레이어가 멈춘다.

액터가 StaticMeshComponent, SkeletalMeshComponent, BoxComponent, SphereComponent, CapsuleComponent와 같이 충돌이 발생할 수 있는 컴포넌트를 갖고 있다면 이벤트 핸들러 함수를 통해 다음과 같은 액터 콜리전 이벤트를 처리할 수 있다.

- OnActorBeginOverlap

- OnActorEndOverlap

- OnActorHit

충돌 가능한 컴포넌트는 그 자체가 콜리전 이벤트 인터페이스를 갖고 있다. 이들은 다음과 같은 이벤트 핸들러 함수를 통해 제어할 수 있다.

- OnComponentBeginOverlap

- OnComponentEndOverlap

- OnComponentHit

새로운 액터를 설계할 때 콜리전 컴포넌트를 추가하고 이벤트 핸들러 함수를 연결해 액터나 컴포넌트에서 충돌 이벤트가 적절하게 발생할 수 있도록 해줘야 한다. 스켈레탈 메시와 캡슐 컴포넌트 모두 캐릭터에 추가할 수 있는 콜리전 컴포넌트라고 할 수 있다. 이런 경우 스켈레탈 메시 대신 캡슐 컴포넌트를 추가하는 것이 성능 면에서 더 나은 결과를 가져온다.

충돌 가능한 컴포넌트들은 각기 다른 유즈 케이스에 따라 독립적으로 설정할 수 있다. 어떤 경우에는 블록처럼, 어떤 경우에는 오버랩을 허용하는 트리거로도 사용할 수 있다. 콜리전 프리셋을 통해 충돌과 관련된 속성을 적절하게 활용할 수도 있다.

충돌 감지 프리셋 설정

액터 에디터에서 액터를 열고, **디테일** 패널에서 **콜리전 프리셋** 항목을 살펴보자. **콜리전 프리셋** 항목은 1개의 드롭다운 메뉴로 구성돼 있으며, 이를 통해 필요한 프리셋을 선택할 수 있다. 드롭다운 메뉴 왼쪽의 펼치기 버튼을 누르면 프리셋에 맞게 하위 메뉴들이 설정돼 있는 것을 확인할 수 있다.

드롭다운 메뉴에는 선택할 수 있는 다수의 프리셋이 제공된다. 여기서는 일부만 소개한다. 더 자세한 내용은 웹 사이트에서 확인할 수 있다.

- **Custom**: 개발자가 모든 콜리전 설정을 변경할 수 있다.

- **NoCollision**: 이 옵션에서는 콜라이더에 충돌이 발생하지 않는다.

- **BlockAll**: 이 옵션에서는 콜라이더가 씬의 모든 액터를 블록한다. 움직이는 액터가 이 설정이 적용된 액터와 충돌하면, `OnActorHit`와 `OnComponentHit` 이벤트가 트리거된다.

- **OverlapAll**: 이 경우는 콜라이더가 씬의 모든 액터와 겹치게 된다. 움직이는 액터가 이 설정이 적용된 액터의 콜라이더 범위 안에 들어오거나 나가게 되면 `BeginOverlap`과 `EndOverlap` 이벤트가 트리거된다.

- **BlockAllDynamic**: **BlockAll** 옵션과 효과는 동일하나 폰, 카메라, 비히클에만 적

용된다.

- **OverlapAllDynamic**: OverlapAll 옵션과 효과는 동일하나 폰, 카메라, 비히클에만 적용된다.

- **OverlapOnlyPawn**: OverlapAll 옵션과 효과는 동일하나 폰에만 적용된다.

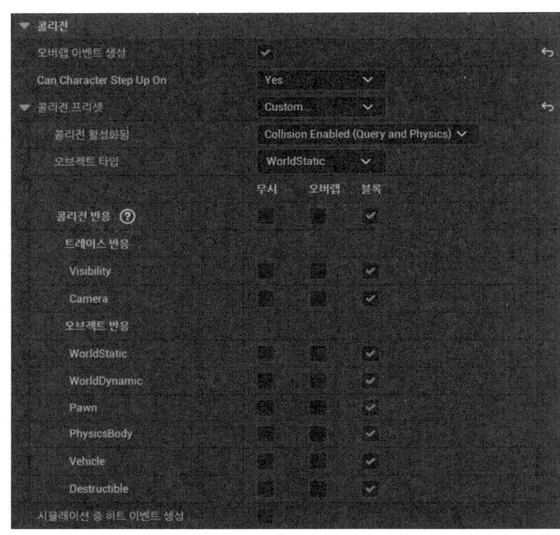

그림 8.6 콜리전 프리셋 설정

커스텀 프리셋을 선택했다면 필요한 것들을 원하는 대로 바꿀 수 있다. 커스텀 프리셋 하위에는 모두 9개의 항목이 있고, 각 항목별로 **무시**, **오버랩**, **블록**이라는 3개의 체크박스가 존재한다.

- **무시**: 이 오브젝트 타입의 물리적인 바디는 모든 콜리전 컴포넌트를 무시한다.

- **오버랩**: 이 오브젝트 타입의 물리적인 바디는 오버랩 이벤트를 유발한다. 이 충돌 컴포넌트는 트리거로 많이 활용된다.

- **블록**: 이 오브젝트 타입의 물리적인 바디는 모든 충돌을 가로막고 Hit 이벤트를 유발한다. 이 충돌 컴포넌트는 콜라이더와 유사하게 동작한다.

2개의 액터가 서로 겹치는 경우, 이 2개 액터 모두 **오버랩 이벤트 생성** 체크박스가 체크돼 있어야 한다.

이와 유사하게 **시뮬레이션 중 히트 이벤트 생성** 체크박스가 체크돼 있어야 Hit 이벤트가 트리거될 수 있다.

Pangaea 프로젝트에서 사용되는 각 액터의 콜리전 설정값을 정리하면 다음과 같다.

액터 클래스	콜리전 컴포넌트	프리셋 타입	오버랩 생성	시뮬레이션 중 히트 이벤트 생성
PlayerAvatar	Capsule	Pawn	예	아니오
	SkeletalMesh	NoCollision	아니오	아니오
Enemy	Capsule	Pawn	예	아니오
	SkeletalMesh	NoCollision	아니오	아니오
Weapon(검, 도끼, 해머)	StaticMesh	OverlapAll	예	아니오
DefenseTower	SphereCollision	OverlapAllDynamic	예	아니오
	StaticMesh	BlockAllDynamic	예	아니오
Projectile(파이어볼)	StaticMesh	NoCollision	아니오	아니오

그림 8.7 게임 Pangaea의 액터 콜리전 프리셋 설정

표에서 보이는 다양한 콜리전 설정을 통해 게임 안에서 상호작용을 효과적으로 구현할 수 있다.

- PlayerAvatar와 Enemy 액터는 Capsule과 SkeletalMesh라는 2개의 콜리전 컴포넌트를 가진다. Capsule 컴포넌트는 Pawn에 설정돼 BlockAll 혹은 BlockAllDynamics 콜리전 컴포넌트를 막을 수 있다.

- PlayerAvatar와 Enemy 액터의 Capsule 컴포넌트는 **오버랩 에벤트 생성** 옵션이 true로 설정돼 다른 OverlapAll 혹은 OverlapAllDynamics 콜리전 컴포넌트와 겹칠 때 오버랩 이벤트를 트리거한다.

- Weapon 액터의 StaticMesh 컴포넌트는 OverlapAll 타입으로 설정된다. **오버랩 이벤트 생**

성 옵션은 true로 설정돼 무기가 액터와 오버랩되면 타깃에 대미지를 주기 위해 Begin
ActorOverlap 이벤트가 시작된다.

- DefenseTower 액터 역시 SphereCollision과 StaticMesh라는 2개의 콜리전 컴포넌트를
가진다. SphereCollision 컴포넌트는 OverlapOnlyPawn 타입이며 **오버랩 이벤트 생성** 옵
션은 true로 설정된다. 폰이 스피어 범위 안으로 들어오면 공격을 수행하고, 범위 밖
으로 나가면 공격을 중단한다.

Projectile 액터는 목표에 명중했는지 확인하기 위해 콜리전 컴포넌트를 사용하지 않는다.
대신 엔진에서 제공하는 레이 트레이싱 시스템을 사용한다. 그러므로 StaticMesh 컴포넌트
는 NoCollision으로 설정된다. 지금까지 게임 안에서 발생하는 충돌을 처리하기 위해 필요
한 기본적인 지식들을 살펴봤다. 이제 이를 적용해 직접 게임에서 발생하는 상호작용을 구
현해보자.

액터 간의 충돌을 기반으로 게임에서 발생하는 상호작용을 적절하게 처리할 수 있으며, 이
를 통해 몰입해서 즐길 수 있는 게임플레이 경험을 사용자에게 전달할 수 있다.

충돌을 사용해 게임 상호작용 수행하기

몰입감 있는 게임을 만들기 위해 다음과 같은 기능을 게임에 추가할 것이다.

- 두 가지 유형의 무기(검과 도끼)를 게임 레벨에 배치한다. 플레이어가 무기 위를 지나가면
무기를 습득할 수 있다. 플레이어 캐릭터가 이미 다른 무기를 장착하고 있다면 이전에
습득한 무기는 버려진다.

- 적과 함께 해머도 스폰된다.

- 디펜스 타워가 게임 레벨 안에 배치된다. 플레이어 캐릭터가 타워의 감지 범위 안에
들어가면, 타워는 플레이어 캐릭터를 향해 파이어볼을 발사한다.

- 파이어볼은 최초 발사 방향으로 움직이며 목표를 타격했는지 체크한다. 만일 목표를

타격했다면, 대미지를 가하고 파이어볼 스스로는 파괴된다. 그렇지 않다면, 파이어볼은 3초 동안 날아간 후 스스로 파괴된다.

본격적인 작업에 앞서 무기와 디펜스 타워의 에셋을 임포트하자.

무기, 디펜스 타워, 파이어볼 액터 다운로드하고 생성하기

본격적인 시작에 앞서 깃허브 리포지터리에서 에셋을 다운로드하자. /PangaeaAssets/Weapons 폴더와 /PangaeaAssets/DefenseTower 폴더에서 다음과 같은 에셋을 확인할 수 있다.

- **도끼**: Axe.FBX와 Axe_c.TGA

- **해머**: Hammer.FBX와 Hammer_c.TGA

- **검**: Sword.FBX와 Sword.TGA

- **디펜스 타워**: DefenseTower.FBX와 DefenseTower_c.TGA

이 에셋들을 Pangaea 프로젝트로 임포트한 후 `BP_Axe`, `BP_Hammer`, `BP_Sword`, `BP_Defense Tower` 블루프린트를 만든다. 다음과 같이 폴더를 만들어 적절하게 파일들을 배치하자.

- 메시, 텍스처, 머티리얼 파일을 포함한 모든 무기 에셋은 All/Content/Assets/Weapons 폴더 안에 배치하자.

- 메시, 텍스처, 머티리얼 파일을 포함한 모든 디펜스 타워 에셋은 All/Content/Assets/Buildings 폴더 안에 배치하자.

- 새로 생성한 블루프린트 파일들은 All/Content/Assets/TopDown/Blueprints 폴더 아래에 배치한다.

새로운 머티리얼은 **베이스 컬러** 항목과 연결된 1개의 **텍스처 샘플** 노드만을 갖고 있을 것이다.

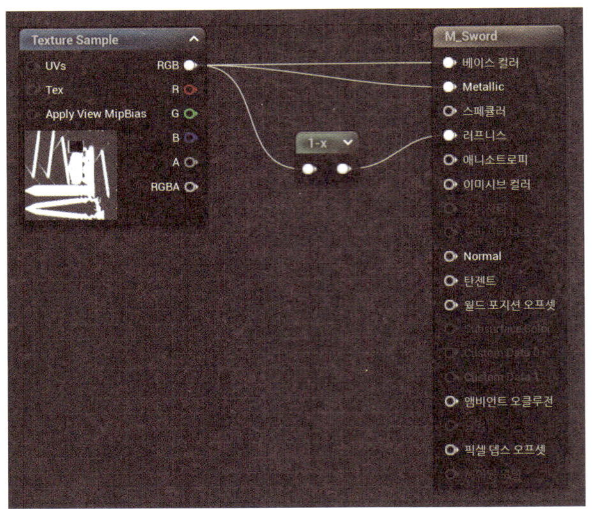

그림 8.8 검 머티리얼 설정

Metallic 항목과 **러프니스** 항목을 Texture Sample과 연결한다. 이어서 **1 - x** 노드를 추가해 칼날의 반짝임을 구현한다. 결과는 그림 8.9와 같을 것이다.

그림 8.9 반사 효과가 추가된 검

디펜스 타워가 발사하는 파이어볼로 사용할 `M_Fireball` 머티리얼도 만든다. Weapons 폴더에서 우 클릭한 다음, **고급 에셋 생성** 하위 항목에서 **머티리얼 ➤ 머티리얼**을 선택한다. 생성된 머티리얼을 더블 클릭해 머티리얼 에디터를 열고 그림 8.10과 같이 설정한다. **베이스 컬러, 이미시브 컬러** 항목을 우 클릭해 **파라미터로 승격**을 누른 다음, **노드 액션**에서 **상수로 변환**을 선택하고 이미지의 값을 입력한다.

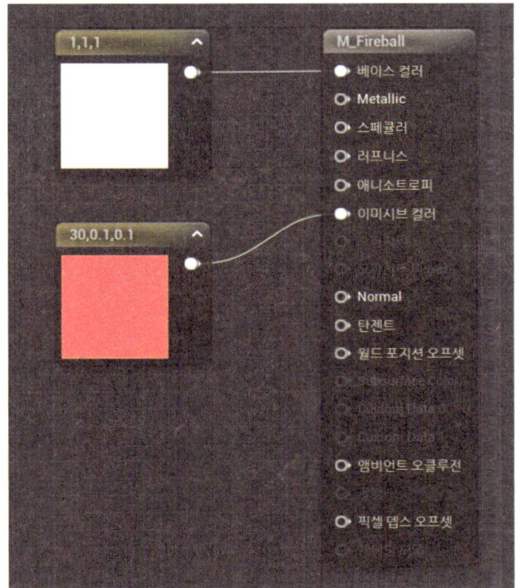

그림 8.10 M_Fireball 머티리얼 생성

그다음에는 Weapon 클래스를 상속받아 BP_Axe, BP_Hammer, BP_Sword 블루프린트를 만들어본다. 이 블루프린트들은 **Axe, Hammer, Sword** 메시를 사용한다. 여기에 M_Axe, M_Hammer, M_Sword 머티리얼을 추가로 사용할 것이다.

콜리전 프리셋은 **OverlapAll**로 설정하고, **오버랩 이벤트 생성** 옵션을 체크한다. 이 설정을 통해 폰이나 스태틱 메시가 무기와 접촉하면 오버랩 이벤트가 발생하게 된다.

그림 8.11은 BP_Sword 블루프린트 설정을 보여준다.

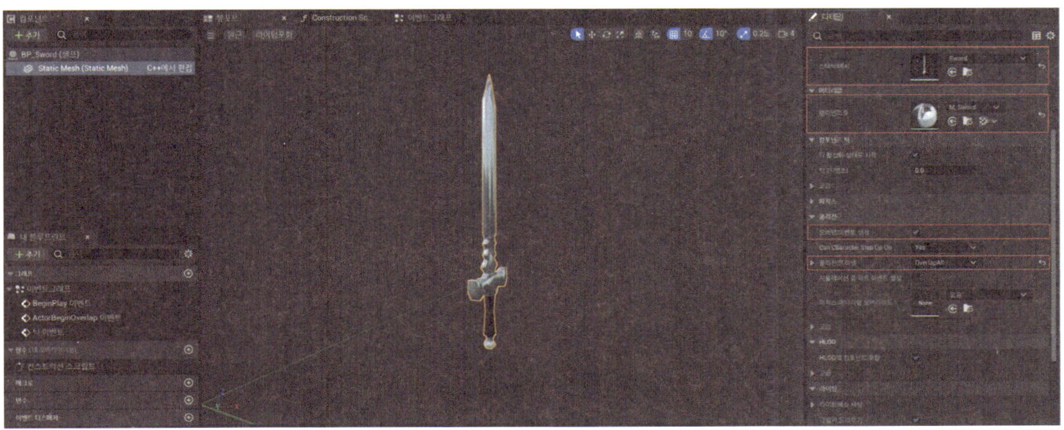

그림 8.11 BP_Sword 블루프린트 만들기

이어서 DefenseTower 클래스를 상속받는 디펜스 타워 블루프린트를 만들어보자. Defense
Tower 메시와 M_DefenseTower 머티리얼을 사용한다. **Sphere Component**는 스피어 반경을
800.0으로, **콜리전 프리셋**은 OverlapAllDynamic으로 설정한다. **오버랩 이벤트 생성** 박스 역시
체크한다.[1]

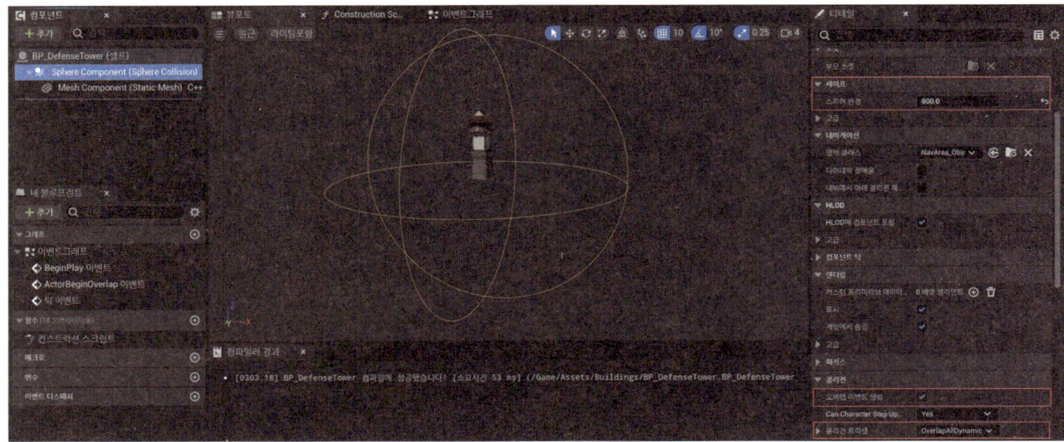

그림 8.12 BP_DefenseTower 블루프린트 – Sphere Component 설정

Sphere Component를 설정한 다음, **Mesh Component** 항목에서 콜리전 프리셋을
BlockAllDynamic으로 설정한다.

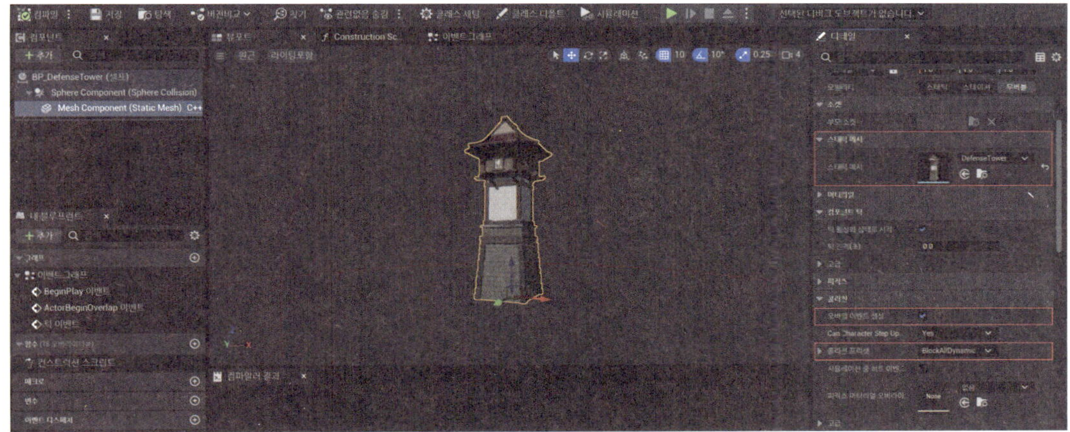

그림 8.13 BP_DefenseTower 블루프린트 – Mesh Component 설정

Projectile 클래스를 상속받는 파이어볼 블루프린트도 만들어야 한다. Shape_Sphere 메시와 M_Fireball 머티리얼을 사용한다. 메시의 크기는 게임에 맞게 0.2로 조절한다. **콜리전 프리셋** 은 **NoCollision**으로 설정한다.

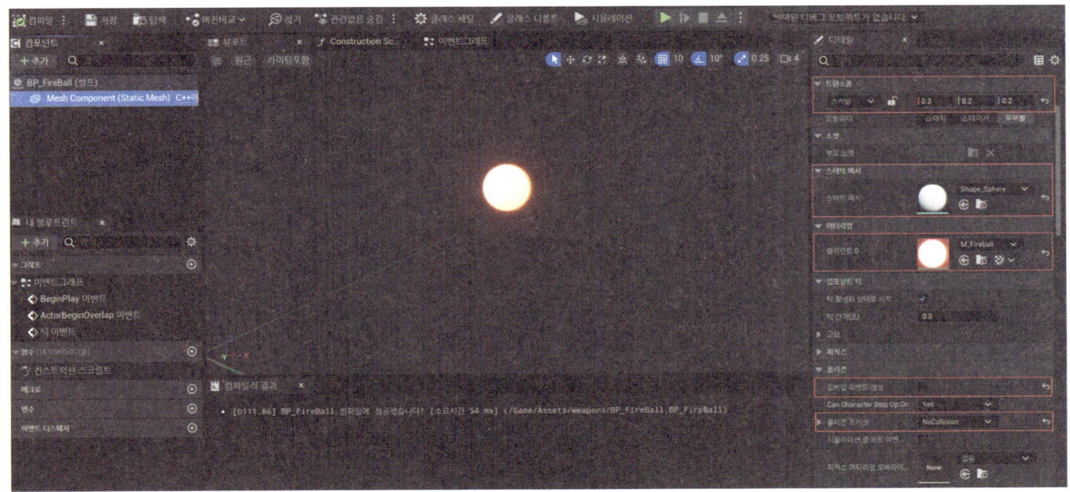

그림 8.14 BP_FireBall 블루프린트 생성하기

이제 게임 레벨에 디펜스 타워와 무기를 드래그 앤 드롭해보자. 예제에서는 2개의 타워와 함께 검과 도끼 하나씩을 배치했다.

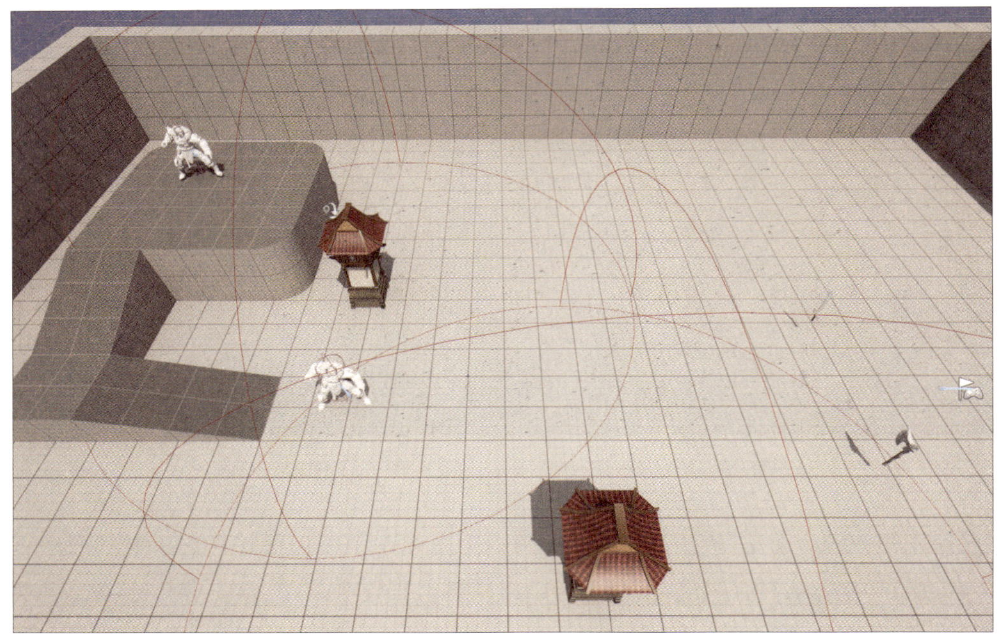

그림 8.15 게임 레벨에 액터 배치하기

플레이어는 화면의 오른쪽에서 스폰된다. 플레이어 캐릭터 정면에는 획득할 수 있는 도끼와 검이 배치된다. 또한 2개의 디펜스 타워가 적절한 간격을 두고 맵에 배치된다. 1명의 적은 타워를 보호하고 있으며, 다른 1명의 적은 이후 보스로 만들어볼 것이다.

이 모든 것이 원활하게 동작하려면 추가적인 코드 작업이 필요하다.

무기 습득하기

액터가 무기를 습득하려면 Weapon 클래스에서 OnActorBeginOverlap 이벤트를 처리해야 한다. 오버랩되는 액터가 플레이어 캐릭터라면, 해당 이벤트가 트리거되며 무기가 스스로 캐릭터에게 장착돼야 한다.

캐릭터의 어떤 부분에 무기가 장착돼야 하는지 의문이 생길 수 있다. 캐릭터 스켈레톤의 오른쪽 손 본bone에 소켓을 추가한 다음, 획득한 무기를 이 소켓에 장착하는 방식으로 진행할 것이다.

소켓을 추가하기 위해 우선 Hero_Skeleton을 에디터에서 연다. 스켈레톤 트리에서 **hand_r** 본을 찾은 다음, 해당 본을 우 클릭해 **소켓 추가**를 선택한다. 새로 추가된 소켓의 이름을 hand_rSocket으로 변경한다. 추가된 소켓을 클릭하고 **상대적 위치**와 **상대적 회전** 값을 다음 그림을 참조해 설정해준다.

그림 8.16 무기를 부착하기 위한 소켓 추가

소켓을 우 클릭한 다음, 팝업 메뉴에서 **프리뷰 에셋 추가**를 선택한다. 여기서 선택한 에셋을 미리보기로 확인할 수 있다.

> **NOTE**
>
> **프리뷰 에셋 추가**로 선택한 무기를 게임플레이에서 볼 수는 없다. 이 메뉴는 오직 상대적인 위치와 회전 값 을 설정하기 위해 제공되는 메뉴다.

소켓 설정 작업이 끝났다면, 이제 OnWeaponBeginOverlap() 이벤트 핸들러 함수를 Weapon 클래스에 추가해야 한다.

```
UFUNCTION()
void OnWeaponBeginOverlap(AActor* OverlappedActor, AActor* OtherActor);
```

기능이 제대로 동작하려면, BeginPlay() 함수 무기 액터의 OnActorBeginOverlap 델리게이트 이벤트와 OnWeaponBeginOverlap 함수를 바인딩시켜야 한다. 이 바인딩을 통해 이벤트와 대응하는 함수가 연결돼 무기 오버랩 이벤트를 처리하게 된다.

델리게이트의 매크로 함수 AddDynamic을 사용해 이벤트 핸들러 함수를 바인딩한다.

```
OnActorBeginOverlap.AddDynamic(this, &AWeapon::OnWeaponBeginOverlap);
```

첫 번째 매개변수인 this는 무기 액터 자체를 의미하고, 두 번째 매개변수인 &AWeapon::OnWeaponBeginOverlap은 핸들러 이벤트 함수의 주소를 의미한다.

OnWeaponBeginOverlap 함수는 AActor 클래스의 AttachToComponent와 DetachFromActor 함수를 활용한다. 이 함수들을 통해 무기와 오버랩되는 플레이어에게 무기를 장착하고, 무기를 떨어뜨리도록 만들 수 있다.

우선 AttachToComponent 함수를 살펴보자.

```
AttachToComponent(Hero->GetMesh(),
FAttachmentTransformRules::SnapToTargetIncludingScale, FName("hand_rSocket"));
```

코드의 내용은 다음과 같다.

- 첫 번째 매개변수는 플레이어 캐릭터의 스켈레탈 메시를 전달한다.

- 두 번째 매개변수는 엔진이 정의한 enum 값으로, 함수가 무기를 메시의 스켈레톤 타깃 노드에 장착하도록 한다.

- 세 번째 매개변수는 타깃 소켓의 이름이다.

이어서 DetachFromActor 함수도 살펴보자.

```
DetachFromActor(FDetachmentTransformRules::KeepWorldTransform);
```

이 함수에는 엔진에서 정의한 Enum 값 1개의 매개변수만 존재한다. 이 함수는 무기를 현재 위치에 떨어뜨리는 기능을 수행한다.

앞서 설명한 프로세스와 관련된 함수들을 기반으로 완성된 Weapon.h와 Weapon.cpp 파일을 살펴보자.

Weapon.h 파일의 코드는 다음과 같다.

```cpp
#pragma once

#include "CoreMinimal.h"
#include "GameFramework/Actor.h"
#include "GameFramework/Character.h"
#include "Components/SphereComponent.h"
#include "Weapon.generated.h"

UCLASS()
class PANGAEA_API AWeapon : public AActor
{
GENERATED_BODY()
public:
AWeapon();

UPROPERTY(VisibleAnywhere, BlueprintReadWrite)
ACharacter* Holder = nullptr;

UPROPERTY(EditAnywhere, Category = "Weapon Params")
float Strength = 10;

protected:
virtual void BeginPlay() override;

UPROPERTY(VisibleAnywhere, BlueprintReadOnly)
UStaticMeshComponent* _StaticMesh;

UFUNCTION()
```

```cpp
void OnWeaponBeginOverlap(AActor* OverlappedActor,
AActor* OtherActor);

bool IsWithinAttackRange(float AttackRange,
AActor* Target);

public:
virtual void Tick(float DeltaTime) override;
};
```

코드의 내용은 다음과 같다.

- Holder 변수는 무기가 플레이어 캐릭터에 장착됐을 때나 적이 무기를 집어 들었을 때
  설정된다. 또한 무기를 획득하지 않은 상태에서 무기가 회전하고 있는지 여부를 판단
  할 때도 사용된다.

- Strength 변수는 타깃에 전달되는 대미지를 계산할 때 사용된다.

- IsWithinAttackRange 함수는 9장에서 구현해볼 것이다.

Weapon.cpp 파일의 코드는 다음과 같다.

```cpp
#include "Weapon.h"
#include "PlayerAvatar.h"
#include "DefenseTower.h"

AWeapon::AWeapon()
{
    PrimaryActorTick.bCanEverTick = true;

_StaticMesh =CreateDefaultSubobject<UStaticMeshComponent>
    (TEXT("Static Mesh"));SetRootComponent(_StaticMesh);

void AWeapon::BeginPlay()
{
Super::BeginPlay();

OnActorBeginOverlap.AddDynamic(this,
&AWeapon::OnWeaponBeginOverlap);
```

```cpp
}

void AWeapon::Tick(float DeltaTime)
{
Super::Tick(DeltaTime);

  if (Holder == nullptr)
  {
    FQuat rotQuat = FQuat(
    FRotator(0, 300.0f * DeltaTime, 0));
    AddActorLocalRotation(rotQuat);
  }
}
    void AWeapon::OnWeaponBeginOverlap(AActor* OverlappecActor,
    AActor* OtherActor)
  {
    auto character = Cast<ACharacter>(OtherActor);
  if (character == nullptr)
  {
    Return;
  }
  if (Holder == nullptr)
  {
    auto playerAvatar = Cast<APlayerAvatar>(character);
  if (playerAvatar != nullptr)
  {
    Holder = character;
    TArray<AActor*> attachedActors;
    OtherActor->GetAttachedActors(attachedActors, true);

    for (int i = 0;
    i < attachedActors.Num(); ++i)
  {
    attachedActors[i]-
    >DetachFromActor(FDetachmentTransformRules::KeepWorldᵀransform);
    attachedActors[i]->SetActorRotation(FQuat::Identity);
    AWeapon* weapon = Cast<AWeapon>(attachedActors[i]);
    weapon->Holder = nullptr;
  }
    AttachToComponent(Holder->GetMesh(),
    FAttachmentTransformRules::SnapToTargetIncludingScale,
    FName("hand_rSocket"));
  }
```

```
    }
    else if(IsWithinAttackRange(0.0f, OtherActor))
    {
      //deal damage to the target: hero or enemy
    }
}
```

코드의 내용은 다음과 같다.

- Tick() 함수는 Holder 변수가 nullptr인지 체크한다. 결과가 true라면 무기가 아직 획득된 상태가 아니며, 플레이어의 주의를 끌기 위해 그 자리에서 계속 돌고 있는 상태라는 것을 의미한다.

- OnWeaponBeginOverlap 함수는 오버랩된 OtherActor가 캐릭터인지 확인한다. 이 함수는 OtherActor 포인터를 character 포인터로 캐스팅한다. 만일 캐스팅이 실패하면 character 포인터 값에는 nullptr이 할당된다.

- 오버랩된 액터가 캐릭터일 때 무기의 Holder가 nullptr이라면, 그리고 오버랩된 캐릭터가 PlayerAvatar라면 플레이어 캐릭터에 무기가 부착된다. 이 작업을 수행하기 위해 AttachToComponent 함수가 호출된다.

- 무기를 부착하기 전에 플레이어 캐릭터가 현재 무기를 갖고 있는지 확인하고, 만일 그렇다면 이를 버려야 한다. OtherActor -> GetAttachedActors()를 호출해 attachedActors 배열을 현재 플레이어 캐릭터가 장착하고 있는 모든 액터로 채운다. 그다음에는 for 루프 구문을 사용해 부착된 액터를 떼어낸다. 예제의 경우는 플레이어가 획득할 수 있는 액터가 무기밖에 없으므로, 반환되는 배열의 길이는 1이어야 한다. 그 이후 DetachFromActor 함수가 호출돼 분리 작업을 수행한다.

- 무기가 버려지면 SetActorRotation 함수를 호출해 아이덴티티 쿼터니온[2]을 설정함으로써 무기가 표면에 똑바로 위치하도록 한다.

---

2   게임 엔진에서 오브젝트의 회전을 설정하기 위해 필요한 사원수를 의미한다. – 옮긴이

- OtherActor가 오버랩됐을 때 무기가 Holder를 갖고 있다면, 오버랩된 OtherActor에게 대미지를 줘야 한다. 이 부분은 9장에서 구현해본다.

- OtherActor가 캐릭터가 아니라면 OtherActor 포인터가 DefenseTower 포인터가 되도록 캐스팅한다. 반환되는 포인터가 nullptr이 아니라면, 무기는 오버랩된 타워에 대미지를 가해야 한다. 이 부분 역시 9장에서 더 자세히 알아본다.

게임을 실행하고 캐릭터를 움직여 게임 레벨 안에 배치된 무기 위를 지나가보자. 그럼 캐릭터가 무기를 획득하고 기존의 무기를 떨어뜨리는 것을 확인할 수 있다.

다음으로는 적을 위한 무기인 해머를 스폰하고 플레이를 시작할 때 이 무기를 적이 손에 쥘 수 있도록 작업을 수행해본다.

적 무기 생성하기

우리가 만드는 게임 Pangaea에서는 적이 캐릭터의 무기를 획득하는 것이 허용되지 않는다. 대신 해머를 스폰시켜 적 Holder에 이 무기를 부착할 것이다. 이를 위해 우선 WeaponClass와 Weapon이라는 2개의 protected 변수를 AEnemy 클래스 안에 만들어야 한다.

```
protected:
UClass* _WeaponClass;
AWeapon* _Weapon;
```

_WeaponClass 변수는 해머의 블루프린트 클래스 타입을 저장하는 용도로 사용된다. 이를 통해 해머를 인스턴스화한다.

이어서 AEnemy 생성자에 다음과 같은 코드를 작성해 _WeaponClass 값을 설정한다.

```
static ConstructorHelpers::FObjectFinder<UBlueprint> blueprint_
finder(TEXT("Blueprint'/Game/Assets /TopDown/Blueprints/BP_Hammer.BP_Hammer'"));

_WeaponClass = (UClass*)blueprint_finder.Object->GeneratedClass;
```

코드의 내용은 다음과 같다.

- 언리얼 엔진이 제공하는 `ConstructorHelpers::FobjectFinder` 구조체는 프로젝트의 특정 경로에서 에셋을 찾는 것을 도와준다. 2개의 꺾쇠 괄호 안에 `UBlueprint`를 템플릿 클래스로 입력해뒀는데, 이는 우리가 찾으려는 에셋이 블루프린트임을 알려준다. 변수의 이름은 `blueprint_finder`이다.

- 에셋의 경로 앞에 에셋의 유형을 알려주는 `Blueprint`를 마지막에 따옴표를 붙여서 배치한다. 실제 경로는 `Blueprint` 바로 뒤에서 시작된다.

- 블루프린트 에셋 이름은 `<blueprintName>.<blueprintName>` 형식으로 표현된다. 여기서는 `BP_Hammer.BP_Hammer`로 표현했다.

- `blueprint_finder.Object->GeneratedClass`의 반환 값은 발견된 에셋의 `UClass` 값이며, 이 값이 `_WeaponClass`에 할당된다.

에셋 클래스를 찾고 저장하는 작업은 클래스 생성자 내부에서 수행돼야 한다.

그다음으로 할 일은 `BeginPlay()` 함수에 해머를 스폰하는 기능을 추가하는 것이다.

```
_Weapon = Cast<AWeapon>(GetWorld()->SpawnActor(_WeaponClass));
_Weapon->Holder = this;
_Weapon->AttachToComponent(GetMesh(),
    FAttachmentTransformRules::SnapToTargetIncludingScale,
    FName("hand_rSocket"));
```

코드의 내용은 다음과 같다.

- 첫 번째 줄은 해머를 인스턴스화하기 위해 `_WeaponClass`를 매개변수로 `SpawnActor()` 함수를 호출한다. 스폰된 액터 포인터가 `AWeapon*`으로 캐스팅되며 `_Weapon` 변수에 할당된다.

- 두 번째 줄은 적을 의미하는 `this` 액터를 무기의 소유주로 할당한다.

- 세 번째 줄은 해머를 캐릭터 스켈레톤의 `hand_rSocket`에 부착한다.

이제 히어로와 적이 모두 자신만의 무기를 갖게 됐다. 다음으로는 타워에서 파이어볼을 발사해 캐릭터를 공격하도록 코드를 작성해보자.

디펜스 타워에서 파이어볼 발사하기

하나의 콜리전 컴포넌트를 갖는 무기와 달리, 디펜스 타워는 SphereComponent와 StaticMesh
Component라는 2개의 콜리전 컴포넌트를 가진다.

- SphereComponent는 플레이어 캐릭터가 범위 안에 들어오고 나갈 때 각각 OnBeginCompo
nentOverlap과 OnEndComponentOverlap 이벤트를 처리한다.

- StaticMeshComponent는 폰이 타워를 뚫고 지나가지 않도록 막아주는 콜라이더와 같은
역할을 한다. 또한 이 콜라이더는 플레이어가 타워를 공격할 때 OnComponentHit 이벤
트를 발생시키는 데 사용되기도 한다. OnComponentHit 이벤트를 처리하는 것은 이어지
는 9장에서 더 자세히 살펴본다.

2개의 SphereComponent 이벤트를 위해 DefenseTower.h 헤더 파일에 2개의 이벤트 핸들러
함수를 추가한다.

```
UFUNCTION()
void OnBeginOverlap(UPrimitiveComponent* OverlappedComporent,
    AActor* OtherActor,
    UPrimitiveComponent* OtherComponent,
    int32 OtherBodyIndex,
    bool bFromSweep,
    const FHitResult& SweepResult);

UFUNCTION()
    void OnEndOverlap(UPrimitiveComponent* OverlappedComporent,
    AActor* OtherActor,
    UPrimitiveComponent* OtherComponent,
    int32 OtherBodyIndex);
```

2개의 함수는 4개의 일반적인 매개변수를 갖는데, 그 내용은 다음과 같다.

- 첫 번째 매개변수는 `OverlappedComponent`로, 이벤트를 발생시키는 컴포넌트다.

- 두 번째 매개변수는 `OtherActor`로, 영역에 들어오거나 나가는 액터의 포인터다.

- 세 번째 매개변수는 `OtherComponent`로, 다른 액터의 컴포넌트다.

- 네 번째 매개변수는 `OtherBodyIndex`로, 다른 액터의 바디 인덱스를 의미한다.

타깃 캐릭터의 포인터를 저장할 변수도 필요하다. 여기서 타깃은 오직 플레이어 하나이므로, 포인터 타입을 `APlayerAvatar*:`로 지정한다.

```cpp
class APlayerAvatar* _Target = nullptr;
```

`APlayerAvatar` 앞에 `class` 키워드가 배치돼 있다는 것에 주의하자. 이는 PlayerAvatar.h 파일을 DefenseTower.h 파일에는 포함하지 않고 DefenseTower.cpp 파일에만 포함하기 위해서다.

`class` 키워드는 `APlayerAvatar`가 클래스라는 것을 명시하므로 큰 이상 없이 컴파일이 수행돼야 한다. DefenseTower.cpp 파일을 빌드할 때 컴파일러가 `APlayerAvatar` 클래스를 식별할 수 있는데, 이는 PlayerAvatar.h 파일이 헤더에 포함돼 있기 때문이다.

그다음으로 필요한 일은 이벤트 핸들러 함수를 구현하는 것이다. 이벤트 핸들러 함수를 통해 오버랩 이벤트를 처리하는 것은 매우 직관적이다. `OnComponentBeginOverlap` 이벤트가 트리거되면 `_Target`이 `OtherActor`로 설정된다. 이와 반대로 `OnComponentEndOverlap`이 트리거되면 `_Target`이 `nullptr`로 설정된다. 관련된 코드는 다음과 같다.

```cpp
void ADefenseTower::OnBeginOverlap(
UPrimitiveComponent* OverlappedComponent,
AActor* OtherActor,
UPrimitiveComponent* OtherComponent,
int32 OtherBodyIndex,
bool bFromSweep,
const FHitResult& SweepResult)
{
APlayerAvatar* player = Cast<APlayerAvatar>(OtherActor);
```

```cpp
    if (player)
    {
      _Target = player;
    }
  }
    void ADefenseTower::OnEndOverlap(
    UPrimitiveComponent* OverlappedComponent,
    AActor* OtherActor,
    UPrimitiveComponent* OtherComponent,
    int32 OtherBodyIndex)
  {
  if (_Target != nullptr && OtherActor == _Target)
  {
    _Target = nullptr;
  }
  }
}
```

이 코드를 통해 OnBeginOverlap과 OnEndOverlap 이벤트 핸들러 함수가 어떻게 구현됐는지 알 수 있다. 이제 디펜스 타워는 플레이어 캐릭터가 특정 범위 안에 들어오는 것을 감지할 수 있게 됐다. 그다음 단계는 플레이어를 향해 파이어볼을 발사하게 만드는 것이다.

파이어볼을 발사하려면 우선 파이어볼 에셋의 클래스를 저장할 UClass* 변수가 필요하다. 그다음에는 Fire() 함수를 ADefenseTower 클래스에 추가한다. 이 함수는 _Target이 유효한 캐릭터일 때 Tick() 함수 안에서 호출돼야 한다. 따라서 DefenseTower.h 파일에 퍼블릭 함수로 추가한다.

```cpp
  void Fire();
```

그런 다음, DefenseTower.cpp 파일에서 Fire() 함수를 구현하고 이를 Tick() 함수에서 호출한다.

```cpp
ADefenseTower::ADefenseTower()
{
    …
  _SphereComponent->OnComponentBeginOverlap.AddDynamic(this,
&DefenseTower::OnBeginOverlap);
```

```cpp
  _SphereComponent->OnComponentEndOverlap.AddDynamic(this,
&DefenseTower::OnEndOverlap);

    …

  static ConstructorHelpers::FObjectFinder<UBlueprint> blueprint_
    finder(TEXT("Blueprint'/Game/TopDown/Blueprints/BP_Fireball.BP_Fireball'"));
    _FireballClass = (UClass*)blueprint_finder.Object->GeneratedClass;
}


void ADefenseTower::Fire()
{
  auto fireball = Cast<AProjectile>(
  GetWorld()->SpawnActor(_FireballClass));
  FVector startLocation = GetActorLocation();
  startLocation.Z += 100.0f;
  FVector targetLocation = _Target->GetActorLocation();
  targetLocation.Z = startLocation.Z;
  FRotator rotation =
  UKismetMathLibrary::FindLookAtRotation(
  startLocation, targetLocation);
  fireball->SetActorLocation(startLocation);
  fireball->SetActorRotation(rotation);
}
void ADefenseTower::Tick(float DeltaTime)
{
  Super::Tick(DeltaTime);
  if (_Target != nullptr)
  {
    Fire();
  }
}3
```

코드의 내용은 다음과 같다.

- Fire() 함수는 _FireballClass를 사용해 파이어볼을 생성한다. 최초로 생성되는 위치
  는 디펜스 타워의 100.0 유닛 지점이다. GetTargetLocation()은 FVector 구조체에서
  현재 액터의 위치를 반환하는 함수다.

---

3 이 코드를 그대로 실행하면 _FireballClass를 식별할 수 없다는 오류가 발생할 수 있다. 이런 경우, DefenseTower.h 파일의
   protected: 영역에 UClass* _FireballClass;를 추가해야 한다. – 옮긴이

- 파이어볼은 현재 타깃의 위치를 파이어볼의 방향으로 정하기 위해 회전 값도 가진다. 파이어볼 스크립트는 이를 활용해 파이어볼이 방향을 따라 움직이게 만든다. 파이어볼의 회전 값을 설정하려면 파이어볼이 생성되는 지점을 startLocation으로 설정하고, 타깃의 현재 위치를 얻기 위해 targetLocation을 설정해야 한다. 로테이터를 얻기 위해 FindLookAtRotation 함수를 사용하며, SetActorRotation 함수를 호출하기 위해 로테이터를 매개변수로 사용한다.

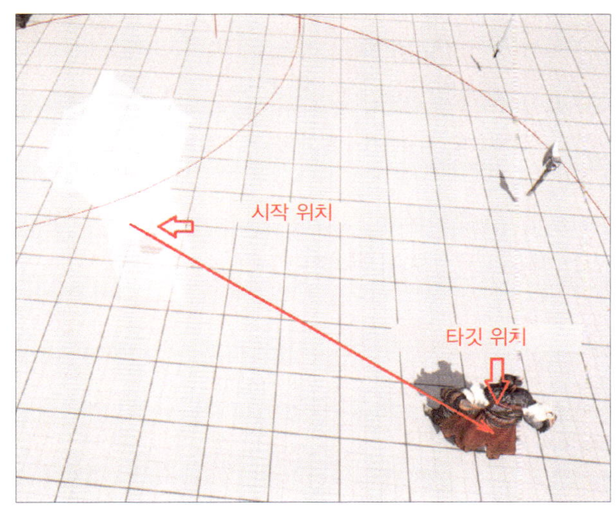

그림 8.17 시작 위치와 타깃 위치에 기반해 파이어볼의 회전 방향을 계산한다.

- 파이어볼을 발사할 타깃이 있다면 Tick() 함수는 Fire() 함수를 호출한다.

게임을 실행하고 플레이어 캐릭터가 디펜스 타워에 가깝게 이동하면, 타워가 수백 개의 파이어볼을 연이어서 발사하는 것을 확인할 수 있다. Fire() 함수를 너무 자주 호출하는 것이 이 문제의 원인이다. Tick() 함수가 각 프레임마다 수행되기 때문인데, 프레임 레이트가 60fps로 설정돼 있다면 1초마다 60번을 호출한다는 것을 의미한다.

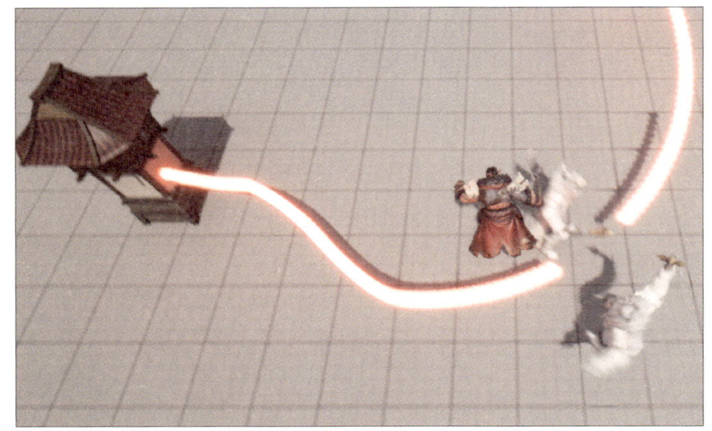

그림 8.18 타워에서 수백 개의 파이어볼을 발사한다.

타워의 틱 타임을 1초에 두 번으로 수정한다. 틱의 간격을 0.5초로 수정하는 것이다. SetActorTickInterval() 함수를 통해 이 문제를 다음과 같이 해결할 수 있다.

```
void ADefenseTower::BeginPlay()
{
    Super::BeginPlay();
    SetActorTickInterval(0.5f);
}
```

이제 남은 일은 파이어볼을 이동시키고 타깃을 타격했는지 확인하는 것이다.

파이어볼 이동과 목표 충돌 체크하기

파이어볼은 앞으로 이동하면서 현재 위치 앞에 레이 캐스팅을 사용해 다음 프레임에서 장애물에 부딪힐지 확인한다. 파이어볼이 플레이어 캐릭터에 맞으면 플레이어에게 대미지를 준다. 이 기능은 Projectile 클래스 내에서 가져올 수 있다.

가장 먼저, 발사한 파이어볼이 그 방향으로 계속 움직이도록 만들어야 한다. 파이어볼의 현재 위치를 구하고, 속도와 방향에 기반해 속도 벡터를 계산하고, 이 속도를 현재 방향에 추가한 다음, 액터의 새로운 위치를 설정하는 방식이다. 코드는 다음과 같다.

```cpp
FVector currentLocation = GetActorLocation();
FVector vel = GetActorRotation().RotateVector(FVector::ForwardVector)
* Speed * DeltaTime;
    FVector nextLocation = currentLocation + vel;
    SetActorLocation(nextLocation);
```

속도 　 벡터를 계산하려면 공의 현재 회전을 사용해 단위 전진 벡터 　　　 를 회전시킨 다음, 회전된 벡터를 속도와 델타 시간에 곱한다. 새로운 위치는 현재 위치와 속도를 더한 값이다.

그다음, 발사된 파이어볼이 제한된 수명을 갖도록 해야 한다. 일정한 시간 동안 움직이고, 그동안 어떤 것에도 충돌하지 않았다면 Destroy 함수를 호출해 스스로 파괴돼야 한다.

```cpp
void AProjectile::BeginPlay()
{
    Super::BeginPlay();
    _LifeCountingDown = Lifespan;
}


void AProjectile::Tick(float DeltaTime)
{
    Super::Tick(DeltaTime);
  if (_LifeCountingDown > 0.0f)
  {
…
    _LifeCountingDown -= DeltaTime;
  }
  else
  {
    PrimaryActorTick.bCanEverTick = false;
    Destroy();
  }
}
```

_lifeCountingDown 변수는 BeginPlay() 안에서 초기화된다. 그런 다음, _lifeCountingDown 변수가 틱이 수행될 때마다 체크된다. 이 값이 0보다 크다면 DeltaTime을 줄인다. 값이 0보다 작다면, 틱을 체크하지 않고 파이어볼을 파괴한다.

앞의 코드에서 마지막으로 수행하는 가장 중요한 작업은 파이어볼이 앞으로 전진하면서 타깃에 명중했는지를 감지하는 것이다. 오버랩 이벤트를 사용하면 타깃에 명중했는지 확인할 수 있다.

`Projectile` 클래스는 파이어볼뿐만 아니라 발사가 가능한 모든 액터, 예를 들어 탄환과 같은 오브젝트의 부모 클래스가 될 수 있다. 탄환이 움직이면서 오버랩 이벤트를 트리거하지 않고 지나갈 수도 있다. 그림 8.19는 파이어볼이 움직이면서 히어로를 피격하지 않는 경우를 보여준다.

그림 8.19 탄환이 움직이면서 오버랩 이벤트를 트리거하지 않고 플레이어를 지나쳐 간다.

이런 문제가 발생하지 않도록 탄환이 이동할 때 그 앞에 레이 캐스팅을 수행한다. 트레이싱하는 빛의 길이는 속도와 동일하게 설정할 수 있다. 적절한 `LineTrace` 함수를 사용해 충돌을 감지할 수 있게 되는 것이다.

그림 8.20 탄환이 빠르게 움직이면서 라인을 트레이싱해 플레이어를 감지한다.

언리얼 엔진은 LineTrace 함수를 통해 다음과 같은 다양한 레이 트레이싱을 제공한다.

- 멀티 히트^{multiple-hit} 및 싱글 히트^{single-hit} 라인 트레이싱

- 동기 및 비동기 라인 트레이싱

- 채널, 오브젝트, 프로필별 트레이싱

공식 문서 사이트 https://docs.unrealengine.com/latest/INT/BlueprintAPI/Collision/를 방문하면 좀 더 자세한 내용을 살펴볼 수 있다.

예제에서는 LineTraceSingleByObjectType() 함수 LineTrace를 사용할 것이다.

```
FHitResult hitResult;
FCollisionObjectQueryParams objCollisionQueryParams;
objCollisionQueryParams.AddObjectTypesToQuery(ECollisionChannel::ECC_
Pawn);

if(GetWorld()->LineTraceSingleByObjectType(hitResult,
currentLocation,
nextLocation,
objCollisionQueryParams))
{
auto playerAvatar = Cast<APlayerAvatar>(
```

```
hitResult.GetActor());
if (playerAvatar != nullptr)
{
playerAvatar->Hit(Damage);
PrimaryActorTick.bCanEverTick = false;
Destroy();
}
}
…
}
```

코드의 내용은 다음과 같다.

- FHitResult 타입의 변수인 hitResult를 정의한다. 이는 LineTrace 함수를 호출하기 위
  한 첫 번째 매개변수로 사용된다.

- 두 번째 변수인 objectCollisionQueryParams는 LineTrace 함수에 어떤 유형의 오브젝
  트가 충돌해야 하는지 알려주는 네 번째 매개변수로 사용된다. 다음 줄의 코드는
  AddObjectTypesToQuery 메서드를 호출하고 ECC_Pawn을 쿼리 매개변수 컬렉션에 추가
  한다. 이는 LineTrace 함수가 트레이싱 라인이 폰 타깃에 부딪혔는지 여부만을 체크한
  다는 것을 의미한다. 폰 타깃은 플레이어 캐릭터가 될 수도 있고, 적이 될 수도 있다.

- LineTrace 함수의 두 번째와 세 번째 매개변수는 트레이싱 라인의 시작 지점과 종료
  지점이다.

- LineTrace 함수는 폰에 부딪혔을 때 true 값을 반환한다. 스크립트는 피격된 폰이
  PlayerAvatar인지 확인하고, 그 결과가 true라면 대미지를 가한다.

이제 에디터에서 게임을 실행해보자. 마우스를 클릭해 맵을 돌아다닐 수 있고, 무기도 획득
할 수 있다. 디펜스 타워의 감지 범위 안에 들어가면, 타워가 캐릭터를 향해 파이어볼을 발
사할 것이다. 또한 적의 감지 범위 안에 들어가면 적이 당신의 캐릭터를 쫓아올 것이다. 마
우스를 우 클릭해 적을 공격할 수도 있다.

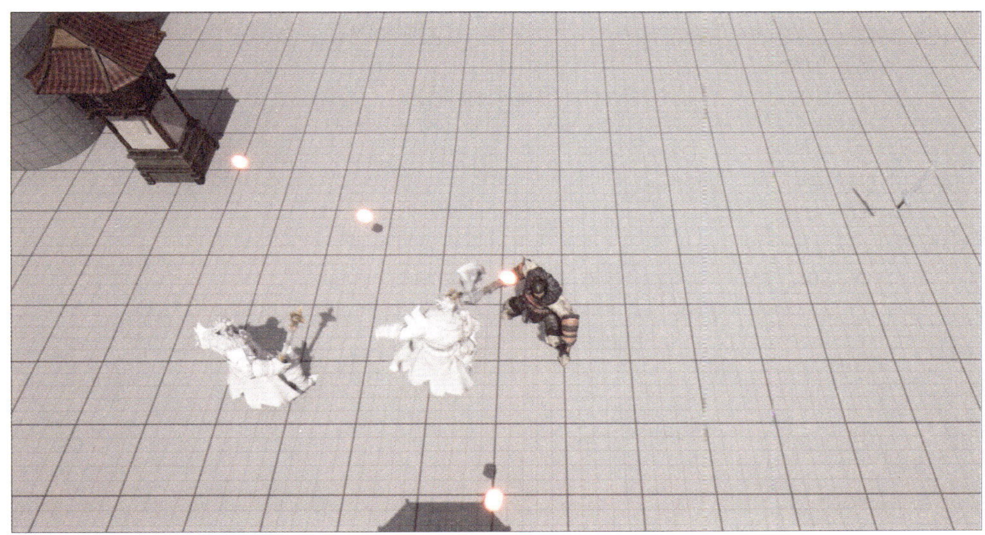

그림 8.21 에디터에서 플레이한 Pangaea

디펜스 타워 피격 처리하기

앞서 디펜스 타워가 파이어볼을 발사하게 만드는 섹션에서 2개의 이벤트 핸들러 함수를 액터의 `BeginOverlap`과 `EndOverlap`에 연결했다. 이 설정을 통해 타워가 플레이어 캐릭터를 감지하고, 감지 범위 안에 들어온 플레이어 캐릭터에게 파이어볼을 발사하게 된다. 디펜스 타워를 공격해 대미지를 가하기 위해서는 다른 방식으로 접근해야 한다. 즉, 타워의 `MeshCompo-nent`에서 `OnBeginOverlap` 이벤트를 처리해야 하는 것이다.

이 부분을 구현하려면 DefenseTower.h 파일의 마지막 부분에 `OnMeshBeginOverlap`이라는 이름의 새로운 `UFUNCTION`을 추가해야 한다.

```
UFUNCTION(BlueprintCallable)
void OnMeshBeginOverlap(AActor* OtherActor);
```

이 함수 선언을 통해 블루프린트에서도 호출이 가능하다는 것을 알 수 있다.

DefenseTower.cpp 파일은 다음과 같이 작성돼야 한다.

```cpp
void ADefenseTower::OnMeshBeginOverlap(AActor* OtherActor)
{
    AWeapon* weapon = Cast<AWeapon>(OtherActor);
    if (weapon == nullptr || weapon->Holder == nullptr)
    {
        return;
    }

    APangaeaCharacter* character = weapon->Holder;
    if (character->IsA(APlayerAvatar::StaticClass()) &&
        character->IsAttacking() &&
        CanBeDamaged())
    {
        Hit(weapon->Holder->Strength);
    }
}
```

코드의 내용은 다음과 같다.

- 오버랩된 다른 액터를 캐스팅해 캐스팅된 액터가 유효한 무기인지, 그리고 홀더에 부착된 상태인지를 확인한다.

- 만일 다른 액터가 캐릭터가 쥐고 있는 무기이고, 무기를 쥐고 있는 캐릭터가 플레이어 아바타이며, 플레이어 아바타의 상태가 공격 상태라면 Hit 이벤트를 진행한다. 결과적으로 디펜스 타워는 대미지를 받는다.

- Hit 함수는 앞선 조건들이 충족되면 호출된다.

OnMeshBeginOverlap 함수가 준비된 상태이므로 BP_DefenseTower 이벤트그래프에 BeginOverlap 이벤트를 추가하자. 이 이벤트 노드를 통해 이벤트가 트리거될 때마다 OnMeshBeginOverlap을 호출할 수 있게 된다.

다음과 같은 과정을 거쳐 이벤트 노드를 만든다.

1. 에디터에서 BP_DefenseTower를 연다.

2. **컴포넌트** 패널에서 **Mesh Component(Static Mesh)**를 선택한다.

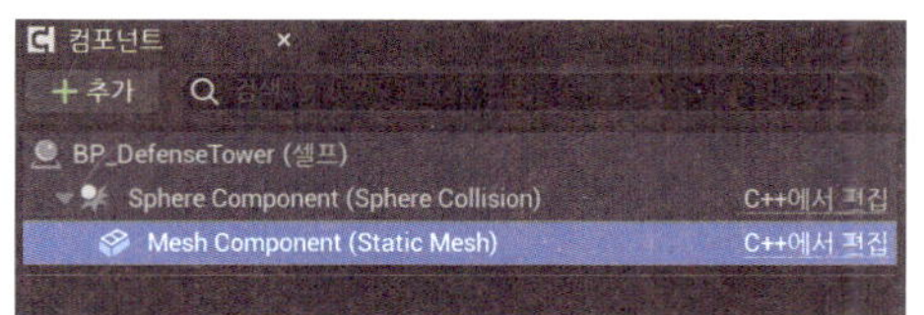

그림 8.22 BP_DefenseTower에서 메시 컴포넌트를 선택한다.

3. **컴포넌트 오버랩 시작 시**의 + 버튼을 눌러 노드를 추가한다.

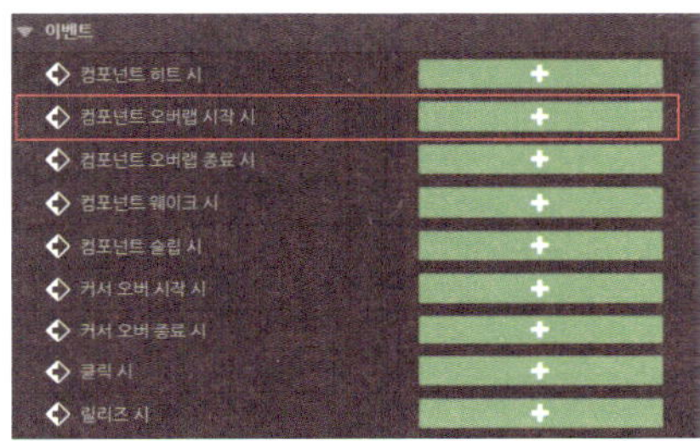

그림 8.23 + 버튼을 클릭해 이벤트그래프에 BeginOverlap 노드를 추가한다.

4. 추가된 노드의 오른쪽에 **On Mesh Begin Overlap** 노드를 추가한다.

5. 2개 노드의 실행 핀을 이어준다.

6. **컴포넌트 오버랩 시작 시**의 **Other Actor**와 **On Mesh Begin Overlap**의 **Other Actor**를 이어준다.

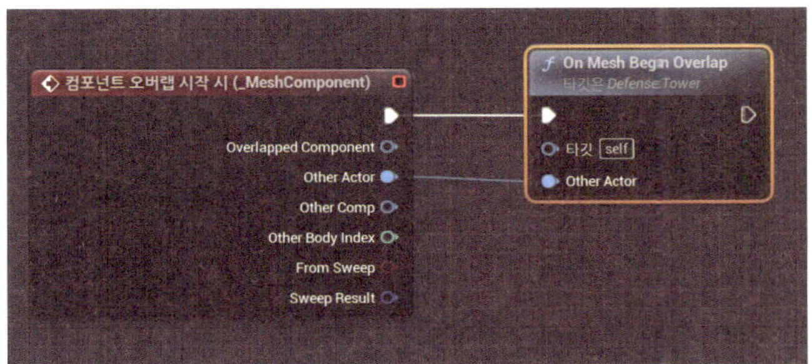

그림 8.24 컴포넌트 오버랩 시작 이벤트가 트리거되면 On Mesh Begin Overlap 이벤트를 호출한다.

7. 파일을 저장하고 컴파일을 수행한다.

충돌과 관련된 설정이 완료됐으므로, 이제 게임 Pangaea의 핵심적인 상호작용은 모두 설정된 것이다. 이제 게임을 즐길 준비를 마쳤다.

요약

이번 장에서는 충돌 감지와 엔진에서 제공하는 충돌 시스템을 게임 Pangaea에 적용하는 법을 배웠다.

이번 장의 시작 부분에서는 3개의 콜리전 컴포넌트(CapsuleComponent, BoxComponent, SphereComponent)와 2개의 메시 컴포넌트(StaticMeshComponent, SkeletalMeshComponent)에 대해 설명했다. 메시 콜리전을 비활성화하고 액터에 콜리전 컴포넌트를 추가하는 것이 좀 더 나은 성능을 보장하는 방식이다.

그다음에는 OnBeginOverlap 및 OnEndOverlap 콜리전 이벤트와 C++ 코드에서 이들을 구현하는 법에 대해서도 배웠다. 필요에 따라 액터와 컴포넌트 양쪽에서 모두 콜리전 이벤트를 제어할 수 있다.

게임플레이에서 액터 간의 상호작용을 적절하게 구현하려면 적합한 콜리전 프리셋을 선택하는 것이 매우 중요하다. 따라서 BlockAll, OverlapAllDynamic, NoCollision과 같은 콜리전 프리셋을 충분히 이해하고 다양한 콜리전 컴포넌트에 적절하게 사용해야 한다. 새로운 콜리전 프리셋을 커스터마이징하는 법도 함께 배워봤다.

또한 충돌 시스템 메커니즘에 기반해 무기와 디펜스 타워, 파이어볼 에셋을 임포트하고 해당하는 액터를 만들었다.

OnActorBeginOverlap 이벤트를 설정해 무기를 획득할 수 있도록 코드 작업을 수행했으며, 디펜스 타워에 OnComponentBeginOverlap, OnComponentEndOverlap 컴포넌트 이벤트도 추가했다. 이를 통해 디펜스 타워는 공격 범위 안에 플레이어가 들어왔을 때 파이어볼을 플레이어 캐릭터를 향해 발사할 수 있게 됐다.

이 장의 마지막 부분에서는 레이 캐스팅의 개념과 엔진이 제공하는 LineTrace 함수에 대해 알아봤다. 파이어볼이 적절하게 이동하기 위해 필요한 코드를 작성하고, 타깃에 부딪혔는지 감지하기 위해 LineTraceSingleByObjectType() 함수를 사용했다.

다음 장에서는 코드 리팩터링을 수행해 대상을 공격하고 대미지를 가하는 과정을 가다듬어 게임플레이의 완성도를 높여볼 것이다. 또한 유용한 언리얼 엔진 5 API도 함께 소개할 것이다.

09

C++ 코드 품질 향상하기

지금까지 8개의 장을 마무리했고, 그 결과로 플레이 가능한 게임을 만들 수 있었다. 하지만 지금까지 작성한 C++ 코드가 모두 마음에 드는 것은 아닐 것이다. 예를 들어 `APlayerAvatar`와 `AEnemy` 클래스에는 많은 변수와 함수가 중복된다. 이번 장에서는 개발자들이 코드 품질을 향상하기 위해 널리 사용하는 2개의 기법인 코드 리팩터링과 코드 리파이닝을 살펴본다.

또한 언리얼에서 디버그 메시지를 출력하는 법과 액터의 클래스 타입을 찾는 2개의 방법도 살펴본다.

이 장을 마무리할 때쯤이면, 코드 품질을 유지하는 것이 얼마나 중요하고 코드 리팩터링과 코드 리파이닝을 반복해서 수행하는 것이 얼마나 중요한지를 잘 알게 될 것이다. 이런 지식을 기반으로 높은 품질의 전문적인 코드를 작성할 수 있다.

이번 장에서는 다음과 같은 주제들을 다룬다.

- 코드 리팩터링

- 코드 리파이닝

- 디버그 메시지 출력하기

- 액터 인스턴스의 실제 클래스 타입 확인하기

기술적인 요구 사항

이 장에서 작성한 코드는 깃허브 (https://github.com/PacktPublishing/Unreal-Engine-5-Game-Development-with-C-Scripting/tree/main/Chapter09)에서 다운로드할 수 있다.

코드 리팩터링

앞서 작성한 코드에는 생각보다 중복되는 부분이 많다. 동일한 변수와 함수가 다수 존재하는 PlayerAvatar와 Enemy 클래스가 가장 대표적이다. 중복되는 부분들을 하나로 통합하면 좀 더 효과적으로 코드를 작성할 수 있지 않을까? 코드 리팩터링을 통해 이 목적을 달성할 수 있다.

코드 리팩터링은 코드의 내부 구조를 개선해 가독성과 유지보수성을 높이고, 결과적으로 코드를 효과적으로 관리할 수 있도록 도와준다. 코드 리팩터링에는 알고리듬 최적화, 중복 코드 제거, 코드 단순화 등이 포함된다.

프로젝트 Pangaea에서는 2개의 코드 리팩터링 작업을 수행할 것이다.

- 2개의 애니메이션 인스턴스 클래스 통합하기

- PlayerAvatar와 Enemy 클래스의 부모 클래스 추가하기

그럼 첫 번째 작업부터 시작해보자.

PlayerAvatarAnimInstance와 EnemyAnimInstance 클래스 통합하기

PlayerAvatarAnimInstance.h, PlayerAvatarAnimInstance.cpp 파일과 EnemyAnimInstance.h, EnemyAnimInstance.cpp 파일을 비교해보자. 헤더 파일과 소스 파일에서 클래스 이름을 제외하고 많은 부분이 같다는 사실을 알 수 있을 것이다.

게임 Pangaea에서는 향후 게임과 관련된 디자인이 변경되지 않을 것이므로, 이 2개의 클래스를 통합하는 것이 가능하다. PangaeaAnimInstance.h와 PangaeaAnimInstance.cpp로 구성되는 새로운 PangaeaAnimInstance 클래스를 만들 것이다. 이전의 파일들은 삭제해야 한다.

PangaeaAnimInstance.h 파일은 다음과 같다.

```cpp
#pragma once
#include "CoreMinimal.h"
#include "Animation/AnimInstance.h"
#include "PangaeaAnimInstance.generated.h"

UENUM(BlueprintType)
enum class ECharacterState : uint8
{
  Locomotion,
  Attack,
  Hit,
  Die
};

UCLASS()
class PANGAEA_API UPangaeaAnimInstance : public UAnimInstance
{
  GENERATED_BODY()
public:
UPROPERTY(EditAnywhere, BlueprintReadWrite, Category =
"PangaeaAnimInstance Params")
  float Speed;
UPROPERTY(EditAnywhere, BlueprintReadWrite, Category =
"PangaeaAnimInstance Params")
  ECharacterState State;
```

```cpp
  UFUNCTION(BlueprintCallable)
  void OnStateAnimationEnds();
};
```

PangaeaAnimInstance.cpp 파일은 다음과 같다.

```cpp
#include "PangaeaAnimInstance.h"
#include "PangaeaCharacter.h"

void UPangaeaAnimInstance::OnStateAnimationEnds()
{
if (State == ECharacterState::Attack)`
{
  State = ECharacterState::Locomotion;
}
else
{
auto character = Cast<APangaeaCharacter>(GetOwningActor());

if (State == ECharacterState::Hit)
{
  if (character->GetHealthPoints() > 0.0f)
  {
    State = ECharacterState::Locomotion;
  }
  else
  {
    State = ECharacterState::Die;
  }
}
else if (State == ECharacterState::Die)
{
  character->DieProcess();
}
}
}[1]
```

---

[1] 이 부분까지 작업을 한 후 디버그를 수행하면 다수의 오류가 발생한다. 오류를 수정하기 위해서는 PangaeaCharacter.h 파일과 PangaeaCharacter.cpp 파일이 수정돼야 한다. 깃허브의 파일을 참조해 수정하는 것을 추천한다. ─ 옮긴이

앞선 코드의 PangaeaAnimInstance 클래스에서 PlayerAvatarAnimInstance와 EnemyAnimInstance 클래스의 중복된 코드를 한 군데로 통합했다. ABP_PlayerAvatar와 ABP_Enemy 블루프린트가 이전의 애니메이션 인스턴스 클래스를 기반으로 만들어졌으므로, 이 블루프린트의 부모 클래스를 PangaeaAnimInstance 클래스로 변경해줘야 한다.

우선 ABP_PlayerAvatar를 애니메이션 블루프린트 에디터에서 열고 메인 메뉴에서 **파일 ➤ 블루프린트 부모변경**을 선택한다.

그림 9.1 ABP_PlayerAvatar의 부모를 PangaeaAnimInstance로 변경함

이어서 PangaeaAnimInstance를 검색해 부모를 변경한다.

부모를 변경하고 나면 블루프린트 에디터 창에서 다양한 에러 메시지를 확인할 수 있다. 스테이트 머신, 변수, 애니메이션 등은 새로 설정해줘야 한다. 6장의 'ABP_PlayerAvatar에 스테이트 머신 생성하기' 섹션을 참조해 이들을 적절하게 다시 변경하자.

그림 9.2는 리팩터링 과정을 거치기 전과 후의 클래스 다이어그램을 보여준다.

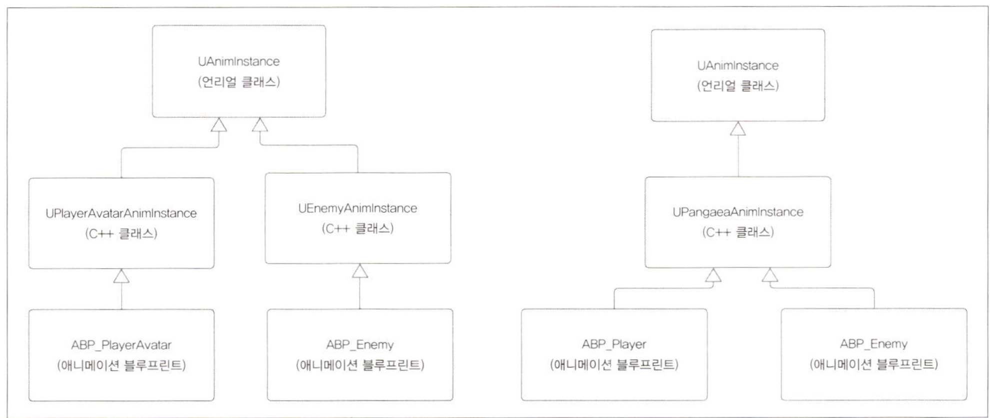

그림 9.2 PlayerAvatarAnimInstance와 EnemyAnimInstance를 PangaeaAnimInstance로
리팩터링하기 이전과 이후의 클래스 다이어그램

이제 PlayerAvatar와 Enemy 클래스의 변수와 함수가 중복되지 않도록 리팩터링하는 작업을
진행해보자.

PangaeaCharacter 클래스를 APlayerAvatar와 AEnemy 클래스의 부모 클래스로 만들기

APlayerAvatar와 AEnemy 클래스를 살펴보고 클래스 변수와 함수가 포함된 클래스 다이어그
램을 그려보면 다음과 같다.

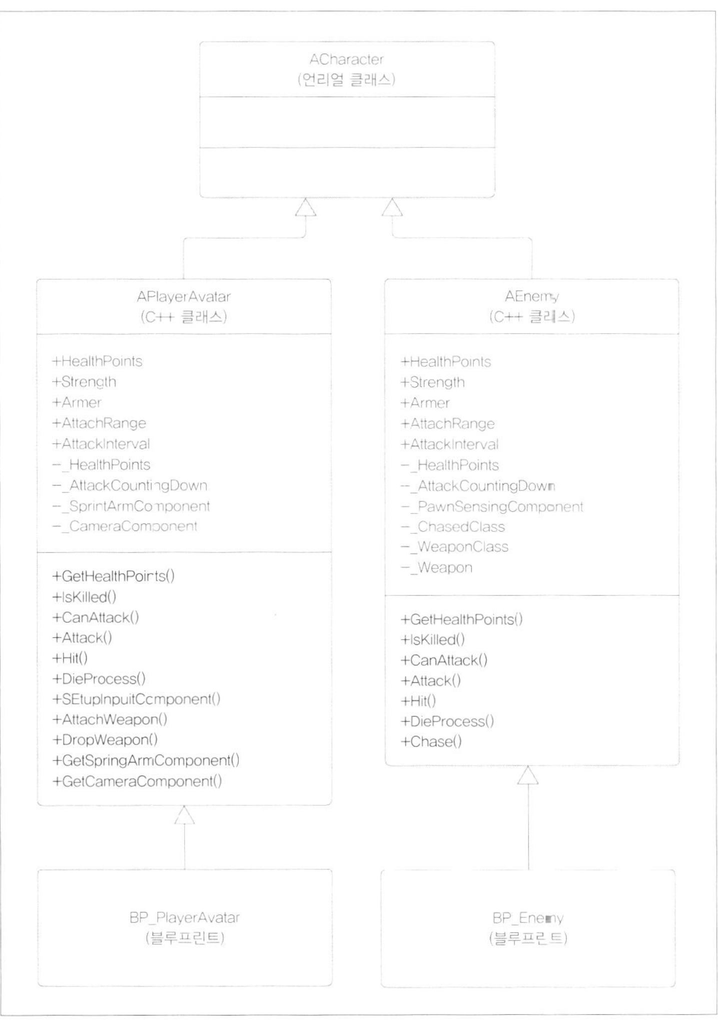

그림 9.3 리팩터링 전의 Pangaea 액터 클래스 다이어그램

다이어그램에서 +는 변수 혹은 함수가 퍼블릭하게 접근 가능하다는 것을 의미하고, -는 프라이빗하게 접근 가능하다는 것을 의미한다.

도표에서 보듯이, `APlayerAvatar` 클래스와 `AEnemy` 클래스에는 `HealthPoints` 변수나 `GetHealthPoints` 함수와 같이 공통으로 사용되는 변수와 함수가 존재하고 있다. 동일한 코드가 2개 존재함으로써 혼돈과 불일치를 유발할 수 있고, 이는 코드의 유지보수를 어렵게 만드는 주

요한 원인이 될 수 있다. 따라서 이 2개의 클래스를 리팩터링해 복잡한 관계를 정리할 필요
가 있다.

APlayerAvatar와 AEnemy 클래스가 상속받는 부모 클래스로 APangaeaCharacter 클래스
를 만들어 리팩터링을 수행할 수 있다. 그런 다음, 공통으로 사용하는
변수와 함수를 2개의 자식 클래스에서 부모 클래스로 옮겨준다.

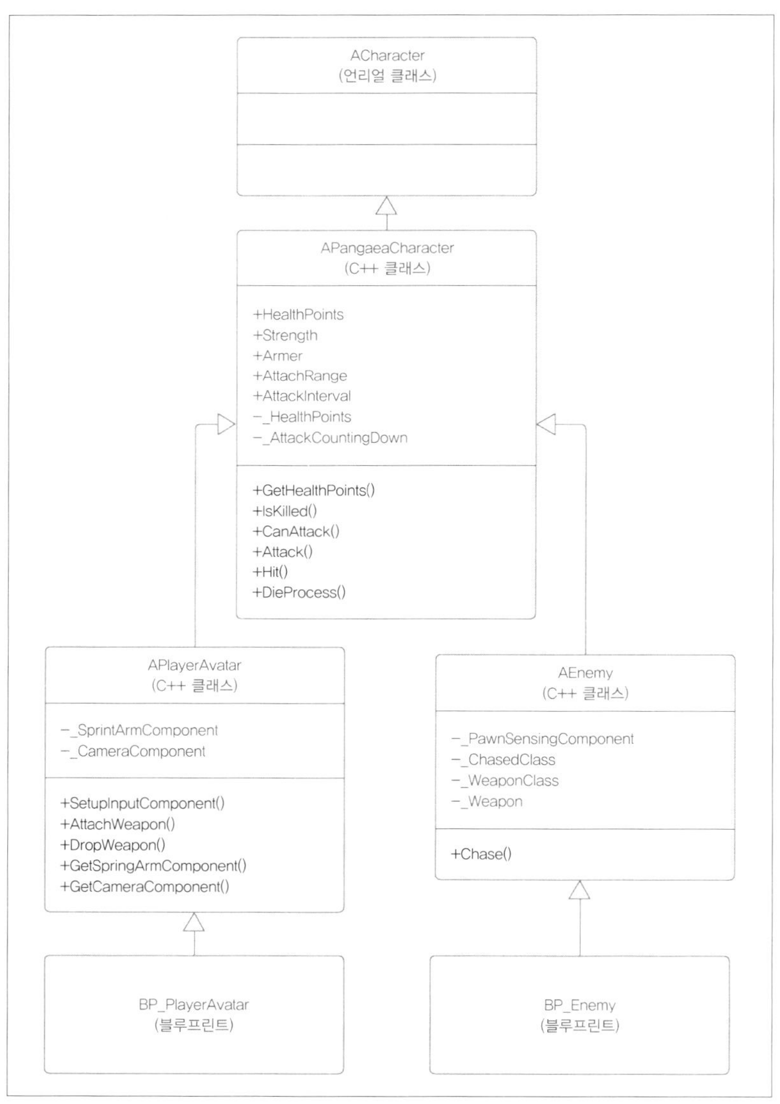

그림 9.4 리팩터링 이후의 Pangaea 액터 클래스 다이어그램

도표에서 보듯이, 중복되는 변수와 함수를 `APangaeaCharacter` 클래스에서 한 번만 작성했다. 이를 통해 유지보수에 필요한 코드 품질을 확보할 수 있게 됐다.

이제 `APangaeaCharacter`, `APlayerAvatar`, `AEnemy` 클래스를 리팩터킹할 것이다.

PangaeaCharacter.h 파일은 다음과 같다.

```cpp
#pragma once

#include "CoreMinimal.h"
#include "GameFramework/Character.h"
#include "PangaeaCharacter.generated.h"

UCLASS(Blueprintable)
class APangaeaCharacter : public ACharacter
{
GENERATED_BODY()
public:
APangaeaCharacter();
UPROPERTY(EditAnywhere, Category = "Pangaea Character Params")
int HealthPoints = 100;

UPROPERTY(EditAnywhere, Category = "Pangaea Character Params")
float Strength = 5;

UPROPERTY(EditAnywhere, Category = "Pangaea Character Params")
float Armer = 1;

UPROPERTY(EditAnywhere, Category = "Pangaea Character Params")
float AttackRange = 200.0f;

UPROPERTY(EditAnywhere, Category = "Pangaea Character Params")
float AttackInterval = 3.0f;

public :
virtual void Tick(float DeltaTime) override;

UFUNCTION(BlueprintCallable,
    Category = "Pangaea|Character",
    meta = (DisplayName = "Get HP"))
int GetHealthPoints();
```

```cpp
UFUNCTION(BlueprintCallable, Category = "Pangaea|Character")
bool IsKilled();

UFUNCTION(BlueprintCallable, Category = "Pangaea|Character")
bool CanAttack();

virtual void Attack();
virtual void Hit(int damage);
virtual void DieProcess();

protected:
virtual void BeginPlay() override;

class UPangaeaAnimInstance* _AnimInstance;
int _HealthPoints;
float _AttackCountingDown;
};
```

PangaeaCharacter.h 파일에서 새롭게 등장한 APangaeaCharacter 클래스의 UPangaeaAnim
Instance 타입 변수 _AnimInstance가 눈에 띌 것이다. 이 변수는 캐시 변수로 사용된다. 캐시
변수와 관련된 자세한 내용은 이후 '코드 리파이닝' 섹션에서 설명할 것이다.

APlayerAvatar와 AEnemy 클래스의 부모를 APangaeaCharacter로 변경하고, 부모 클래스로 옮
겨진 변수와 함수를 제거한다.

PangaeaCharacter.cpp는 다음과 같다.

```cpp
#include "PangaeaCharacter.h"
#include "PangaeaAnimInstance.h"
#include "UObject/ConstructorHelpers.h"
#include "Camera/CameraComponent.h"
#include "Components/DecalComponent.h"
#include "Components/CapsuleComponent.h"
#include "GameFramework/CharacterMovementComponent.h"
#include "GameFramework/PlayerController.h"
#include "GameFramework/SpringArmComponent.h"
#include "Materials/Material.h"
#include "Engine/World.h"

APangaeaCharacter::APangaeaCharacter()
```

```cpp
{
    PrimaryActorTick.bCanEverTick = true;
}.
void APangaeaCharacter::BeginPlay()
{
    Super::BeginPlay();
    _AnimInstance = Cast<UPangaeaAnimInstance>(GetMesh()->GetAnimInstance());
    _HealthPoints = HealthPoints;
}

void APangaeaCharacter::Tick(float DeltaSeconds)
{
    Super::Tick(DeltaSeconds);
}

int APangaeaCharacter::GetHealthPoints()
{
    return _HealthPoints;
}

bool APangaeaCharacter::IsKilled()
{
    return (_HealthPoints <= 0.0f);
}

bool APangaeaCharacter::CanAttack()
{
    return (_AttackCountingDown <= 0.0f &&
      _AnimInstance->State == ECharacterState::Locomotion);
}

void APangaeaCharacter::Attack()
{
    _AttackCountingDown = AttackInterval;
}

void APangaeaCharacter::Hit(int damage)
{
    _HealthPoints -= damage;
    _AnimInstance->State = ECharacterState::Hit;

if (IsKilled()) {
        PrimaryActorTick.bCanEverTick = false;
```

```cpp
}
}

void APangaeaCharacter::DieProcess()
{
    PrimaryActorTick.bCanEverTick = false;
    Destroy();
    GEngine->ForceGarbageCollection(true);
}
```

이어서 PlayerAvatar.h 파일은 다음과 같다.

```cpp
#pragma once
#include "CoreMinimal.h"
#include "GameFramework/SpringArmComponent.h"
#include "Camera/CameraComponent.h"
#include "PangaeaCharacter.h"
#include "Weapon.h"
#include "PlayerAvatar.generated.h"

UCLASS(Blueprintable)
class PANGAEA_API APlayerAvatar : public APangaeaCharacter
{
GENERATED_BODY()
public:
APlayerAvatar();
protected:
virtual void BeginPlay() override;
public:
virtual void Tick(float DeltaTime) override;
virtual void SetupPlayerInputComponent(
    class UInputComponent* PlayerInputComponent) override;

UFUNCTION(BlueprintCallable, Category = "Pangaea|PlayerAvatar")
void AttachWeapon(AWeapon* Weapon);

UFUNCTION(BlueprintCallable, Category = "Pangaea|PlayerAvatar")
void DropWeapon();
void Attack() override;

FORCEINLINE
```

```cpp
class UCameraComponent* GetCameraComponet() const
{ return _CameraComponent; }

FORCEINLINE
class USpringArmComponent* GetSringArmComponet() const { return _
SpringArmComponent; }

private:
UPROPERTY(VisibleAnywhere, BlueprintReadOnly,
  Category = "Camera", meta = (AllowPrivateAccess = "true'))
USpringArmComponent* _SpringArmComponent;

UPROPERTY(VisibleAnywhere, BlueprintReadOnly,
  Category = "Camera", meta = (AllowPrivateAccess = "true'))
UCameraComponent* _CameraComponent;
};
```

PlayerAvatar.cpp 파일은 다음과 같다.

```cpp
#include "PlayerAvatar.h"
#include "GameFramework/CharacterMovementComponent.h"
#include "PangaeaAnimInstance.h"

APlayerAvatar::APlayerAvatar()
{
bUseControllerRotationPitch = false;
bUseControllerRotationYaw = false;
bUseControllerRotationRoll = false;

auto characterMovement = GetCharacterMovement();
characterMovement->bOrientRotationToMovement = true;
characterMovement->RotationRate = FRotator(0.f, 640.f, 0.f);
characterMovement->bConstrainToPlane = true;
characterMovement->bSnapToPlaneAtStart = true;

_SpringArmComponent =
        CreateDefaultSubobject<USpringArmComponent>(
        TEXT("SpringArm"));
_SpringArmComponent->SetupAttachment(RootComponent);
_SpringArmComponent->SetUsingAbsoluteRotation(true);
_SpringArmComponent->TargetArmLength = 800.f;
```

```cpp
_SpringArmComponent->SetRelativeRotation(FRotator(-60.f, 0.f, 0.f));
_SpringArmComponent->bDoCollisionTest = false;

CameraComponent =
    CreateDefaultSubobject<UCameraComponent>(TEXT("Camera"));
_CameraComponent->SetupAttachment(_SpringArmComponent,
        USpringArmComponent::SocketName);
_CameraComponent->bUsePawnControlRotation = false;
}

void APlayerAvatar::BeginPlay()
{
Super::BeginPlay();
}

void APlayerAvatar::Tick(float DeltaTime)
{
Super::Tick(DeltaTime);
_AnimInstance->Speed = GetCharacterMovement()->Velocity.Size2D();

if (_AttackCountingDown == AttackInterval)
{
  _AnimInstance->State = ECharacterState::Attack;
}

if (_AttackCountingDown > 0.0f)
{
  _AttackCountingDown -= DeltaTime;
}
}

void APlayerAvatar::SetupPlayerInputComponent(
        UInputComponent* PlayerInputComponent)
{
Super::SetupPlayerInputComponent(PlayerInputComponent);
}

void APlayerAvatar::AttachWeapon(AWeapon* Weapon)
{
Weapon->AttachToComponent(GetMesh(),
    FAttachmentTransformRules::SnapToTargetIncludingScale,
    FName("hand_rSocket"));
}
```

```cpp
void APlayerAvatar::DropWeapon()
{
TArray<AActor*> attachedActors;
GetAttachedActors(attachedActors, true);
for (int i = 0; i < attachedActors.Num(); ++i)
{
  attachedActors[i]->DetachFromActor(
        FDetachmentTransformRules::KeepWorldTransform);
  attachedActors[i]->SetActorRotation(FQuat::Identity);
  AWeapon* weapon = Cast<AWeapon>(attachedActors[i]);
  if (weapon != nullptr)
  {
    weapon->Holder = nullptr;
  }
}
}

void APlayerAvatar::Attack()
{
  APangaeaCharacter::Attack();
}
```

마지막으로, AEnemy 클래스 코드를 수정한다. Enemy.h의 코드는 다음과 같다.

```cpp
#pragma once

#include "CoreMinimal.h"
#include "PangaeaCharacter.h"
#include "Weapon.h"
#include "Enemy.generated.h"

UCLASS()
class PANGAEA_API AEnemy : public APangaeaCharacter
{
  GENERATED_BODY()

public:
  AEnemy();

protected:
  virtual void BeginPlay() override;
```

```cpp
  APawn* _chasedTarget = nullptr;
  UClass* _WeaponClass;
  AWeapon* _Weapon;

public:
  virtual void Tick(float DeltaTime) override;

  void Attack() override;
  void DieProcess() override;

  UFUNCTION(BlueprintCallable, Category = "Pangaea|Enemy")
  void Chase(APawn* targetPawn);

private:
  UPROPERTY(VisibleAnywhere, BlueprintReadOnly,
    meta = (AllowPrivateAccess = "true"))
  class UPawnSensingComponent* PawnSensingComponent;
};
```

Enemy.cpp 파일은 다음과 같이 구현된다.

```cpp
#include "Enemy.h"
#include "Perception/PawnSensingComponent.h"
#include "GameFramework/CharacterMovementComponent.h"
#include "EnemyController.h"
#include "PangaeaAnimInstance.h"

AEnemy::AEnemy()
{
PawnSensingComponent =
  CreateDefaultSubobject<UPawnSensingComponent>(TEXT("PawnSensor"));
static ConstructorHelpers::FObjectFinder<UBlueprint>
blueprint_finder(
TEXT("Blueprint'/Game/Assets/TopDown/Blueprints/BP_Hammer.BP_Hammer'"));
_WeaponClass = (UClass*)blueprint_finder.Object->GeneratedClass;
}

void AEnemy::BeginPlay()
{
Super::BeginPlay();
```

```cpp
_Weapon = Cast<AWeapon>(GetWorld()->SpawnActor(_WeaponClass));
_Weapon->Holder = this;
_Weapon->AttachToComponent(GetMesh(),
    FAttachmentTransformRules::SnapToTargetIncludingScale,
    FName("hand_rSocket"));
}

void AEnemy::Tick(float DeltaTime)
{
Super::Tick(DeltaTime);

_AnimInstance->Speed = GetCharacterMovement()->Velocity.Size2D();

if (_AttackCountingDown == AttackInterval)
{
  _AnimInstance->State = ECharacterState::Attack;
}

if (_AttackCountingDown > 0.0f)
{
  _AttackCountingDown -= DeltaTime;
}

if (_chasedTarget != nullptr &&
    _AnimInstance->State == ECharacterState::Locomotion)
{
auto enemyController = Cast<AEnemyController>(GetController());
enemyController->MakeAttackDecision(_chasedTarget);
}
}

void AEnemy::Chase(APawn* targetPawn)
{
if (targetPawn != nullptr && _AnimInstance->State == ECharacterState::Locomotion)
{
auto enemyController = Cast<AEnemyController>(GetController());
enemyController->MoveToActor(targetPawn, 90.0f);
}
_chasedTarget = targetPawn;
}

void AEnemy::DieProcess()
{
```

```cpp
  Super::DieProcess();
  _Weapon->Destroy();
}

void AEnemy::Attack()
{
  APangaeaCharacter::Attack();

  GetController()->StopMovement();
}
```[2]

앞서 살펴본 헤더와 .cpp 파일들은 `APangaeaCharacter` 클래스를 추가하고 `APlayerAvatar`와 `AEnemy` 클래스를 어떻게 리팩터링했는지 보여주고 있다. 또한 캐릭터의 애니메이션 인스턴스를 계속 검색하지 않기 위해 `_AnimInstance`를 캐시 변수로 사용했다.

사실 캐시 변수를 사용해 성능을 개선하는 작업은 코드 리팩터링보다는 코드 리파이닝에 더 가깝다고 할 수 있다. 다음 섹션에서 이 부분을 설명하고 추가적인 작업을 진행해보자.

코드 리파이닝

코드 리파이닝은 코드의 전반적인 품질을 높이고 외부로 드러나는 소프트웨어의 행위를 변경하기 위해 수행된다. 여기에는 성능 개선, 기능 강화, 새로운 기능 추가, 버그 수정 등이 포함되며, 결국 이를 통해 사용자의 경험이 향상될 수 있다.

여기서는 다음 두 가지 방식으로 코드 리파이닝을 수행할 것이다.

- 캐시 함수 사용하기

- 파이어볼 풀 만들기

---

[2] 이 시점에서 언리얼 에디터를 실행하면 _AnimInstance–>Speed = GetCharacterMovement()–>Velocity.Size2D(); 라인에서 예외 처리 오류가 발생할 수 있다. 이 경우 캐시 변수인 _AnimInstance를 사용하는 대신 이전과 동일한 방식으로 코드를 유지해야 한다. – 옮긴이

각각을 자세히 살펴보자.

캐시 변수 사용하기

캐시 변수는 향후 자주 사용될 검색된 값을 저장하는 데 사용된다. 앞서 다룬 `APlayerAvatar`
와 `AEnemy` 소스 코드를 살펴보면, 두 클래스의 `Tick` 함수에서 각 프레임마다 다음 두 줄의
코드가 실행되는 것을 확인할 수 있다.

```cpp
auto animInst = Cast<UPlayerAvatarAnimInstance>(GetMesh()->GetAnimInstance());
auto animInst = Cast<UEnemyAnimInstance>(GetMesh()->GetAnimInstance());
```

`CanAttack`, `Hit`, `Chase` 함수도 살펴보면, 마찬가지로 캐릭터의 애니메이션 인스턴스를 가져
오고 캐스팅하는 동작이 동일하게 수행되고 있다는 것을 알 수 있다.

매번 애니메이션 인스턴스를 반복적으로 검색해 CPU 리소스를 낭비할 필요는 없다. 따라
서 캐시 변수 `_AnimInstance`를 사용해 검색된 포인터 값을 처음에 한 번만 호출되는
`APangaeaCharacter::BeginPlay` 함수에 저장한 다음, 필요할 때 직접 값을 읽을 수 있도록
한다.

```cpp
void APangaeaCharacter::BeginPlay()
{
    …
    _AnimInstance = Cast<UPangaeaAnimInstance>(GetMesh()->GetAnimInstance());
    …
}

bool APangaeaCharacter::CanAttack()
{
return (_AttackCountingDown <= 0.0f &&
        _AnimInstance->State == ECharacterState::Locomotion);
}
```

캐시 변수를 활용해 코드 리파이닝을 수행하는 법을 간단히 살펴봤다. 이제 다음 목표는 파
이어볼 풀을 구현하는 것이다. 이 풀을 통해 미리 파이어볼을 만들고 관리함으로써, 수시로

파이어볼을 만들고 제거하는 불편함을 피할 수 있다.

파이어볼 풀 만들기

파이어볼 풀은 오브젝트 풀 패턴이라는 개념을 기반으로 만들어진다. 이 개념은 파이어볼 하나하나를 만들고 파괴하는 중복 작업을 피하고 파이어볼을 재사용하게 만드는 것이다. 파이어볼 풀은 파이어볼의 집합체라고 할 수 있다.

파이어볼을 발사할 때 시스템은 미리 생성된 파이어볼을 확인하고 검색해 재사용을 시도하며, 그렇지 않으면 새로운 파이어볼이 인스턴스화된다. 파이어볼의 수명이 다 되거나 무언가에 부딪히면 파이어볼을 파괴하는 대신 해당 파이어볼을 숨기고 나중에 사용할 수 있도록 파이어볼 풀에 추가한다.

파이어볼 풀을 사용할 때의 장점은 다음과 같다.

- **더 나은 성능**: 파이어볼 풀을 사용하면 파이어볼을 빈번하게 생성하고 파괴하는 작업으로 인해 발생하는 부하를 줄일 수 있다.

- **메모리 관련 문제 발생 가능성 저하**: 파이어볼을 재사용함으로써 메모리 할당과 가비지 컬렉션이 더 적게 수행될 수 있다. 이를 통해 메모리 단편화 문제를 해결할 수 있다.

- **시스템에서 생성하는 파이어볼의 수량 제어**: 파이어볼 풀을 통해 최대 몇 개의 파이어볼을 만들어낼지 결정할 수 있다. 이를 통해 잠재적인 메모리 오버플로 문제를 해결할 수 있다.

파이어볼 풀을 만들려면 우선 비활성화된 파이어볼을 잠시 동안 저장할 데이터 컨테이너가 필요하다. 언리얼은 TArray, TQueue, TMap과 같은 다양한 유형의 데이터 컨테이너를 제공하고 있다<그림 9-6 참조>.

데이터 컨테이너	설명
TArray	인덱스 값으로 랜덤 액세스가 가능한 데이터 어레이. 값에 따라 아이템을 찾으려면 반드시 루프를 수행해야 한다.
TQueue	FIFO(First In First Out) 액세스를 지원하는 데이터 컨테이너. 큐에 아이템을 추가할 수 있고, 비어 있는 큐가 아니라면 아이템을 큐에서 제거할 수도 있다.
TMap	키와 데이터 값 페어를 저장하는 데이터 컨테이너. 딕셔너리처럼 동작하며 키를 통해 값을 쿼리할 수 있다. TMap의 검색 연산은 고성능 알고리듬에 기반하고 있어 TArray보다 빠른 성능을 제공한다.

그림 9.5 언리얼 데이터 컨테이너

프로젝트 Pangaea에서는 APangaeaGameMode 클래스의 멤버인 FireballPool 변수를 만들기 위해 TQueue를 사용할 것이다. TQueue 컨테이너가 기본적인 요구 사항을 충족할 수 있기 때문이다. FireballPool을 게임 모드의 멤버로 설정하면 파이어볼 풀에 전역 액세스가 가능하다.

TQueue 문법은 다음과 같다.

```
template<typename ItemType, EQueueMode Mode>
class TQueue
```

파이어볼을 검색하고 재사용할 수 있도록 APangaeaGameMode에 2개의 함수를 추가한다.

```
AProjectile* SpawnOrGetFireball(UClass * ProjectileClass);
void RecycleFireball(AProjectile* projectile);
```

코드의 내용을 살펴보자.

- SpawnOrGetProjectile 함수는 파이어볼 풀이 비어 있을 때 새로운 파이어볼을 스폰시킨다. 파이어볼 풀이 비어 있지 않다면, 첫 번째 파이어볼을 큐에서 제거하고 이를 반환한다.

- RecycleProjectile 함수는 사용하지 않는 파이어볼을 큐에 올리는 단순한 작업을 수행한다.

- 파이어볼의 매개변수와 반환되는 값은 AProjectile* 타입이다. AProjectile이 BP_
  Fireball 블루프린트의 부모이기 때문이다.

새로운 APangaeaGameMode.h의 코드는 다음과 같다.

```cpp
#pragma once

#include "CoreMinimal.h"
#include "GameFramework/GameModeBase.h"
#include "Projectile.h"

#include "PangaeaGameMode.generated.h"

UCLASS(minimalapi)
class APangaeaGameMode : public AGameModeBase
{
GENERATED_BODY()

public:
APangaeaGameMode();
~APangaeaGameMode();

AProjectile* SpawnOrGetFireball(UClass * ProjectileClass);
void RecycleFireball(AProjectile* projectile);

protected:
TQueue<AProjectile*, EQueueMode::Spsc> _FireballPool;
};
```

APangaeaGameMode.cpp 파일은 다음과 같다.

```cpp
#include "PangaeaGameMode.h"
#include "PangaeaCharacter.h"
#include "PangaeaPlayerController.h"
#include "UObject/ConstructorHelpers.h"

APangaeaGameMode::APangaeaGameMode()
{
PlayerControllerClass = APangaeaPlayerController::StaticClass();
```

```cpp
static ConstructorHelpers::FClassFinder<APawn>
PlayerPawnBPClass(TEXT("/Game/TopDown/Blueprints/BP_PlayerAvatar"));
if (PlayerPawnBPClass.Class != nullptr)
{
  DefaultPawnClass = PlayerPawnBPClass.Class;
}

static ConstructorHelpers::FClassFinder<APlayerController>
PlayerControllerBPClass(TEXT("/Game/TopDown/Blueprints/BP_
TopDownPlayerController"));
if(PlayerControllerBPClass.Class != NULL)
{
  PlayerControllerClass = PlayerControllerBPClass.Class;
}
}

APangaeaGameMode::~APangaeaGameMode()
{
AProjectile* fireball;
while (!_FireballPool.IsEmpty() && _FireballPool.Dequeue(fireball))
{
  fireball->Destroy();
}
_FireballPool.Empty();
}

AProjectile* APangaeaGameMode::SpawnOrGetFireball(UClass*
projectileClass)
{
AProjectile* fireball = nullptr;

if (_FireballPool.IsEmpty())
{
  fireball = Cast<AProjectile>(GetWorld()->SpawnActor(projectileClass));
}
else
{
  _FireballPool.Dequeue(fireball);
  fireball->Reset();
}
return fireball;
}
```

```cpp
void APangaeaGameMode::RecycleFireball(AProjectile* projectile)
{
  if (projectile == nullptr)
  {
    return;
  }

  projectile->SetActorHiddenInGame(true);
  projectile->SetActorEnableCollision(false);
  projectile->SetActorTickEnabled(false);
  _FireballPool.Enqueue(projectile);
}
```

코드를 좀 더 자세히 분석해보자.

- _FireballPool은 TQueue 유형으로 정의된다. 템플릿 설명을 통해 언리얼이 지정하는 큐 엘리먼트가 AProjectile* 유형이어야 한다는 것을 알 수 있다.

- 파이어볼을 재활용하기 위해 RecycleFireball 함수를 호출할 때는 파이어볼을 비활성화해야 한다. 이를 위해 파이어볼을 우선 숨기고 충돌을 비활성화한 다음, 틱을 수행하지 않도록 하는 세 단계를 거친다.

  ```cpp
  projectile->SetActorHiddenInGame(true);
    projectile->SetActorEnableCollision(false);
    projectile->SetActorTickEnabled(false);
  ```

- SpawnOrGetFireball 함수를 호출할 때 파이어볼은 큐에서 해제된다. 이를 다시 활성화하려면 Reset 함수를 호출한다.

이제 FireballPool을 사용할 준비가 끝났다. DefenseTower와 Projectile 클래스를 수정해 FireballPool을 활용하고 게임의 성능을 높여보자.

파이어볼 풀을 사용하려면 ADefenseTower 클래스의 세 가지 항목을 수정해야 한다.

먼저 _PangaeaGameMode에 새로운 멤버 변수를 추가해야 한다.

```cpp
class PANGAEA_API ADefenseTower : public AActor
{
  …
protected:
  class APangaeaGameMode* _PangaeaGameMode;

  …
};
```

그다음, ADefenseTower::BeginPlay 함수의 _PangaeaGameMode 변수에 APangaeaGameMode 인스턴스를 검색해 저장한다.

```cpp
void ADefenseTower::BeginPlay()
{
  …
  _PangaeaGameMode = Cast<APangaeaGameMode>(
  UGameplayStatics::GetGameMode(GetWorld()));
}3
```

마지막으로, 파이어볼을 발사하기 위해 UWorld::SpawnActor 함수 대신 APangaeaGameMode::SpawnOrGetFireball 함수를 호출한다.

```cpp
  …
  void ADefenseTower::Fire()
  {
  /* 이 블록은 주석 처리함
  auto fireball = Cast<AProjectile>(
    GetWorld()->SpawnActor(_FireballClass));
  */
  auto fireball = _PangaeaGameMode->SpawnOrGetFireball(_FireballClass);
  …
  }
```

파이어볼이 활성화되지 않았다는 것은 곧 이들이 보이지 않는다는 것을 의미한다. 이들이

풀에서 재활용될 때는 충돌과 틱을 수행하는 기능 역시 동작하지 않는다. 이때, AProjectile 클래스에 Reset 함수를 추가해 파이어볼을 재사용하기 전에 다시 활성화해야 한다.

APangaeaGameMode 인스턴스를 캐시하기 위해 _PangaeaGameMode 변수를 AProjectile 클래스에 추가해야 한다. 다음 코드는 Projectile.h 파일의 변경 사항을 보여준다.

```
…
UCLASS(Blueprintable)
class PANGAEA_API AProjectile : public AActor
{
…
class APangaeaGameMode* _PangaeaGameMode;

public:
…
void Reset();
};
```

앞의 코드는 APangaeaGameMode 인스턴스의 포인터인 새로운 변수를 추가한 것을 보여준다.

Projectile.cpp 파일에서 가장 주요한 변경 내용은 파이어볼을 파괴하는 대신 풀에서 사용되지 않는 파이어볼을 재활용하는 것이다.

```
…
void AProjectile::BeginPlay()
{
Super::BeginPlay();
_PangaeaGameMode = Cast<APangaeaGameMode>(
    UGameplayStatics::GetGameMode(GetWorld()));
Reset();
}

void AProjectile::Tick(float DeltaTime)
{
Super::Tick(DeltaTime);

if (_LifeCountingDown > 0.0f)
{
  FVector currentLocation = GetActorLocation();
```

```cpp
  FVector vel = GetActorRotation().RotateVector
    (FVector::ForwardVector) * Speed * DeltaTime;
  FVector nextLocation = currentLocation + vel;
  SetActorLocation(nextLocation);

  //레이 캐스팅 확인
  FHitResult hitResult;
  FCollisionObjectQueryParams objCollisionQueryParams;
  objCollisionQueryParams.AddObjectTypesToQuery(ECollisicnChanrel::ECC_Pawn);

  if (GetWorld()->LineTraceSingleByObjectType(
    hitResult, currentLocation, nextLocation,
    objCollisionQueryParams))
  {
    auto playerAvatar = Cast<APlayerAvatar>(hitResult.GetActor());
    if (playerAvatar != nullptr)
    {
      playerAvatar->Hit(Damage);
        //Destroy();
      _PangaeaGameMode->RecycleFireball(this);
    }
  }

  //시간을 줄임
  _LifeCountingDown -= DeltaTime;
}
else
{
  //Destroy();
  _PangaeaGameMode->RecycleFireball(this);
}
}

void AProjectile::Reset()
{
  _LifeCountingDown = Lifespan;
  SetActorHiddenInGame(false);
  SetActorEnableCollision(true);
  SetActorTickEnabled(true);
}
```

앞의 코드가 수행하는 주요 동작들을 한번 살펴보자.

- BeginPlay에서 UGameplayStatics::GetGameMode 함수가 APangaeaGameMode 인스턴스를 획득하고, 이를 _PangaeaGameMode 변수에 저장한다.

- BeginPlay에서 Reset 함수는 발사체의 상태를 리셋하기 위해 호출된다.

- 발사체가 어떤 것과 충돌하거나 수명이 다하게 되면, Tick에서 RecycleFireball이 Destroy() 함수를 대신해 호출된다.

- Reset() 함수가 구현되면서 발사체의 수명이 복원되고 게임에서 발사체가 표시되며, 발사체에 대한 충돌 감지 및 틱 기능이 활성화된다.

앞서 수행한 작업들에 더해 눈에 띄는 버그들을 수정하고 코드를 더하거나 삭제하면 게임 플레이를 좀 더 원활하게 즐길 수 있을 것이다. 이 책의 깃허브 리포지터리에서 Chapter09 폴더의 소스 코드를 다운로드한 다음, 이를 Chapter08 폴더와 비교해보자.

코드 리팩터링과 코드 리파이닝을 습관처럼 수행하는 것이 중요하다. 코드 리팩터링과 코드 리파이닝은 유지보수와 수정이 쉬운 효율적인 소프트웨어를 만들기 위해 반드시 필요한 도구다. 상시로 코드를 리팩터링하고 리파이닝하면 중복된 코드와 설계상의 결함, 지나치게 복잡한 코드, 잠재적인 버그 원인 등을 손쉽게 식별하고 제거해 견고하고 높은 품질의 코드를 작성할 수 있기 때문이다.

지금까지 간단하게 코드 리팩터링과 코드 리파이닝 스킬을 살펴봤다. 그럼 이제 런타임 동안 로그 정보를 출력하는 프로그래밍 툴을 만들어보자.

디버그 메시지 출력하기

프로그래밍에서 로그를 활용하면 다양한 장점을 누릴 수 있다. 우선, 프로그래머들이 런타임 정보를 추적할 수 있고 이를 통해 문제를 해결할 실마리를 찾을 수 있다는 장점이 있다. 또한 로그를 추적해 정적 디버깅만으로는 찾기 힘든 동적 런타임 에러를 수정할 수 있다. 마지막으로, 로그를 사용해 프로그램의 상태를 모니터링함으로써 성능과 보안, 품질을 분석하고 향상시킬 수 있다. 다시 말해, 개발자에게 로그는 없어서는 안 될 중요한 도구인 셈이다.

언리얼 엔진에서는 두 가지 방법으로 디버그 메시지를 출력할 수 있다. UE_LOG 매크로를 사용하는 방법과 AddOnScreenDebugMessage 함수를 사용하는 방법이다.

UE_LOG 매크로 사용하기

UE_LOG는 **출력 로그** 창이나 로그 파일에 로그 메시지를 기록하는 매크로다. 언리얼 에디터에서 물결 무늬 키 `를 단축키로 사용하면 로그 창을 열고 닫을 수 있다.

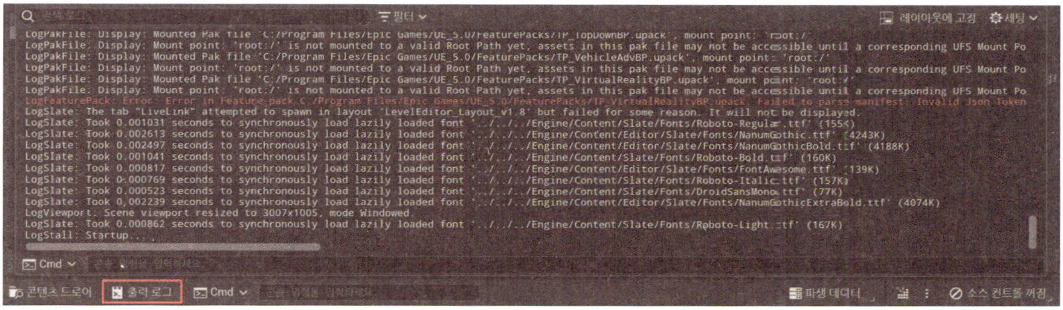

그림 9.6 언리얼 엔진 5 에디터의 출력 로그 창

UE_LOG를 사용하기 위한 문법은 다음과 같다.

```
UE_LOG(<LogType>, <LogLevel>, <Message>)
```

UE_LOG 매크로의 매개변수를 자세히 살펴보자.

- LogType은 로그의 카테고리를 의미한다. 일반적으로 LogTemp, LogBlueprintUserMessage, LogWorld 옵션을 많이 사용한다.

- Verbosity Level은 얼마나 상세한 수준의 메시지가 출력돼야 하는지를 결정한다. 로그, 경고 혹은 오류 메시지가 어디에 출력돼야 하는지 알려주는 것이다. 일반적으로 사용되는 옵션은 다음과 같다.

Log: 로그 메시지를 **출력 로그** 창과 로그 파일에 출력한다. **출력 로그** 창에 회색 텍스트로 표시된다.

Warning: 경고 메시지를 **출력 로그** 창과 로그 파일에 출력한다. **출력 로그** 창에 노란색 텍스트로 표시된다.

Error: 오류 메시지를 **출력 로그** 창과 로그 파일에 출력한다. **출력 로그** 창에 붉은색 텍스트로 표시된다.

- Message는 실제로 출력되는 메시지 텍스트를 의미한다. TEXT 매크로를 사용해 C++ 스트링(char* 유형)을 포맷하고 FText 유형 값으로 변환한 다음, UE_LOG 매크로의 세 번째 매개변수로 사용한다.

모든 로그 파일은 게임 프로젝트 아래에 위치하는 /Saved 폴더의 서브 폴더로 저장된다.

다음 예제는 OnWeaponBeginOverlap 이벤트가 트리거됐을 때 'Weapon overlapped!' 메시지를 출력하는 방법을 보여준다.

```cpp
void AWeapon::OnWeaponBeginOverlap(AActor* OverlappedActor, AActor*
OtherActor)
{
  UE_LOG(LogTemp, Log, TEXT("Weapon overlapped!"));
  …
}
```

지금까지 **출력 로그** 창과 게임 콘솔, 로그 파일에 로그 정보를 출력하는 UE_LOG 매크로를 사용하는 법을 간단히 살펴봤다. 이제 게임 화면에 직접 디버그 메시지를 출력하는 AddOnScreenDebugMessage 함수에 대해 알아보자.

디버그 메시지 화면에 출력하기

출력 로그 창과 게임 콘솔, 로그 파일에 로그를 출력하는 것도 유용하지만, 디버그 정보를 실시간으로 게임 화면에서 직접 확인할 수 있다면 훨씬 편할 것이다. 모바일이나 VR 디바이스를 사용하는 스탠드얼론 게임의 경우는 그 효용이 더욱 두드러질 것이다.

게임 화면에 메시지를 출력하려면 프로그램에서 AddOnScreenDebugMessage 함수를 호출하면
된다. 함수의 문법은 다음과 같다.

```
void AddOnScreenDebugMessage
(
  uint64 Key,
  float TimeToDisplay,
  FColor DisplayColor,
  const FString & Message,
  bool NewerOnTop = true,
  const FVector2D & TextScale = FVector2D::One
)
```

코드를 좀 더 자세히 살펴보자.

- **key**: 메시지가 여러 번 추가되지 않도록 하는 유니크한 키 값을 의미한다.

- **TimeToDisplay**: 메시지가 화면에 남아 있는 시간을 의미한다.

- **DisplayColor**: 메시지 출력에 사용되는 텍스트 컬러

- **Message**: 실제로 표시되는 텍스트 메시지

- **NewerOnTop**: 기본값은 true로 설정돼 있다. 이는 새로운 메시지가 이전 메시지보다 앞
  에 표시된다는 것을 의미한다.

- **TextScale**: 메시지 텍스트의 높이와 너비를 의미한다. 기본값은 FVector2D::One(1.0,
  1.0)으로 설정돼 있다.

앞서 UE_LOG를 사용했던 메시지를 AddOnScreenDebugMessage 함수를 사용해 출력한 예제는
다음과 같다.

```
void AWeapon::OnWeaponBeginOverlap(AActor* OverlappedActor, AActor* OtherActor)
{
    GEngine->AddOnScreenDebugMessage(-1, 1.0f,
```

```
        FColor::Orange, TEXT("Weapon overlapped"));
    …
  };
```

AddOnScreenDebugMessage가 UEngine 클래스의 고유한 클래스인 GEngine의 멤버 함수라는 사실을 잊지 말자.

지금까지 디버그 메시지를 출력하는 법을 간단히 살펴봤다. 이번 장에서 마지막으로 살펴볼 내용은 Cast와 IsA 함수를 통해 액터의 실제 클래스 타입을 확인하는 것이다. 특정한 상황에서 적절한 함수를 선택할 수 있도록 두 함수의 차이와 공통점에 대해서도 알아보자.

액터 인스턴스의 실제 클래스 타입 확인하기

언리얼에서는 객체지향 프로그래밍을 구현하기 위해 상속을 자주 활용한다. 상속은 코드 재사용이라는 장점이 있지만, 기본 클래스 유형만 알고 있는 상태에서 인스턴스를 저장하고 반환해야 한다는 한계가 존재한다.

객체지향 프로그래밍에서는 상속과 함께 유형의 변환이 자주 발생한다. 언리얼 스크립팅에서도 콜리전이 오버랩 이벤트를 트리거할 때는 이벤트 함수의 두 매개변수가 모두 AActor* 유형의 포인터인 반면, APlayerAvatar*, AEnemy* 또는 ADefenseTower* 유형인 경우도 있다.

AActor*가 다른 자식 클래스의 유형 포인터인지 확인하기 위해 Cast 함수를 사용해 AActor* 포인터를 필요한 포인터 유형(예를 들어 APangaeaCharacter*)으로 캐스팅하고, 결과가 nullptr인지 여부를 확인한다. Cast 연산이 실패하면 해당 액터가 필요한 액터 유형이 아니라는 것을 의미한다.

```
void AWeapon::OnWeaponBeginOverlap(AActor* OverlappedActor, AActor* OtherActor)
{
  auto character = Cast<APangaeaCharacter>(OtherActor);
  if (character != nullptr)
  { … }
else
{ … }
}
```

이 예제는 오버랩된 다른 액터가 PangaeaCharacter 유형의 액터인지 확인하는 방법을 보여준다.

액터의 유형을 확인하는 또 다른 방법은 AActor의 IsA 함수를 호출하는 것이다. 다음의 코드는 IsA 함수를 사용해 앞선 코드와 동일한 작업을 수행하는 법을 보여준다.

```cpp
void AWeapon::OnWeaponBeginOverlap(AActor* OverlappedActor, AActor*
OtherActor)
{
  if (character->IsA(APangaeaCharacter::StaticClass()))
  { … }
else
{ … }
}
```

그럼 Cast와 IsA 둘 중 어느 것이 더 나은 함수일까? Cast 함수가 IsA 함수보다 좀 더 많은 작업을 수행할 수 있다. Cast 함수는 입력 포인터가 nullptr인지 확인한 다음, IsA 함수를 호출해 유형을 확인하고 반환한다. 따라서 Cast 함수가 더 안전한 반면, IsA 함수는 더 나은 성능을 제공한다고 볼 수 있다. Cast 함수를 사용할 때의 또 다른 ㅇ 점은 예상되는 서브클래스 타입 포인터를 반환한다는 것이다.

AWeapon::OnWeaponBeginOverlap 이벤트 함수를 완벽하게 구현하면 다음과 같다. 아래 코드를 통해 2개의 메서드로 충돌하는 액터의 유형을 확인하는 방법을 알 수 있을 것이다.

```cpp
void AWeapon::OnWeaponBeginOverlap(AActor* OverlappedActor, AActor*
OtherActor)
{
//GEngine->AddOnScreenDebugMessage(-1, 1.0f,
    FColor::Orange, TEXT("Weapon overlapped"));
//UE_LOG(LogTemp, Log, TEXT("Weapon overlapped"));

auto character = Cast<APangaeaCharacter>(OtherActor);
if (character != nullptr)
{
  if (Holder == nullptr)
  {
    auto playerAvatar = Cast<APlayerAvatar>(character);
```

```cpp
    if (playerAvatar != nullptr)
    {
      Holder = character;
      playerAvatar->DropWeapon();
      playerAvatar->AttachWeapon(this);
    }
  }
  else if(character != Holder &&
      IsWithinAttackRange(0.0f, OtherActor) &&
      character->CanBeDamaged() &&
      Holder->IsAttacking())
  {
    character->Hit(Holder->Strength);
    if (character->IsA(APlayerAvatar::StaticClass()))
    {
      GEngine->AddOnScreenDebugMessage(- 1, 1.0f, FColor::Red,
        TEXT("Hit PlayerAvatar"));
      UE_LOG(LogTemp, Log, TEXT("Hit PlayerAvatar"));
    }
    else
    {
      GEngine->AddOnScreenDebugMessage(-1, 1.0f, FColor::Cyan,
        TEXT("Hit Enemy"));
      UE_LOG(LogTemp, Log, TEXT("Hit Enemy"));
    }
  }
}
else if(Holder != nullptr &&
    Holder->IsA(APangaeaCharacter::StaticClass()) &&
    Holder->IsAttacking())
{
  auto tower = Cast<ADefenseTower>(OtherActor);
  if (tower != nullptr &&
    tower->CanBeDamaged() &&
    IsWithinAttackRange(0.0f, tower))
  {
    tower->Hit(Strength);
    GEngine->AddOnScreenDebugMessage(-1, 1.0f, FColor::Cyan,
      TEXT("Hit Tower"));
  }
}
}
```

이 코드를 통해 캐릭터와 타워의 Hit 멤버 함수를 호출해 충돌을 처리할 수 있다. 코드를 읽고 다양한 충돌 프로세스의 조건이 어떻게 체크되는지 이해할 수 있어야 한다.

요약

이번 장에서는 프로젝트 Pangaea의 코드 품질을 향상시킬 수 있는 법과 실시간으로 게임 정보를 모니터링할 수 있도록 디버그 메시지를 출력하는 법에 대해 배웠다.

가장 먼저 코드 리팩터링과 코드 리파이닝에 대한 개념을 배웠다. 이를 통해 일상적으로 코드 품질을 향상시키는 것이 얼마나 중요한지도 알게 됐을 것이다.

이어서 Pangaea 소스 코드를 분석해 2개의 주요 이슈를 식별하고 개선했다. UPlayerAnimInstance와 UEnemyAnimInstance의 애니메이션 인스턴스 클래스, 그리고 APlayerAvatar와 AEnemy 클래스의 중복되는 멤버 변수와 함수가 그것이다.

첫 번째 이슈를 해결하기 위해 새로운 클래스인 UPangaeaAnimInstance를 추가해 UPlayerAnimInstance와 UEnemyAnimInstance 클래스를 대체했다. 두 번째 이슈를 해결하기 위해 APangaeaCharacter 클래스를 APlayerAvatar와 AEnemy 클래스의 부모 클래스로 만들어 중복되는 변수와 함수를 이 부모 클래스로 옮겼다.

코드 리파이닝을 통해 성능을 향상시키는 법도 배웠다. APangaeaCharacter 클래스에서 _AnimInstance 캐시 변수를 사용하고, 파이어볼 풀을 추가해 반복되는 파이어볼 스폰과 제거를 피할 수 있었다.

마지막으로, UE_LOG 매크로와 AddOnScreenDebugMessage를 사용해 디버그 메시지를 출력하는 법과 IsA 함수를 통해 액터의 클래스 유형을 확인하는 법을 배웠다.

다음 장에서는 멀티플레이어 게임의 기본적인 요소를 배우고, 이를 통해 게임 Pangaea를 여러 플레이어가 함께 즐길 수 있도록 만들어볼 것이다.

3부

멀티플레이어 게임 만들기

3부에서는 언리얼 엔진에서 제공하는 멀티플레이어 지원 기능을 살펴볼 것이다. 기본적인 클라이언트/서버의 개념과 멀티플레이어 모드에 대해 설명하고, 이를 기반으로 C++를 사용해 Pangaea 게임의 액터들을 네트워크 게임의 액터로 변환하는 법에 대해 알아볼 것이다.

멀티플레이어 게임을 만들기 위해 GameMode, GameState, GameInterface와 같은 게임의 코어 클래스들을 확장하는 법뿐만 아니라 멀티플레이어 게임 메뉴를 만드는 법과 게임 플로를 인지하기 위한 HUD를 만드는 법도 다룬다. 이를 통해 플레이어는 서버를 시작하거나 게임 세션에 참여할 수 있게 된다.

여기에 더해, 게임을 최적화하고 더 좋은 품질의 에셋을 구현하는 데 유용한 기법을 몇 가지 소개한다. 마지막 부분에서는 게임을 배포하기 위해 필요한 패키징 프로세스도 살펴본다.

3부는 다음과 같은 장들로 구성된다.

- 10장. 네트워크 멀티플레이어 게임 만들기
- 11장. 게임 플로 제어하기
- 12장. 게임 폴리싱과 패키징

10

네트워크 멀티플레이어 게임 만들기

언리얼 엔진은 원래 1998년 〈언리얼〉이라는 FPS 게임을 제작하기 위해 만들어진 엔진이다. 이 게임의 멀티플레이어 모드에서는 모두 16명의 플레이어가 한 세션에 참여해 게임을 즐길 수 있었다. 게임의 인기에 힘입어 에픽게임즈는 1999년 〈언리얼 토너먼트〉를 출시했고, 이 게임은 가장 인기 있는 멀티플레이어 슈팅 게임의 반열에 오르게 된다.

멀티플레이 지원은 언리얼 엔진이 갖는 강점 중 하나로, 언리얼 엔진이 큰 인기를 얻으면서 성공할 수 있었던 가장 큰 원인이기도 하다. 이번 장에서는 앞서 만들었던 게임 Pangaea를 멀티플레이어 게임으로 변환해본다. 이 과정을 통해 게임 서버와 클라이언트에 대한 학습, 게임 스테이트의 동기화, 서버와 연결된 클라이언트들 간에 메시지를 즈고받는 법 등을 배우게 될 것이다.

이번 장에서는 다음과 같은 주제들을 다룬다.

- 싱글플레이어 게임과 멀티플레이어 게임 비교해보기
- 에디터에서 멀티플레이어 게임 실행하기

- 멀티플레이어 게임 네트워크 모드 살펴보기

- 네트워크 동기화 처리하기

기술적인 요구 사항

이 장에서 작성한 코드는 깃허브(https://github.com/PacktPublishing/Unreal-Engine-5-Game-Development-with-C-Scripting/tree/main/Chapter10)에서 다운로드할 수 있다.

싱글플레이어 게임과 멀티플레이어 게임 비교해보기

싱글플레이어 게임은 PC나 게임 콘솔과 같은 로컬 머신에서 스탠드얼론 애플리케이션 형태로 구동된다. 플레이어는 하나 혹은 그 이상의 입력 디바이스(그림 10.1 게임패드 등)를 통해 게임과 직접 상호작용을 수행한다. 게임은 로컬 머신에서 구동된다. 이미지로 표현하면 다음과 같다.

그림 10.1 싱글플레이어 게임

로컬 머신에서도 스탠드얼론 애플리케이션 형태로 멀티플레이어 게임을 구동할 수 있다. 이런 형태의 게임은 통상적으로 최대 4명까지의 플레이어를 지월한다. 플레이어들은 각자의 입력 디바이스를 사용해 게임과 상호작용을 수행하지만, 모두가 함께 하나의 게임을 즐길 수 있다.

그림 10.2 로컬 멀티플레이어 게임

네트워크 멀티플레이어 게임의 경우, 네트워크 접속을 통해 여러 명의 플레이어가 각기 다른 유형의 디바이스로 한 번에 게임을 즐길 수 있다. 네트워크 멀티플레이어 게임은 일반적으로 서버와 여기에 접속한 게임 클라이언트로 구성된다. 플레이어들은 실시간으로 게임 클라이언트를 통해 서로 상호작용을 수행하고, 그들의 입력이 서버로 전송돼 게임이 진행된다. 그다음, 게임 스테이트가 동기화되고 그 결과가 각각의 클라이언트에 디스플레이된다. 다음 이미지를 통해 네트워크 멀티플레이어 게임의 설정을 파악할 수 있다.

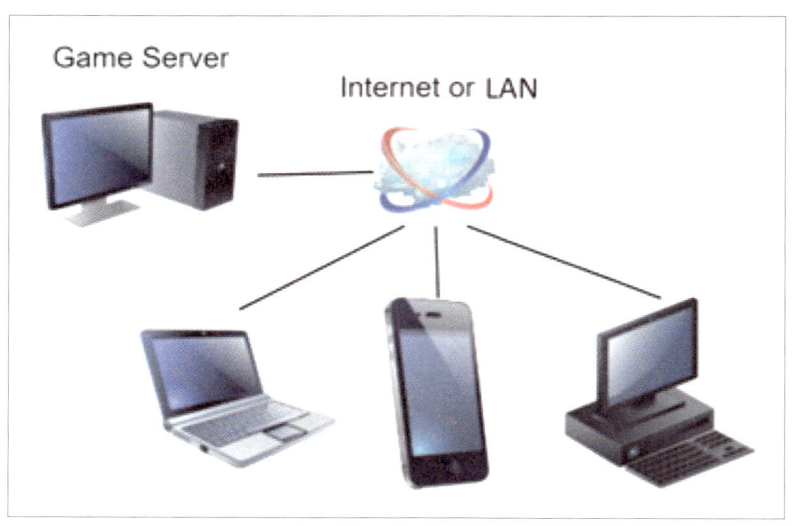

그림 10.3 네트워크 멀티플레이어 게임

네트워크 멀티플레이어 게임이 싱글플레이어 게임이나 로컬 멀티플레이어 게임과 기본적으로 다른 점을 알아봤다. 그럼 이제 언리얼 엔진을 통해 네트워크 멀티플레이어 게임을 개발하는 법을 알아보자. 엔진에서 바로 멀티플레이어 게임을 실행하고 플레이해볼 수 있다.

에디터에서 멀티플레이어 게임 실행하기

여기서 가장 먼저 짚고 넘어가야 할 사실은 언리얼 엔진 자체가 내부적으로 네트워크 멀티플레이어 메커니즘에 기반해 설계돼 있다는 것이다. 이는 언리얼에서 개발한 모든 싱글플레이어 혹은 멀티플레이어 게임이 기본적으로 클라이언트/서버[CS] 멀티플레이어 게임이라는 것을 의미한다.

우리가 만든 게임 Pangaea도 멀티플레이어 모드를 지원하는지 확인하려면, 우선 언리얼 에디터에서 2명의 플레이어로 게임을 시작해야 한다. 툴바에서 플레이 모드 및 플레이 세팅 변경 버튼을 누르고, **플레이어 수**를 2로 설정한다.

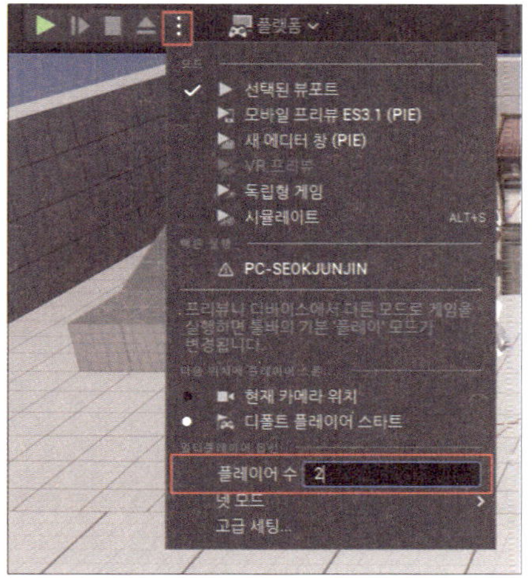

그림 10.4 플레이어 수 설정하기

그런 다음, **넷 모드** 설정에서 **Play As Listen Server**를 선택한다.

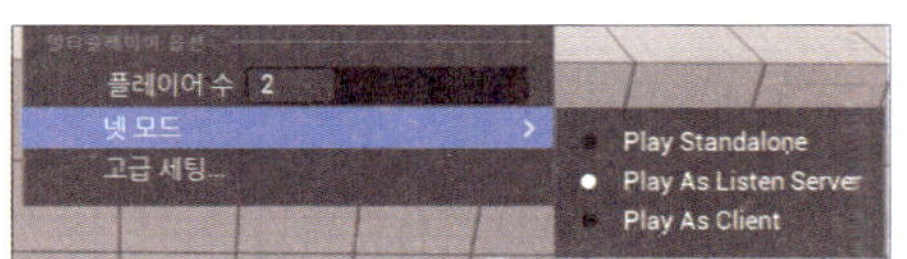

그림 10.5 넷 모드를 Play As Listen Server로 설정하기

이제 녹색 플레이 버튼을 눌러 게임을 시작해보자. 그러면 2개의 창이 열리는 것을 확인할 수 있다. 하나는 뷰포트에서 열리고, 다른 하나는 별도의 창으로 시작된다. 그림 10.6과 같이 2명의 히어로가 동시에 스폰되는 것을 확인할 수 있다.

그림 10.6 2명의 플레이어로 Pangaea 시작하기

분리된 게임 창을 클릭한 다음, 해당 창의 캐릭터를 움직이면 다른 창에서도 그 캐릭터가 움직이는 것을 볼 수 있다. 무기를 줍고 적이 움직이는 것도 2개의 게임 창이 동기화돼 보여진다.

이렇게 게임을 시작하는 것이 서버와 클라이언트를 활용하는 방식이다. 에디터의 뷰포트가 리슨 서버   역할을 하는 반면, 분리된 다른 게임 창은 클라이언트 역할을 수행하는 것이다.

이제 멀티플레이어 게임 네트워크 모드에 대해 좀 더 자세히 알아보자.

멀티플레이어 게임 네트워크 모드 살펴보기

네트워크 모드는 게임 애플리케이션과 멀티플레이어 게임 세션의 관계를 나타낸다. 게임 인스턴스는 다음 게임 모드 중 하나로 설정될 수 있다.

- **리슨 서버**   : 이 모드에서는 한 플레이어의 머신이 게임 서버의 역할을 수행하는 동시에 해당 플레이어에게 로컬 게임 환경도 제공한다. 서버에서 실행 중인 게임이 원격 클라이언트가 연결되는 네트워크 멀티플레이어 세션을 호스팅하는 방식이다. 이 모드는 주로 캐주얼 협동 및 경쟁 멀티플레이어 게임에 자주 사용된다.

- **데디케이티드 서버**: 이 모드에서는 게임이 네트워크 멀티플레이어 세션을 호스팅하는 서버로서 실행된다. 원격 클라이언트의 연결을 허용하지만 로컬 플레이어는 존재하지 않는다. 데디케이티드 서버^{dedicated server} 모드는 대규모 멀티플레이어 게임에 자주 사용된다.

  헤드리스^{headless} 전용 서버는 그래픽과 오디오, 입력 또는 기타 플레이어 중심의 기능이 없는 패키지 서버로, 이런 경우 서버가 더 효율적으로 실행되고 메모리 사용량도 적다.

- **클라이언트**: 이 모드에서는 게임이 서버에 접속된 클라이언트로서 구동된다. 플레이어의 입력은 우선 클라이언트에서 수용되고 게임 진행을 위해 서버로 보내진다. 서버에서 게임의 상태가 동기화되고 그 결과가 클라이언트로 전송돼 게임 화면에 시각적으로 표시된다.

언리얼 게임 애플리케이션은 리슨 서버, 데디케이티드 서버, 혹은 클라이언트로 구동될 수 있다. 이후 12장에서는 게임을 리슨 서버나 클라이언트로 시작하기 위한 콘솔 명령어 작성법에 대해 알아본다.

그럼 클라이언트-서버 게임플레이 네트워크에서 액터를 동기화하는 과정을 살펴보자.

네트워크 동기화 처리하기

Pangaea 게임을 멀티플레이로 시작할 때 몇 가지 버그가 있다는 사실을 알아챘을 것이다. 예를 들어 클라이언트 사이드에서 공격을 수행할 때, 플레이어의 서버 아바타는 공격을 수행하지 않는다. 이러한 버그들은 지금껏 우리가 작성했던 싱글플레이어 코드가 멀티플레이

동기화를 제대로 처리하지 못하기 때문에 발생한 것이다.

본격적으로 멀티플레이와 관련된 코드를 작성하기 전에, 코드가 서버에서 수행될 것인지, 클라이언트에서 수행될 것인지, 아니면 서버와 클라이언트 모두에서 수행돼야 하는지를 미리 결정해야 한다.

게임 Pangaea를 원활하게 동작하는 멀티플레이어 게임으로 만들려면, 다음과 같은 작업들이 수행돼야 한다.

- RPC^{Remote Procedure Call}로 플레이어 공격 알려주기
- 복제를 통해 클라이언트와 액터 변수 동기화하기
- RepNotify를 통해 캐릭터의 체력 바 업데이트하기
- 서버에서 타격 처리하기
- 서버 측면에서 파이어볼 생성하기

이제 이 작업들을 어떻게 구현할지 살펴보자.

RPC로 플레이어 공격 알려주기

게임 Pangaea에서는 클라이언트 사이드에서 플레이어가 마우스의 오른쪽 버튼을 누르면 플레이어의 공격 이벤트가 트리거된다. 이 이벤트 메시지가 서버로 보내지고 나면, 서버는 타격을 처리한 후 그 결과를 모든 클라이언트에게 브로드캐스팅한다.

RPC를 사용해 이 작업을 마무리할 수 있다. RPC는 디바이스에서 구동되고 있는 프로그램에서 네트워크를 통해 다른 디바이스의 프로시저를 호출할 수 있도록 해주는 메커니즘이다.

이를 통해 리모트 머신에서 원격 프로시저를 호출할 수 있으며, 동일한 네트워크 세션에 접속해 있는 특정 머신에서 프로시저가 실행될 수 있다.

RPC는 다음과 같이 세 가지 유형이 존재한다.

- Server RPC는 클라이언트에서 호출되며, 서버에서 실행된다.

- Client RPC는 일반적으로 서버에서 호출되며, 수신되는 액터를 가진 클라이언트에서 실행된다.

- NetMulticast RPC는 서버에서 호출되며, 모든 클라이언트뿐만 아니라 서버 자체에서도 실행된다.

RPC를 신뢰할 수도, 신뢰하지 않을 수도 있다. RPC에 reliable 혹은 unreliable 태그를 부착해 RPC 기능이 의도한 목적지에 도착하는 것을 보장할지 여부를 결정할 수 있다. 멀티플레이어 게임에서는 reliable RPC를 호출해 캐릭터의 공격이나 채팅과 같은 중요한 메시지를 전송한다. 다음 지점으로의 이동과 같은 일반적인 메시지는 네트워크 성능을 향상시키기 위해 unreliable RPC를 사용할 수 있다. 이들은 전달되는 과정에서 메시지 손실을 감수하야 한다.

RPC 함수는 UFUNCTION 매크로로에 태그될 수 있다. 여기에는 RPC 유형과 선택적으로 신뢰성을 표시하는 태그가 추가된다. 신뢰성과 관련된 식별자가 붙지 않는 경우 RPC 함수는 기본적으로 신뢰하기 어렵다.

앞서 게임 Pangaea에서 공격을 수행할 때 싱크가 맞지 않았던 군제를 해결하려면 다음과 같은 RPC 함수를 추가해야 한다.

- 클라이언트 사이드에서 플레이어가 공격 명령을 입력하면, APlayerAvatar가 Server RPC를 호출해 서버에 해당 액션이 발생했음을 알려줘야 한다.

- 서버 사이드에서 공격 메시지가 수신되면, APangaeaCharacter가 NetMulticast RPC를 호출해 모든 클라이언트에 해당 사실을 알려줘야 한다.

그림 10.7은 플레이어가 공격을 수행하는 유즈 케이스를 사용해 어떻게 RPC 함수를 호출하고, 게임플레이가 진행되는 동안 서버와 클라이언트가 어떻게 등기화되는지를 보여준다.

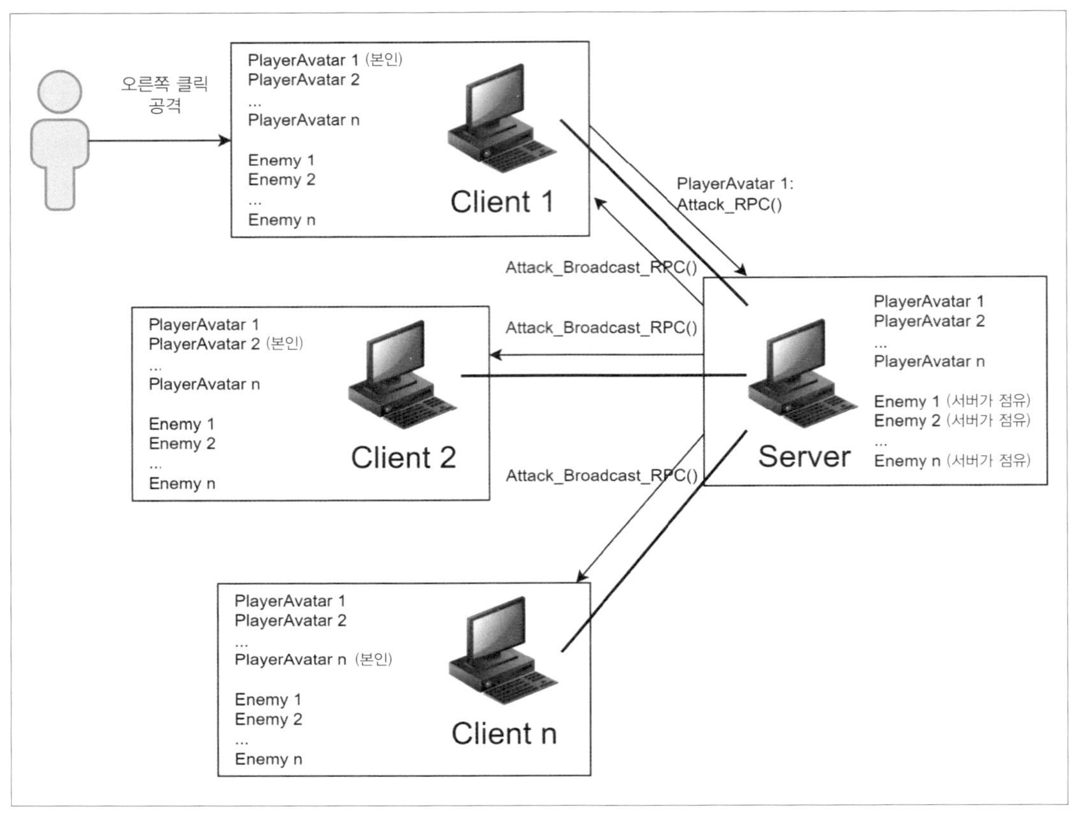

그림 10.7 공격 RPC 호출 다이어그램

앞의 다이어그램은 플레이어의 입력이 네트워크 서버와 클라이언트 사이에서 어떻게 처리
되고 동기화되는지를 보여준다.

- Client 1의 플레이어가 오른쪽 마우스 버튼을 눌러 공격을 수행한다.

- Client 1이 서버에서 `Attack_RPC()`를 호출한다.

- 서버에서는 공격을 처리하고 그 결과를 모든 클라이언트에 알리기 위해 `Attack_Broadcast_RPC()`를 호출한다. 이어서 모든 클라이언트에서 `PlayerAvatar 1`의 공격 애니메이션을 플레이한다.

왜 Attack_Broadcast_RPC() 함수가 APlayerAvatar가 아닌 APangaeaCharacter의 멤버인지 의아할 수 있다. 이는 APangaeaCharacter가 부모 클래스이기 때문이다. 따라서 RPC 함수는 APangaea와 AEnemy 양쪽에서 Attack 이벤트를 브로드캐스팅하기 위해 함께 사용할 수 있다.

Attack_RPC() 함수를 APlayerAvatar에 추가하고 Attack_Braodcast_RPC() 함수를 APangaeaCharacter에 추가하려면 APlayerAvatar와 APangaeaCharacter를 위한 2개의 RPC 함수를 정의해야 한다.

우선 PlayerAvatar.h 파일에서 Attack_RPC() 함수를 다음과 같이 선언한다.

```cpp
UFUNCTION(Server, Reliable)
void Attack_RPC();
```

이어서 PangaeaCharacter.h 파일에 다음과 같이 Attack_Broadcast_RPC() 함수를 선언한다.

```cpp
UFUNCTION(NetMultiCast, Reliable)
void Attack_Broadcast_RPC();
```

2개의 RPC 함수에는 reliable 식별자가 붙어 있다. 이는 엔진에서 이 RPC 메시지가 목적한 곳까지 실패 없이 도달함을 보장한다는 것을 의미한다.

다음으로는 PlayerAvatar.cpp 파일에 Attack_RPC() 함수가 다음과 같이 구현돼야 한다.

```cpp
void APlayerAvatar::Attack_RPC_Implementation()
{
    Attack_Broadcast_RPC();
}
```

마지막으로, PangaeaCharacter.cpp 파일에 다음과 같이 Attack_Broadcast_RPC() 함수가 구현돼야 한다.

```cpp
void APangaeaCharacter::Attack_Broadcast_RPC_Implementation()
{
    Attack();
}
```


RPC 함수를 구현할 때는 반드시 _Implementation 접미사를 붙여야 한다.

이제 클라이언트 사이드에서 **Attack** 버튼을 클릭했을 때 Attack_RPC() 함수를 호출하기 위해 APangaeaPlayerController::OnAttackPressed()를 바꿔줘야 한다. PangaeaPlayerController.cpp 파일을 다음과 같이 변경한다.

```cpp
void APangaeaPlayerController::OnAttackPressed()
{
auto playerAvatar = Cast<APlayerAvatar>(GetPawn());
if (playerAvatar != nullptr && playerAvatar->CanAttack())
{
StopMovement();
playerAvatar->Attack_RPC();
}
}
```

RPC를 사용해 서버와 클라이언트를 동기화하는 것에는 한계가 있다. 예를 들어 공격 버튼을 누른 다음, 플레이어의 리액션이 지연되는 것을 느낄 수 있다. 이는 메시지가 발송될 때 시간이 필요하기 때문이다. 예측 및 지연 보정과 같은 고급 멀티플레이어 게임 프로세스를 사용해 플레이어 경험을 개선할 수도 있지만, 이는 이 책에서 다루는 범위를 벗어난다.

앞서 살펴본 APangaeaCharacter::Attack_Broadcast_RPC() 함수의 변경 사항을 기반으로 EnemyController.cpp에서 적 공격에 발생하는 네트워크 동기화 문제를 쉽게 해결할 수 있다. 적은 서버에서 제어하므로, 적이 공격을 수행하려 할 때 Attack_Broadcast_RPC()를 호출하도록 만들면 된다.

```cpp
void AEnemyController::MakeAttackDecision(APawn* targetPawn)
{
    auto enemy = Cast<AEnemy>(GetPawn());
    auto dist = FVector::Dist2D(targetPawn->GetActorLocation(),
GetPawn()->GetTargetLocation());

    if (dist <= enemy->AttackRange && enemy->CanAttack())
    {
        StopMovement();
        enemy->Attack_Broadcast_RPC();
    }
}
```

RPC를 활용해 메시지나 매개변수를 네트워크를 통해 전송할 수 있지만, 액터의 변수 값이 바뀌어 이를 동기화해야 하는 경우에는 사용하는 것이 적합하지 않다. 이런 경우 액터 변수 등기화를 처리하기 위해 복제 메커니즘을 활용한다.

복제를 통해 클라이언트와 액터 변수 동기화하기

변수 복제는 언리얼에서 멀티플레이어 게임을 개발할 때 유용하게 사용할 수 있는 도구다. Actor 변수 중에서 Replicated 태그가 붙은 변수들은 그 값이 변경될 때 연결된 리모트 프록시에 자동으로 변경된 값이 복제된다. 예를 들어, 캐릭터는 자신의 _HealthPoints 값을 서버에서 복제한 다음, 체력 포인트 바를 통해 변경된 내용을 다른 클라이언트에게 표시한다.

우선 HealthBar 위젯을 만들고, 캐릭터의 체력을 제대로 표시하기 위해 복제 알림을 추가할 것이다.

PangaeaCharacter.h 파일을 열고, _HealthPoints 변수에 대한 UPROPERTY 매크로의 식별자로 Replicated 태그를 추가한다.

```cpp
UPROPERTY(Replicated)
int _HealthPoints;
```

GetLifetimeReplicatedProps() 오버라이딩 함수도 선언한다. 언리얼에서는 이 함수에서 리플리케이트된 변수를 명시적으로 반환해야 한다. 이를 수행하는 방법은 다음과 같다.

```
void GetLifetimeReplicatedProps(
  TArray<FLifetimeProperty>& OutLifetimeProps) const override;
```

PangaeaCharacter.cpp에 다음 코드를 추가한다.

```
#include <Net/UnrealNetwork.h>
void APangaeaCharacter::GetLifetimeReplicatedProps(TArray<
FLifetimeProperty >& OutLifetimeProps) const
{
Super::GetLifetimeReplicatedProps(OutLifetimeProps);
DOREPLIFETIME(APangaeaCharacter, _HealthPoints);
}
APangaeaCharacter::APangaeaCharacter()
{
    PrimaryActorTick.bCanEverTick = true;
    bReplicates = true;
}
```

이 코드는 다음과 같은 세 가지 동작을 수행한다.

* Net/UnrealNetwork.h 헤더 파일을 인클루드 해 DOREPLIFETIME 매크로를 호출할 수 있게 한다.

* GetLifetimeReplicatedProps 함수는 슈퍼클래스의 오버라이드된 함수와 DOREPLIFETIME 매크로를 호출해 _HealthPoints 변수를 복제한다.

* APangaeaCharacter의 생성자에서 bReplicates를 true로 설정해 캐릭터와 네트워크 변수가 복제되도록 한다.

이제 게임을 플레이하는 동안 캐릭터의 _HealthPoints 변수가 서버에서 바뀌면, 그 값이 복제돼 접속돼 있는 모든 클라이언트에서 그에 대응하는 캐릭터의 _HealthPoints 변수가 업데이트된다.

그다음으로 수행할 작업은 체력 바를 만들어 캐릭터의 _HealthPoints 변수를 직접 보여주는 것이다.

RepNotify를 통해 캐릭터의 체력 바 업데이트하기

RepNotify는 복제된 변수가 변수 값이 변경될 때 호출되는 핸들러 함수를 가질 수 있음을 의미한다. 예를 들어 _HealthPoints에 RepNotify 함수 OnHealthPointsChanged()가 지정됐다면, 서버에서 변수 값이 변경돼 클라이언트에 복제될 때 연결된 모든 클라이언트에서 OnHealthPointsChanged()가 호출된다.

따라서 RepNotify 함수에서 캐릭터의 체력 바를 업데이트할 수 있는 것이다.

RepNotify 핸들러 함수 만들기

서버에서 네트워크를 통해 특정한 속성값이 복제될 때 클라이언트 사이드에서 적절한 동작을 수행하려면 함수와 이 속성을 연동해야 할 것이다.

게임 Pangaea에서 액터의 _HealthPoints 값이 서버에서 업데이트될 때 체력 바가 변경되는 것을 시각화하려면 APangaeaCharacter 클래스에 UFUNCTION 매크로로 OnHealthPointsChanged()를 추가해야 한다. PangaeaCharacter.h 파일에 다음 코드를 추가한다.

```
UFUNCTION()
void OnHealthPointsChanged();
```

PangaeaCharacter.cpp에는 다음과 같은 코드를 추가한다.

```
void APangaeaCharacter::OnHealthPointsChanged()
{
```

```
    //체력 바를 업데이트하기 위한 코드
}
```

그런 다음, OnHealthPointsChanged 핸들러 함수를 RepNotify 이벤트에 연결해야 한다.

RepNotify 핸들러 함수 연결하기

이전의 Replicated 지정자를 대신해 ReplicatedUsing을 사용할 수 있다. 새로운 지정자는 _HealthPoints가 OnHealthPointsChanged() 함수를 RepNotify 핸들러 함수로 지정하도록 만들 수 있다.

```
UPROPERTY(Replicatedusing = OnHealthPointsChanged)
int _HealthPoints;
```

이제 캐릭터의 _HealthPoints 값을 표시하는 체력 바를 만들어보자. 체력 바는 클라이언트 사이드에서만 필요하다.

UHealthBarWidget 클래스 만들기

게임 캐릭터의 체력 바를 만들려면, 가장 먼저 UUserWidget을 상속받는 새로운 UI 위젯 클래스인 UHealthBarWidget을 만들어야 한다. 이와 같은 새로운 클래스 생성을 통해 HealthBarWidget.h와 HealthBarWidget.cpp 파일이 만들어질 것이다.[1]

새로운 헤더 파일에서 다음과 같이 UHealthBarWidget 클래스를 정의한다.

```
#pragma once
#include "CoreMinimal.h"
#include "Components/ProgressBar.h"
#include "Blueprint/UserWidget.h"
#include "HealthBarWidget.generated.h"
```

---

[1] 언리얼 에디터에서 C++ 클래스를 추가할 때 부모 클래스에서 **모든 클래스**를 선택하고 UserWidget을 검색해 해당 클래스를 부모 클래스로 설정한다. ㅡ 옮긴이

```cpp
UCLASS()
class PANGAEA_API UHealthBarWidget : public UUserWidget
{
    GENERATED_BODY()

public:
    UPROPERTY(VisibleAnywhere, BlueprintReadWrite, meta = (BindWidget))
    UProgressBar* HealthProgressBar;
};
```

이 코드는 UHealthBarWidget 클래스를 정의하고 있는데, 여기에는 HealthProgressBar 프로퍼티 하나만 포함돼 있다. HealthProgressBar 프로퍼티는 프로그레스 바 UI 컴포넌트와 연관된 포인터를 저장한다.

HealthProgressBar는 mets=(BindWidget) 지정자를 갖는 UProgressBar* 유형의 퍼블릭 프로퍼티다. 이는 프로그레스 바 UI 컴포넌트가 위젯 블루프린트에 동일한 식별자 HealthProgressBar로 추가되면 자동으로 이 프로퍼티에 바인딩된다는 것을 의미한다.

헤더 파일에 정의된 함수가 없으므로, HealthBarWidget.cpp 파일에는 헤더 파일을 인클루드하는 코드 한 줄만 추가하면 된다.

```cpp
#include "HealthBarWidget.h"
```

BP_HealthBar 블루프린트 만들기

이제 새로운 UI 위젯인 BP_HealthBar를 만들 차례다.

언리얼 에디터에서 프로젝트를 열고 **콘텐츠 ➤ TopDown ➤ Blueprints** 폴더에 BP_HealthBar Widget 블루프린트를 생성한다. 부모 클래스는 HealthBarWidget 클래스로 설정한다.

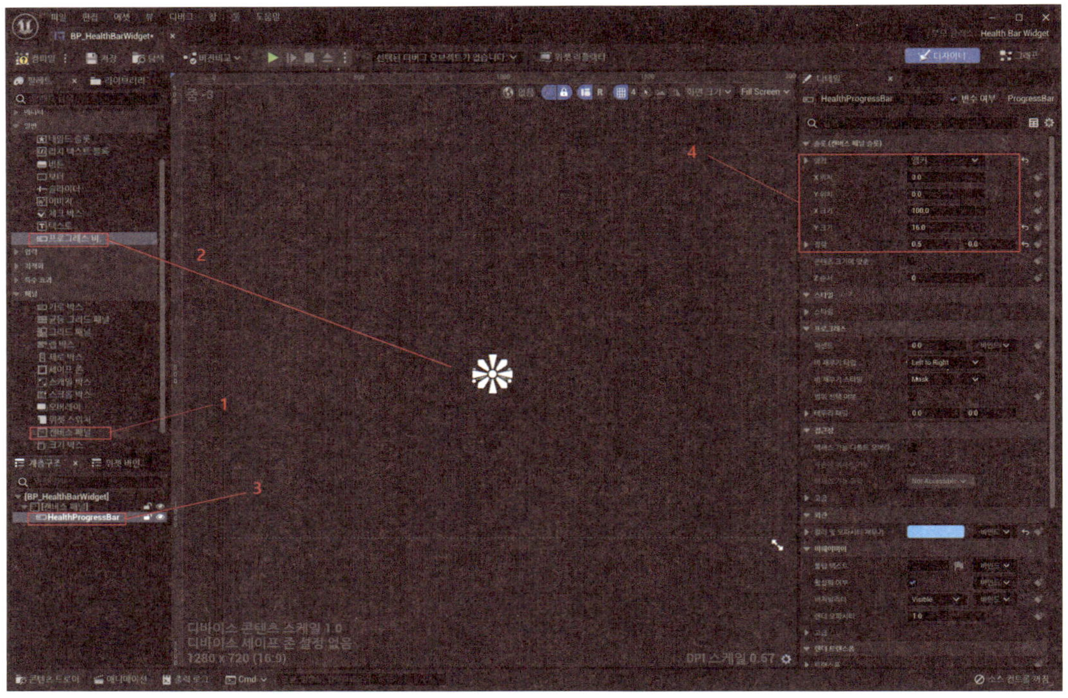

그림 10.8 BP_HealthBar 블루프린트 만들기

BP_HealthBar 위젯을 만드는 과정은 다음과 같다.

1. **캔버스 패널**을 씬으로 드래그 앤 드롭한다.

2. **프로그레스 바**를 씬으로 드래그 앤 드롭한다.

3. ProgressBar_0을 HealthProgressBar로 변경한다. UHealthBarWidget::HealthProgress
   Bar의 변수 이름과 동일해야 하기 때문이다.

4. **HealthProgressBar**를 선택한 후 그림 10.8과 같이 설정한다.

이제 BP_HealthBar 위젯이 완성됐다. 완성된 위젯을 플레이어와 적 캐릭터에 추가해보자.

HealthBar를 BP_PlayerAvatar와 BP_Enemy에 추가하기

완성된 BP_HealthBar UI 위젯을 BP_PlayerAvatar와 BP_Enemy에 추가해 캐릭터의 머리 위에 체력 바가 보이도록 만들어보자.

BP_PlayerAvatar를 연 다음, 그림 10.9와 같이 위젯을 추가한다.

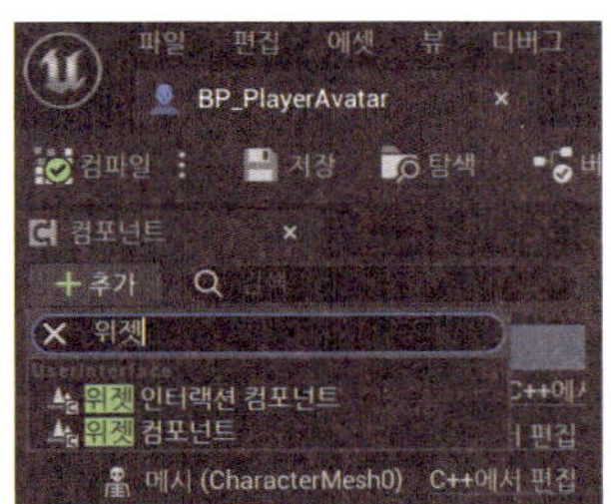

그림 10.9 BP_PlayerAvatar에 위젯 추가하기

추가한 위젯의 이름을 **위젯**에서 HealthBar와 같이 의미 있는 이름으로 바꿔준다. 그다음, 아래와 같이 속성을 변경한다.

- **스페이스**를 **Screen**으로 설정해 체력 바가 항상 플레이어 카메라 앞에 뜰 수 있도록 한다.

- **위젯 클래스**를 BP_HealthBarWidget으로 설정한다.

- **드로 사이즈**를 50, 20으로 설정한다.

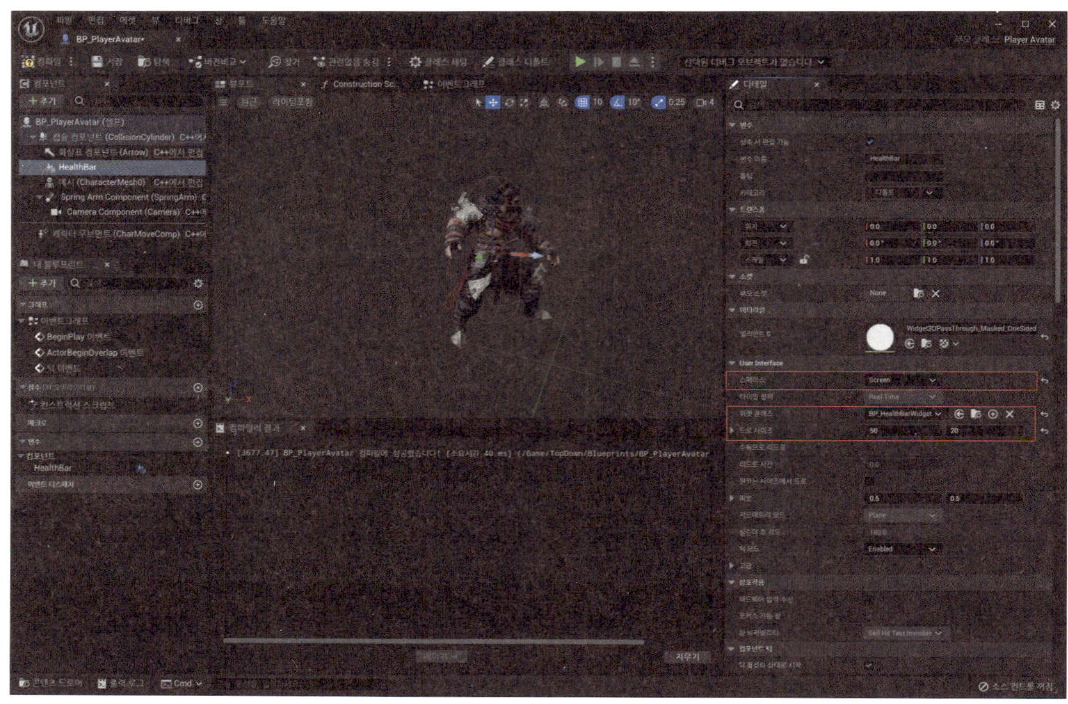

그림 10.10 PlayerAvatar의 HealthBar 위젯 설정하기

앞서와 동일한 과정을 거쳐 BP_Enemy에도 BP_HealthBarWidget을 추가한다.

다음으로, 캐릭터의 체력 값이 변경될 때 체력 바를 업데이트하는 작업을 수행해볼 것이다.

RepNotify를 통해 캐릭터의 체력 바 업데이트하기

BP_HealthBarWidget에서 프로그레스 바를 업데이트하려면 OnHealthPointsChanged() 함수를 구현해야 한다. UUserWidget* 타입의 변수를 APangaeaCharacter 클래스에 추가한 다음, 이를 블루프린트에서 읽고 쓸 수 있도록 설정해야 한다.

PangaeaCharacter.h 파일을 연 다음, APangaeaCharacter 클래스의 퍼블릭 섹션에 아래와 같이 변수 정의를 추가한다.

```
UPROPERTY(VisibleAnywhere, BlueprintReadWrite)
UUserWidget* HealthBarWidget;
```

HealthBarWidget 변수를 적절하게 설정했다면 BP_PlayerAvatar오- BP_Eremy에 **Health Bar** 위
젯을 변수로 추가할 수 있을 것이다.

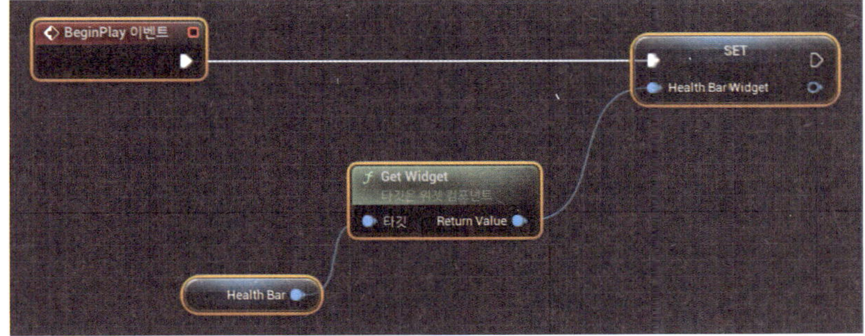

그림 10.11 PlayerAvatar의 Health Bar Widget 설정을 위한 이벤트그래프

이벤트그래프는 다음과 같은 방식으로 할당된 작업을 수행한다.

- **BeginPlay**가 트리거되면 **Get Widget** 노드가 **Health Bar** 위젯을 가져온다.

- **Set** 노드는 가져온 **Health Bar** 위젯 인스턴스로 `APangaeaCharacter::HealthBarWidget`
  을 설정한다.

그다음에는 PangaeaCharacter.cpp 파일에 `OnHealthBarChanged()` 함수를 구현하는 코드
를 작성해보자. 이를 통해 서버에서 값을 업데이트할 때마다 `HealthBarWidget`의 프로그레스
바 값에 해당 업데이트를 반영할 수 있다.

```cpp
void APangaeaCharacter::OnHealthPointsChanged()
{
  if (HealthBarWidget != nullptr)
  {
    float normalizedHealth = FMath::Clamp(
    (float)_HealthPoints / HealthPoints, 0.0f, 1.0f);
    auto healthBar = Cast<UHealthBarWidget>(HealthBarWidget);
    healthBar->HealthProgressBar->SetPercent(normalizedHealth);
  }

  if (_AnimInstance != nullptr)
```

```cpp
  {
    _AnimInstance->State = ECharacterState::Hit;
  }

  if (IsKilled())
  {
    PrimaryActorTick.bCanEverTick = false;
  }
}
```

코드를 자세히 살펴보자.

- (float)_HealthPoints / HealthPoints는 현재 체력의 비율을 계산한다. 이를 통해 현재 _HealthPoints 값을 float 유형으로 바꾸고, 해당 값을 HealthPoints의 최댓값으로 나눈다.

- FMath::Clamp() 함수는 float 값을 0.0f와 1.0f 사이로 유지해준다.

- HealthBarWidget 유형이 UUserWidget*이므로, HealthProgressBar 변수에 액세스할 수 있도록 UHealthBarWidget* 유형으로 캐스팅돼야 한다.

- 프로그레스 바를 표시하기 위해 HealthProgressBar->SetPercent() 함수가 호출된다.

- Hit 애니메이션을 플레이하기 위해 _AnimInstance->State가 ECharacterState::Hit으로 설정돼야 한다.

- 액터가 죽었을 때 틱 기능을 멈추기 위해 PrimaryActorTick.bCanEverTick은 false로 설정한다.

이제 게임을 실행해보자. 다음 그림처럼 캐릭터 위에 멋진 체력 바가 보여야 한다.

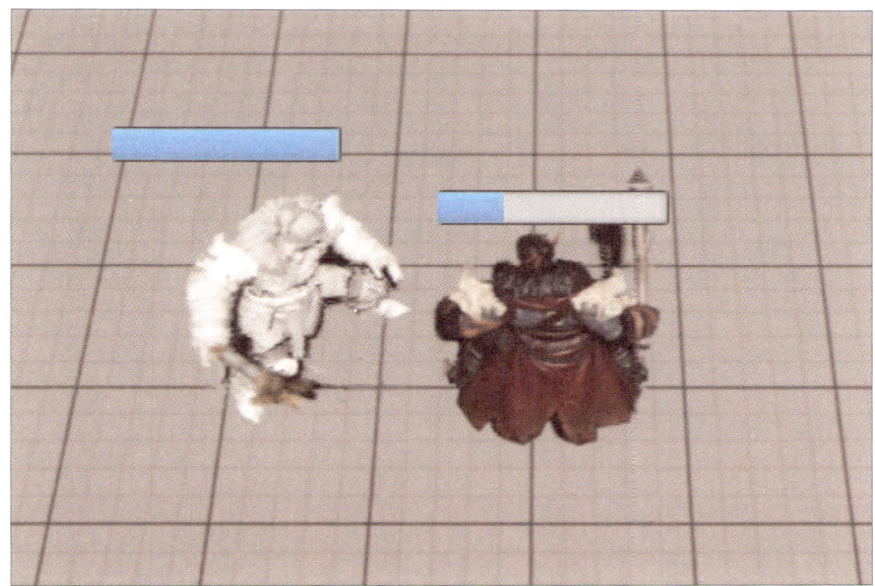

그림 10.12 체력 바가 표시되는 캐릭터

여기서 하나 더 수행해야 하는 작업은 타격을 서버에서 처리하도록 만드는 것이다. 게임 서버만이 캐릭터의 HealthPoints 값을 바꿀 수 있는 권한을 갖고 있기 때문이다.

서버에서 타격 처리하기

멀티플레이어 게임에서는 권한을 가진 액터만 자신의 액터 스테이트를 제어할 수 있다. 언리얼 엔진은 기본적으로 멀티플레이어 게임에서 서버가 권한을 갖도록 설정된다. 서버는 게임플레이가 발생하는 곳이며, 클라이언트는 플레이어의 입력을 받아 현재 게임을 플레이어에게 반영하는 원격 프록시 역할만을 수행한다.

Pangaea 서버 역시 이런 권한을 갖고 있는 서버이므로, 타격 프로세스는 서버에서 처리돼야 한다. 이를 위해 APangaeaCharacter의 Hit() 함수가 다음과 같이 변경돼야 한다.

```
void APangaeaCharacter::Hit(int damage)
{
    if (IsKilled())
```

```
    {
        return;
    }

if (GetNetMode()== ListenServer::NM_Client
    && HasAuthority())
    {
        _HealthPoints -= damage;
        OnHealthPointsChanged();
    }
}
```

코드를 좀 더 자세히 살펴보자.

- `AActor::GetNetMode()`를 호출함으로써 게임 모드를 알 수 있다. 이 경우에는 `NM_Client` 혹은 `NM_ListenServer`여야 한다.

- `AActor::HasAuthority()`를 호출하는 경우, 액터가 적절한 권한을 갖고 있다면 `true`를 반환한다.

- 코드가 서버에서 동작하고 액터가 권한을 갖고 있을 경우에만 `_HealthPoints`가 감소한다.

- 리슨 서버에서 `OnHealthPointsChanged()`를 호출하는 경우 `RepNotify` 함수가 로컬에서 처리된다.

마지막으로, 클라이언트 사이드에서 파이어볼이 보이지 않던 문제를 해결해보자.

서버에서 파이어볼 생성하기

게임 Pangaea는 서버에서 주요 권한을 갖기 때문에 파이어볼 역시 서버에서 생성되고 풀을 만들어야 한다. `ADefenseTower::Tick()` 함수를 수정해 클라이언트가 아닌 서버에서 파이어볼을 생성하도록 만들자.

```cpp
void ADefenseTower::Tick(float DeltaTime)
{
    Super::Tick(DeltaTime);

    if (_Target != nullptr && GetNetMode() != NM_Client)
    {
        Fire();
    }
}
```

클라이언트에서 파이어볼이 제대로 보이게 만들려면 BP_FireBall을 열고 **이동 리플리케이트**
와 **리플리케이트** 박스를 체크한다.

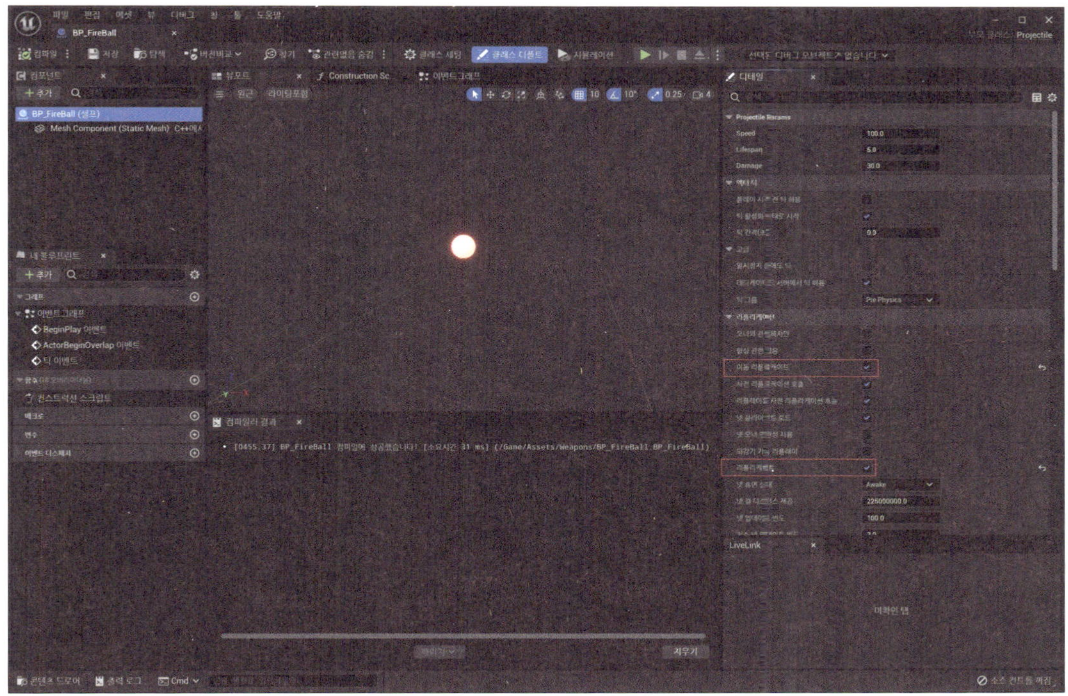

그림 10.13 파이어볼 리플리케이트 활성화하기

이제 에디터에서 게임을 시작하면 멀티플레이어 버전으로 게임을 즐길 수 있다.

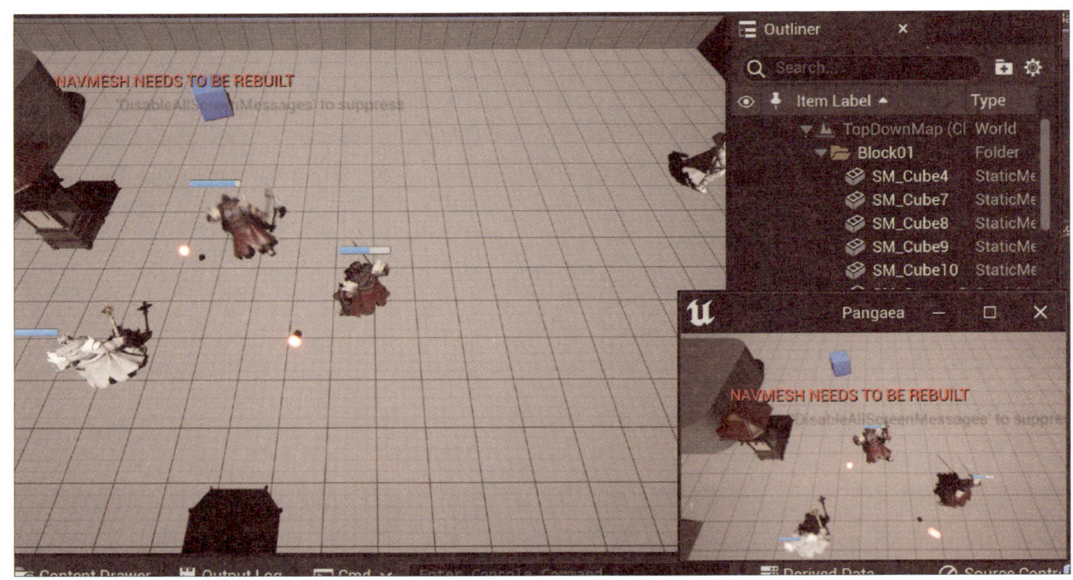

그림 10.14 멀티플레이어 Pangaea 게임플레이

지금까지 몰입도 높은 멀티플레이어 게임을 만들기 위해 필요한 기본적인 개념과 기술을 모두 살펴봤다.

요약

이번 장에서는 언리얼에서 싱글플레이어 게임을 멀티플레이어 게임으로 바꾸는 법을 알아 봤다. 일반적인 멀티플레이어 게임에서 흔히 발견되는 이슈들을 해결할 수 있는 핵심적인 개념과 방법론을 배우는 데 초점을 맞췄다. 이번 장에서 배운 내용을 기반으로 향후 좀 더 멋진 멀티플레이어 게임을 개발할 수 있을 것이다.

첫 번째 섹션에서는 싱글플레이어, 로컬 멀티플, 네트워크 멀티플레이어 게임의 개념을 소 개하고 멀티플레이어 게임플레이에 어떤 것들이 필요한지 살펴봤다.

그런 다음, 게임 Pangaea를 2명의 플레이어로 시작하는 법을 다뤘 다. 멀티플레이어 게임 넷 모드와 이와 관련된 이슈들도 함께 살펴봤다.

멀티플레이어 게임의 문제점들을 해결하기 위해 RPC를 사용해 서버와 클라이언트에 공격 액션을 공유하고, 액터의 스테이트를 복제하고, RepNotify 변수를 처리해 캐릭터의 체력 바를 업데이트하는 법도 배웠다. 마지막으로는 서버에서 파이어볼을 생성하고 타격을 처리하는 것도 알아봤다.

이 장을 마무리하면서 멀티플레이가 가능한 게임을 만들 수 있었을 것이다.

다음 장에서는 UI 스크린을 만들어 게임 플로를 제어하고, 플레이어가 게임 서버를 호스트하거나 클라이언트로 게임 세션에 접속하고, 세션을 떠나 접속을 끊고 게임에서 나가는 것에 대해 알아본다.

11

게임 플로 제어하기

앞 장에서는 게임 Pangaea의 핵심을 완성할 수 있었다. 좀 더 완성도 높은 게임을 만들기 위해, 플레이어가 메인 메뉴를 통해 게임에 진입하고 게임을 종료했을 때도 메인 메뉴로 돌아올 수 있도록 기본적인 게임 플로를 만들어볼 것이다.

게임 플로를 제어하는 것은 디자인에 따라 매우 복잡한 작업이 될 수 있다. 수많은 게임이 하나의 게임 스테이트에서 다른 스테이트로 바뀌는 것을 제어하기 위해 유한 스테이트 머신(FSM, Finite-State Machine)과 같은 중앙화된 제어 시스템을 사용한다. 이보다 더 복잡한 제어 시스템은 이 책이 다루는 범위에서 벗어난다.

C++ 스크립트로 게임 플로를 제어하는 법을 배우기 위해 게임 Pangaea에 최소한의 게임 플로를 구현할 것이다. 다음의 항목들을 통해 이 목적을 달성할 수 있다.

- Pangaea 게임 플로 디자인하기
- UI 위젯 만들기
- PangaeaGameInstance에 네트워크 기능 추가하기

- 게임 레벨에 UI 위젯 추가하기

- 게임 타이머 추가하기

- 디펜스 타워를 파괴해 게임 승리하기

기술적인 요구 사항

이 장에서 작성한 코드는 깃허브(https://github.com/PacktPublishing/Unreal-Engine-5-Game-Development-with-C-Scripting/tree/main/Chapter11)에서 다운로드할 수 있다.

Pangaea 게임 플로 디자인하기

Pangaea 게임 플로를 최대한 간단하게 만들기 위해 하나의 로비(LobbyMap)와 하나의 게임플레이 레벨(TopDownMap)만 갖도록 게임을 설계한다. 로비에서는 플레이어가 서버 혹은 클라이언트로 플레이할 수 있도록 선택할 수 있는 메뉴를 보여준다. 게임플레이 레벨은 플레이어가 전투를 벌이는 맵을 의미한다. 게임 플로 차트는 다음과 같다.

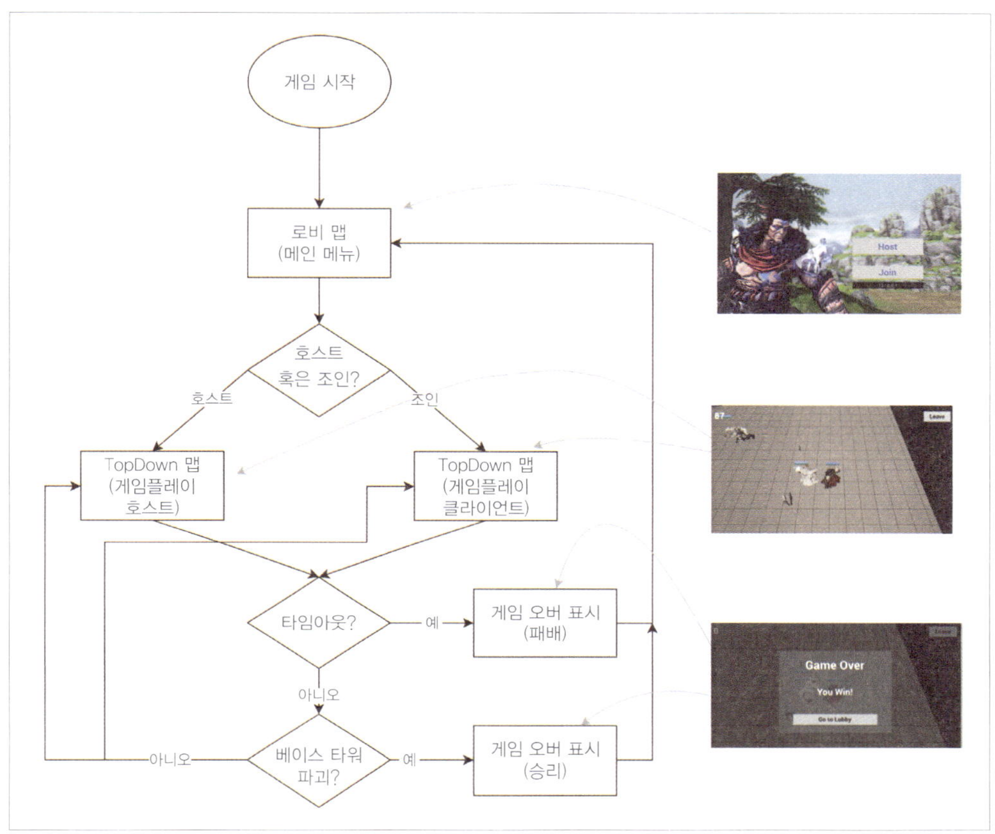

그림 11.1 Pangaea 게임 플로 다이어그램

이 플로 차트에 기반해 메인 메뉴, HUD, **Game Over** 창을 표시하기 위한 3개의 UI 위젯을 만들어야 한다.

UI 위젯 만들기

UI 위젯을 만들려면 우선 **All ➤ 콘텐츠 ➤ TopDown ➤ Blueprints** 를 선택한다. 그다음, 비어 있는 임의의 영역을 우 클릭해 **유저 인터페이스 ➤ 위젯 블루프린트**를 선택한다.

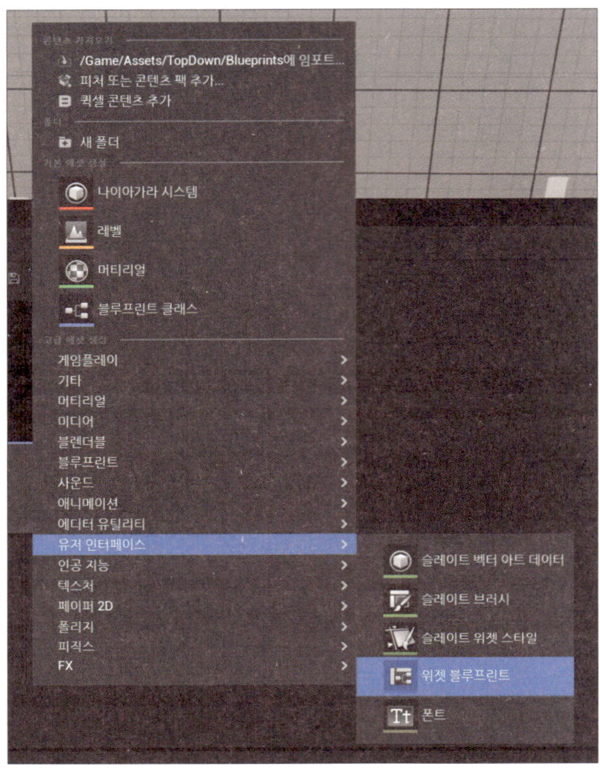

그림 11.2 에디터의 팝업 메뉴를 통해 UI 위젯 만들기

이어서 **사용자 위젯**을 선택한다.

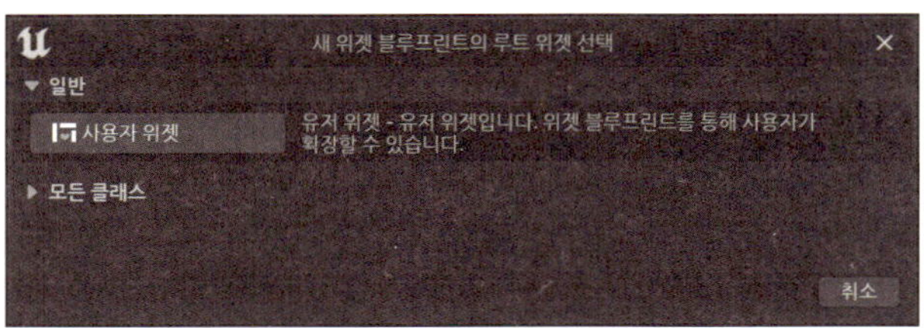

그림 11.3 위젯을 만들기 위해 사용자 위젯 선택

사용자 위젯을 선택하면 새로 만들어진 위젯 블루프린트의 이름이 NewWidgetBlueprint인 것을 확인할 수 있다.

그림 11.4 새로운 위젯 블루프린트

새로 만든 위젯의 이름을 변경한다. 예제에서는 BP_LobbyWidget으로 변경했다. 그다음에는 동일한 과정을 거쳐 BP_HUDWidget과 BP_GameOverWidget을 만들어준다.

이제 이 위젯들을 설정하는 법을 알아보자.

BP_LobbyWidget 만들기

BP_LobbyWidget을 만들기 위해 우선 파일을 더블 클릭해 위젯 에디터를 연다. 이제 그림 11.5와 같이 다음의 과정을 따라 사용자 인터페이스를 설계할 수 있다.

1. **캔버스 패널** 항목을 스크린에 드래그 앤 드롭한다.

2. 다음과 같이 설정해 화면에 **이미지** 컨트롤을 배치한다.

   - **이름**: BGImage

   - **앵커**: 크기에 맞춤

   - **정렬**: (0.0, 0.0)

   - **브러시 ➤ 이미지**: LobbyBG

3. 다음과 같이 설정해 버튼을 추가한다.

   - **이름**: ButtonHost

- 정렬: (0.0, 0.0)

- 앵커: 좌상단

- X 위치: 1000.0

- Y 위치: 500.0

- X 크기: 500.0

- Y 크기: 120.0

4. 다음과 같이 설정해 **텍스트 박스**를 **ButtonHost** 버튼의 자식으로 만들어준다.

- **가로 정렬**: 가운데 가로 정렬

- **세로 정렬**: 가운데 세로 정렬

- **텍스트**: "Host"

- **컬러 및 오파시티**: (0.04, 0.15, 0.5, 1.0)

- **폰트**

    폰트 패밀리: Roboto

    타입페이스: Bold

    크기: 48

5. 다음과 같이 설정해 버튼을 하나 더 추가한다.

- **이름**: ButtonJoin

- **정렬**: (0.0, 0.0)

- **앵커**: 좌상단

- **X 위치**: 1000.0

- **Y 위치**: 700.0

- X 크기: 500.0

- Y 크기: 120.0

6. 4번 과정과 동일한 설정을 통해 **ButtonJoin** 버튼의 자식으로 설정되는 **텍스트 박스**를 추가한다. 텍스트만 **Host** 대신 **Join**을 사용한다.

7. **편집 가능 텍스트** 항목을 스크린에 추가하고 다음과 같이 설정한다.

   - **이름**: InputAddress

   - **앵커**: 좌상단

   - **정렬**: (0.0, 0.0)

   - **X 위치**: 1000.0

   - **Y 위치**: 850.0

   - **X 크기**: 500.0

   - **Y 크기**: 120.0

   - **텍스트**: 127.0.0.1

   - **양쪽맞춤**: 중앙 정렬

결과는 그림 11.5와 같다.

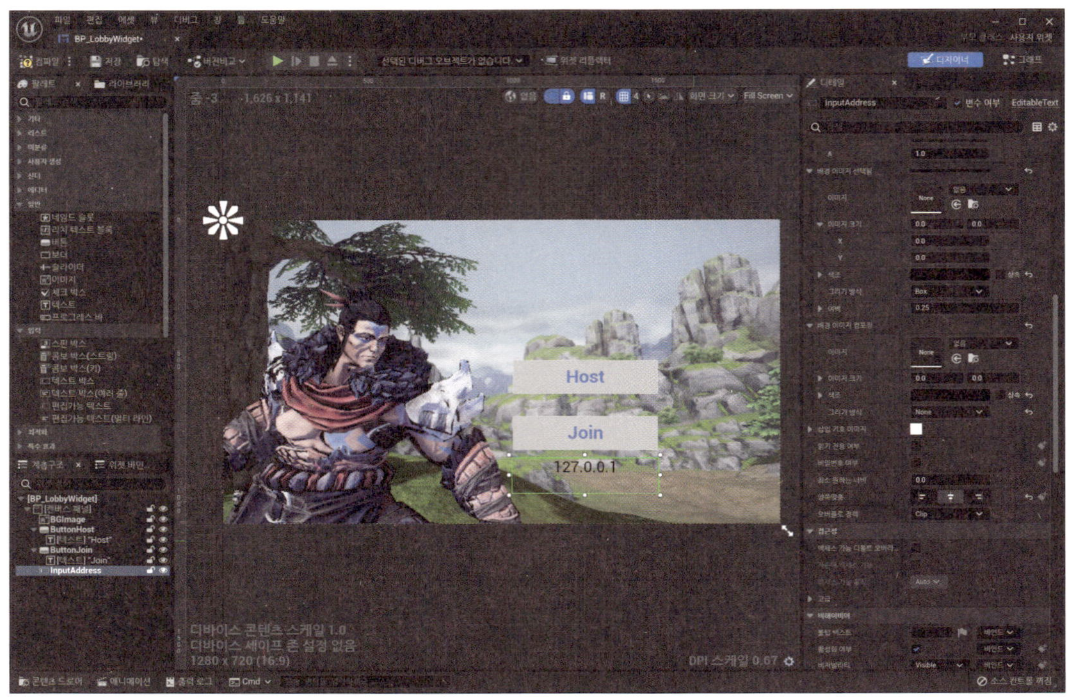

그림 11.5 위젯 에디터에서 BP_LobbyWidget 디자인하기

BP_HUDWidget 만들기

이제 **BP_HUDWidget**을 위젯 에디터로 열어보자. 그런 다음, 그림 11.6과 같이 사용자 인터페이스를 디자인한다. 다음과 같이 수행한다.

1. **캔버스 패널** 항목을 스크린에 드래그 앤 드롭한다.

2. **텍스트 박스**를 패널의 좌상단에 배치하고 다음과 같이 설정한다.

    - **이름**: Timer

    - **앵커**: 좌상단

    - **정렬**: (0.0, 0.0)

- X 위치: 50.0

- Y 위치: 50.0

- X 크기: 300.0

- Y 크기: 60.0

- **양쪽맞춤**: 왼쪽 정렬

- **컬러 및 오파시티**: (0.04, 0.15, 0.5, 1.0)

- **폰트**

    폰트 패밀리: Roboto

    타입페이스: Bold

    크기: 48

3. 다음과 같이 설정해 버튼을 추가한다.

- **이름**: ButtonLeave

- **앵커**: 우상단

- **정렬**: (1.0, 0.0)

- X 위치: -250.0

- Y 위치: 50.0

- X 크기: 200.0

- Y 크기: 80.0

4. 다음과 같이 설정해 **ButtonLeave** 버튼의 자식으로 설정되는 **텍스트 박스**를 추가한다.

- **가로 정렬**: 가운데 가로 정렬

- **세로 정렬**: 가운데 세로 정렬

- **텍스트**: "Leave"

- 컬러 및 오파시티: (0.04, 0.15, 0.5, 1.0)

- 폰트

    폰트 패밀리: Roboto

    타입페이스: Bold

    크기: 35

결과는 그림 11.6과 같다.

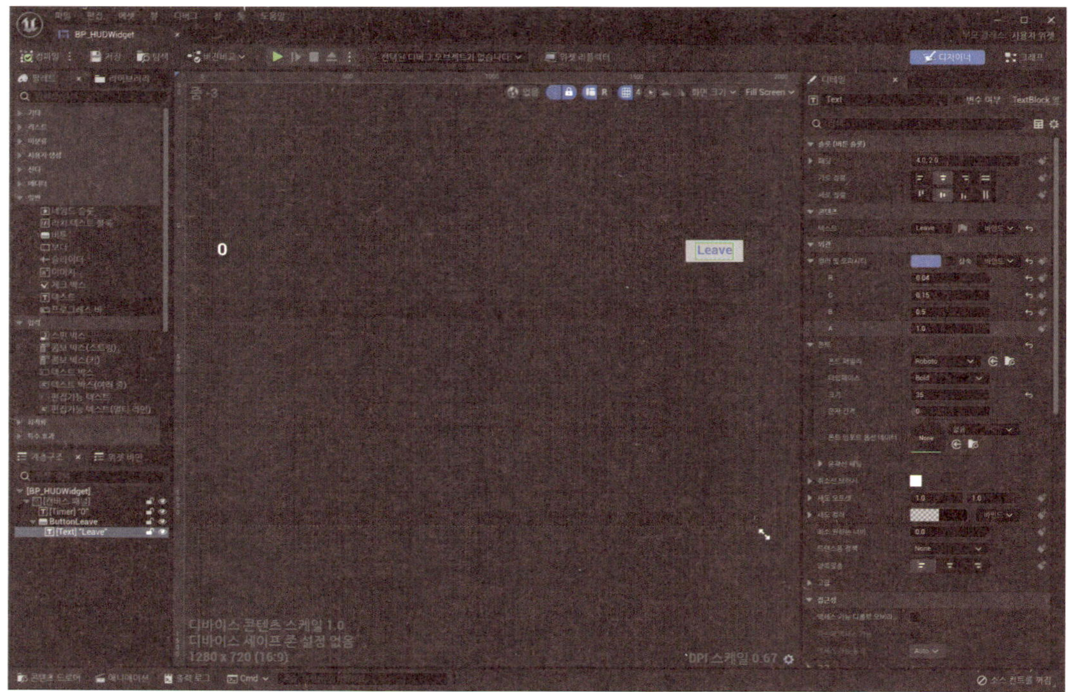

그림 11.6 위젯 에디터에서 BP_HUDWidget 디자인하기

BP_GameOverWidget 만들기

이제 마지막으로 **BP_GameOverWidget**을 위젯 에디터에서 열어보자. 다음과 같은 과정을

거쳐 그림 11.7과 같이 사용자 인터페이스를 만들어본다.

1. **캔버스 패널** 항목을 스크린에 드래그 앤 드롭한다.

2. **이미지** 위젯을 화면에 배치하고 다음과 같이 설정한다.

    - **이름**: Timer

    - **앵커**: 크기에 맞춤

    - **정렬**: (0.0, 0.0)

    - **브러시 ➤ 이미지**: None

    - **컬러 및 오파시티**: (0.0, 0.0, 0.0, 0.5)

3. 다른 이미지 위젯을 화면에 하나 더 배치하고 다음과 같이 설정한다.

    - **이름**: Panel

    - **앵커**: 가운데

    - **X 위치**: 0.0

    - **Y 위치**: 0.0

    - **X 크기**: 1000.0

    - **Y 크기**: 700.0

    - **정렬**: (0.5, 0.5)

    - **브러시 ➤ 이미지**: None

    - **컬러 및 오파시티**: (0.2, 0.2, 0.2, 0.5)

4. 텍스트 블록을 화면에 배치하고 다음과 같이 설정한다.

    - **이름**: Title

    - **앵커**: 가운데

- 정렬: (0.5, 0.5)

- X 위치: 0.0

- Y 위치: -200.0

- X 크기: 800.0

- Y 크기: 100.0

- **양쪽맞춤**: 텍스트 중앙 정렬

- **컬러 및 오파시티**: (1.0, 1.0, 1.0, 1.0)

- 폰트

  - **폰트 패밀리**: Roboto

  - **타입페이스**: Bold

  - **크기**: 64

5. 새로운 **텍스트 박스**를 화면에 추가하고 다음과 같이 설정한다.

- **이름**: Result

- **앵커**: 가운데

- **정렬**: (0.5, 0.5)

- X 위치: 0.0

- Y 위치: 0.0

- X 크기: 800.0

- Y 크기: 80.0

- **양쪽맞춤**: 텍스트 중앙 정렬

- **컬러 및 오파시티**: (1.0, 1.0, 1.0, 1.0)

- 폰트

    폰트 패밀리: Roboto

    타입페이스: Bold

    크기: 48

6. 버튼 하나를 추가하고 다음과 같이 설정한다.

   - **이름**: ButtonLobby

   - **앵커**: 가운데

   - **정렬**: (0.5, 0.5)

   - **X 위치**: 0.0

   - **Y 위치**: 200.0

   - **X 크기**: 600.0

   - **Y 크기**: 80.0

7. **ButtonLobby**의 자식으로 **텍스트 박스**를 추가하고 다음과 같이 설정한다.

   - **가로 정렬**: 가운데 가로 정렬

   - **세로 정렬**: 가운데 세로 정렬

   - **텍스트**: Go to Lobby

   - **컬러 및 오파시티**: (0.0, 0.0, 0.0, 1.0)

   - **폰트**

       폰트 패밀리: Roboto

       타입페이스: Bold

       크기: 32

결과는 그림 11.7과 같다.

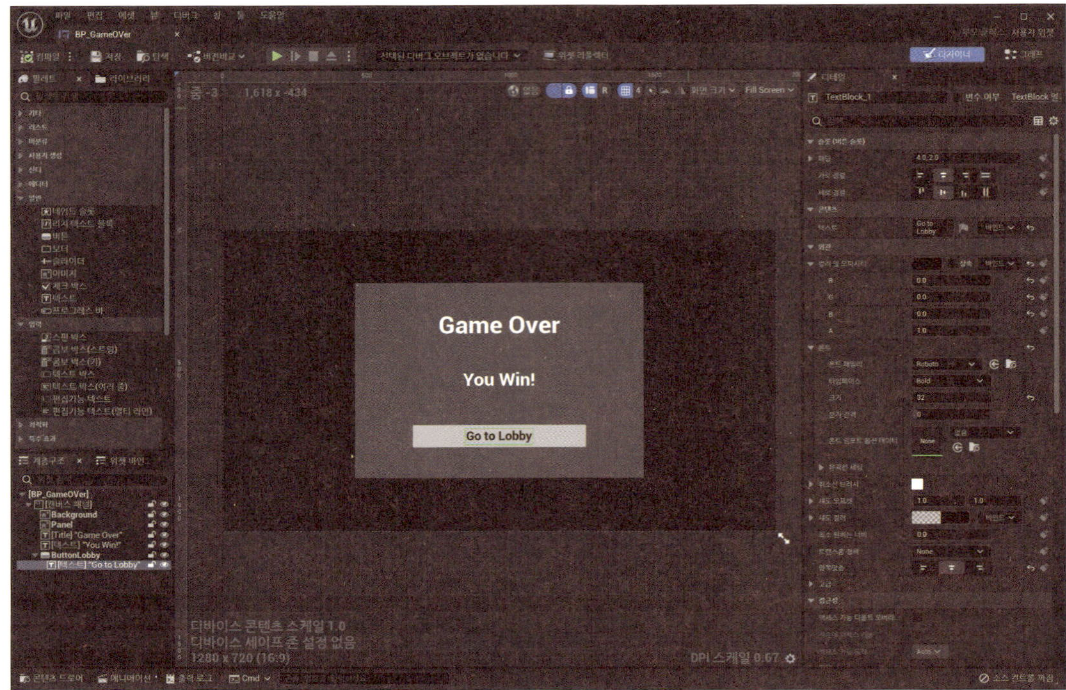

그림 11.7 위젯 에디터에서 BP_GameOverWidget 디자인하기

3개의 UI 위젯을 디자인하면서 **ButtonHost, ButtonJoin, ButtonLeave, ButtonLobby**라는
4개의 버튼을 화면에 추가했다. 이 4개의 버튼을 동작하게 만들려면 StartListenServer,
JoinAsClient, LeaveGame 함수를 추가하고 버튼 이벤트와 연결해야 한다(ButtonLeave와 ButtonLo
bby는 LeaveGame 함수를 공유합니다).

PangaeaGameInstance에 네트워크 기능 추가하기

APangaeaGameInstance에 함수를 추가하기 전에 이 클래스에 함수를 추가해야 하는 이유를
한번 짚고 넘어갈 필요가 있다.

402

`GameInstance`는 클라이언트에만 존재하며 **ButtonHost**, **ButtonJoin**, **ButtonLeave**, **Button Lobby** 버튼은 플레이어들이 게임을 즐기는 동안 누르게 된다. 앞서 언급했던 함수들을 구현하면 플레이어가 게임의 호스트가 되고, 게임에 참여하고, 클라이언트 사이드에서 게임을 떠나는 것 등이 가능해진다.

PangaeaGameInstance.h 파일을 열고 다음과 같이 코드를 추가해 `APangaeaGameInstance` 클래스에 함수를 추가하자.

```cpp
public:
UFUNCTION(BlueprintCallable, Category = "Pangaea")
  void StartListenServer();
  UFUNCTION(BlueprintCallable, Category = "Pangaea")
  void JoinAsClient(FString IPAddress);
  UFUNCTION(BlueprintCallable, Category = "Pangaea")
  void LeaveGame();
```

모든 함수가 블루프린트에서 호출 가능하다는 것을 의미하는 `BlueprintCallable` 지정자를 갖고 있다.

이제 이 함수들을 다음과 같이 PangaeaGameInstance.cpp 파일에 구현하자.

```cpp
#include "PangaeaGameInstance.h"
#include "Kismet/GameplayStatics.h"

void UPangaeaGameInstance::StartListenServer()
{
auto world = GEngine->GetCurrentPlayWorld();
  UGameplayStatics::OpenLevel(world, "TopDownMap", true, '?listen");
}
void UPangaeaGameInstance::JoinAsClient(FString IPAddress)
{
  auto world = GEngine->GetCurrentPlayWorld();
  UGameplayStatics::OpenLevel(world, *IPAddress, true, "?join");
}
void UPangaeaGameInstance::LeaveGame()
{
  auto world = GEngine->GetCurrentPlayWorld();
  UGameplayStatics::OpenLevel(world, "LobbyMap");
}
```

코드를 좀 더 자세히 살펴보자.

- 3개의 함수 모두가 시작할 때 GEngine->GetCurrentPlayWorld()를 호출한다.

- GEngine은 개발자가 런타임으로 어디서나 엔진의 핵심 정보에 접근할 수 있는 글로벌 엔진 포인터다. GetCurrentPlayWorld, GetFirstLocalPlayerController, GetGamePlayers 등이 가장 유용하게 사용되는 멤버 함수다.

- UGameplayStatics는 C++와 블루프린트에서 모두 호출할 수 있는 유틸리티 함수를 제공하는 스태틱 엔진 클래스다. OpenLevel, GetGameMode, GetGameState, GetGameInstance 등이 자주 호출되는 함수다.

- UGameplayStatics::OpenLevel(world, "TopDownMap", true, "?listen");은 리슨 서버로 게임을 시작하며 게임플레이 레벨인 **TopDown**으로 이동한다.

- UGameplayStatics::OpenLevel(world, *IPAddress, true, "?join");은 클라이언트로 게임을 시작하며 서버에 접속하게 한다. 서버의 IP 주소가 두 번째 매개변수인 IPAddress를 통해 제공된다.

FString의 IPAddress 값을 FName 변수로 변환하기 위해 *IPAddress와 같이 변수의 이름 앞에 *를 붙인다. OpenLevel 함수의 두 번째 매개변수인 IPAddress는 FName 유형인 반면, JoinAsClient 호출자 함수는 FString 유형의 IPAddress 값을 가진다.

이제 UI 위젯을 열어 함수를 대응하는 이벤트와 연결해준다. 예를 들어 **BP_LobbyWidget**의 **Host** 버튼은 OnClick 이벤트를 트리거하며, 이를 통해 StartListenServer() 함수를 호출한다. **Join** 버튼은 **InputIPAddress** 텍스트 박스를 통해 스트링 값을 불러오고 JoinAsClient() 함수를 호출할 때 이를 매개변수로 활용한다.

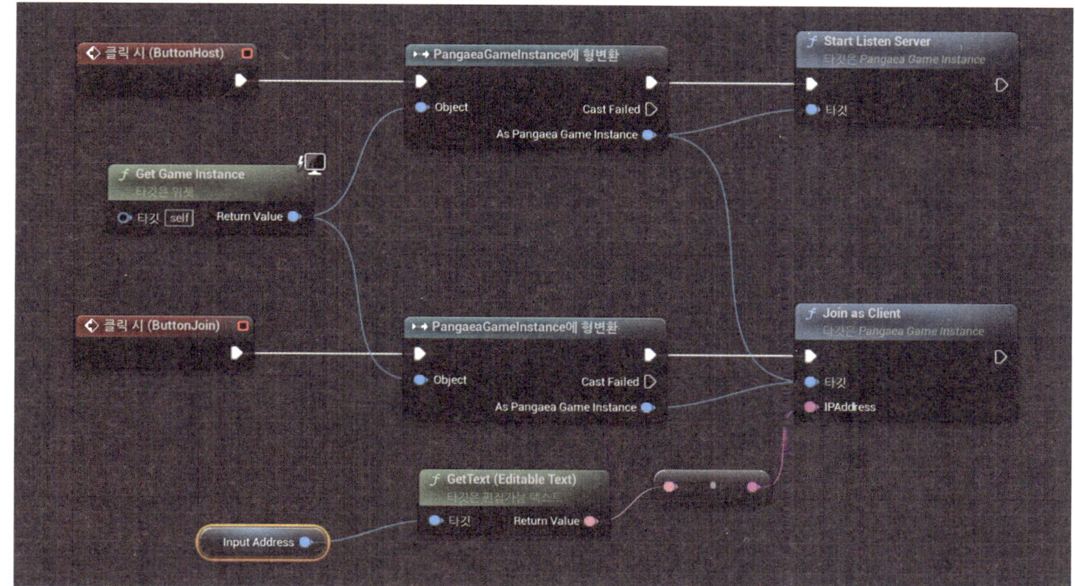

그림 11.8 BP_LobbyWidget에서 Host와 Join 버튼의 OnClick 이벤트 처리하기

블루프린트를 좀 더 자세히 살펴보자.

- **클릭 시** 노드는 Host나 Join 버튼을 눌렀을 때 트리거되는 이벤트다.

- 2개의 이벤트 중 하나가 트리거됐을 때 **PangaeaGameInstance에 형변환** 노드가 현재 시스템의 게임 인스턴스를 획득하고, 이를 `PangaeaGameInstance` 유형의 인스턴스로 변환한다.

- **Start Listen Server** 노드는 `APangaeaGameInstance` 클래스의 C++ 멤버 함수인 `StartListenServer`를 호출한다.

- **Join as Client** 노드는 `APangaeaGameInstance` 클래스의 C++ 멤버 함수인 `JoinAsClient`를 호출한다.

- **GetText(Editable Text)** 노드는 **Input Address** 입력 박스에서 텍스트를 가져온다. 그다음, 이 텍스트를 `FString` 값으로 변환하고 이를 **Join As Client** 노드에 매개변수로 전송한다.

유사한 과정을 거쳐 **Leave Game** 및 **Go to Lobby** 버튼 이벤트가 트리거될 때 APangaeaGame
Instance 클래스의 LeaveGame 멤버 함수를 호출하도록 한다.

BP_HUDWidget을 열고 **클릭 시(ButtonLeave)** 이벤트를 그림의 블루프린트 그래프와 같이 처
리한다.

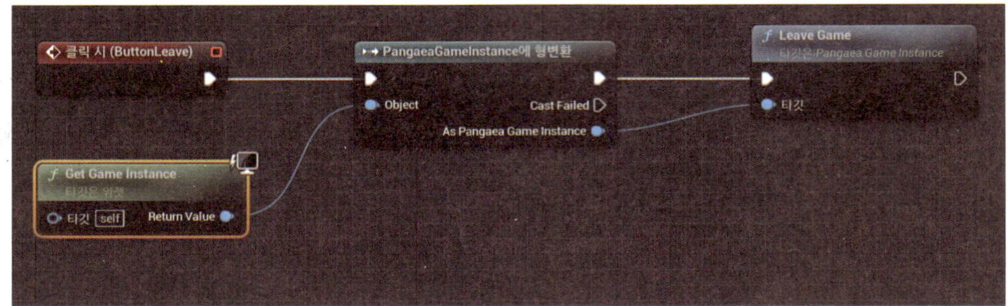

그림 11.9 로비로 나가기 위해 LeaveGame 버튼 이벤트 처리하기

이어서 BP_GameOverWidget을 열고, **클릭 시(ButtonLobby)** 이벤트를 처리하기 위해 다음 그
림의 블루프린트 그래프와 같이 처리한다.

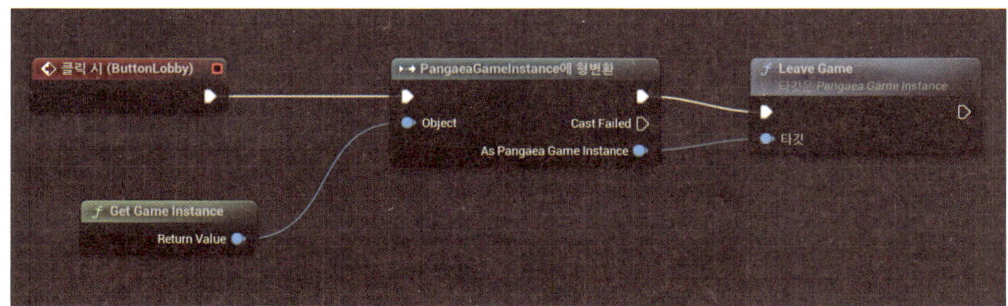

그림 11.10 로비로 나가기 위해 GoToLobby 버튼 이벤트 처리하기

멀티플레이어 UI의 설정이 완료됐으니 다음 목표는 플레이어 모드 및 플레이어 세팅 변경
메뉴에서 **멀티플레이어 옵션**을 변경하는 것이다. 플레이어 수는 이전과 동일하게 **2**로 설정하
고 **넷 모드**를 **Play Standalone**으로 바꿔준다.

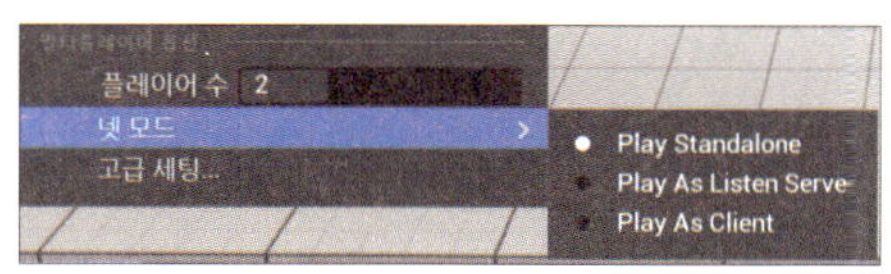

그림 11.11 멀티플레이어 옵션 변경하기

앞서 설정에 맞게 코드를 작성했고 로비에서 리슨 서버 혹은 클라이언트를 선택해 게임을
시작할 수 있기 때문에 더 이상 엔진에 의존하지 않고 멀티플레이어 모드 게임 창을 실행하
고 접속할 수 있다. **넷 모드**를 Play Standalone으로 변경하면 플레이 버튼을 클릭할 때 2개
의 스탠드얼론 게임을 실행할 수 있다.

BP_LobbyWidget, BP_HUDWidget, BP_GameOverWidget이 모두 완성됐으므로, 이제 이
들을 적절하게 게임 레벨에 배치할 수 있을 것이다.

게임 레벨에 UI 위젯 추가하기

UI 위젯을 만들고 현재 게임 레벨의 뷰포트에 추가할 수도 있지단, 레벨 블루프린트를 사용
해 UI 위젯을 배치하는 것이 더 효과적이다. 에디터의 툴바에 위치한 **월드 블루프린트 목록**을
클릭한 다음, **레벨 블루프린트 열기**를 선택해 레벨 블루프린트를 편집할 수 있다.

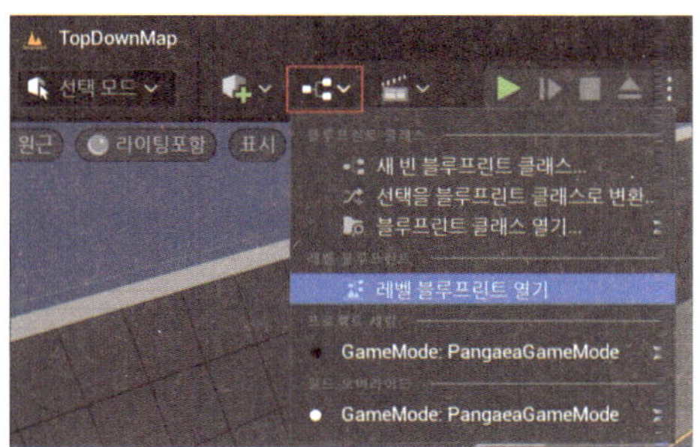

그림 11.12 레벨 블루프린트 열기

레벨 블루프린트 작업을 수행하기 전에 우선 **LobbyMap**을 만들거야 한다. **콘텐츠 드로어**에
서 **All ➤ 콘텐츠 ➤ TopDown ➤ Maps** 폴더로 이동한다. 지금까지 작업했던 TopDownMap

이 위치해 있을 것이다. 해당 폴더의 빈 곳을 우 클릭한 다음, 레벨을 추가하고 이름을 LobbyMap으로 변경한다. 이 맵을 선택한 후 레벨 블루프린트를 열고 다음과 같은 과정을 수행한다.

1. 이벤트그래프에 **BeginPlay 이벤트**를 생성하고 **위젯 생성** 노드를 추가한다. 노드를 추가하면 처음에는 **NONE 생성**이라고만 표시될 것이다.

2. 클래스 선택 드롭다운 메뉴에서 **BP_LobbyWidget**을 선택한다. 노드의 이름이 **BP Lobby Widget 위젯 생성**으로 변경됐을 것이다.

3. **BP Lobby Widget 위젯 생성** 노드의 출력에 **Add to Viewport** 노드의 입력을 연결한다. **Return Value** 항목도 타깃과 연결해준다.

그림 11.13 LobbyMap에서 BP_LobbyWidget을 생성하고 표시하기

그다음에는 **TopDownMap**을 열고 앞서와 동일한 방법으로 레벨 블루프린트를 설정한다. 다만, 이번에는 클래스 선택 드롭다운 메뉴에서 **BP_HUDWidget**을 선택한다.

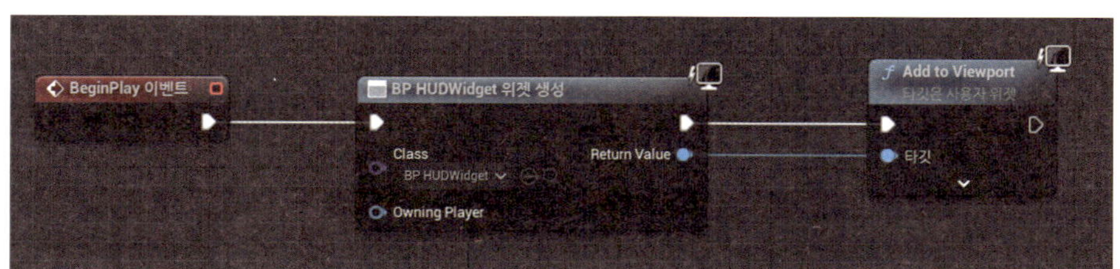

그림 11.14 TopDownMap에서 BP_HUDWidget을 생성하고 표시하기

LobbyMap을 선택한 다음, 게임을 실행해보자. 에디터에서 게임을 시작하면 2개의 인스턴
스가 수행되는 것을 확인할 수 있다. 하나는 에디터의 뷰포트에서, 나머지 하나는 별개의
창으로 분리돼 표시된다.

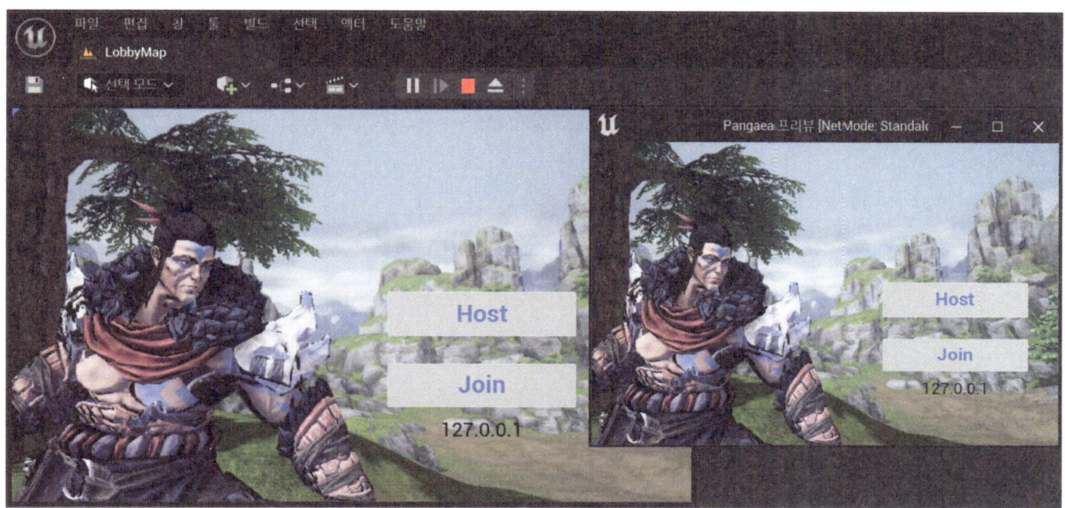

그림 11.15 2개의 게임 인스턴스 실행하기

2개 중 하나의 게임 화면에서 **Host** 버튼을 눌러 리슨 서버로 게임을 시작한다. 그다음, 다
른 창에서 **Join** 버튼을 눌러 게임에 참여한다. 일단 지금은 서버 IP 주소를 변경할 필요가
없다. 서버와 클라이언트가 동일한 머신에서 구동되기 때문인데. 이는 곧 로컬 서버의 IP인
127.0.0.1을 서버 주소로 사용한다는 것을 의미한다.

게임이 실행되는 동안 게임 HUD의 좌상단에 Timer 속성이 표시되고, 우상단에는 **Leave** 버
튼이 표시될 것이다.

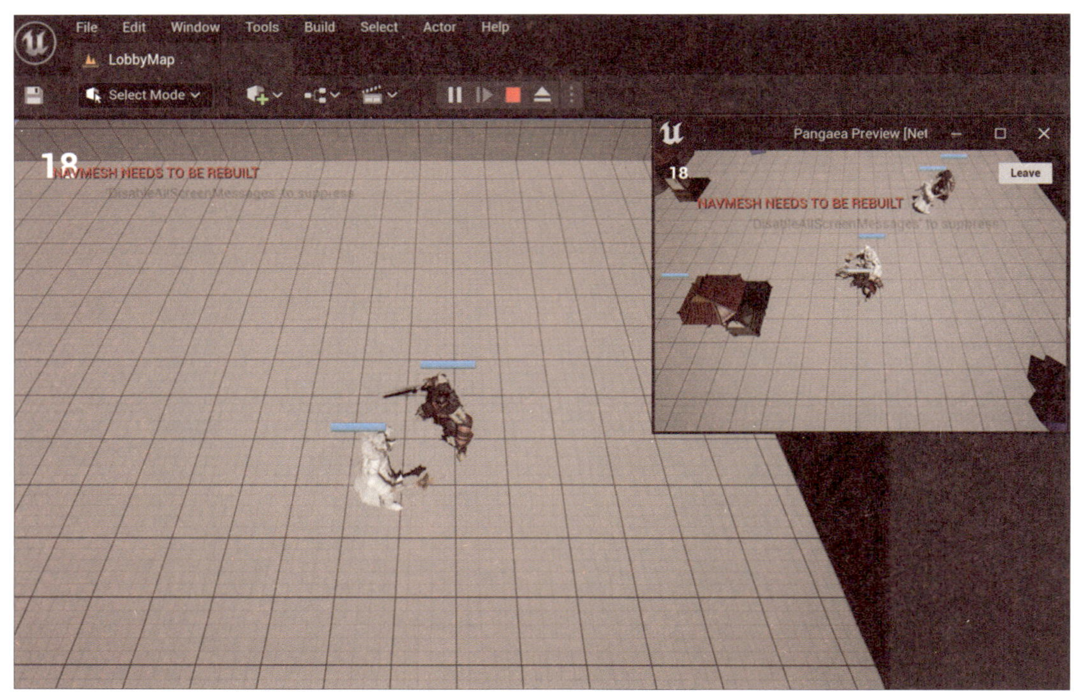

그림 11.16 게임을 플레이하는 동안 HUD 화면이 표시된다.

다음으로는 게임을 마무리하는 과정을 처리해야 한다. 게임의 타이머가 0에 다다르면 플레이어가 패배하는 것이며, 타워가 파괴되면 플레이어가 승리한다. 게임 타이머와 연관된 게임플레이 메커니즘을 추가해 게임을 마무리하자.

게임 타이머 추가하기

게임 타이머는 카운트다운을 수행해 게임 세션이 실행되는 시간을 제한한다. 타이머가 동작하려면 다음과 같은 과정을 따라야 한다.

- APangaeaGameState에 Timer라는 이름으로 새로운 부동소수 유형의 변수를 생성한다.

- Timer 변수를 복제해 타이머 값의 변경 사항을 클라이언트에게 알릴 수 있는지 확인한다.

- 블루프린트 이벤트에 연결할 수 있는 C++ 델리게이트를 정의해 타이머의 값이 변경될 때마다 이벤트 함수를 실행할 수 있도록 한다. 이 함수는 카운트다운 디스플레이를 업데이트한다.

- BP_HUDWidget에 새로운 커스텀 이벤트를 생성하고, 이를 C++ 델리게이트와 연결한다. 이 작업이 수행되는 동안 커스텀 이벤트와 디스플레이 업데이트를 담당하는 이벤트 함수를 연결한다.

- **TopDownMap**의 레벨 블루프린트에서 `Timer` 변수를 카운트다운한다.

- 타이머가 0이 되면 **Game Over** 창을 표시한다.

이제 본격적인 작업을 시작해보자.

APangaeaGameState 클래스에 타이머 변수 추가하기

`Timer` 변수가 `APangaeaGameState`에 추가된 것은 서버와 클라이언트 모두 관계가 있기 때문이다. 즉, 서버뿐만 아니라 서버와 연결된 모든 클라이언트가 공유하는 게임 관련 스테이트들이 이 클래스의 속성이 돼야 한다.

우선 `AGameState` 클래스에서 파생된 `APangaeaGameState` 클래스가 생성돼 있는지 확인한다. 이어서 PangaeaGameState.h 파일을 열어 다음과 같이 코드를 추가한다.

```
public:
void GetLifetimeReplicatedProps(
  TArray<FLifetimeProperty>& OutLifetimeProps) const override;

UPROPERTY(BlueprintReadWrite, Category = "Pangaea")
float Timer = 0;
```

변수를 복제하기 위해 `GetLifetimeReplicatedProps` 함수가 필요하다. `BlueprintReadWrite` 지정자는 이 변수를 블루프린트에서 읽고 쓸 수 있다는 것을 표시하고 있다.

이어서 PangaeaGameState.cpp 파일에 `GetLifetimeReplicatedProps` 함수를 구현한다.

```cpp
void APangaeaGameState::GetLifetimeReplicatedProps(TArray<
FLifetimeProperty >& OutLifetimeProps) const
{
    Super::GetLifetimeReplicatedProps(OutLifetimeProps);
    DOREPLIFETIME(APangaeaGameState, Timer);
}
```

DOREPLIFETIME 매크로는 모든 클라이언트의 타이머 값을 네트워크에서 동기화하는 데 필요한 코드를 생성해준다.

타이머 변수 리플리케이트하기

Timer 변수를 리플리케이트하기 위해 ReplicatedUsing 지정자와 OnTimeChanged 알림 핸들러 함수를 추가해야 한다.

```cpp
public:
  UFUNCTION(BlueprintCallable, Category = "Pangaea")
  void OnTimerChanged();

  UPROPERTY(BlueprintReadWrite, ReplicatedUsing = OnTimerChanged,
    Category = "Pangaea")
  float Timer = 0;
```

Timer는 서버에서만 카운트다운을 수행하므로 클라이언트와 동기화될 필요가 있다. Timer 값이 변경되면 클라이언트에 리플리케이트되고 OnTimerChanged 함수가 호출돼야 한다.

OnTimerChanged는 리슨 서버의 레벨 블루프린트에서도 호출돼야 하므로 BlueprintCallable 로 설정돼야 한다. 리플리케이션 알림이 서버 사이드에서 실행되는 것은 아니므로, 호스트에서 타이머 디스플레이를 업데이트하려면 타이머의 값이 변경될 때마다 리슨 서버의 알림 핸들러 함수를 호출해야 한다.

OnTimeChangedDelegate 정의하기

앞서 블루프린트에서 C++ 함수를 호출하기 위해 `BlueprintCallable` 지정자를 사용하는 법을 알아봤다. 반대로 C++ 델리게이트는 하나 혹은 그 이상의 블루프린트 커스텀 이벤트와 연동돼 C++에서 커스텀 블루프린트 이벤트 함수를 호출할 수 있도록 만들어준다.

C++ `DECLARE_DYNAMIC_MULTICAST_DELEGATE_OneParam` 매크로를 사용해 `FOnTimerChangedDelegate` 델리게이트를 정의하고, 이를 사용해 Delegate 변수를 생성한다.

```
DECLARE_DYNAMIC_MULTICAST_DELEGATE_OneParam
  (FOnTimerChangedDelegate, float, Timer);

UCLASS()
class PANGAEA_API APangaeaGameState : public AGameStateBase
{
  public:
  UPROPERTY(BlueprintAssignable, Category = "Pangaea")
  FOnTimerChangedDelegate OnTimerChangedDelegate;
…
}.
```

Delegate 이름은 반드시 대문자 'F'로 시작한다. 여기서 Delegate 함수는 오직 부동형 매개변수만을 가진다는 점도 유의하자.

`BlueprintAssignable` 지정자는 블루프린트 커스텀 이벤트가 `OnTimerChangedDelegate` 변수와 바인딩될 수 있다는 것을 알려준다.

커스텀 이벤트를 생성하고 OnTimeChangedDelegate에 바인딩하기

BP_HUDWidget을 열고 아래 3개의 태스크를 수행할 수 있도록 이벤트그래프를 편집한다.

1. `OnTimerChangedDelegate` 노드를 생성하고 이를 커스텀 이벤트인 `OnTimerChangedEvent`와 바인딩한다.

2. 타이머를 업데이트하고 표시한다.

3. Game Over 화면을 출력하고 게임을 중단한다.

결과는 그림 11.17과 같다.

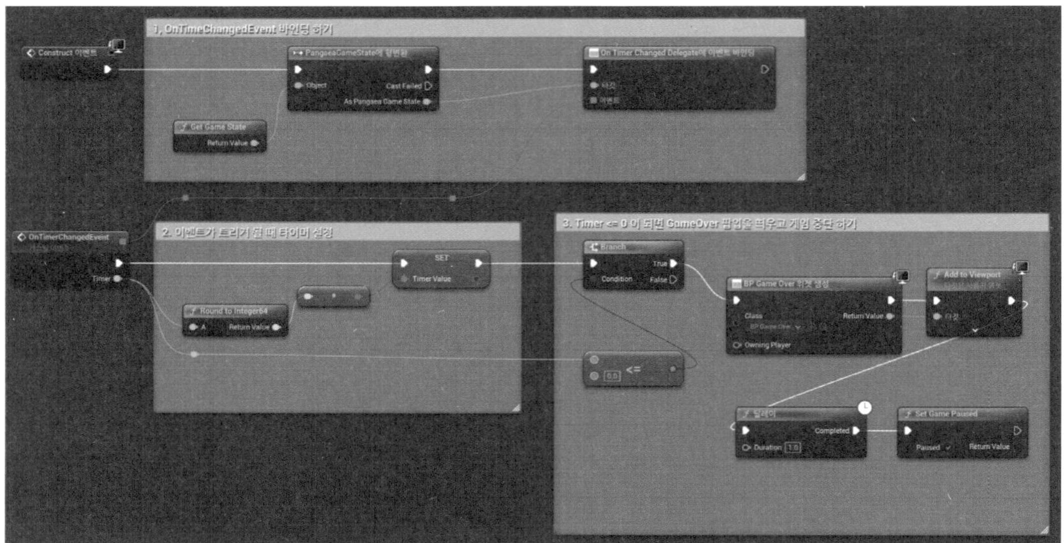

그림 11.17 BP_HUDWidget에서 커스텀 이벤트를 OnTimerChangedDelegate에 바인딩하기

이제 그래프의 각 부분을 자세히 살펴보자.

OnTimerChangedEvent를 OnTimerChangedDelegate에 바인딩하기

이벤트그래프에서 가장 먼저 수행해야 하는 작업은 **Get Game State** 노드를 생성하고 이를 **PangaeaGameState에 형변환** 노드와 연결하는 것이다. 그다음, 이벤트 바인딩 노드를 활용해 OnTimerChangedDelegate에 이를 바인딩한다.

그림 11.18 OnTimerChangedEvent를 OnTimerChangedDelegate에 바인딩하기

414

타이머 설정하고 표시하기

이벤트그래프에서 두 번째로 수행할 작업은 OnTimerChangedEvent의 매개변수로 Timer 값을
설정하고 이를 정수로 변환하는 것이다. 그다음, 이를 텍스트 유
형으로 변경해 Set Timer 노드의 입력 값이 되도록 한다.

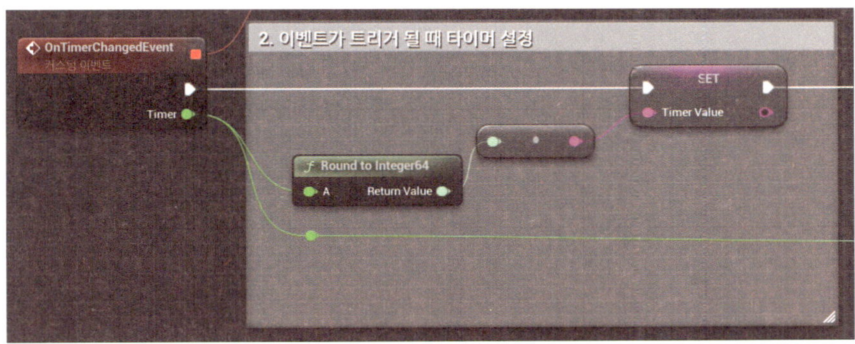

그림 11.19 타이머 설정하고 표시하기

Game Over 창을 열고 게임 중단하기

이벤트그래프에서 수행할 세 번째 작업은 Timer 값이 0과 같거나 그보다 작은지 확인하는
것이다. 만일 그 결과가 참이라면, 이는 곧 시간이 다 됐고 게임이 끝났다는 것을 의미한다.

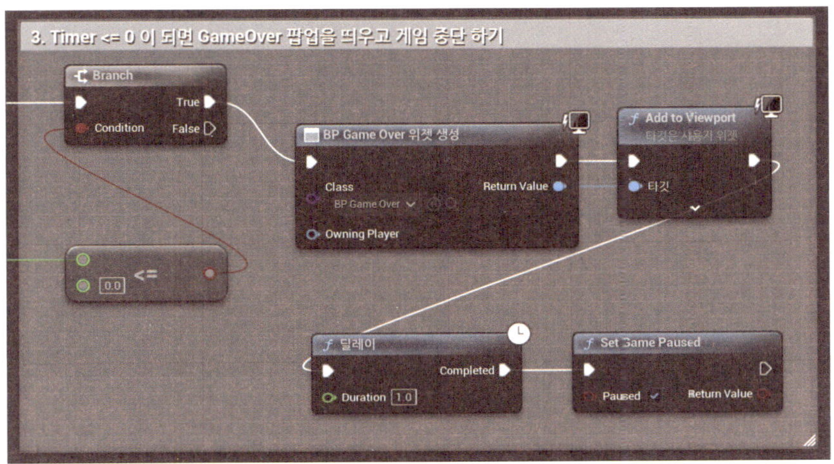

그림 11.20 Game Over 창을 띄우고 게임 중단하기

게임이 종료되면 **위젯 생성** 노드가 BP_GameOverWidget을 뷰포트에 띄운다. 언리얼에서는 뷰포트에 여러 레이어의 UI 위젯을 중복해 출력할 수 있다. 예제에서는 **BP_HUDWidget** 위에 **BP_GameOverWidget**이 추가된다.

딜레이 노드를 통해 게임을 1초간 지연시켜 그 시간 동안 디스플레이를 업데이트하고, 동시에 너무 빠르게 게임이 종료되는 것을 방지할 수 있다.

Set Game Paused 노드의 **Paused** 항목을 체크해 게임을 중지시킨다.

이제 게임이 실행되는 동안 동작하는 타이머가 카운트다운을 수행하도록 만들어보자.

타이머 카운트다운하기

타이머 카운트다운을 구현하기 위해 **TopDownMap** 레벨 블루프린트를 편집한다. **Timer**를 초기화하려면 앞서 작업해놓은 이벤트그래프에 다음과 같은 작업을 추가한다.

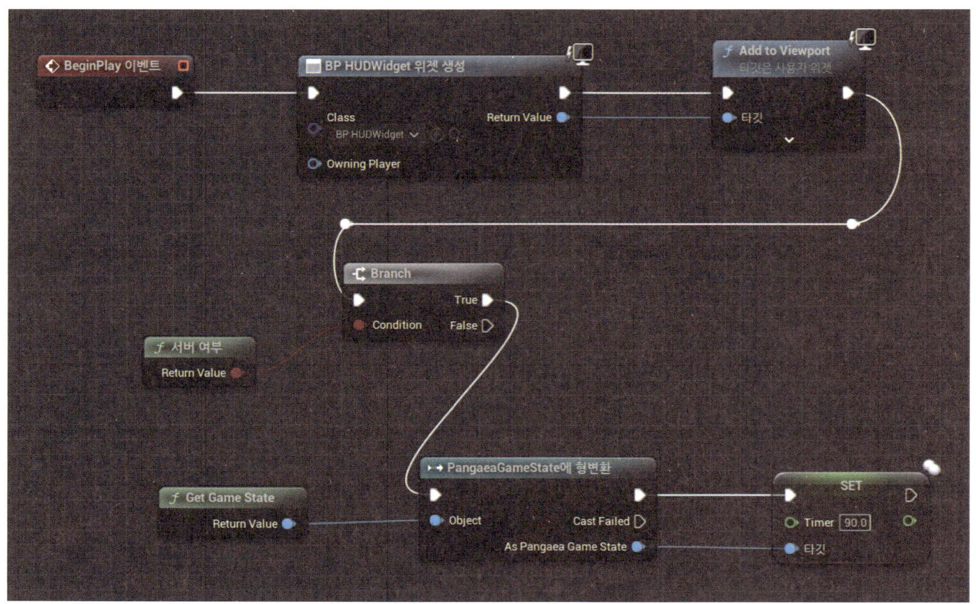

그림 11.21 타이머 노드의 초기값 설정

예제에서 **서버 여부** 노드는 게임이 서버에서 실행될 때 true를 반환한다. 여기서 이 항목을 확인하는 것은 Timer의 초기값이 서버에서 설정돼야 하기 때문이다.

게임이 서버로 시작되는 것을 확인했다면 SET 노드에서 PangaeaGameState 노드의 타이머 값을 90초로 설정한다.

이제 **Timer**가 카운트다운을 수행하도록 만들기 위해 다음과 같이 이벤트그래프를 설정해 **Tick** 이벤트 노드와 연결한다.

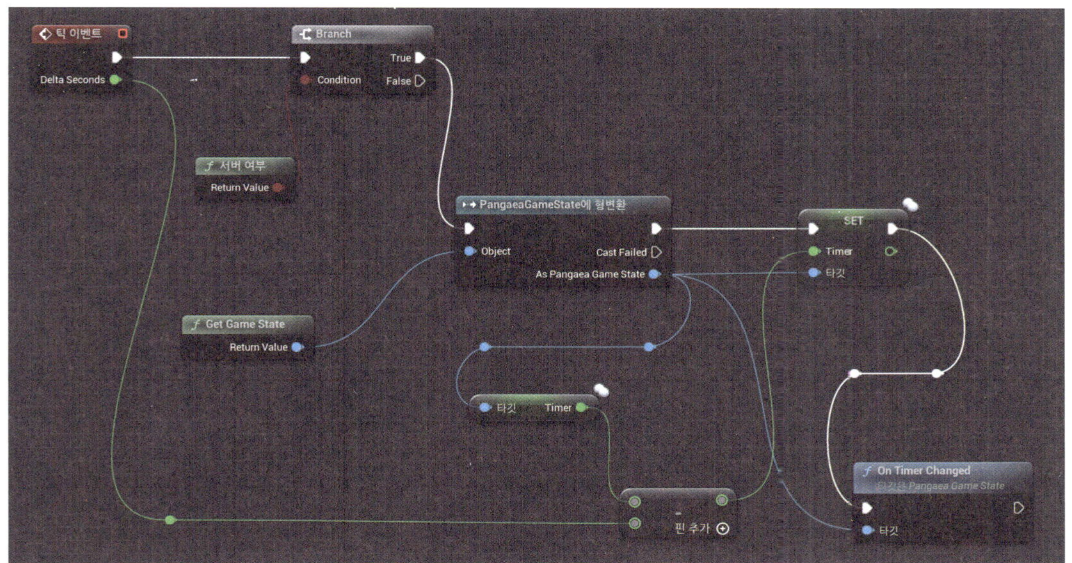

그림 11.22 Timer 변수 카운트다운하기

그래프를 보면, 가장 먼저 게임이 서버로 실행되는지 체크한다는 것을 알 수 있다.

만일 서버로 실행된다면 Timer 변수의 현재 값을 PangaeaGameState에서 가져온다. 그다음에는 **뺄셈** 노드에서 Delta Seconds 값을 Timer 값에서 빼고, 그 결과값을 **Timer**로 반환한다.

이렇게 새로운 **Timer** 값이 설정되면 OnTimerChanged가 호출돼 게임에 새로운 값을 알린다.

Timer 노드는 각 프레임마다 업데이트되므로 빈번하게 CPU 자원을 사용하고, 아울러 네트워크 대역폭도 차지한다. 이 문제를 좀 더 자세히 살펴보고 개선해보자.

Tick 이벤트는 기본적으로 각 프레임마다 수행되는데, 이는 곧 이벤트 함수가 각 프레임마다 호출된다는 것을 의미한다. 만일 프레임 레이트가 60으로 설정돼 있다면, 게임은 1/60초마다 **Timer**를 업데이트하게 된다. 이 경우 불필요한 업데이트를 너무 자주 수행함으로써 게임과 네트워크의 성능에 부정적인 영향을 미칠 수도 있다. 모든 플레이어가 1초에 한 번 정도 업데이트를 수행하고 그 결과를 동기화해도 충분할 것이다.

이 문제를 해결하기 위해 **TopDownMap** 레벨 에디터를 열고 상단 메뉴에서 클래스 디폴트 항목을 선택한 다음, **디테일** 패널에서 **틱 간격(초)**을 0.0에서 **1.0**으로 조정한다.

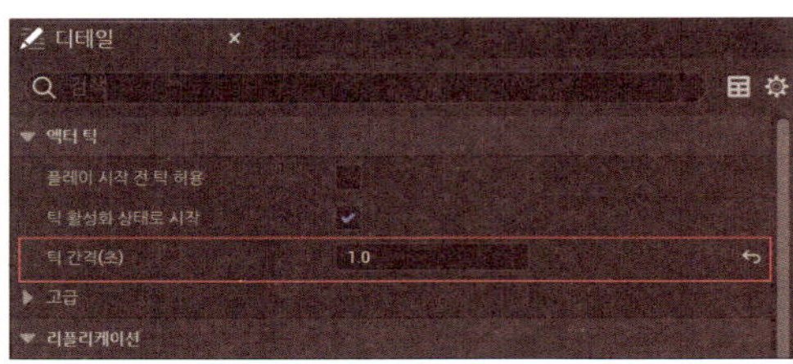

그림 11.23 TopDownMap 레벨 블루프린트에서 틱 간격을 1초로 설정한다.

APangaeaGameState를 프로젝트의 게임 스테이트 클래스로 할당하기

한 가지 더 수행해야 하는 작업은 게임 프로젝트의 게임 스테이트 클래스를 할당하는 것이다. **APangaeaGameState**로 원래의 **AGameState** 클래스를 대체하는 작업을 수행한다.

이 작업을 완료하려면 APangaeaGameMode 클래스의 생성자 마지막 부분에 코드를 추가해야 한다.

```
APangaeaGameMode::APangaeaGameMode()
{
  …
  GameStateClass = APangaeaGameState::StaticClass();
}
```

우리가 만드는 게임은 온라인 협동 모드로 디자인됐기 때문에 카운트다운이 되는 타이머가 존재하고, 이 타이머가 0이 되면 플레이어는 게임에서 패배한 것으로 처리된다. 그럼 플레이어가 승리하려면 어떻게 해야 할까? 여기서는 디펜스 타워 1개를 베이스 타워로 지정하고, 이 베이스 타워가 파괴되면 플레이어가 승리하는 것으로 설정한다.

그럴 듯해 보인다. 그럼 `DefenseTower` 클래스를 변경해 이 설정을 실제로 구현해보자.

디펜스 타워를 파괴해 게임 승리하기

앞서 말한 설정을 구현하려면 다음과 같은 과정을 거쳐 `ADefenseTower` 클래스에 `IsBase`를 추가한다.

- `ADefenseTower`에 `IsBase` 플래그를 추가한다.

- `Hit` 함수를 수정해 이 기능을 서버에서 처리하게 하고 타워가 파괴되는 과정을 클라이언트에서 처리하게 한다.

- `APangaeaGameState`에 `GameWin` 플래그와 `OnGameWin` 함수를 추가한다.

- `APangaeaGameState`에 `OnGameWinLoseDelegate`를 추가한다.

- `BP_DefenseTower` 블루프린트를 편집해 `OnGameWinLoseEvent`를 `OnGameWinLoseDelegate`와 바인딩한다.

- **Game Over** 창에 승리 혹은 패배 정보를 출력한다.

이제 작업을 시작해보자. 우선 DefenseTower.h 파일을 열고 `ADefenseTower`에 `IsBase` 플래그를 추가한다.

```
public:
…

UPROPERTY(EditAnywhere, Category = "Tower Params")
bool IsBase = false;
```

그다음에는 DefenseTower.cpp 파일을 열고 Hit 함수를 수정해 서버에서 이 기능을 수행하고, 타워가 파괴되는 과정을 클라이언트에서 처리하게 만든다.

```cpp
void ADefenseTower::Hit(int damage)
{
  if (IsKilled())
  {
    return;
  }

  if (GetNetMode() == ENetMode::NM_ListenServer && HasAuthority())
  {
    _HealthPoints -= damage;
    OnHealthPointsChanged();

    if (_HealthPoints <= 0)
    {
      if (IsBase)
      {
        APangaeaGameState* gameState = Cast<APangaeaGameState>
          (UGameplayStatics::GetGameState(GetWorld()));
        gameState->OnGameWin();
      }
      else
      {
        Destroy();
      }
    }
  }
}

bool ADefenseTower::IsKilled()
{
  return (HealthPoints <= 0.0f);
}
```

Hit 함수는 _HealthPoints를 감소시키는 역할만 수행한다. _HealthPoints가 0에 다다르면, 서버가 GameWin 플래그를 true로 변경하고 OnGameWin 함수를 호출해 이후 과정을 서버에서 처리한다. 이후 작업에 필요한 권한을 서버가 갖고 있기 때문이다.

베이스로 지정된 타워가 파괴되면(HealthPoints <= 0), Hit 함수에서 APangaeaGameState::OnGame Win 함수를 호출하고, OnGameWin 함수가 GameWin 플래그를 설정한 후 이를 모든 클라이언트에 알려준다.

베이스로 지정되지 않은 타워가 파괴되면, Hit 함수는 Destroy 함수를 호출해 파괴된 타워를 삭제한다.

이제 PangaeaGameState.h 파일의 APangaeaGameState에 GameWin 플래그와 OnGameWin 함수를 추가한다.

```cpp
Public:
…

UPROPERTY(BlueprintReadWrite, ReplicatedUsing = OnGameWin_ Category = "Pangaea")
bool GameWin;

UFUNCTION(BlueprintCallable, Category = "Pangaea")
void OnGameWin();
```

코드를 좀 더 자세히 살펴보자.

- GameWin 변수가 태그돼 블루프린트에서도 접근이 가능하다.

- 또한 GameWin 변수는 리플리케이트 가능하도록 지정돼 값이 변경될 때 OnGameWin 함수에 의해 알림을 받을 수 있도록 연동된다.

- OnGameWin은 BlueprintCallable 함수로 태그돼 있다. 이는 곧 블루프린트에서 이 함수를 호출할 수 있다는 것을 의미한다.

PangaeaGameState.cpp 파일에 다음과 같이 OnGameWin 함수를 구현해준다.

```cpp
void APangaeaGameState::OnGameWin()
{
  GameWin = true;
  OnGameWinLoseDelegate.Broadcast(true);
}
```

그다음 단계는 APangaeaGameState에 FOnGameWinLoseDelegate를 추가해주는 것이다. 이 델리게이트 유형은 OnGameWinLoseDelegate 델리게이트 변수를 정의하는 데 사용되며, C++를 통해 블루프린트 함수를 호출할 수 있도록 해준다.

```cpp
DECLARE_DYNAMIC_MULTICAST_DELEGATE_OneParam(FOnGameWinLoseDelegate, bool, Win);

UCLASS()
class PANGAEA_API APangaeaGameState : public AGameStateBase
{
public:
    …
    UPROPERTY(BlueprintAssignable, Category = "Pangaea")
    FOnGameWinLoseDelegate OnGameWinLoseDelegate;
}
```

앞의 코드는 우리가 OnTimerChangedDelegate를 만들 때와 동일한 방법을 사용하고 있다.

이제 BP_DefenseTower를 열고 OnGameWinLoseEvent 이벤트 함수를 C++ OnGameWinLoseDelegate와 연동해야 한다. BP_DefenseTower를 열어 그래프를 생성한 다음, 그림 11.24와 같은 작업을 수행한다.

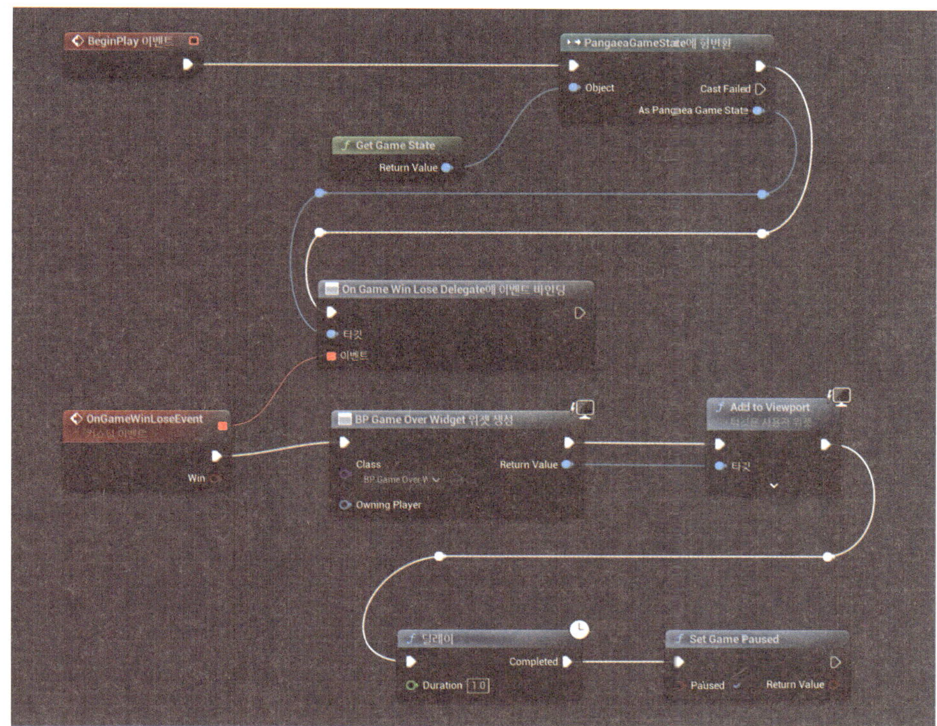

그림 11.24 OnGameWinLoseEvent를 OnGameWinLoseDelega e에 바인딩하기

이 그래프는 **BeginPlay 이벤트**가 발생하면 OnGameWinLoseEvent를 OnGameWinLoseDelegate에 바인딩하는 것을 보여준다. OnGameWinLoseEvent가 트리거되면, **BP_GameOverWidget**이 생성되고 뷰포트에 출력된다. 그다음, 게임이 1초 동안 지연되고 중단된다.

BP_DefenseTower에 아직 체력 바가 없는 상태이므로, **컴포넌트** 패널에서 **Widget** 컴포넌트를 추가하고 HealthBar라는 이름을 붙여준다.

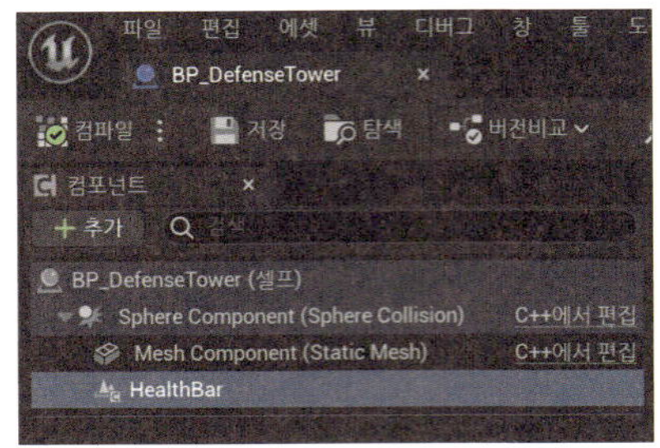

그림 11.25 타워에 체력 바 추가하기

그런 다음, 위젯 컴포넌트의 **디테일** 패널에서 다음과 같이 설정해준다.

- **변수 이름**: HealthBar

- **위치**: (0.0, 0.0, 380.0)

- **스페이스**: Screen

- **위젯 클래스**: BP_HealthBarWidget

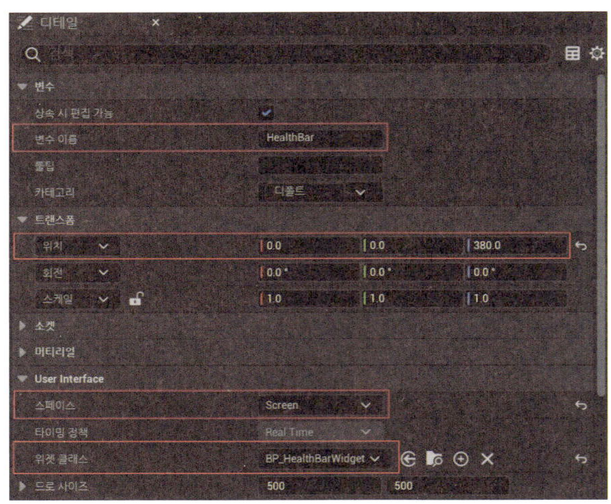

그림 11.26 HealthBar 위젯 컴포넌트 설정

마지막으로 수행할 작업은 Game Over 창을 띄워 **You Win!** 혹은 **You Lose!**를 표시하는 것

이다. 이를 위해 **BP_GameOverWidget**을 열고 다음과 같이 블루프린트 작업을 수행한다.

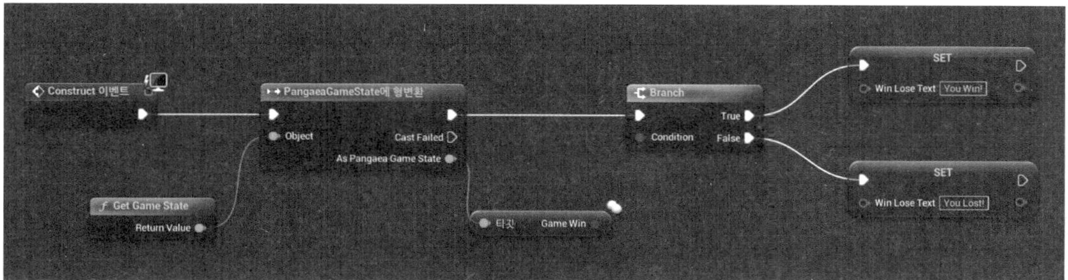

그림 11.27 Game Over 결과를 보여주는 텍스트 그래프 설정하기

블루프린트는 `APangaeaGameState::GameWin` 플래그를 체크한 다음, 결과가 **True**라면 **WinLose** 텍스트 박스에서 **You Win!**을 출력하고, 그렇지 않을 경우 **You Lost!**를 출력하도록 설정된다. 베이스 타워가 파괴되면 게임이 중단되고 **Game Over** 창에 **You Win!** 텍스트가 출력되는 것이다.

그림 11.28 플레이어가 승리하면 Game Over 화면을 출력한다.

이제 기본적인 기능을 수행하는 게임이 완성됐다. 이후에는 게임의 전반적인 품질을 향상시키기 위해 리팩터링과 리파이닝에 주기적으로 시간을 할애하는 것이 중요하다. 프로토타이핑과 새로운 기능을 추가하는 작업을 마무리할 때도 품질을 향상시키기 위해 일정한 시간을 할애하는 것이 중요하다.

▸ 요약

이 장에서는 Pangaea의 기본적인 게임 플로를 설계하고 그에 따라 UI 위젯인 **BP_Lobby Widget**, **BP_HUDWidget**, **BP_GameOverWidget**을 생성했다. 언리얼의 `OpenLevel` 기능을 사용해 리슨 서버를 시작하고, 클라이언트로 게임에 참여하고, 다시 로비로 돌아오는 기능도 구현해봤다. 게임 인스턴스가 항상 클라이언트 사이드에 존재해야 하므로 `APangaeaGame Instance`의 네트워킹 멤버 함수도 만들었다. 유저 인터페이스의 버튼을 클릭해 호스트로 게임을 진행할 것인지, 아니면 다른 사람이 만든 게임 세션에 조인할 것인지를 결정할 수 있었다. 또한 현재 진행하는 게임을 마무리하고 로비로 돌아가는 기능까지 구현해봤다.

게임에 재미를 더하기 위해 플레이어의 승패를 결정할 수 있는 조건을 추가할 수도 있다. `Timer` 값을 사용해 게임이 타임아웃됐는지 결정하며, **DefenseTower** 중 하나를 베이스 타워로 지정하고 이 타워가 파괴되면 플레이어가 게임에서 이기는 것으로 설정했다.

다음 장에서는 게임 퍼블리싱을 위해 프로젝트를 패키징하는 방법, 높은 품질의 에셋을 임포트하고 콘솔 명령을 사용해 게임을 다듬는 방법, 손상된 프로젝트를 복구할 수 있는 유용한 팁 등을 알아본다.

12

게임 폴리싱과 패키징

이 책의 마지막 장에 다다르게 된 것을 축하한다. 앞선 장들에서는 기본적인 플레이가 가능한 게임 Pangaea를 함께 만들었다. 이번 장에서는 지금까지 만들었던 게임을 플레이어에게 전달하기 위해 게임을 폴리싱하고 패키징하는 법을 배워본다

앞으로 게임 품질을 향상시킬 수 있는 다양한 방법을 살펴보고 논의할 것이다. 고품질의 에셋을 활용하고, 버그를 수정하고, 엔진의 프로파일링 툴을 사용해 성능을 향상하는 것 등이 이 범위에 포함된다.

언리얼 엔진의 콘솔 명령어도 함께 살펴본다. 이를 통해 게임의 설정을 손쉽게 변경해 스탠드얼론 형태로 게임을 시작할 수 있을 것이다.

게임 Pangaea를 패키징하기 위해 필요한 핵심적인 설정에 대해서도 알아본다. 윈도우에서 구동되는 스탠드얼론 게임을 생성하고 이를 패키징하는 법을 단계별로 살펴볼 것이며, 이 가이드를 통해 성공적으로 게임을 배포하는 것을 목표로 삼는다.

이번 장에서는 다음과 같은 섹션을 다룬다.

- 게임 폴리싱하기

- 언리얼 엔진 콘솔 명령어 사용하기

- 게임 패키징하기

- 패키징 이후에 할 일들

기술적인 요구 사항

이 장에서 작성한 코드는 깃허브(https://github.com/PacktPublishing/Unreal-Engine-5-Game-Development-with-C-Scripting/tree/main/Chapter12)에서 다운로드할 수 있다.

게임 폴리싱하기

앞서 11장까지의 과정을 완료했다면, 플레이가 가능한 게임 Pangaea를 만든다는 중요한 마일스톤을 달성한 것이다. 플레이가 가능한 게임을 만드는 것은 이후 수행할 모든 작업의 전제 조건이 된다. 이번 장에서 수행할 작업은 다음 세 가지 측면에서 게임을 폴리싱하는 것이다.

- 더 많은 게임 콘텐츠를 임포트해 사용하기

- 버그 수정하기

- 게임 퍼포먼스를 프로파일링하고 개선하기

그럼 본격적으로 시작해보자.

고품질 게임 에셋 임포트해 사용하기

게임의 시각적인 품질을 높여 더 나은 사용자 경험을 전달하기 위해 고품질의 아트나 오디오, 비디오 같은 에셋들을 추가해 게임을 폴리싱할 수 있다. 이때, 각각의 프로젝트마다 갖고 있는 고유한 요구 사항과 예산에 따라 추가적인 에셋의 사용 여부가 달라진다.

캐릭터나 구조물, 프롭^{prop}, 아이템, 애니메이션, 파티클 이펙트, 사운드 이펙트, 뮤직 클립, 비디오와 같이 추가할 수 있는 에셋의 형태도 다양하다.

새로운 에셋을 기반으로 새로운 콘텐츠를 더 만들어낼 수도 있다. 예를 들어 새로운 지형과 식물, 빌딩 등이 포함된 새로운 게임 레벨을 추가할 수도 있다.

에셋을 획득하는 데는 크게 두 가지 방법이 있다.

- 에픽게임즈 마켓플레이스를 통해 무료 혹은 유료의 서드파티 에셋을 획득할 수 있다(그림 12.1 참조). **에픽게임즈 런처**에서 **마켓플레이스** 탭을 선택해 간단하게 접근할 수 있다.

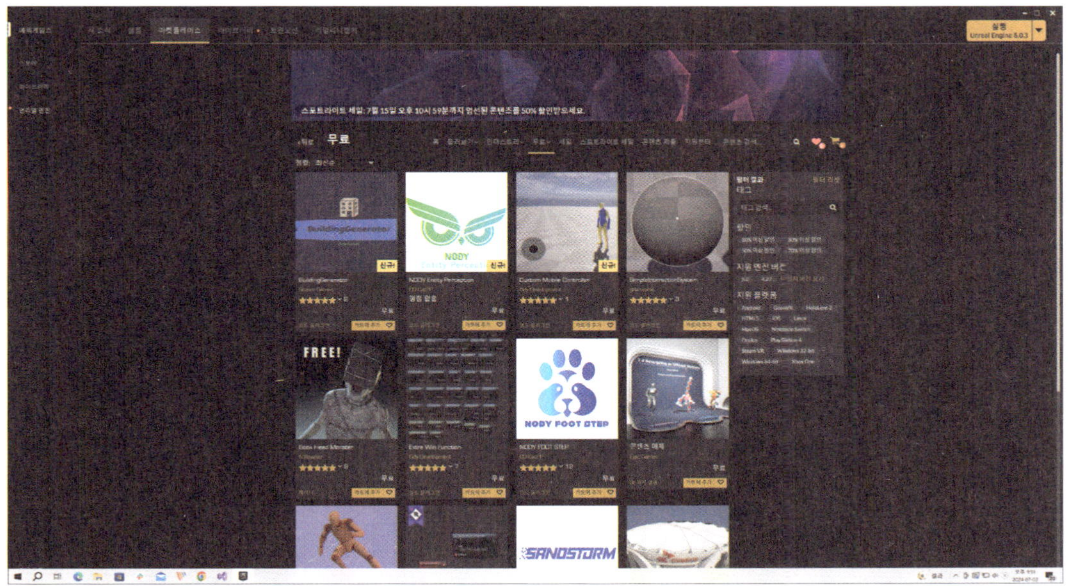

그림 12.1 에픽게임즈 마켓플레이스

- 게임 에셋을 획득할 수 있는 또 다른 방법은 직접 디자이너와 아티스트를 채용해 게임에 사용할 에셋을 개발하는 것이다. 이런 투자는 프로젝트의 예산에 맞춰 신중하게 고려되고 계획돼야 한다.

높은 품질의 에셋을 통해 게임의 시각적 몰입감이 얼마나 향상될 수 있는지 확인하기 위해 에픽게임즈 마켓플레이스에서 **인피니티 블레이드: 초원 지대** 에셋 그림 12.2 참조을 구입해 프로젝트 Pangaea에 추가해볼 것이다.

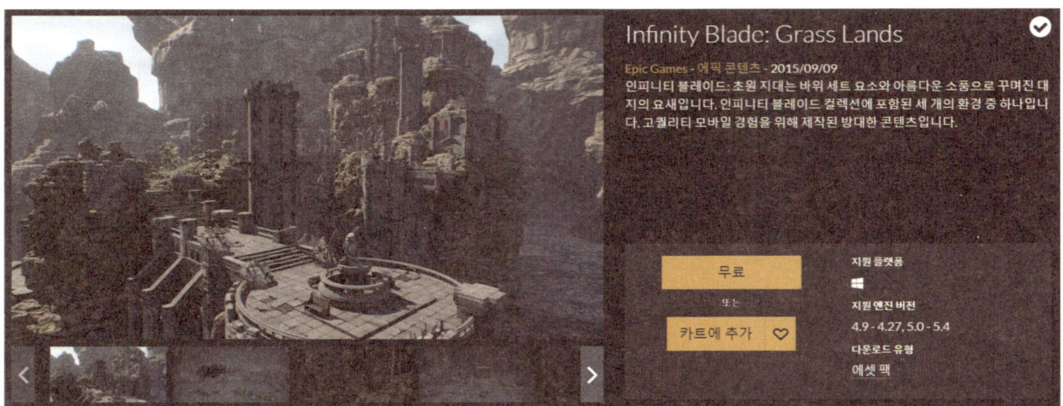

그림 12.2 에픽게임즈 마켓플레이스에서 인피니티 블레이드: 초원 지대 추가하기

이 에셋을 활용해 그림 12.3과 같이 새로운 Topdown 게임 레벨을 만들고 적과 타워를 이 맵에 전략적으로 배치할 수 있다.

그림 12.3 새로운 Topdown 레벨에서 플레이하기

사용자들은 게임플레이를 통해 즐거움을 얻을 수 있지만, 제대로 처리되지 못한 심각한 버그들이 존재한다면 결국 게임에 실망할 수밖에 없을 것이다. 따라서 게임 개발자들은 항상 버그에 주의를 기울여야 한다.

버그 수정하기

버그를 수정하는 것은 게임 코드의 기능과 신뢰성을 향상시키기 위해 반드시 필요하며, 개발 라이프 사이클에서도 핵심적인 부분으로 평가받는다. 버그 수정은 끊임없이 반복해서 수행돼야 한다. 개발자들은 반복적으로 버그를 식별하고 수정해 최종적으로 기대하는 품질 수준에 다다른 게임을 배포할 수 있어야 한다.

코드 리뷰

버그 수정을 위한 코드 리뷰code review는 개발자가 코드를 살펴보고 버그를 발견해 처리하는 것을 의미한다. 이 과정을 통해 로직과 알고리듬의 정확성, 코딩 표준의 준수 등을 확인할 수 있으며, 잠재적인 이슈를 미리 식별하고 빠르게 개선할 수 있다. 일반적으로 여러 명의 구성원들이 협업을 통해 진행한다.

QA

QAQuality Assurance 업무는 주로 QA 팀에 의해 수행되며 구조적인 테스트와 게임 인스펙션을 통해 제품과 서비스가 명세된 요구 사항과 품질 수준에 부합하는지 확인한다. QA 테스터가 발견한 버그를 보고하고, 개발자가 수정한다. 이 프로세스를 통해 제품의 전반적인 품질을 강화할 수 있다.

버그를 수정하는 것 외에 게임플레이를 최적화하는 것도 역시 플레이어의 게임플레이 경험을 향상시키는 중요한 작업이다. 주로 프로파일링을 통해 최적화 작업이 시작된다.

프로파일링과 최적화

프로파일링과 최적화는 게임 개발에서도 핵심적인 요소다. 프로파일링을 수행하는 주된 목적은 CPU와 GPU의 성능 측면에서 병목 지점을 찾고 메모리 사용량, 메모리 누수, 콘텐츠와 패키지의 사이즈에 관련된 이슈들을 식별하는 것이다. 발견된 이슈가 어떤 것인지에 따라 최적화를 수행하는 방법이 달라지며, 여기에는 코드, 알고리듬, 데이터 구조, 에셋, 메모리 최적화 등이 포함될 수 있다.

코드 분석과 함께 다양한 프로파일링 툴이 이 업무에 활용된다. 이 주제를 이 책에서 전문적으로 다루지는 않겠지만, 몇 가지 툴을 간단하게 살펴보자.

- 언리얼 인사이트는 개발자가 성능, 메모리, 네트워킹, UI와 관련된 세부 사항을 살펴볼 수 있도록 도와주는 일련의 프로파일러다. 이와 관련된 문서는 웹 사이트(https://dev.epicgames.com/documentation/ko-kr/unreal-engine/unreal-insights-in-unreal-engine?application_version=5.3)에서 확인할 수 있다.

- 빌트인 프로파일러 툴인 GPU 시각화 툴(에디터에서 단축키 Ctrl + Shift + ,를 눌러 GPU 시각화 툴을 킬 수 있다)을 사용할 수도 있다. 콘텐츠 테스팅 및 시각화와 관련된 공식 문서는 웹 사이트(https://dev.epicgames.com/documentation/ko-kr/unreal-engine/unreal-insights-in-unreal-engine?application_version=5.3)에서 확인할 수 있다.

- 뷰포트에서 다양한 **뷰모드**를 활용할 수도 있다. **와이어프레임**(Alt + 2), **라이팅만**(Alt + 6), **셰이더 복잡도**(Alt + 8) 등을 활용할 수 있다.

언리얼은 이 밖에도 게임 테스팅과 튜닝에 활용할 수 있는 강력한 도구인 콘솔 명령어도 함께 제공하고 있다. 콘솔 명령어 시스템의 개념과 기본적인 명령어들에 대해 알아보자.

언리얼 엔진 콘솔 명령어 사용하기

언리얼 엔진에서는 테스터가 게임을 플레이하면서 콘솔 명령어를 사용해 게임과 상호작용을 수행할 수 있으며, 콘솔 명령어를 활용해 게임의 설정을 변경하고 게임의 상태를 확인할 수 있다. 또한 게임 속성을 변경하거나 게임 안의 다양한 행위와 심지어 매개변수까지도 바꿀 수 있다.

모드와 콘솔 명령어 살펴보기

디버그 메뉴라고 부르는 팝업 UI는 일반적으로 UI 액션을 특정한 콘솔 명령어와 연결하기 위해 개발된다. 테스터들은 **디버그** 메뉴를 통해 빠르게 특정한 게임 상태로 진입할 수 있다. **디버그** 메뉴에 대해 더 알아보고 싶다면, 위키피디아를 방문하길 바란다.

스탠드얼론 형태의 게임에서 콘솔 명령어를 사용하려면 우선 게임이 배포 빌드가 아닌 개발 빌드여야 한다.

게임을 플레이하는 도중 콘솔 명령어를 사용하려면 키보드에서 ~ 키를 누른다. 그 다음에는 ~ 키를 반복 입력해 한 줄을 출력하는 작은 콘솔을 띄우거나, 화면 대부분을 차지하는 큰 콘솔을 띄울 수 있다. 아예 콘솔 창을 숨길 수도 있다. 현재 플레이 모드에 따라 조금씩 다른 위치에 콘솔 명령창이 나타날 수 있다.

간단한 형태의 **디버그** 모드 명령어 콘솔은 에디터의 뷰포트 하단에 표시된다.

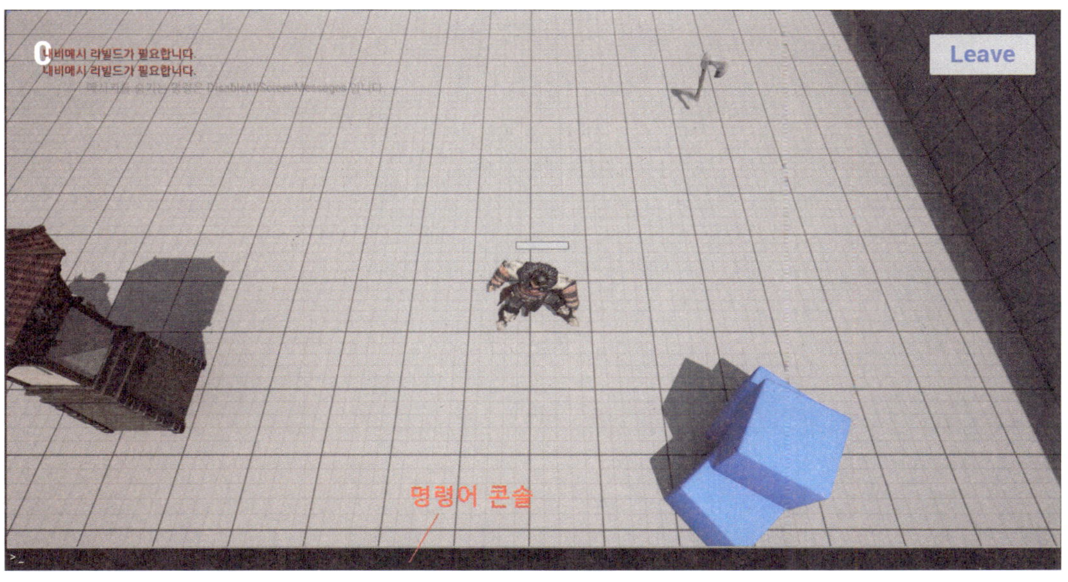

그림 12.4 디버그 모드에서 보이는 명령어 콘솔

시뮬레이트 모드의 명령어 콘솔은 일반적으로 분리돼 있는 PIE^{Play In Editor} 창에 출력된다.

그림 12.5 시뮬레이트 모드에서 보이는 명령어 콘솔

확장된 모드의 명령어 콘솔은 게임 화면의 대부분을 차지하며 이전에 입력된 명령어를 순차적으로 보여준다.

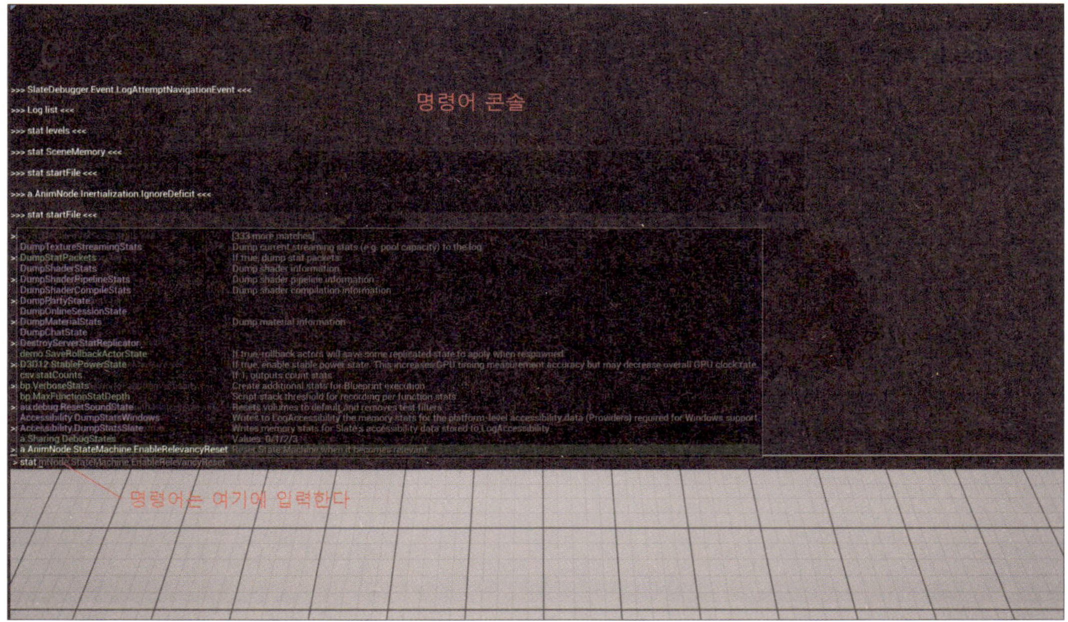

그림 12.6 확장된 명령어 콘솔

모든 콘솔 명령어를 자세히 살펴보는 것은 이 책이 다루는 범위를 벗어난다. 여기서는 이해를 돕기 위해 자주 사용되는 몇 가지 명령어만 표를 통해 소개한다.

명령어	설명	예제
Exit	게임을 종료한다.	>exit
Stat FPS	FPS를 표시한다.	>stat fps(그림 12.8 참조)
Stat Unit	성능 정보를 표시한다.	>stat unit(그림 12.9 참조)
r.SetRes	스탠드얼론 게임의 풀스크린 혹은 윈도우 모드의 해상도를 설정한다.	>r.setres 1280x720w (w는 윈도우 모드를 으미하는 약자임) >r.setres 1920x1080f (f는 풀스크련을 의미하는 약자임)
Open [MapName] ?Listen	선택한 맵에서 리슨 서버로 게임을 시작한다.	>open TopDown?listen (TopDown 레벨을 열고 리슨 서버로 게임을 시작함)
Open [IP address] [:Port]	설정한 IP 주소와 포트 넘버(예를 들어 127.0.0.1과 7777)를 활용해 리모트 서버에 접속한다.	>open 127.6.0.1:7777 (127.0.0.1:7777 서버에 게임 클라이언트로 접속한다. 게임 맵은 서버의 현재 맵과 동일하다.)
DumpConsoleCommands	콘솔의 모든 콘솔 명령어를 출력한다.	>dumpconsolecommards

그림 12.7 유용한 언리얼 콘솔 명령어

이어지는 스크린샷은 stat fps와 stat unit 명령어를 사용해 FPS와 기본적인 성능 정보를 게임 화면의 오른쪽 상단에 표시한 예를 보여준다.

stat fps를 사용해 FPS를 보여줄 때는 프레임 간의 간격도 함께 표시해준다.

그림 12.8 stat fps 명령어를 사용해 현재의 FPS 표시하기

`stat unit` 명령어는 현재 프레임을 표시하기 위해 사용하는 CPU와 GPU 리소스, 그 밖의 다양한 성능 정보를 함께 표시해준다.

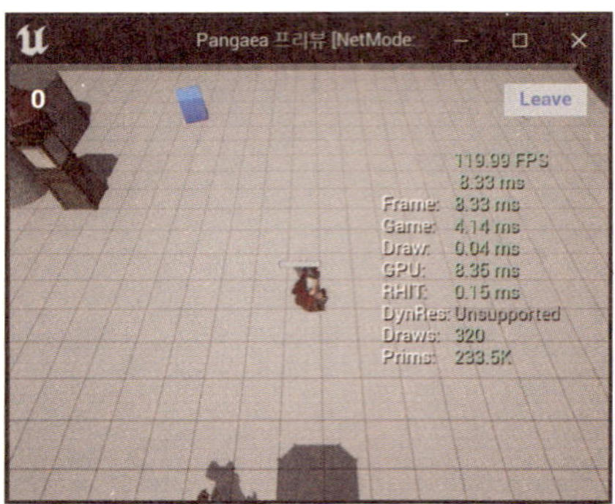

그림 12.9 stat unit 명령어를 사용해 현재의 성능 상태 표시하기

언리얼 콘솔 명령어를 좀 더 자세히 알고 싶다면 다음의 웹 사이트를 방문하거나 특정 명령어와 관련된 문서 및 리소스를 검색해보자.

- https://dev.epicgames.com/documentation/ko-kr/unreal-engine/stat-commands-in-unreal-engine?application_version=5.2

- https://dev.epicgames.com/documentation/ko-kr/unreal-engine/audio-console-commands-in-unreal-engine?application_version=5.2

- https://dev.epicgames.com/documentation/ko-kr/unreal-engine/console-commands-for-network-debugging-in-unreal-engine?application_version=5.2

- https://pongrit.github.io/

`dumpconsolecommnads` 명령어를 사용해 콘솔에서 직접 사용할 수 있는 모든 명령어를 표시할 수도 있다.

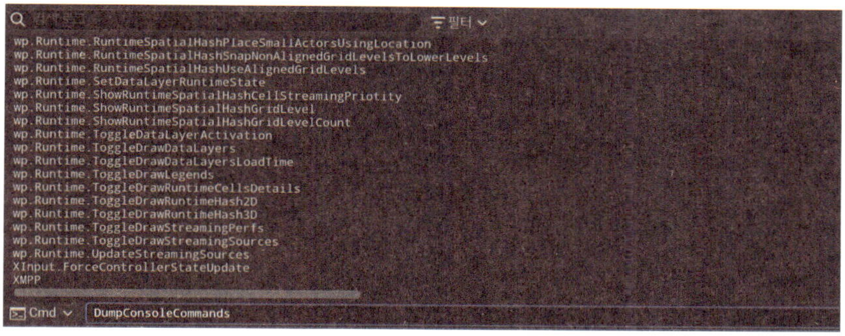

그림 12.10 명령어 콘솔 화면에서 명령어 목록 확인하기

콘솔 명령어를 수동으로 입력하는 대신, 언리얼은 API를 통해 블루프린트나 C++에서 콘솔 명령어를 실행하는 기능을 제공하고 있다. 콘솔 명령어를 실행할 수 있는 C++ 코드를 작성해보자.

C++에서 콘솔 명령어 실행하기

언리얼 엔진 C++에서는 `APlayerController::ConsoleCommand` 함수를 호출해 콘솔 명령어를 실행할 수 있다.

`ConsoleCommand` 함수의 기본적인 문법은 다음과 같다.

```
bool ConsoleCommand(const FString& Command, bool bWriteToLog);
```

문법을 좀 더 자세히 살펴보자.

- **Command 매개변수**: 실행될 콘솔 명령어
- **bWriteToLog 매개변수**: 실행되는 명령어의 로그를 남길 것인지true, 남기지 않을 것인지false를 결정한다.
- 함수의 반환 값은 명령어 실행이 성공했는지true, 실패했는지false를 bool 타입으로 알려준다.

C++에서 코드를 통해 콘솔 명령어를 실행하는 법은 아래 코드를 참조하자. 샘플 코드가 UObject 혹은 AActor 서브클래스의 멤버 함수로 설정된다는 것에 유의하자.

```cpp
#include "Engine/World.h"
#include "GameFramework/PlayerController.h"

// ...
auto World = GetWorld();   //월드 가져오기

if (World)
{
    auto PlayerController = World->GetFirstPlayerController();

    if (PlayerController)
    {
        FString Command = TEXT("stat fps");
        PlayerController->ConsoleCommand(Command, true);
    }
}
```

제일 먼저 GetWorld() 함수를 통해 현재 UWorld 오브젝트의 레퍼런스를 가져온다. 그다음, 월드의 GetFirstPlayerController() 멤버 함수를 통해 첫 번째 플레이어의 컨트롤러를 가져온다. 마지막으로는 APlayerController 클래스의 ConsoleCommand() 함수를 통해 콘솔 명령어[예제에서는 stat fps]를 실행한다.

이제 이 책에서 다룰 마지막 작업은 게임 Pangaea를 패키징하는 것이다. 패키징 프로세스를 좀 더 자세히 살펴보자.

게임 패키징하기

게임을 개발하는 동안 대부분의 게임플레이는 언리얼 에디터에서 진행된다. 하지만 우리의 목적은 플레이어가 언리얼 엔진을 설치하지 않고도 게임을 실행할 수 있게 하는 것이다. 언리얼 엔진은 다양한 플랫폼에서 게임을 패키징할 수 있는 간편한 패키지 기능을 제공한다. 이는 곧 게임 Pangaea를 윈도우, 맥OS, iOS, 안드로이드에서 실행되는 별도의 애플리케이

션으로 배포할 수 있다는 것을 의미한다. 이 섹션에서는 우선 윈도우 게임 설치 패키지를 만들어본다.

게임을 패키징하기에 앞서, 프로젝트 설정의 일부가 조정돼야 한다.

패키징에 필요한 프로젝트 설정

최소한의 공수를 들여 게임을 패키징하기 위해 2개의 작업이 선행돼야 한다.

- 가장 먼저 해야 할 작업은 기본 게임 모드, 플레이어 폰 등을 지정하는 프로젝트 기본값을 설정하는 것이다.

- 두 번째 작업은 설치 패키지에 들어가야 할 게임 레벨을 포함하는 것이다.

우선 프로젝트 설정에서 프로젝트 기본값을 설정해보자.

프로젝트 기본값 설정

우선 에디터의 메인 메뉴에서 **편집 ➤ 프로젝트 세팅**을 선택하자. 그런 다음, **프로젝트 세팅** 창에서 **프로젝트** 그룹 하위의 **맵 & 모드**를 선택한다. 이어서 항목들을 다음과 같이 설정한다.

- **기본 게임모드**: PangaeaGameMode

- **디폴트 폰 클래스**: BP_PlayerAvatar

- **플레이어 컨트롤러 클래스**: BP_TopDownPlayerController

- **게임 스테이트 클래스**: PangaeaGameState

- **게임 기본 맵**: LobbyMap

- **게임 인스턴스 클래스**: PangaeaGameInstance

설정이 완료되면 다음 그림과 같다.

그림 12.11 프로젝트 – 맵 & 모드 설정

다음으로는 게임 레벨을 패키지에 포함시키는 작업을 수행한다.

패키지에 게임 레벨 포함하기

우선 **프로젝트 세팅** 창에서 **프로젝트** 그룹의 **패키징** 항목을 선택한다. 그런 다음, **패키지 된 빌드에 포함시킬 맵 목록** 항목에서 **엘리먼트 추가** 버튼을 눌러 LobbyMap과 TopDownMap을 추가한다.

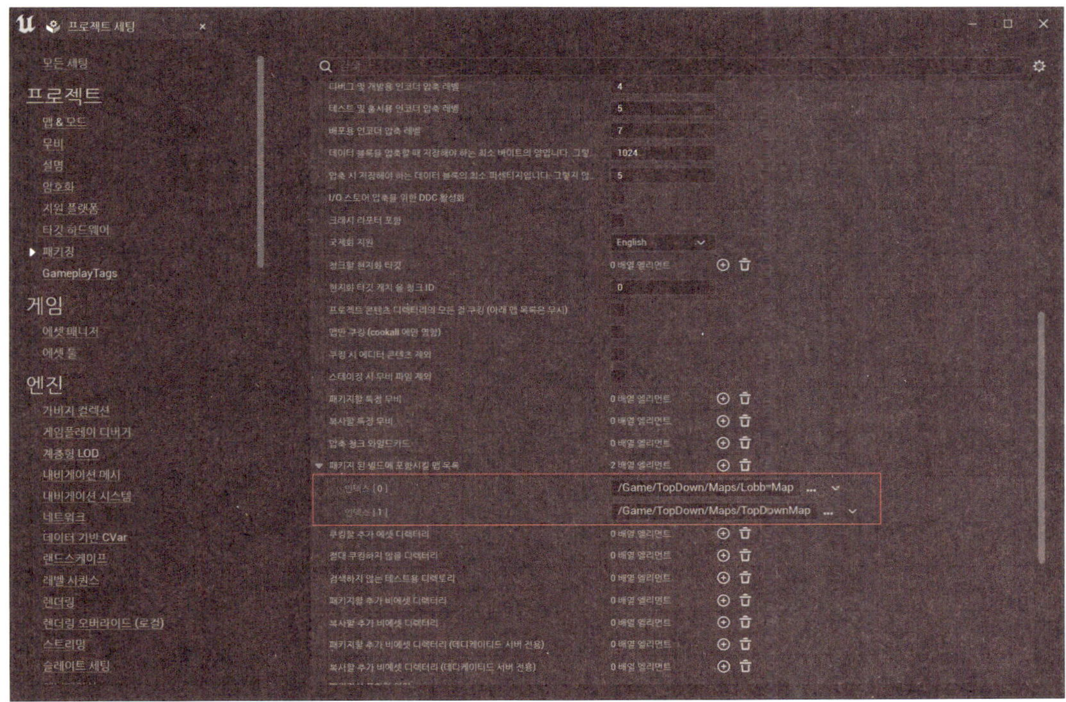

그림 12.12 패키지 빌드에 포함될 게임 맵 추가하기

이제 설정이 완료돼 프로젝트를 패키징할 준비가 끝났다. 게임을 1280×720 크기의 윈도우 모드로 실행하고 싶다면 r.setres 콘솔 명령어를 사용해 이 목적을 달성할 수 있다.

창으로 실행되는 게임 만들기

기본적으로 패키징된 스탠드얼론 게임은 전체 화면으로 시작된다. 하지만 게임 Pangaea의 2개 인스턴스를 각각의 창에서 실행하려면 아무래도 창 모드로 실행하는 것이 여러모로 편리하다.

이를 위해 마우스 커서가 활성화된 상태에서 1280×720 해상도를 갖는 윈도우 애플리케이션에서 게임을 시작하도록 설정을 변경해보자. LobbyMap의 레벨 블루프린트가 다음과 같이 수정돼야 한다.

1. 게임을 1280×720 윈도우 모드로 시작하도록 콘솔 명령어를 실행한다.

2. **SET** 노드의 **Show Mouse Cursor** 체크박스를 체크한다.

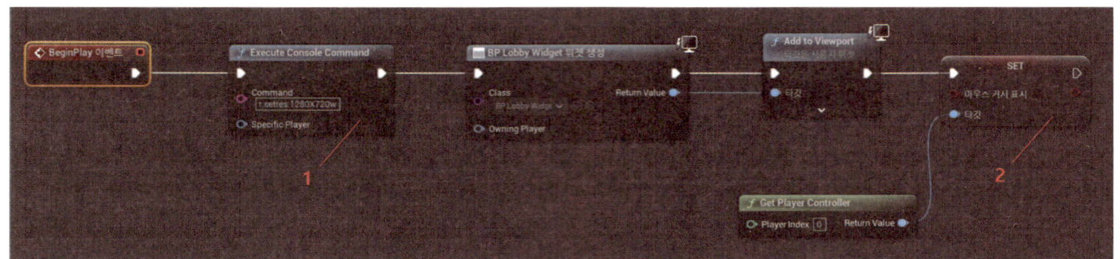

그림 12.13 LobbyMap 레벨 블루프린트 수정하기

LobbyMap 레벨 블루프린트를 활용해 원하는 해상도의 윈도우 모드로 게임을 시작할 수 있는 작업을 완료했다. 다음으로, 액터를 스포닝하기 위해 BP_Fireball과 BP_Hammer 블루프린트를 검색할 때 하드코딩된 경로를 제거하는 작업을 수행할 필요가 있다.

콘텐츠를 검색할 때 하드코딩된 경로를 사용하지 않는 법

앞서 게임의 C++ 소스 코드에서는 ConstructorHelpers::FObjectFinder를 사용해 파이어볼과 해머 인스턴스를 스포닝하는 데 필요한 BP_Fireball과 BP_Hammer 클래스의 레퍼런스를 획득했다. 하지만 이 방법은 하드코딩된 경로를 통해 에셋을 검색하므로, 타깃 에셋이 그 위치에 없거나 경로가 존재하지 않는다면 런타임 에러가 발생한다.

다음의 코드는 ADefenseTower와 AEnemy 클래스의 원래 구현 방식을 보여준다.

DefenseTower.cpp는 다음과 같다.

```
static ConstructorHelpers::FObjectFinder<UBlueprint> blueprint_
finder(TEXT("Blueprint'/Game/TopDown/Blueprints/BP_Fireball.BP_
Fireball'"));
_FireballClass = (UClass*)blueprint_finder.Object->GeneratedClass;
```

Enemy.cpp는 다음과 같다.

```
static ConstructorHelpers::FObjectFinder<UBlueprint> blueprint_
finder(TEXT("Blueprint'/Game/TopDown/Blueprints/BP_Hammer.BP_
Hammer'"));
_WeaponClass = (UClass*)blueprint_finder.Object->GeneratedClass;
```

코드를 개선하기 위해 우선 _FireballClass와 _WeaponClass를 UPROPERTY 변수로 정의한다.
이를 통해 에디터에서 **블루프린트** 클래스를 명세하고 선택할 수 있게 된다.

DefenseTower 클래스는 다음과 같이 수정한다.

1. Enemy.h 파일에서 _FireballClass 변수 유형을 TSubClassOf<AFrojectile>로 변경한
   다. 그다음에는 변수를 정의하는 코드를 public 섹션으로 이동한다. 코딩 표준을 준수
   하기 위해 변수의 이름에서 밑줄을 제거하고 FireballClass로 변경한다.

   ```
   public:
     UPROPERTY(EditAnywhere, Category = "Tower Params")
     TSubclassOf<AProjectile> FireballClass;
   ```

2. Enemy.cpp 파일에서 다음 두 줄을 제거한다.

   ```
   static ConstructorHelpers::FObjectFinder<UBlueprint>
     blueprint_finder(TEXT("Blueprint'/Game/TopDown/Blueprints/
     BP_Fireball.BP_Fireball'"));
   FireballClass = (UClass*)blueprint_finder.Object->GeneratedClass;
   ```

3. SpawnOrGetFireball 함수를 호출할 때 매개변수의 이름을 _FireballClass에서 Fire
   ballClass로 변경한다.

   ```
   void ADefenseTower::Fire()
   {
   auto fireball = _PangaeaGameMode->SpawnOrGetFireball(FireballClass);
     …
   }
   ```

4. 에디터에서는 BP_DefenseTower의 FireballClass 필드에서 EP_Fireball을 선택한다. 이
   는 다음과 같이 수행한다.

i. 언리얼 에디터에서 프로젝트를 컴파일하고 다시 오픈한다.

ii. **콘텐츠 ➤ TopDown ➤ Blueprints** 폴더에서 **BP_DefenseTower**를 연다.

iii. **Fireball Class** 필드에서 BP_Fireball을 선택한다.

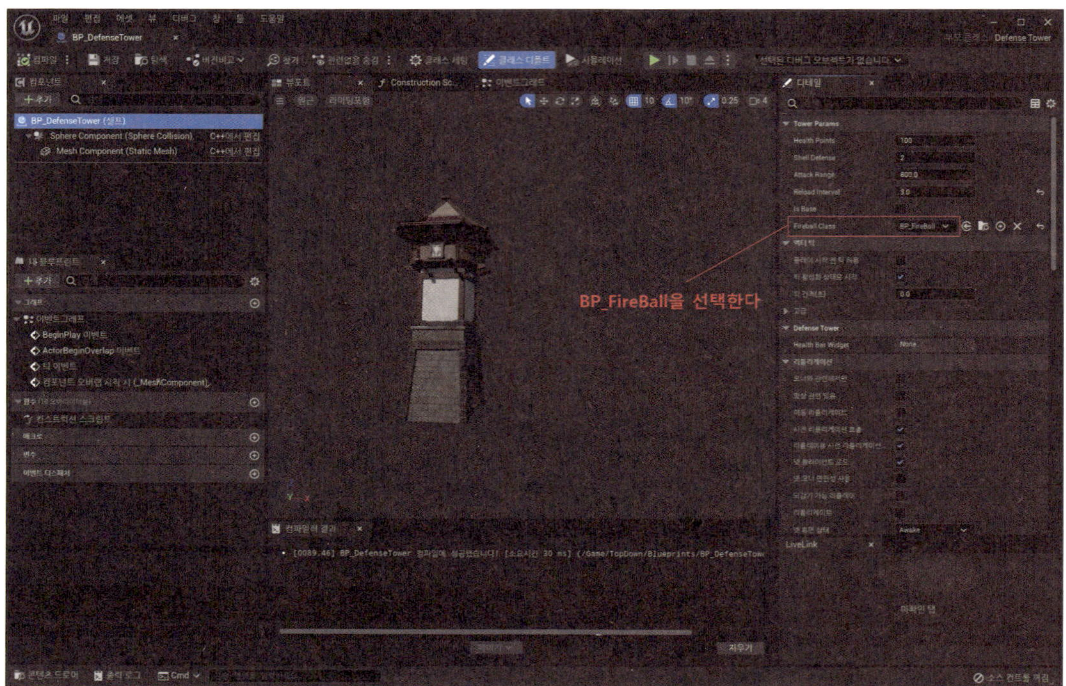

그림 12.14 블루프린트 에디터의 Fireball Class 필드에서 BP_Fireball 선택

5. BP_DefenseTower를 저장하고 컴파일한다.

이와 유사한 과정을 AEnemy 클래스에도 적용할 수 있다. Enemy.h 파일에서 WeaponClass 변수를 AWeapon의 서브클래스로 정의한다.

```cpp
public:
  UPROPERTY(EditAnywhere)
  TSubclassOf<AWeapon> WeaponClass;
```

그런 다음, Enemy.cpp 파일의 AEnemy 생성자에서 에셋을 찾는 줄을 주석 처리하거나 제거한다.

```
AEnemy::AEnemy()
{
  …
  //static ConstructorHelpers::FObjectFinder<UBlueprint>
    blueprint_finder(TEXT("Blueprint'/Game/TopDown/Blueprints/
    BP_Hammer.BP_Hammer'"));
  //_WeaponClass = (UClass*)blueprint_finder.Object->GeneratedClass;
}

void AEnemy::BeginPlay()
{
  Super::BeginPlay();
  _Weapon = Cast<AWeapon>(GetWorld()->SpawnActor(WeaponClass));
  …
}
```

이제 게임 빌드를 패키징하기 위한 준비가 모두 완료됐다.

프로젝트 패키징

프로젝트를 패키징하기 위해 다음 단계를 수행한다.

1. 에디터의 툴바에서 **플랫폼**을 선택한 다음, 하위 항목에서 **Windows**를 선택한다.

2. 그다음, 표시되는 패키징 설정 유형 중 하나를 선택한다.

   i. **DebugGame**: 이 설정으로 패키징을 진행하면 게임 엔진 코드는 최적화되지만, 게임 코드는 최적화가 수행되지 않은 상태로 디버깅이 가능하다.

   ii. **개발**Development: 엔진의 기본적인 컴파일 설정으로, 가장 많은 시간이 소요되는 엔진과 게임 코드만 최적화를 수행한다. 나머지 코드들은 최적화를 수행하지 않은 상태로 디버깅이 가능하다.

    iii. **Shipping**: 이 설정으로 패키징을 수행하면 로그, 스테이터스[status], 프로파일링 데이터와 같은 모든 디버그 심볼이 제거되며, 게임 프로젝트가 최상의 게임 성능을 내기 위해 완벽하게 최적화된다.

3. **프로젝트 패키지**를 선택한다.

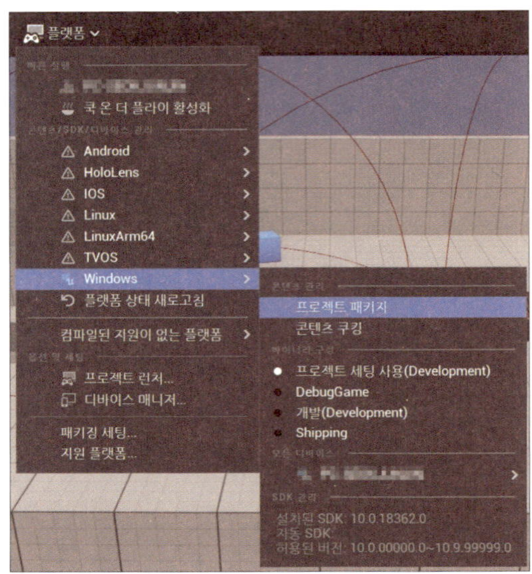

그림 12.15 게임 패키징 시작하기

4. 패키징된 빌드를 저장할 타깃 폴더를 선택한다 그림 12.16참고. **폴더 선택**을 클릭하면 패키징 프로세스가 시작된다.

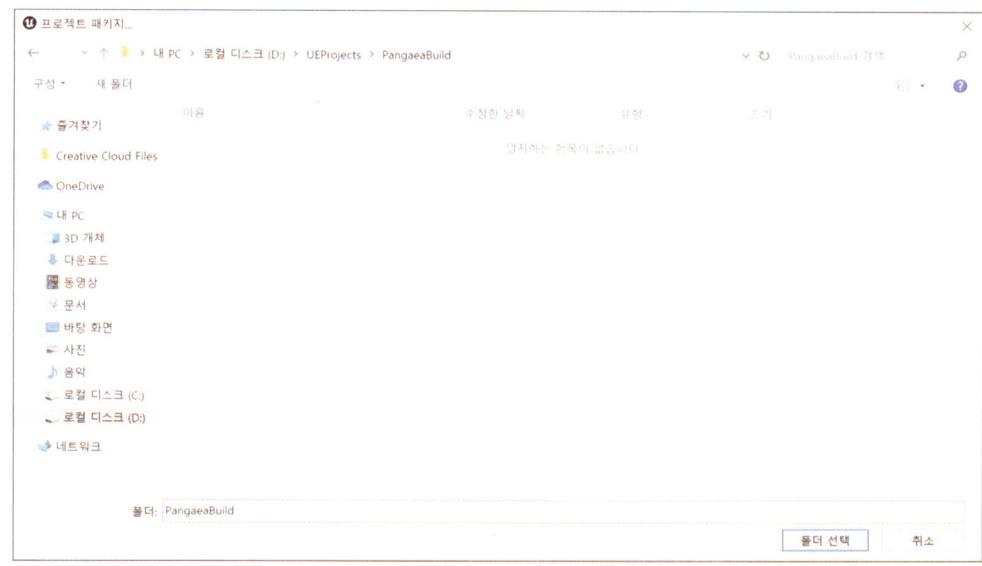

그림 12.16 게임 빌드를 저장할 타깃 폴더(예제에서는 D:\UEProjects\PangaeaBuild) 선택하기

5. 패키징이 진행되는 동안 에디터의 하단에 위치한 **출력 로그** 창에서 진행 상황과 로그
를 확인할 수 있다.

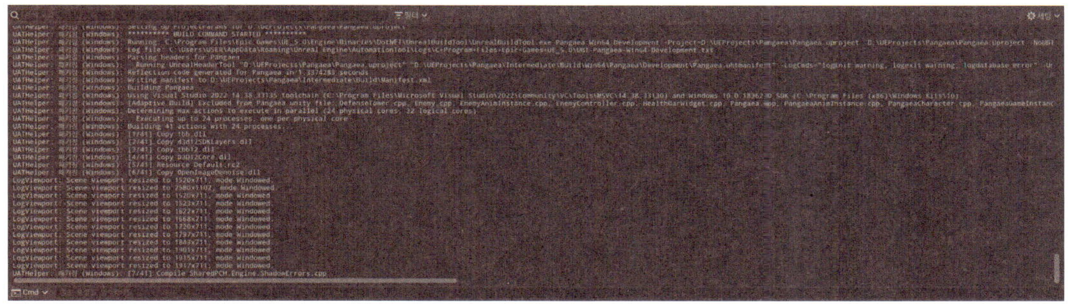

그림 12.17 출력 로그 창을 통해 패키징 진행 상황 확인하기

6. 패키징 프로세스가 완료되면, 앞서 설정했던 타깃 폴더에 패키징된 파일과 서브 폴더
가 생성된 것을 확인할 수 있다.

그림 12.18 생성된 패키지 빌드 파일들

7. Pangaea.exe 파일을 더블 클릭해 게임을 실행해보자.

실행 가능한 멀티플레이어 게임인 Pangaea 게임 빌드를 만든 것을 축하한다! 이제 이 게임을 다른 사람들에게 배포하고 공유할 준비를 마친 것이다.

패키징 이후에 할 일들

이 책은 내려보기 방식의 멀티플레이어 게임인 Pangaea를 개발하는 데 필요한 핵심적인 인사이트와 기술을 제공하는 것에 초점을 맞춰 구성됐다. 이를 위해 기본적인 C++ 코딩 스킬, 언리얼 Actor 클래스와 서브클래스, 애니메이션 제어, 플레이어 상호작용, 충돌 처리, UI, 기본적인 멀티플레이어 게임 기능 등을 포함한 광범위한 주제들을 살펴봤다. 하지만 게임 개발에 필요한 영역들은 하나하나가 광범위하고 복잡하기 때문에 이 책에서 각각의 영역을 심도 있게 다루지는 못했다. 따라서 언리얼 C++ 게임 개발의 전문가가 되려면 끊임없이 학습하고 스킬을 연마해야 한다.

끊임없는 연마와 헌신이야말로 성공으로 가는 핵심이라고 할 수 있다. 처음부터 새로운 프로젝트를 다시 시작하거나 게임 Pangaea에 기능을 추가하고 새로운 기술을 접목해 기존 게임을 좀 더 발전시킬 수도 있다. API, C++ 문법, 비주얼 스튜디오 IDE, 언리얼 엔진 5 개발 환경에 익숙해지는 것을 목표로 삼아도 좋다. 문제를 분석하고 해결하는 능력을 배양하고 반복적으로 리팩터링, 리파이닝, 프로파일링, 최적화를 수행해야 한다. 이를 통해 지식의 기반을 다질 뿐 아니라 다양한 영역으로 지식을 확장시키게 될 것이다.

특정한 영역에 집중하면서도 실제로 리팩터링, 리파이닝, 새로운 기능의 추가 등을 끊임없이 실천해야 한다. 특정 기술 분야에 대한 지식을 확장할 때는 언리얼 엔진의 API 문서 https://dev.epicgames.com/documentation/en-us/unreal-engine/API?application_version=5.1 와 온라인 튜토리얼이 좋은 참고 자료가 될 것이다.

⠿ 요약

이번 장에서는 게임 Pangaea에 새로운 에셋을 임포트하고, 버그를 수정하고, 프로파일링을 수행해 게임의 성능을 높이는 방법에 대해 알아봤다. 또한 콘솔 명령어를 사용해 게임을 조작하고 가다듬는 것도 함께 살펴봤다. 이어서 패키징에 필요한 설정을 수행하고, 배포를 위해 윈도우 모드로 실행 가능한 빌드를 만들었다. 이 책의 마지막 섹션에서는 이 책에서 얻은 지식과 스킬을 기반으로 향후 어떻게 학습을 지속해야 할지에 대한 개인적인 의견도 덧붙였다.

이 책이 언리얼 엔진 C++ 게임 개발의 좋은 출발점이 되길 바란다. 앞으로 게임 개발에 최선을 다하길 바라며, 모쪼록 꿈에 그리던 게임을 직접 만들어볼 수 있기를 진심으로 기대한다.

C++ 스크립트를 활용한 언리얼 엔진 5 게임 개발

C++ 기초부터 실제 게임 개발까지, 언리얼 게임 개발의 모든 것

발 행 | 2025년 1월 2일

지은이 | 젠유 조지 리
옮긴이 | 진 석 준

펴낸이 | 옥 경 석
편집장 | 황 영 주
편 집 | 김 진 아
　　　　임 지 원
디자인 | 윤 서 빈

에이콘출판주식회사
서울특별시 양천구 국회대로 287 (목동)
전화 02-2653-7600, 팩스 02-2653-0433
www.acornpub.co.kr / editor@acornpub.co.kr

한국어판 © 에이콘출판주식회사, 2025, Printed in Korea.
ISBN 979-11-6175-928-9
http://www.acornpub.co.kr/book/ue5-game-development

책값은 뒤표지에 있습니다.